Inhalt

Dank	. . . .	9
Vorspiel	. . . .	11
I	Aus der Provinz ins gelobte Land	17
II	Wanderjahre	51
III	Auf dem Weg zum Gipfel	81
IV	Fußfassen in Wien	117
V	Alma	149
VI	Maiernigg	175
VII	Triumph und Tragik	203
VIII	Amerika	229
IX	Das Lied von der Erde	259
X	Inferno	285
XI	Finale	303
Epilog	. . . .	319

Anhang
Empfohlene Lektüre und Tonaufnahmen 324
Lebensdaten 333
Werke 339
Personenregister 345

Der Verlag dankt folgenden Institutionen für die freundliche Genehmigung zum Abdruck des Bildteils:

Bild-Archiv der Österreichischen Nationalbibliothek
(S. 2 rechts unten, S. 3 rechts unten, S. 7 unten, S. 12, S. 16 unten)
The Kaplan Foundation
(S. 6 unten, S. 8, S. 9, S. 14 oben)
The Mahler Rose Collection
(S. 1 unten, S. 2 oben, S. 11 links oben)
Bibliotheque Musicale Gustave Mahler
(S. 1 oben, S. 11 rechts oben; unten, S. 15)
Internationale Gustav-Mahler-Gesellschaft
(S. 4, S. 6 rechts oben, S. 7 rechts oben, S. 16 oben)
Metropolitan Opera Achives
(S. 13 unten)
Universal Edition AG
(S. 10 links oben)
Gustav Mahler Stichting Nederland
H. J. Nieman
(S. 3 oben, S. 14 unten)
Eric Shanes
(S. 6 oben links, S. 7 oben)
Jonathan Carr
(S. 11 unten, S. 13 oben)
Killian family
(S. 11 rechts oben)

Die Seitenzahlen beziehen sich auf den unpaginierten Bildteil zwischen den Seiten 176 und 177.

Dank

Viele Menschen standen mir unermüdlich zur Seite, während ich dieses Buch vorbereitete und schrieb. Vor allem stehe ich in der Schuld von vier großen Mahler-Verehrern, auf deren Freundschaft ich stolz bin: Kurt und Herta Blaukopf in Wien, Gilbert Kaplan in New York und Knud Martner in Kopenhagen. Ihre Anregungen und Korrekturen waren von unschätzbarem Wert. Alle noch verbliebenen Fehler gehen selbstverständlich einzig zu meinen Lasten.

Mein aufrichtiger Dank für Hilfe und Rat gilt zudem insbesondere Norman Lebrecht in London, Robert Becqué, Frans Bouwman und Willem Smith in Holland, Susan Filler, Gail Ross und Stan Ruttenberg in den Vereinigten Staaten. Ein besonderes Wort des Dankes gilt Dr. Nicholas Christy (Florida und Rhode Island), der Dr. George Baehr, einem der letzten Ärzte, die Mahler behandelt haben, die im letzten Kapitel erwähnte, entscheidende Diagnose entlockte. Dank auch allen Bibliotheken und Forschungsinstituten auf zwei Kontinenten, vor allem Emmy Hauswirth und ihren Kolleginnen und Kollegen, ohne deren Hingabe die so wichtige, sträflich unterfinanzierte Internationale Gustav Mahler Gesellschaft in Wien keinen Bestand haben könnte.

Wahre und begeisterte Partnerschaft erfuhr ich von Nina Börnsen-Holtmann, meiner Lektorin, und Hermann Kusterer, meinem Übersetzer. Zuletzt – und allem voran – wie seit jeher Liebe und Dank meiner Frau Dorothea, durch die sich alles erst lohnt.

Vorspiel

Nach 700 Jahren Geschichte sind Invasionen für Grinzing nichts Neues mehr. Das nordwestlich von Wien in den Weinbergen gelegene Dorf bot den auf die Hauptstadt vorrückenden Heeren einen strategischen Angriffspunkt und wurde im 16. und 17. Jahrhundert von den Türken, Anfang des 19. von den Franzosen geplündert. Als die Franzosen abzogen, fielen schließlich die Wiener ein, die in Scharen gen Grinzing zogen, um sauren Heurigen zu trinken und in Tavernen und Gärten in sentimentaler Musik zu schwelgen. Franz Schubert war dort regelmäßiger Gast.

Mittlerweile gehen, jedenfalls im Sommer, die Wiener im Strom der Touristen unter, die in ganzen Busladungen aus der Stadt heraufkommen, um »ein typisches altes Weindorf« zu besichtigen. Meist ist die Zeit knapp, und so verliert sich nur selten ein Besucher vom Lärm der Hauptstraße in die Seitenstraßen. Wer es dennoch tut, der wird völlig unerwartet mit einem herrlichen Panorama von Wien belohnt. Gewiß ist der Blick aus der Vogelschau von den wuchtigen Höhen des nördlicher gelegenen Kahlenbergs bei weitem berühmter, aber der stille Aussichtswinkel oberhalb von Grinzing hat ein besonderes Flair. Er überragt die Stadt weit genug, daß man die wichtigsten Wahrzeichen erkennen kann: das massige Opernhaus auf der Ringstraße, die schlanken Türme des Stephansdoms und gleich über der Donau das Riesenrad, das im Prater seine Runden dreht. Gleichzeitig liegt er inmitten einer Landschaft, in der sich ein selbst für Wien unglaublich praller musikgeschichtlicher und dramatischer Reichtum drängelt. Ganz in der Nähe komponierte Ludwig van Beethoven seine »Eroica« und seine »Pastorale«, und im benachbarten Heiligenstadt verfaßte er in der Qual der fortschreitenden Taubheit sein verzweifeltes Testament. Am Fuße des Hügels heimste Johann Strauß der Jüngere in Mißachtung der väterlichen Befehle, er solle die Finger von der Musik lassen, in einem Tanzsaal, den sein Vater Jahre zuvor eingeweiht hatte, ersten musikalischen Ruhm ein. Um die Ecke liegt das hübsche, von Freunden überlassene Biedermeierhäuschen, in dem Hugo Wolf in seinen glücklicheren Tagen Dutzende seiner Goethelieder komponierte, ehe er dem Irrsinn verfiel. Und nur ein paar Straßen weiter machte Wolfs einstiger Freund Gustav Mahler an einem Winterabend des Jahres 1901 Alma Maria Schindler, der Tochter des berühmtesten Landschaftsmalers Österreichs, seinen (eher tolpatschigen) Heiratsantrag.

Mahler befand sich damals auf der Höhe seiner Macht als Direktor der Wiener Hofoper, dem angesehensten Posten, den das Habsburgerreich in der Musik zu vergeben hatte, und eine Art Durchbruch als Komponist stand unmittelbar bevor. Alma war jung, begabt und ungemein reizvoll. Alles deutete darauf hin, daß aus den beiden ein glänzendes Paar würde – doch schon nach einem Jahrzehnt war alles zu Ende. 1907 trat Mahler von seinem Posten zurück – viele behaupten, er sei dazu gezwungen worden – und ging mit Alma nach Amerika. Vier Jahre später kehrte der Schwerkranke, dessen Ehe zu zerbrechen begann, nach Wien zurück, wo er am 18. Mai 1911 wenige Tage vor seinem 51. Geburtstag starb. Vier Tage danach wurde er auf dem Grinzinger Friedhof neben seinem Töchterchen Maria begraben, das im selben Schicksalsjahr 1907 dem Scharlach und der Diphtherie erlegen war.

Mahler hatte sich ein einfaches Begräbnis ausgebeten, und alles in allem bekam er es auch. Es gab weder große Reden noch Musik. Aber trotz des strömenden Regens drängten sich an jenem sturmgepeitschten Montagnachmittag die einfachen Wiener zu Hunderten vor dem Kirchlein, in dem der Gottesdienst und die Aussegnung stattfanden. Nur die wenigsten waren gekommen, um dem Komponisten Mahler die letzte Ehre zu erweisen. Seine gigantischen Sinfonien hatten in Wien kaum Anklang gefunden, und keine einzige war dort uraufgeführt worden. Aber der Operndirektor Mahler – das war etwas anderes. In wenigen stürmischen Jahren hatte er diese Einrichtung im Herzen des Kulturlebens der Stadt auf einen Leistungshöhepunkt geführt, den sie vielleicht nie mehr erreichen wird. Viele Wiener hatten das schon erkannt, als ihr Mahler noch vorstand. Nun taten es auch seine einstigen Kritiker. Ein Mahler-Fan schrieb dazu verächtlich: »Dieselben hämischen, jede Mahler-Aufführung bespuckenden Herrschaften wollten jetzt zu dem intimen Kreis von Mahlerianern gehören.«

Für seine Freunde und – wir kommen um das Wort nicht herum – Jünger war Mahler nicht bloß der geniale Dirigent und Direktor, sondern ein großer schöpferischer Künstler, für manche gar ein Heiliger. Die Inschrift auf einem der Kränze, die zu Hunderten den Weg von der Kirche zum Grab säumten, betrauerte den »heiligen Menschen Gustav Mahler« und »das unverlierbare Vorbild seines Werkes und seines Wirkens«. Gespendet hatten ihn Arnold Schönberg, dem Mahler oft mit Rat und Geld geholfen hatte, und andere Pioniere der atonalen Schule, darunter Alban Berg und Anton Webern.

Schönberg war einer der Trauernden, die, tief unter Schirmen verborgen, langsam hinter dem Sarg herschlurften, als man ihn aus der Kapelle trug. Ein anderer war der Dirigent Bruno Walter, der ein halbes Jahrhundert lang in zwei Erdteilen um breitere Anerkennung der Mahlerschen Musik kämpfen sollte. Auch Anna Bahr-Mildenburg ging mit, vor seiner Heirat Mahlers größte Liebe, eine vielversprechende junge Sängerin, aus der er einen dramatischen Sopran ohnegleichen gemacht hatte. Auch Mahlers revolutionärer Bühnenbildner Alfred Roller, der Dichter und Bühnenautor Hugo von Hofmannsthal und der Maler Gustav Klimt, einer von Almas alten Flammen, waren dabei. Und Alma? Sie nahm nicht an der Beisetzung teil; der Arzt habe es ihr verboten, hieß es.

Nicht nur aus Wien waren die Trauernden gekommen. Mit dem Trauerzug durch den Friedhof schienen die zahlreichen Stationen von Mahlers rastlosem Leben vorbeizuziehen. Vertreter der Opern von Leipzig, Prag und Budapest gingen mit, wo Mahler die ersten Lorbeeren als Dirigent eingeheimst hatte, aus Amsterdam, wo seine Musik schon früh gepriesen wurde, aus Berlin, wo die Kritiker sie in Grund und Boden verdammt hatten, und aus München, dessen Publikum die Premiere der Vierten Sinfonie ausgepfiffen und die Uraufführung der Achten bejubelt hatte.

Es dauerte gut eine Viertelstunde, bis die Menge das Grab erreichte. Was dann geschah, mögen Skeptiker bezweifeln, aber mehrere Anwesende berichten es übereinstimmend. Als der Sarg in die Grube hinuntergelassen wurde, brach plötzlich die Sonne hervor, ein Vogel begann zu singen. Ein Augenzeuge nennt es eine vom Himmel inszenierte Szene. Deren Dramatik hätte Mahler gewiß gefallen, denn er war durch und durch Theatermann, als Komponist ebenso wie als Dirigent. Hat er nicht genau dieses Moment in seiner Zweiten Sinfonie erstehen lassen, in der nach einer stürmischen Orchesterpartie eine einsame Flöte den die Auferstehung kündenden Schlußchor einleitet?

Auf Mahlers ausdrücklichen Wunsch steht auf seinem Grabstein einzig sein Name. »Die mich suchen, wissen, wer ich war, und die anderen brauchen es nicht zu wissen«, soll er erklärt haben. Ist der zweite Teil dieses Satzes auch unbestritten, so ist doch der erste bis heute zweifelhaft. Schönberg nannte Mahler einen Heiligen, aber die Orchestermitglieder, die unter seinen Wutausbrüchen und seinem Sarkasmus stöhnten, hielten ihn für einen Teufel. Einige hatten ihm gar auflauern und einen Denkzettel verpassen wollen. Viele Zeitgenossen sahen in Mahler einen naiven Idealisten, anderen erschien er lediglich als abgefeimter Karrierist, der schnell vom jüdischen zum katholischen Glauben übergewechselt sei, um sich den Wiener Posten zu sichern. Nach vielen Schilderungen war Mahler athletisch gebaut, witzig, ein »Liebling der Frauen«, ja ein Schürzenjäger. In anderen Darstellungen, darunter nicht wenigen seiner Frau, erscheint er kränklich, komplexbeladen und introvertiert – ein Bild, das in neuerer Zeit durch die Filme »Der Tod in Venedig« von Visconti und »Mahler« von Ken Russell weite Verbreitung fand. Und was Mahlers Werk anbelangt, gibt es wohl kaum ein Attribut, mit dem es über die Jahre nicht bedacht worden wäre. Heutzutage wird es etwa so über alle Maßen gelobt, wie es vor fast einem halben Jahrhundert geschmäht worden ist.

Ein Detektiv, der alle Beweisstücke zu entwirren suchte, könnte in seiner Verzweiflung durchaus zu dem Schluß gelangen, auf dem Friedhof von Grinzing lägen mehrere verschiedene Menschen namens Gustav Mahler. Welcher ist der wirkliche?

I
Aus der Provinz ins gelobte Land

Ein Wald am frühen Morgen. Langsam hebt sich der Nebel, die Sonne blinkt verschlafen durch die Zweige, aber noch ist alles schemenhaft. Einzig die Töne scheinen halbwegs greifbar: der Ruf eines Kuckucks, ein ferner Trompetenstoß, Gelächter, die Anklänge einer Volksweise. Ein Traum nur vielleicht. Von Arkadien? Da – ein wild-fröhlicher, schenkelklopfender Tanz verrät, wo wir uns befinden: irgendwo in Österreich.

Mit dieser naturpoetischen Note beginnt Mahler seine Erste Sinfonie. Bis hierhin könnte sie fast auch von Zeitgenossen wie Antonín Dvořák oder Bedřich Smetana komponiert sein, aber dann zerschlägt Mahler die Idylle auf seine ganz eigene, unverwechselbare Weise. Die bis an die Grenzen strapazierten Instrumente parodieren mit ihrem Ächzen und Kreischen einen Trauermarsch zum Thema »Bruder Martin« (»Frère Jacques«). Jüdische Melodiefetzen mischen sich ein, verlieren sich in einem resignierten Wiegenlied, das keine wirkliche Ruhe bringt. Der letzte Satz stürmt ohne Pause heran und verjagt Idylle und Parodie mit einem triumphalen oder jedenfalls unerbittlichen Marsch. »Dall' Inferno al Paradiso« hatte ihn Mahler genannt, dann aber, wie so oft, den Titel wieder zurückgezogen. Wenn die Menschen nicht in der Musik zu erkennen vermochten, was er sagen wollte, dann halfen auch keine Worte.

Viele vermochten es nicht. »Einer von uns beiden muß verrückt sein – ich bin es nicht!« schrieb Wiens einflußreichster Kritiker Eduard Hanslick, den die scheinbar mangelnde Form und der Mischmasch der Stile aus der Fassung brachten. Andere waren noch unbarmherziger und fauchten »Kakophonie«, »Monstrositäten«, gar »jüdisches Mauscheln«.

Solch mangelnde Einsicht als Unsinn abzutun fällt heute leicht, nachdem das Werk seinen festen Platz im Repertoire erobert hat. Einen zu festen vielleicht. Häufige Wiederholung kann sehr wohl die Schockwirkung selbst dieses revolutionären sinfonischen Debüts abfedern – und man täusche sich nicht: Mahler wollte schockieren. Er empfand es als kleinen Triumph, als bei der Premiere in Budapest eine Zuhörerin beim ersten krachenden Fortissimo des Finales bestürzt aufsprang und alles, was sie bei sich hatte, zu Boden fallen ließ. Tobende Pein und trockener Humor, tiefinneres Träumen und tierhafte Fröhlichkeit, der Wille, zur Spitze vorzustoßen, was immer auch kommen mochte – schon in dieser Ersten Sinfonie häufen sich die Hinweise auf ihren Schöpfer und schon gar auf seinen vielschichtigen und oft falsch verstandenen frühen Lebensabschnitt.

Die Vielschichtigkeiten fangen bereits bei der Definition an. Der amerikanische Musiker und Pädagoge Leonard Bernstein betont dies, wenn er Mahler »einen kleinen deutsch-tschechisch-mährisch-jüdisch-polnischen Jungen« nennt. Er irrte sich mit »polnisch«, und anstatt »deutsch« hätte er »österreichisch« sagen sollen, aber ansonsten stimmt die Aussage. Mahler kam mitten aus dem explosiven Mitteleuropa. Am 7. Juli 1860 wurde er als Kind jüdischer Eltern in dem kleinen böhmischen Dorf Kalischt (Kaliště), etwa auf halbem Wege zwischen Prag und Wien, geboren. In seiner Kindheit lernte er viele tschechische Volksweisen kennen, die sich gelegentlich auch in seine Musik stahlen, und als Erwachsener scheint er das Tschechische passabel verstanden zu haben. Doch kaum war er ein paar Monate alt, zog seine Familie schon in die nächstgelegene Stadt Iglau im benachbarten Mähren.

Der Umzug in die angrenzende Provinz war eigentlich nichts Besonderes. Böhmen und Mähren besaßen weitgehend eine gemeinsame Geschichte. Einst waren sie als »Länder der

Krone des hl. Wenzeslaus« verbunden, und die Grenze zwischen ihnen blieb stets unscharf. Iglau selbst war indessen eine weitgehend deutschsprachige Enklave, denn schon vor Jahrhunderten hatte der Zustrom österreichischer und bayerischer Arbeiter eingesetzt. Hier nun verschlang Mahler die Klassiker der deutschen Literatur und vernahm zum ersten Mal deutsche Musik. Aber Iglau war natürlich nicht deutsch, sondern gehörte wie Böhmen und Mähren, Ungarn und Galizien, Kroatien, Siebenbürgen und sogar die norditalienische Lombardei zum vielsprachigen österreichischen Kaiserreich, das die Habsburger jahrhundertelang von Wien aus regierten und das zu Mahlers Zeit bereits vom Verfall bedroht war. 1866, wenige Tage vor Mahlers sechstem Geburtstag, brachten Bismarcks preußische Heere nur 150 Kilometer von Iglau entfernt bei Königgrätz den kaiserlichen Armeen eine vernichtende Niederlage bei, und ein paar Monate lang war Iglau preußisch besetzt. Ein Jahr später zerfiel das Habsburgerreich in zwei ungleiche Hälften – eine ungarische und eine österreichische –, die allerdings weiterhin den gewissenhaften und wohlmeinenden Franz Joseph I. als gemeinsamen Souverän hatten. Nach weiteren vier Jahren wurde – unter Ausschluß Österreich-Ungarns – ein vereinigtes Deutsches Kaiserreich unter preußischer Führung zur Vormacht in Europa.

So paradox es klingt: Das Europa, in das Mahler hineingeboren wurde, ähnelte dem heutigen mehr als dem zur Zeit des Eisernen Vorhangs, als Ost und West brutal gespalten waren und die sogenannten »Volksdemokratien« unter Moskaus Knute standen. Inzwischen ist Deutschland (freilich ein ganz anderes als das Bismarcksche) wiedervereinigt, und die zwei Hälften des Kontinents versuchen, trotz gewisser Anzeichen eines wiederauflebenden Nationalismus, in einer ziemlich vagen Europäischen Union zueinanderzufinden. Das Reich Franz Josephs war kaum weniger vage als der jetzige europäische Club mit Schwerpunkt in Brüssel. Zusammengehalten wurden die Millionen Deutschen und Magyaren, Tschechen und Slowaken, Polen, Serben und Slowenen im wesentlichen durch die Treue zum gemeinsamen Herrscherhaus. Diese Treue fing an zu bröckeln, als die Völker des Habsburgerreichs in wachsendem Maße ihre kulturelle und nationale Identität zu verwirklichen suchten. Die Deutschen als größte und mächtigste Gruppe fühlten sich hin- und hergerissen – zwischen Franz Joseph in Wien und dem Bismarckschen Reich.

Als Kind kann Mahler das im einzelnen kaum gewußt haben, und auch später interessierte er sich nur beiläufig für Politik. Aber die Belastungen einer im Umbruch befindlichen Welt, des allgegenwärtigen Nationalgefühls, der gleich vor der Haustür gefochtenen Schlachten, hat er bestimmt gespürt. Viel unmittelbarer noch empfand er jedoch den Druck, als Jude geboren worden zu sein.

Im späteren Leben bekannte sich Mahler »dreifach heimatlos: als Böhme unter den Österreichern, als Österreicher unter den Deutschen und als Jude in der ganzen Welt. Überall ist man Eindringling, nirgends ›erwünscht‹.« Diese oft zitierte Bemerkung ist ein wenig unredlich. Mahler war keineswegs ein willkürlich von Ort zu Ort gejagter Flüchtling. Wenn er den Aufenthaltsort wechselte, dann meist, weil ein besserer Posten winkte. Allerdings war er sich schon früh bewußt, einer unangepaßten Minderheit anzugehören, in die er ebenfalls nicht hineinpaßte. In Böhmen und Mähren, dem eindeutig fortgeschrittensten Teil des Habsburgerreiches, der ein gutes Verkehrsnetz und eine schnell aufstrebende Industrie besaß, machten die Juden nicht einmal zwei Prozent der Bevölkerung aus. Die meisten der fleißigen und relativ gebildeten Juden empfanden Deutsch als die Sprache einer großen Kultur und der Elite des Reiches, als etwas, das man beherrschen mußte, wenn man im Leben vorankommen wollte. Städte wie Iglau und natürlich vor allem Wien erschienen ihnen als das Gelobte Land, das freilich bloße Schimäre blieb, solange sich die Juden nicht frei im Reich bewegen und nach Belieben niederlassen durften. Als Mahler geboren wurde, änderte sich das dank der Liberalisierungsmaßnahmen Franz Josephs allmählich. Die Juden, darunter die Mahlers, machten sich zum langen Marsch in die Städte auf. Doch so sehr sich viele auch bemühten: In den Augen der angestammten Deutschen galten sie nicht als richtige Deutsche. Hingegen waren sie unter anderem für die immer selbstbewußter auftretenden Tschechen eine Art germanische Fünfte Kolonne.

So also sah das Umfeld aus, in dem Mahler aufwuchs, wobei allerdings Iglau selbst, in dem er die ersten fünfzehn Lebensjahre und später viele Urlaube verbrachte, recht tolerant war. Einigen Darstellungen zufolge war es nicht so sehr tolerant als vielmehr todlangweilig (der Komponist Ernst Krenek nannte es ein »Provinznest«), aber diese Urteile sind zur Hälfte übertrieben. Im Mittelalter gehörte Iglau zu den bedeutendsten Stätten des Silberbergbaus in Europa und beherbergte eine Zeitlang die königliche Münzanstalt. Später erlangte es als Leder- und Textilstadt immerhin so viel Bedeutung, daß die kaiserliche Hauptpoststraße von Wien nach Prag so verlegt wurde, daß sie über Iglau führte. Zu Mahlers Zeit war Iglau eine blühende Gemeinde mit über 20000 Einwohnern und wegen seiner guten Schulen, seiner starken Chortradition und nicht zuletzt seines riesigen Marktplatzes berühmt: Dieser war gut 300 Meter lang, von prächtig herausgeputzten Häusern gesäumt und mit zahlreichen Brunnen geschmückt. Es gab viel schlimmere Orte für eine Kindheit.

Am besten kannte Mahler die Häuser und Gassen um den Marktplatz. Dazu gehörte das deutsche Gymnasium, von dem Mahler später behauptete, er habe dort »nichts gelernt«. Das war natürlich ironisch gemeint; Tatsache ist allerdings, daß Mahler oft über seinen Schulbüchern träumte und mehr außerhalb des Klassenzimmers aufnahm als drinnen. Ebenfalls in der Nähe befand sich das Stadttheater, das immerhin das Zeug (oder jedenfalls den Ehrgeiz) besaß, Opern wie Mozarts »Don Giovanni« oder Bellinis »Norma« aufzuführen. Mit zehn Jahren gab »Maler«, wie eine Lokalzeitung schrieb, dort seinen ersten Klavierabend, bei dem er trotz des hoffnungslos verstimmten Instruments eine Ovation erntete. Um diese Zeit war er schon so etwas wie ein alter Hase. Zuerst hatte er auf ein verstaubtes altes Klavier eingehämmert, das er als Knirps bei der Abenteuersuche auf dem Dachboden der Großeltern mütterlicherseits aufgestöbert hatte. Tags darauf wurde der Kasten mit einem Ochsenkarren in Gustavs Haus geschafft, und von da an gab es für ihn kein Halten mehr. Für weitere musikalische Einflüsse sorgte die katholische Jakobskirche in Iglau. Obwohl er Jude war, durfte Mahler im Chor mitsingen und erhielt von Chorleiter Heinrich Fischer ein paar Stunden in Harmonielehre.

Gleich um die Ecke vom Theater stand eine Kaserne, aus der Mahler die ersten Trompetenrufe und Marschklänge vernommen haben muß. Vielleicht sah er sogar den Abmarsch der Truppen zum Blutbad von Königgrätz oder die Rückkehr der Verwundeten, denen die Preußen auf den Fersen waren. Jedenfalls begegnete er schon früh der Militärmusik mit einer Mischung aus Faszination und Angst. Als er etwa drei Jahre alt war, trottete er eines Tages im bloßen Hemdchen und eine Ziehharmonika an sich drückend hinter einer vorbeiziehenden Militärkapelle her, als sei sie der Rattenfänger von Hameln. Nachdem er sich gründlich verirrt hatte, willigten die Passanten erst dann ein, ihn nach Hause zu bringen, wenn er ihnen vorher die Melodie vorspielte, die er von den Soldaten gehört hatte. Etwa zur selben Zeit lenkte Mahler mit seinem feinen Ohr in der neuerbauten Synagoge (die die Nazis 1939 dem Erdboden gleichmachten) die Aufmerksamkeit einer weniger begeisterten Zuhörerschaft auf sich. Über den, wie ihm schien, häßlichen Lärm der Versammlung aufgebracht, brüllte er »Ruhe!« und stimmte zum Entsetzen der Mutter seinen Lieblingsgassenhauer an – ein teils im Polkarhythmus gehaltenes Liedchen über einen fahrenden Gesellen, der im Wirtshaus einen wilden Tanz vollführt. Unterdessen fing er an zu komponieren. Sein erstes bekanntes Stück war eine Polka mit einem Trauermarsch davor.

Nicht weit vom unteren Ende des Marktplatzes stehen die beiden Häuser, in denen die Mahlers wohnten; das erste mieteten sie bei der Ankunft in Iglau, das zweite kauften sie zwölf Jahre später. Es sind solide, geräumige, dreigeschossige Gebäude – einiges anspruchsvoller als die langgestreckte, niedrige Unterkunft mit den glaslosen Fenstern, in der die Familie in Kalischt gehaust hatte. Im ersten Stock richtete sich Vater Bernard eine recht stattliche Bibliothek ein, in der er später stolz seinen Iglauer Bürgerbrief im Glasrahmen aufhängte. Ein Dienstmädchen, ein Kindermädchen und eine Köchin halfen bei der Versorgung der riesigen Familie – alles in allem waren es 14 Kinder, von denen allerdings die Hälfte schon jung starb, darunter auch Gustavs Lieblingsbruder Ernst. Im Erdgeschoß richtete Bernard sein Geschäft ein; im wesentlichen betrieb er die Herstellung und den Verkauf alkoholischer Getränke, daneben noch eine Bäckerei. Da der Laden gut lief, eröffnete er weitere Filialen in der Stadt.

Gelegentlich kann man lesen, Bernard sei ein »assimilierter Jude« gewesen, aber dem Judentum abgeschworen hat er eindeutig nicht. Er wurde in den Vorstand der örtlichen jüdischen Gemeinde gewählt, und mindestens seine Frau und Kinder besuchten die Synagoge. Ob und wie oft Bernard mitging, weiß man nicht. Wahrscheinlich hatte er mehr – oder überhaupt nur – das Geschäft im Kopf. Reich wurden die Mahlers zwar nie, und als Student in Wien war Gustav immer in Geldnot, aber in Armut ist er nicht aufgewachsen. Schämte er sich über das, womit sein Vater den Lebensunterhalt verdiente? Ein wenig wohl schon, aber das heißt nicht, daß er sich seines Vaters geschämt hätte. 1904 bat er den Biographen Richard Specht, seinen Vater einfach als »Kaufmann« zu bezeichnen. Das hört sich wie Vertuschung an, aber man sollte bedenken, daß Specht hatte schreiben wollen, Bernard habe einen »Schank« betrieben. Es spricht einiges dafür, daß Mahler der Wahrheit näher kam.

Aber ist das so wichtig? Es erinnert sehr an die herrliche Satire »Wieviele Kinder hatte Lady Macbeth?«, in der jene Federfuchser aufs Korn genommen werden, deren Mühe uns dem Verständnis Shakespeares kein Iota näher bringt. Ein guter Freund hat zwar über Mahler gesagt, »wie ein roter Faden gehen die Eindrücke seiner Jugend durch sein Schaffen während des ganzen Lebens«, und Mahler selbst hat das Komponieren einmal mit dem Spiel mit Bauklötzchen in der Kindheit verglichen. Aber wenn man diese frühen Impressionen falsch gewichtet, führt der »rote Faden« zur Karikatur eines Komponisten, nicht aber zu Mahler.

Oft kann man hören, Mahlers Leben im Elternhaus sei die schiere Hölle gewesen. War es das wirklich? Tonangebend dafür sind die höchst lesenswerten, aber mit Fehlern gespickten Memoiren seiner Witwe Alma. Bei ihr heißt es: »Träumend ging er durch Haus und Felder, träumend zog er durch Familie und Kinderjahre. Er sah nicht die unendlichen Qualen, die seine Mutter unter der Brutalität des Vaters zu durchleiden hatte, der jedem Dienstmädchen nachlief, die zarte Frau anherrschte und die Kinder prügelte.«

Hätte Mahler wirklich nichts von den Qualen gesehen, wie konnte dann Alma davon wissen? Aber natürlich gilt Alma als unvergleichliche Quelle, und die wenigen frühen Fotos, die wir besitzen, scheinen ihr trübes Bild zu bestätigen. Da haben wir Bernard, der uns, die geballte Faust auf dem Tisch, über seinem Walroßschnurrbart anstarrt, als wolle er sagen: »Warte nur, bis ich dich erwische!« Und da haben wir den etwa sechsjährigen Gustav, der sich mit geweiteten Augen und auf die Lippen beißend ausnimmt, als wolle er gleich Reißaus nehmen. Wie leicht wird da aus zwei und zwei – fünf. Später erinnerte sich Mahler in einer beiläufigen Bemerkung der Sitzung beim Fotografen. Todesangst habe ihn erfaßt, weil er meinte, gleich werde man ihn packen, in die Kamera stecken und dann auf ein Stück Karton kleben.

Gewiß war Bernard kein Heiliger, aber nach allem, was wir wissen, war er auch kein Teufel. Er war grob und ehrgeizig, energisch und stur bis zum Überdruß. Nicht wenig davon hatte er von seiner Mutter geerbt, einer eigensinnigen alten Wachtel, die noch mit 80 Jahren mit einer schweren Schachtel von Tür zu Tür wanderte und Stoffe feilbot. Sie soll sogar einmal, als sie sich zu Unrecht mit einer Geldbuße belegt glaubte, nach Wien gezogen sein und sich bei Franz Joseph höchstpersönlich eine Audienz verschafft haben, woraufhin die Strafe erlassen worden sei. Die Geschichte ist sicher erfunden, aber da sie so gut zu dieser Frau paßt, wird sie immer wieder erzählt.

Auch Bernard betätigte sich als Hausierer, aber eine Stufe höher als seine Mutter, denn er zog mit Pferd und Wagen los. In der Annahme, Wissen sei Macht, verschlang er unterwegs in den Mußestunden Buch um Buch, lernte sogar Französisch. Als er 1857 die zehn Jahre jüngere, 19jährige (meist Marie genannte) Seifensiedertochter Maria Hermann ehelichte, war das beiderseits alles andere als eine Liebesheirat. Sie zog den Fuß nach und hatte ein schwaches Herz, aber die Verbindung dürfte für Bernard einen gesellschaftlichen Aufstieg und eine Mitgift bedeutet haben. Das erste Kind, Isidor, starb bald nach der Geburt 1858. Als zweites kam Gustav zur Welt.

Ein autoritärer Vater, eine leidende, unentwegt schwangere Mutter, Brüder und Schwestern, die eins nach dem andern im Sarg hinausgetragen wurden – das war leider im 19. Jahrhundert ein nur allzu bekanntes Bild. Es bedeutet nicht zwangsläufig, daß die Kinder psychisch verkrüppelt aufwuchsen, und erst recht nicht, daß der Umweltdruck aus ihnen große, schöpferische Künstler gemacht hätte. Dennoch verführt der familiäre Hintergrund Mahlers (manche unwiderstehlich) dazu, ihn und seine Musik über die Couch des Psychiaters ergründen zu wollen. Kein Geringerer als Sigmund Freud tat genau das; zumindest versuchte er sich auf einem Spaziergang von wenigen Stunden durch die Stadt Leiden in Holland im Jahre 1910 an einer Kurzanalyse. Was dabei herauskam, war unschwer vorherzusagen. Freud kam zu dem Schluß, Mahler habe einen Marien-Komplex (eine Mutterbindung), und grub einen frühen Vorfall aus, der das Wesen von Mahlers Werk weitgehend zu erklären schien. Mahler soll geschildert haben, wie er nach einer »besonders schmerzlichen Szene« zwischen seinen Eltern aus dem Haus gerannt sei und nun zufällig aus einer Drehorgel die wimmernden Klänge von »Ach du lieber Augustin« hörte.

Daher, so sagt man uns, habe sich ihm der kräftige Kontrast zwischen Tragik und Banalität fürs ganze Leben eingeprägt. Nach dem Freud-Biographen Ernest Jones soll Mahler sogar »plötzlich gesagt haben, jetzt verstehe er, warum es ihm nie gelungen sei, mit seiner Musik die höchste Vollkommenheit zu erreichen. Noch in die edelsten, würdevollsten und von den tiefsten Gefühlen inspirierten Stellen drängten sich stets irgendwelche banalen, alltäglichen Melodien.«

Mit dieser Geschichte läßt sich natürlich herrlich spekulieren, aber das wäre gefährlich. Sie stammt nämlich aus einer Zusammenfassung, die Jones von einem unveröffentlichten Brief gemacht hat, den Freud 1925 einer Vertrauten schrieb. Gibt der Brief wirklich das wieder, was fünfzehn Jahre früher in Leiden gesprochen worden war? Gewiß steht in Mahlers Werk das Tragische oder Edle gleich neben dem Banalen. Nicht zuletzt deswegen ist es ja so dicht und für Mahlers Bewunderer und Gegner gleichermaßen denkwürdig. Sehr viel schwerer fällt es indes zu glauben, daß Mahler darin wirklich etwas Unterbewußtes sah, das ihn daran hinderte, »mit seiner Musik die höchste Vollkommenheit zu erreichen«. Sicher war er als Komponist selbstkritisch, stellte er unentwegt seine Orchestrierung um und verlangte dasselbe sogar von den Dirigenten nach seinem Tod, wenn sie das Gefühl hätten, irgend etwas klinge falsch. Aber weder vor noch nach der angeblichen Offenbarung in Leiden deutet irgend etwas darauf hin, daß er versucht hätte, »Banalitäten«, die sich in sein Werk eingeschlichen hätten, herauszustreichen. Im Gegenteil: Vieles deutet darauf hin, daß er sehr wohl wußte, was er tat, als er sie hineinschrieb.

Freuds Bemerkung über den »Marien-Komplex« hat nicht wenig dazu beigetragen, daß sich eine verzerrte Sicht des Verhältnisses Mahlers zu seinen Eltern hartnäckig gehalten hat. Trotz des »Träumens«, von dem Alma berichtet, machte sich Mahler keinerlei Illusionen über den wirklichen Zustand der Beziehungen zwischen Bernard und Marie. »Sie paßten so wenig zueinander wie Feuer und Wasser«, sagte er zu einer Freundin, als er Mitte Dreißig war. »Er war der Starrsinn, sie die

Sanftmut selbst.« Unumwundene Worte, aber längst nicht genug, um die häufige Mutmaßung zu untermauern, Mahler habe seinen Vater gehaßt und sich so sehr mit seiner Mutter identifiziert, daß er sein Leben lang unbewußt ihr Hinken nachgeahmt habe. In Mahler steckte nachweisbar vieles von beiden Eltern, von Bernard keineswegs weniger als von Marie. Er brauchte kein Drehorgelerlebnis, um die Qual eines starken Gegensatzes in sich aufzunehmen. Dieser war nämlich schon vorhanden. Der Kampf zwischen Feuer und Wasser war gewissermaßen schon bei der Geburt in Mahler verankert und hat nie zu toben aufgehört.

Mahler sprach immer liebevoll von seiner Mutter und sagte, im bittersüßen (vielleicht seinem lieblichsten) Adagio der Vierten Sinfonie habe er sie unter Tränen lächelnd dargestellt. Doch als man ihm 1889 sagte, sie stehe an der Schwelle des Todes, verließ er weder die Vorstellung, die er an diesem Abend gab, noch scheint er einige Tage später zu ihrer Beisetzung gefahren zu sein (obwohl er zuvor im selben Jahr der seines Vaters beigewohnt hatte). Sicherlich hat ihn die Trauer befallen, aber er verdrängte seine Gefühle, weil seine Pflichten vorgingen. Das beweist weder Gefühllosigkeit noch eine »Mutterbindung«.

Was das Nachahmen des Hinkens der Mutter anbelangt, so gehört das in eine schwergewichtige Akte mit der Aufschrift »Die großen Mahler-Mythen«. Mahler besaß eine sehr eigenartige, sprunghafte Gehweise, die niemandem, der ihn sah, verborgen bleiben konnte. Manche sprachen von einem nervösen Muskelzucken, aber dem widerspricht die Aussage seiner Tochter Anna Mahler, die als Kind oft mit ihm spazierenging. Danach hat Mahler alle paar Schritte einfach den Gehrhythmus gewechselt. Warum, weiß man nicht. Vielleicht gingen ihm die für sein Werk so charakteristischen Passagen der abrupt wechselnden Rhythmen und Tempi durch den Kopf. Jedenfalls war diese rhythmische Eigenart nicht auf seine Gehweise beschränkt. So berichtet ein entnervter Ruderkamerad, Mahler habe unablässig und ohne Vorwarnung seinen Schlagrhythmus geändert und dann die andern für die daraus entstehende Verwirrung verantwortlich gemacht.

Sicher empfand Mahler für seinen Vater andere Gefühle als für seine Mutter. Aber Haß? Als Mahler nach Bernards Tod während seiner Dirigentenzeit in Hamburg einem Besucher seine Wohnung zeigte, sagte er zu ihm: »... auf diesem Stuhl pflegte mein guter Vater zu arbeiten.« Vielleicht war »guter Vater« nur eine Floskel. In ihren Briefen sprachen die Mahler-Kinder oft vom »lieben Vater«, selbst wenn sie wegen irgendeiner wirklichen oder vermeintlichen väterlichen Missetat innerlich tobten. Aber wenn Mahler seinen Vater verabscheute, hätte er dann diesen abgesessenen Lehnstuhl durch die Gegend gekarrt? Das dürfte eher ein Zeichen, wenn nicht der Liebe, so doch einer gewissen Dankbarkeit und Hochachtung sein. Immerhin war es Bernard, der Gustav ermuntert hatte, mit dem Klavierspielen fortzufahren – wohl in der Hoffnung, aus dem Sohn würde ein goldspinnender Virtuose –, und der ihn später am Wiener Konservatorium studieren ließ, wenn er auch offenbar wenig zu den Studiengebühren beisteuerte. Als der junge Gustav in einer Familie, bei der er in Prag wohnen sollte, schlecht behandelt wurde, stürmte ein zorniger Bernard herbei, packte die Sachen des Sohnes und nahm ihn wieder nach Hause. Zwar hatte er Gustav, ohne es zu wissen, zunächst in die Schwierigkeiten gebracht, aber als er erfuhr, was da vorging, reagierte er mit typischer Eile.

Vom Vater hat Mahler unter anderem einen verzehrenden Ehrgeiz und einen unerschütterlichen Willen geerbt. Sonst hätte er es im Leben wohl kaum weiter als zum Dirigenten der Chorgemeinde von Iglau gebracht. Wie sein Vater war auch er wenig zimperlich. Schon mit sechs oder sieben Jahren gab er Klavierstunden für etwa fünf Kronen die Stunde und bedachte seine Schüler für jede falsche Note mit harten Kopfnüssen. Später, als Klavierbegleiter, trat er dem Armen, der die Notenseiten zu wenden hatte, warnend vors Schienbein. Der Seitenwender beschloß, einfach dagegen zu treten. »Du Schweinehund«, schrie Mahler, wenn das Stück zu Ende war.

Mahler besaß auch Wesenszüge, die Bernard nicht hatte – diplomatisches Gespür, die Fähigkeit, hinter den Kulissen Fäden zu ziehen, und eine Bereitschaft zu kriecherischer Schmeichelei, wenn sie seinen Zwecken dienlich schien. Hätte er es gewollt – er hätte es in der Politik weit gebracht. Auch als Schriftsteller hätte er etwas werden können. Schon früh schmökerte er in der väterlichen Bibliothek in Iglau, und später wurde er zu einem wahren Bücherwurm, der über Cervantes' »Don Quixote« Tränen lachte, Dostojewski (vor allem »Die Brüder Karamasow«) verschlang und die deutschen Klassiker in sich hineinfraß.

Sein Leben lang hat er Tausende von Briefen geschrieben. Hunderte sind erhalten geblieben; sie sind oft nachdenklich, lebhaft, komisch. In seinen Zwanzigern riet ihm ein väterlicher Freund, anstatt zu komponieren doch lieber zu schreiben, denn: »Ich wüßte niemand, der, unbeschwert von allen Schulausdrücken, mit dieser souveränen Beherrschung des Wortes und diesem durchdringenden Scharfblick über alles Psychologische sich ausspricht.« Mahler entgegnete ihm lachend: »Mein lieber Eckermann, das hilft alles nichts! Ich muß nun einmal komponieren!«

Sein Leben spielte sich keineswegs in der Studierstube bei Büchern und Musik ab. Obwohl klein von Gestalt und eher bläßlich, hatte der junge Gustav massenhaft Freunde und verbrachte viel Zeit bei andern. Kamen seine Kameraden zu ihm nach Hause, um im Hof oder Keller zu spielen, dann war es nicht selten Gustav, der den Ton angab und neue Spiele vorschlug. Im Sommer planschte er stundenlang mit Freunden in den städtischen Bädern oder wanderte über die nahe gelegenen böhmisch-mährischen Höhen – voller Schönheit und Geheimnis mit ihren dichten Wäldern, ihren Bächen, Burgen und alten Hügelgräbern.

Voller Musik auch. Es ist schwer zu ergründen, warum ein Gebiet mit einem Radius von nur etwa 250 Kilometern im Umkreis von Mahlers Geburtsort eine so reiche Ernte an Komponisten hervorgebracht hat: Smetana, Dvořák, Janáček und Suk im 19., Krommer, Dušek und die Brüder Wranitzky im 18. Jahrhundert und Dutzende andere, oft höchst produktive. Dafür gibt es zahlreiche Gründe, angefangen von musikliebenden Adligen bis hin zum besonderen Können der Lehrer und Instrumentenbauer. Aber hat die Antwort nicht auch mit der geheimnisvollen Schönheit der Landschaft selbst und den ihr eigenen Tönen zu tun? Im Falle Mahlers besteht daran jedenfalls kein Zweifel. »Nichts als Naturlaute«, beschrieb er einmal (ziemlich übertrieben) sein Werk. Er hätte wenigstens hinzufügen sollen: »und die Töne von Menschen in der Natur« wie etwa der ferne Ruf des Posthorns, den er als Kind so oft vernahm. Manchmal begegneten sich zwei Postkutschen, und jeder der beiden Virtuosen versuchte den andern auszustechen, indem er einen strahlenden Hornruf nach dem andern in die Natur hinausschmetterte, der von den Hügelwänden widerhallte. Solche Episoden bringt Mahler vor allem im Scherzando seiner Dritten Sinfonie zu Gehör. Er tut es mit tiefer Nostalgie. Bald sollte die Welt die Postkutschen und ihre überschwenglichen Bläser nicht mehr brauchen.

Weitere Nahrung bezog der werdende Komponist aus den kleinen ländlichen Musikkapellen, die meist nur aus ein paar Streichern sowie Klarinette, Trompete oder Dudelsack bestanden. Oft zog Mahler aus, um sie zu hören. Sein Freund Friedrich (Fritz) Löhr, der einmal dabei war, erinnert sich: »Ja, das war Tanz, Rhythmus, daß Herz und Sinne einem wie im Rausche bebten. Lebenslust und Leid verhallten wie der tiefe Ernst auf den Gesichtern der Mädchen, die das Haupt zur Brust des Tänzers gesenkt, die runden fast bloßen Glieder von mehreren bunten Röcken hoch umkreist, fast feierlich gemessen sich schwangen. Lebenslust und Leid zusammen.« Mit diesen Worten hätte Löhr genausogut zahllose ambivalente Passagen in Mahlers Musik beschreiben können.

Das Bild von Mahler dem einsamen Träumer ist also nicht falsch, sondern lediglich unvollständig. Alma erzählt, wie Bernard einmal Gustav auf einen Waldspaziergang mitnahm, dann unversehens aus irgendeinem Grunde nach Hause zurückmußte. Mit anderen Dingen beschäftigt, vergaß er ganz, daß er den Sohn zurückgelassen hatte. Stunden später, die Nacht war schon angebrochen, fand er Gustav immer noch an derselben Stelle sitzend vor, furchtlos in Betrachtung vertieft. An dieser Stelle braucht man Almas Erzählung nicht anzuzweifeln, denn über die Jahre berichten zahllose andere Zeugen ähnliches – vom geistesabwesenden Mahler, der seinen Tee mit der Zigarette umrührte; vom in sich versunkenen Mahler, der in einem stehenden Zug endlos auf eine Partitur starrte und gar nicht merkte, daß die Lokomotive abgekoppelt worden war; vom sprunghaften Mahler, der aus unersichtlichem Grund im Nu von Redseligkeit in Schweigen verfiel; vom schöpferischen Mahler, der sich in einsamen Hütten verschloß und »Ich bin der Welt abhanden gekommen« schrieb – eines seiner, ja überhaupt der schönsten Lieder.

Und kennten wir keine dieser Geschichten – allein in drei frühen Briefen liefert uns Mahler ein recht abgerundetes Selbstporträt. Der eine, sehr lange und durchaus effekthascherische, galt einem befreundeten Studenten, als Mahler noch nicht ganz 19 Jahre alt war und in einem Dorf in Ungarn bei einer Familie Klavier unterrichtete. Es war ein einsamer Ort. Oft kletterte Mahler bei Sonnenuntergang in der Heide auf eine Linde, ließ den Blick über die Donau schweifen und lauschte dem melancholischen Quaken eines Froschs im Schilf. In seinem Brief erinnert er sich traurig an seinen toten Bruder Ernst (Mahler hatte die Arbeit an einer Oper namens »Herzog Ernst von Schwaben« begonnen, sie aber wieder aufgegeben), tobt wegen »unserer modernen Heuchelei und Lügenhaftigkeit« in Kunst und Leben, fragt: »Wo ist dann ein anderer Ausweg als Selbstvernichtung?« und endet: »O meine vielgeliebte Erde, wann, ach wann nimmst du den Verlassenen in deinen Schoß; sieh! Die Menschen haben ihn fortgewiesen von sich, und er flieht hinweg von ihrem kalten Busen, dem herzlosen, zu dir, zu dir! O, nimm den Einsamen auf, den Ruhelosen, allewige Mutter!«

Kaum ein Brief Mahlers wird so oft zitiert wie dieser. Man

glaubt, er offenbare schon zu diesem frühen Zeitpunkt zahlreiche Züge des zur Reife gelangten Komponisten – entwurzelt, einsam, introvertiert, naturtrunken, fast selbstmörderisch. Einige Kommentatoren entdecken in ihm unheimliche Verquickungen mit »Das Lied von der Erde«, einem von Mahlers drei Jahrzehnte später geschriebenen Abschiedswerken. Das alles ist nicht völlig von der Hand zu weisen. Doch wenige Monate nach diesem Brief schreibt Mahler in den Nöten einer unglücklichen Liebesaffäre mit Josephine Poisl, der Tochter des Iglauer Telegraphenmeisters, einem anderen Studienfreund. Dieser Brief ist weniger bekannt.

»Lieber Freund, ich habe mich in den süßen Ketten des Götterlieblings gar arg verstrickt – der Held nun ›seufzt er, ringt die Hände, stöhnt und fleht‹ etc. etc. Ich habe wirklich die Zeit meistens damit verbracht, daß ich auf die verschiedenste Weise in den süßen Schmerzen gewühlt, bin mit ›ach‹ aufgestanden und mit ›o‹ schlafen gegangen. [...] Meine Augen sind wie ausgetrocknete Zitronen – auch nicht ein Tropfen steckt mehr darin.« Nachdem er so seinem Herzen Luft gemacht hat, fügt Mahler ein PS an: »Wenn Du kannst, so pumpe mir fünf Spieße, aber nur dann, wenn ohne jede Schwierigkeit«, dann ein PPS: »Diesen Brief trage ich schon 2 Wochen lang bei mir in der Tasche herum. Antworte *sofort!*«

Welch andere Tonart – wieviel sachlicher, wie absichtlich anders. In diesem Brief schreibt Mahler: »Ich habe mich gezwungen, einen heiteren Pastoralstil anzunehmen, um nicht in das alte abgedroschene Lamento hineinzufallen.« So sehr er leidet, und zweifellos tat ihm die unerwiderte Liebe in Iglau nicht weniger weh als sein »Weltschmerz« in Ungarn – Mahler zwingt sich mit einer kräftigen Dosis Ironie heraus. Offenbar reichte zwar seine Selbstdisziplin nicht so weit, daß er den Brief sofort einwarf, aber vielleicht hatte ja das bloße Schreiben des Briefes seinen eigentlichen, kathartischen Zweck schon erfüllt. Vielleicht auch hatten drei Lieder, die er etwa zu jener Zeit Josephine widmete, eine ähnliche Wirkung.

Als er diese beiden Briefe schrieb, hatte Mahler bereits das

Wiener Konservatorium verlassen. Vier Jahre vorher, 1875, hatte er sich noch danach gesehnt, dorthin gehen zu dürfen, und nach Verbündeten Ausschau gehalten, die ihm helfen sollten, den zögernden Bernard zu überreden. Mit Gustav Schwarz, dem Verwalter eines Gutes im mährischen Norden von Iglau, der ihn am Klavier gehört und gesagt hatte, er müsse Musik studieren, traf er dabei buchstäblich ins Schwarze. Da, wie er wußte, Schwarz als Gutsverwalter genau der Richtige wäre, auf den sein Vater hören würde, schrieb ihm Mahler (drittes Beispiel) einen Brief, der für einen Burschen seines Alters ein Glanzstück der Diplomatie war. In höflichste Floskeln eingebettet erklärte Mahler, sein »lieber Vater« zögere mit der Billigung »unseres Projektes«, weil er befürchte, in Wien könne Gustav die akademische Arbeit vernachlässigen und in schlechte Gesellschaft geraten.

»Und wenn er auch, wie es mir scheint, sich zu unserer Seite hinneigt«, fuhr Mahler fort, »so müssen Sie doch bedenken, daß ich im Kampfe gegen die Übermacht so vieler ›verständiger u. gesetzter Leute‹ ganz allein auf mich angewiesen bin. Deshalb bitte ich Sie, uns Samstag, 4. September, die Ehre Ihres Besuches zu schenken, denn nur durch Sie kann der Vater ganz gewonnen werden.« Schwarz kam, und Bernard gab nach, bestand jedoch darauf, daß Mahler neben seiner Musik in Wien auch seine Arbeit als Externer an der Schule in Iglau fortsetze.

Über den weiteren Verlauf gibt es zwei Versionen. Die eine besagt, Bernard habe Mahler nach Wien mitgenommen, um sich bei Julius Epstein, Professor für Klavier am Konservatorium, fachkundigen Rat zu holen. Epstein berichtet, er sei aus der Vorlesung gekommen, habe Mahler höchstens ein paar Minuten spielen hören, und »[ich] empfand sofort, daß ich den geborenen Musiker vor mir hatte. Das sagte ich auch dem Vater und setzte hinzu: ›Der wird Ihre Fabrik nicht übernehmen.‹ [...] Nun, mich hat gottlob meine damalige Ansicht über das ganz hervorragende Talent Gustav Mahlers nicht getäuscht.« Die Geschichte wirkt anrührend, wenngleich Epstein sie erst vier Jahrzehnte später erzählte, als er schon fast 80 war. Die zweite Version stammt von Schwarz, der Mahler in Baden bei Wien Epstein vorgestellt haben will. Folgt man Schwarz, so war der Professor von Mahlers Pianokünsten ganz und gar nicht beeindruckt, erkannte jedoch dessen Talent, als der Junge zum Schluß einige seiner eigenen Stücke spielte.

Welche Version auch immer die richtige sein mag (vielleicht gab es in Wirklichkeit zwei Besuche, nämlich einen des immer noch skeptischen Bernard im Anschluß an Schwarz' Besuch bei ihm zu Hause) – es läuft auf dasselbe hinaus. Mahler schrieb sich am 10. September, zwei Monate nach seinem 15. Geburtstag, am Konservatorium ein.

Generell dürften in Wien jedem Provinzler die Augen übergegangen sein, schon gar einem allen Eindrücken aufgeschlossenen jungen Mann. In blinder Verkennung der düsteren Zeichen der Zeit befand sich die Hauptstadt 1875 mitten in einem gewaltigen Bauboom, als sollte das Habsburgerreich ewig währen. Auf Franz Josephs Befehl waren die Befestigungsanlagen um die Altstadt abgerissen worden, um für einen von großartigen neuen Gebäuden gesäumten, breiten, dreigliedrigen Ring Platz zu schaffen. Keine Kosten wurden gescheut. Allein bei der Errichtung eines neuen Gebäudes für das (allerdings machtlose) Parlament fanden nicht weniger als 20 verschiedene Marmorarten Verwendung. Das neue Burgtheater – weniger Theater als vielmehr Tempel des deutschen Dramas – wurde mit Halbedelsteinen verziert. Im sechs Jahre zuvor eröffneten »k. k. Hofoperntheater« erglühten gold- und cremefarbene Filigranarbeiten im Schein von 4000 Gaslampen. Draußen sprühten Springbrunnen frisches Wasser, das im Rahmen eines neuen Bewässerungssystems direkt von den Bergen nach Wien floß.

Der Bau des »Rings« bot natürlich den Wienern alle Chancen zur Ausübung ihres Lieblingssports – Granteln. Die Kaffeehäuser schwirrten nur so von Klagen über die ständig steigenden Kosten, den miserablen Straßenbau und – zumal in einer Stadt, in der Kultur mehr galt als Anstand – die abstoßende Anlage. Die bösartige Kritik trieb einen der beiden Architekten der Oper in den Selbstmord. Der andere verschied kurz darauf an Herzversagen. Dennoch: Der neue Boulevard stand in nichts hinter denen zurück, die der vielbewunderte Baron Haussmann zur gleichen Zeit für Paris plante. Selbst Adolf Hitler berichtete drei Jahrzehnte später über seinen Besuch als Teenager in Wien in einem seltenen Anflug von Poesie: »Die ganze Ringstraße wirkte auf mich wie ein Zauber aus Tausendundeiner Nacht.«

Sofern Mahler ebenso beeindruckt war, ist das nirgends belegt. Das mag daran liegen, daß diese Zeitspanne seines Lebens ohnehin wenig dokumentiert ist. Andererseits zeigte Mahler, jedenfalls bis zu seiner Heirat 1902, wenig Interesse für die bildenden Künste, verachtete sie sogar als der Musik weit unterlegen. Ein 1890 über seinen ersten Florenzbesuch geschriebener Brief läßt nirgendwo erkennen, daß er dort auch nur ein einziges Gemälde gesehen hätte. Rom blieb ihm vor allem wegen seines gräßlichen Orchesters in Erinnerung. Vielleicht also hielt Mahler wirklich nicht viel vom architektonischen Glanz Wiens, nicht einmal vom neoklassizistischen Gebäude des Musikvereins in der Nähe des Rings, in dem das Konservatorium soeben eine neue Bleibe gefunden hatte und wo er so viel Zeit verbringen sollte.

Sicherlich darf man annehmen, das der Student Mahler die Hofoper besucht hat, deren Leitung er zwei Jahrzehnte später triumphal übernehmen sollte. Aber das vorliegende Material, darunter auch Berichte, daß er, als er zu dirigieren anfing, viele Opern überhaupt erst von Null an erlernen mußte, deutet darauf hin, daß seine Opernbesuche in jenen frühen Tagen eher selten waren. Manchmal wird das seinem chronischen Geldmangel zugeschrieben, und es stimmt ja auch, daß er sich kaum einmal ein richtiges Essen leisten konnte. Unablässig wechselte er von einer schäbigen Unterkunft zur nächsten, wobei er geistesabwesend in jeder einige Kleidungsstücke liegenließ – sehr zum Kummer seiner Mutter, die ihn mahnte, bald habe er überhaupt nichts mehr anzuziehen. Zur Abhilfe schickte ihm

Bernard einen so hoffnungslos überdimensionierten grünen Mantel, daß er über den Boden schleifte, wenn Gustav ihn anzog. Trotzdem: Die meisten Konservatoriumskollegen Mahlers waren genauso arm, gingen aber dennoch in die Oper. Hugo Wolf beispielsweise verbrachte einen Großteil seines Studentendaseins mit Anstehen für die Vierte Galerie (den »Olymp«) und schrieb ekstatische Briefe nach Hause, vor allem über sein Idol Richard Wagner.

»Der Meister von Bayreuth« hatte seit 1832 sporadisch Wien besucht und dort riesige Schulden aufgehäuft, was erklären hilft, warum er nicht öfter herkam. Seine revolutionäre Musik, abweisende Persönlichkeit und bissigen Schriften über Kunst und Leben spalteten die Stadt in sich bitter befehdende Lager. Es ist bezeichnend, daß Wagner 1861 in Wien mit seinem »Lohengrin« einen gewaltigen Erfolg verbuchte, sein späteres – und für seine Kritiker abscheulich dissonantes – Werk »Tristan und Isolde« aber nach über 70 Proben als unspielbar abgesetzt wurde. Als er 1875 wiederkam, um Konzerte zu dirigieren und die Produktion des »Tannhäuser« zu überwachen, schlug die Schlacht um ihn noch höhere Wogen, wenn das überhaupt möglich war. Zu den Gegnern, die sich um den ehrwürdigen Johannes Brahms scharten, gehörte auch der Kritiker Hanslick, den Wagner in »Die Meistersinger« als pedantischen Beckmesser verunglimpfte sowie ein Großteil der alten Garde des Konservatoriums. Zu den Anhängern zählte auch Anton Bruckner (merkwürdigerweise, denn der bescheidene und demütige Komponist und Lehrer taugte kaum für irgendwelche irdischen Konflikte) und eine Vielzahl von Musikstudenten – vor allem Hugo Wolf. Befand sich Wagner in der Stadt, hielt sich Wolf stundenlang in dessen Nähe, nur um den Kutschenschlag aufreißen zu können, wenn der große Mann das Hotel verließ und zur Oper fuhr. Danach hastete Wolf den Ring entlang, um ja wieder zur Stelle zu sein und den Schlag aufreißen zu können, wenn Wagner eintraf.

Mit derartigen Gesten verlor Mahler seine Zeit nicht, obwohl auch er dem Bann Wagners verfiel, manchmal mit schmerzlichen Folgen. Als er einmal mit Wolf und einem anderen Musikstudenten, Rudolf Krzyzanowski, in der gemeinsamen Behausung Teile aus der »Götterdämmerung« zu grölen begann, warf eine wütende Hauswirtin sie auf die Straße und verriegelte hinter ihnen die Tür. Doch auch dieser Anflug von Begeisterung für Wagners Musik beweist nicht, daß Mahler etwa darauf aus war, sich Wagners Werke – oder auch die irgendeines anderen – in der Oper anzuschauen, schon gar in der statischen, einfallslosen Regie, die damals mindestens so gang und gäbe war wie heute. Selbst beim Anhören oder Dirigieren von Sinfoniekonzerten klaffte zwischen dem, was er hörte, und dem, wie die Partitur für sein inneres Ohr klang, ein gähnender Abgrund. In der Oper war die Kluft zwischen dem, was die Musik nach seiner Meinung ausdrückte, und dem, was auf der Bühne vor sich ging, noch tiefer. Das erklärt zum Teil seine lebenslange Empörung über das Operngeschäft im allgemeinen und hilft bei der Beantwortung der Frage, warum er nach ein paar ersten Versuchen nichts mehr für dieses Genre schrieb. Seinerseits empfand Wagner die konventionellen Opernhäuser ähnlich wie Mahler, zog daraus aber eine andere Konsequenz, indem er nämlich das Bayreuther Festspielhaus schuf, um wenigstens seinen eigenen Werken die Bühnentechnik und Akustik zu verschaffen, die sie seiner Meinung nach verdienten.

Hier haben wir es mit einer dreifachen Ironie des Schicksals zu tun. Mahler verachtete viel an der Oper, dirigierte sie aber, nicht zuletzt Wagner, ganz hervorragend. Bayreuth war ein Theater, das er wirklich bewunderte, aber wegen des Antisemitismus von Wagners Witwe Cosima hat er nie dort dirigiert. Als drittes hat Mahler zwar in den drei Jahren am Wiener Konservatorium allerlei Fertigkeiten erlernt, nie aber das Dirigieren. Damals gab es dafür noch keine Ausbildung, obwohl die Orchester inzwischen viel größer und die Partituren einiges komplizierter geworden waren. Dirigent wurde, wer eine breitgefächerte Musikkenntnis, Führungsqualitäten und möglichst auch eine gewisse Praxis aufweisen konnte. Es gab ein Konservatoriumsorchester, in dem Mahler am Schlagzeug saß, aber nirgendwo ist belegt, daß er mal den Dirigentenstab ergriffen hätte. Wenn er es überhaupt getan hat, war das Ergebnis wohl nicht erwähnenswert.

Was also hat Mahler gelernt? Bei weitem nicht so viel, wie er hätte lernen sollen, wenn man dem fünf Jahre älteren Guido Adler glauben darf, der ihm mehr als drei Jahrzehnte lang ein vertrauter, aber durchaus kritischer Freund war. Seltsamerweise begegneten sich die beiden erst in Wien, obwohl Adler hoch musikalisch war und aus einer jüdischen Familie in Iglau stammte. Als Mahler ins Konservatorium eintrat, hatte Adler es schon verlassen, war aber in Wien geblieben und studierte Musik an der Universität. Irgendwann in der zweiten Hälfte der siebziger Jahre kreuzten sich dann die Wege der beiden Iglauer. Adler schreibt: »So gute Lehrer er [Mahler] da im Klavierspiel und Harmonielehre hatte, so war doch die Anleitung in den höheren theoretischen Fächern (in Kontrapunkt und Komposition) nichts weniger als tiefgründig und zweckentsprechend. Das Talent mußte sich über tiefe lückenhafte Ausbildung hinwegheben, und Mahler konnte erst in viel späteren Jahren diese Mängel durch eisernen Fleiß und unentwegtes Selbststudium beheben.«

Das klingt hart, aber Adler neigte keineswegs zur Übertreibung. Fest steht, daß Mahler von den meisten Lehrkräften am Konservatorium wenig hielt und damit auch nicht hinter dem Berg hielt. Sein Harmonielehrer Robert Fuchs komponierte freundliche Orchesterserenaden und bemerkte später verblüfft, Mahler habe dauernd geschwänzt und dennoch alles gewußt. Den Kontrapunkt erlernte Mahler (nach Adler eher nicht) bei Franz Krenn, einem trockenen Pauker, dessen todlangweiliger Unterricht mit daran schuld war, daß Wolf sein Konservatoriumsstudium vorzeitig abbrach. Auch Mahler erklärte, er höre auf, aber da er einiges zielbewußter war als der zu Ausbrüchen neigende Wolf, schrieb er bald darauf an den

Direktor Joseph Hellmesberger einen unterwürfigen Brief und bat um Wiederaufnahme. Hellmesberger war einverstanden; dennoch dürfte sich Mahler seiner nicht mit besonderer Zuneigung erinnert haben. Zwar spielte Hellmesberger die erste Geige in einem schönen Streichquartett, das Mahler mit Sicherheit gehört und bewundert hat, aber gleichzeitig war der Direktor ein wütender Antisemit. Als Mahler in der Partitur einer zur Aufführung durch das Konservatoriumsorchester bestimmten Sinfonie Kopierfehler machte, schmiß Hellmesberger sie zu Boden und weigerte sich auch dann noch, sie zu dirigieren, als die Fehler bereinigt waren. Daraufhin komponierte Mahler prompt eine Klaviersuite als Ersatz, die, wie er später bemerkte, »weil sie eine flüchtige und schwächere Arbeit war, prämiiert wurde, während meine guten Sachen vor den Herren Preisrichtern durchfielen«.

Nur zwei seiner Lehrer beeindruckten Mahler wirklich. Der eine war der schon erwähnte elegante Pianist und Verleger von Schuberts Klavierwerken, Professor Epstein, der ihn fürs Konservatorium empfohlen hatte und bald sein Mentor und Freund wurde. Als Mahler beim Verwaltungsrat des Konservatoriums schriftlich um Erlaß sämtlicher Studiengebühren bitten mußte, fügte Epstein ein Postskriptum hinzu, in dem er sich bereit erklärte, für die Hälfte der fälligen Summe zu bürgen. Desgleichen verhalf er seinem armen Studenten zu Klavierschülern, darunter seinem eigenen Sohn. Mahler zeigte sich entsprechend dankbar. Als er das Konservatorium schon längst verlassen hatte, schrieb er immer noch Briefe an seinen alten Lehrmeister, in denen er ihm mitteilte, seine Karriere lasse sich gut an, und trocken hinzufügte, er sei noch genauso eingebildet wie früher.

Unter Epsteins wachsamem Auge entwickelte sich Mahler zu einem hervorragenden Pianisten, der schon im ersten Studienjahr mit der Teilaufführung einer Schubert-Sonate den ersten Klavierpreis holte. Hätte er als Konzertpianist Karriere machen können? Vier im Jahre 1905 aufgenommene Grammophonwalzen mit Klavierauszügen seiner Lieder und Sinfonien

– die einzigen erhalten gebliebenen Tonaufnahmen von Mahler als Interpret – lassen Zweifel daran aufkommen. Sie bieten zwar unentbehrliche Hinweise auf die Tempi, wie er sie wollte, sind aber eher nachlässig gespielt. Sicher war Mahler damals außer Übung. Ebenso sicher aber ist es ein Glück, daß er sich aufs Dirigieren verlegte. Ohne seine lange Erfahrung im Kampf mit oft widerspenstigen Orchestermitgliedern in den verschiedensten Konzertsälen wäre seine Orchestrierung mit Sicherheit einiges weniger sachkundig gewesen.

Der andere Lehrer, der Mahler – mehr durch sein Vorbild als durch den Unterricht – beeindruckte, war Anton Bruckner. Das Verhältnis zwischen den beiden hat mittlerweile so viel Ausschmückung erfahren, daß sich die Wahrheit nicht ohne weiteres ergründen läßt. So hat man Mahler und Bruckner jahrzehntelang absurderweise hauptsächlich deswegen in einen Topf geworfen, weil sie neun große Sinfonien geschrieben hätten (nicht einmal das stimmt genau), die weithin als nicht spielenswert abgetan worden seien. Alma behauptet in ihren Memoiren, Mahler habe in den Vereinigten Staaten einen vollständigen Bruckner-Zyklus gegeben; in Wirklichkeit hat er von ihm überhaupt nur drei Sinfonien dirigiert (und einmal noch einen einzigen Satz einer vierten). Ein Biograph schreibt, Mahler habe andächtig in sämtlichen Bruckner-Vorlesungen gesessen, ein anderer, er habe sich nur sporadisch mal blicken lassen, und ein dritter, Bruckner habe von seinem jungen Schüler so viel gehalten, daß er jedesmal bei der Verabschiedung mehrere Treppenabsätze mit ihm hinuntergegangen sei.

Mahler selbst bemerkt in einem Brief aus dem Jahre 1902 entschieden: »Ich war nie Schüler Bruckners gewesen, dieses on dit dürfte daher stammen, daß ich in jungen Jahren, die ich in Wien zugebracht, mit Bruckner stets zu sehen war und jedenfalls zu seinen extra Verehrern und Propagatoren gehörte. Ich glaube sogar zu jener Zeit mit meinem Freunde [Rudolf] Krzyzanowski der Einzige gewesen zu sein.« Was letzteres anbelangt, hat die Erinnerung Mahler etwas im Stich gelassen, denn Bruckner hatte eine ganze Menge Bewunderer, zumindest unter den Studenten. In ihren Augen war er sowohl ein hervorragender Meister als auch, obwohl er die 50 schon überschritten hatte, ein naiver, aber angenehmer Zeitgenosse. Zum einen lehrte er gleichzeitig am Konservatorium und an der Wiener Universität Harmonie und Kontrapunkt und improvisierte genial an der Orgel. Zum andern zog er am liebsten in seinen zerbeulten alten Hosen los, um irgendwo bei ein paar Gläsern Bier zu plaudern, oder stellte sich bei Konzerten zu den jungen Leuten, anstatt brav bei seinen geschniegelten Kollegen zu sitzen.

Bruckner zeigte Mahler, daß auch ein Komponist, der Wagner verehrte, durchaus im Schreiben von Sinfonien Erfüllung finden konnte, das Wagner bald an den Nagel gehängt hatte. Vielleicht auch haben die wagnernahen Züge in Bruckners Werken Mahler beeinflußt. Aber ansonsten hatten die beiden wenig gemein. Mahlers Orchesterpalette ist bei weitem vielgestaltiger als die Bruckners oder fast aller andern. Bei Bruckner dominiert generell die Melodie, bei Mahler die thematische Entwicklung. Benutzt Mahler auch wie Bruckner Ländler- und Chorthemen, so setzt er sie doch in einen Kontext, der an der einfachen Fröhlichkeit, die sie ausdrücken, Zweifel aufkommen läßt. Bei Mahler hält Seelenfrieden nie lange vor; bei Bruckner scheint er gemeinhin gesichert – wenngleich nicht immer. Die Seelenqual der massiven Dissonanz, die den Höhepunkt des Adagios von Bruckners unvollendeter Neunter bildet, bleibt praktisch hinter nichts zurück, was man bei Mahler finden kann.

Kein Wunder also, daß selbst Bruckners Selbstvertrauen gelegentlich ins Wanken geriet. Am 16. Dezember 1877 dirigierte er die Erstaufführung seiner Dritten Sinfonie durch die Wiener Philharmoniker. Für ihn geriet sie zum Fiasko, für Mahler zur bitteren, aber heilsamen Lektion. Das Orchester, das schon Bruckners Erste Sinfonie als »wild« und seine Zweite als »Unsinn« abgelehnt hatte, zeigte wenig Lust, sich bei der Premiere der Dritten ins Zeug zu legen. Bald ertönten die ersten Pfiffe und Pfuirufe, vor allem von den Wagner-Gegnern. Der

Saal begann sich zu leeren. Am Ende blieben nur ein paar Dutzend Studenten zurück, darunter Mahler, der mitbekommen hatte, wie sich Hellmesberger an den Pfuirufen beteiligte. Bald darauf bedachte Mahler den dankbaren Bruckner mit einer Version für zwei Klaviere, die er (möglicherweise mit Krzyzanowskis Hilfe) aus der verunglückten Dritten gemacht hatte. Laut Alma förderte er später Bruckners Werk mit Teilen seiner eigenen Tantiemen, wofür es allerdings keine Beweise gibt. Aber spätestens seit jenem Dezemberabend dürfte er keine Illusionen mehr gehegt haben, welche Knüppel die Welt und insbesondere die »musikalische Hauptstadt« Wien einem Komponisten zwischen die Beine werfen konnte, der entschlossen seinen eigenen Weg ging.

Zwar entschied diese Lektion gewiß nicht allein über Mahlers künftigen Weg, aber schwerwiegend war sie allemal. Er wollte komponieren, erkannte aber lebhaft, wie gefährlich es war, damit allein durchkommen zu wollen. Eine Laufbahn als Pianist erschien ihm zu eng. Er war keineswegs ein geborener Lehrer, auch wenn ihm später die Leitung des Konservatoriums angetragen wurde, die er jedoch ablehnte. Damit blieb nur noch die höchst anstrengende Kompromißlösung übrig, zu der er sich schließlich bis zu seinem Tode entschloß: dirigieren als Lebensunterhalt, Komponieren als »Teilzeitbeschäftigung«, meist in den Sommerferien. Später hat Mahler behauptet, wenn er, gerade mal 21jährig, mit seiner Kantate »Das klagende Lied« den begehrten Beethovenpreis gewonnen hätte, wäre er nie in die Tretmühle des Dirigierens geraten. Vielleicht meinte er das wirklich. Wahrscheinlicher ist, daß der Bernard in ihm viel zu praktisch und ehrgeizig veranlagt war, als daß er bereit gewesen wäre, nur für Himmelslohn zu arbeiten. Das konnte Bruckner tun, aber dieser war sich wohl auch sicher, daß es wirklich einen Himmel gab. Wie dem auch sei – eine Jury, der unter anderem Brahms und Hellmesberger angehörten, vergab den Beethovenpreis an Mahlers Harmonielehrer Robert Fuchs. »Das klagende Lied« landete nicht einmal auf dem zweiten oder dritten Platz.

Mahler unterschied sich von seinen Studienfreunden nicht zuletzt durch seinen stählernen Willen. Wolf – neben Schubert der vielleicht größte Liederkomponist – meinte, Mahler habe seine Idee für eine Oper namens »Rübezahl« gestohlen, und brach mit ihm für viele Jahre. Er starb schließlich in geistiger Umnachtung. Hans Rott, den Mahler als ebenso begabt wie sich selbst bezeichnete, ereilte dasselbe Los, bald nachdem ihm der mürrische Brahms nahegelegt hatte, das Komponieren seinzulassen. Das gleiche Schicksal war Anton Krisper beschert, der komponierte und über Musik schrieb, beides aber ohne viel Glück. Von den Konservatoriumskameraden, die tatsächlich ihren Weg machten, wurde Krzyzanowski (nach einer wenig erquicklichen Episode, in der er sich mit Mahler in Hamburg in die Aufgabe teilte) Kapellmeister in Weimar, Adler wurde Österreichs angesehenster Musikwissenschaftler, und der Violinist Arnold Rosé, der später Mahlers älteste Schwester Justine heiratete, wurde Konzertmeister der Wiener Philharmoniker. Doch keiner von ihnen konnte mit Mahlers Durchsetzungsvermögen, ja Rücksichtslosigkeit mithalten.

Es wäre ein leichtes, den Bericht über die ersten Wiener Jahre hier zu beenden. Außer dem Fragment eines Klavierquartetts und ein paar Liedern hat von Mahlers Musik vor »Das klagende Lied« nichts überlebt; Mahler selbst behauptet, er sei mit den damals begonnenen Werken so schnell unzufrieden gewesen, daß er sie nie zu Ende gebracht habe. Nachdem er 1878 das Konservatorium mit einem Diplom (freilich nicht mit der begehrten Silbermedaille für hervorragende Leistungen, die neun seiner Mitabsolventen erhielten) abgeschlossen hatte, studierte er an der Universität weiter. Viel gelernt hat er dort offenbar nicht, denn er gestand später, regelmäßig besucht habe er nur den Wienerwald. 1880 nahm ihn schließlich ein Musikagent namens Gustav Lewy unter Vertrag und vermittelte ihm das erste Engagement: eine Sommerbeschäftigung als Dirigent von allerlei Stücken vor schläfrigen Badegästen im österreichischen Provinzkurort Bad Hall, wo er auch

Podeste aufstellen und Klappstühle stapeln mußte. Mahler zögerte trotz seines akuten Geldmangels sehr, ob er das Angebot annehmen sollte, aber der kluge alte Epstein riet ihm: »Sofort annehmen! Sie werden Ihren Weg schon machen. In kürzester Zeit kommen Sie in bessere Verhältnisse.« Diese Prophezeiung sollte sich zutreffender bewahrheiten, als selbst Epstein ahnen konnte.

Einige Zeit vor der Abreise aus Wien ließ sich Mahler mit einem seltsamen Mann namens Siegfried Lipiner ein, der großen, vielleicht sogar entscheidenden Einfluß auf ihn gewann. Dieser Teil der Mahlerschen Lebensgeschichte wird oft nur am Rande behandelt, teils, weil er unmittelbar mit Musik nur wenig zu tun hat, teils auch, weil der Name Lipiner selbst in deutschsprachigen Ländern heutzutage kaum noch bekannt ist. Aber in den späten siebziger Jahren des vorigen Jahrhunderts war der aus dem Osten der Donaumonarchie stammende galizische Jude und nur vier Jahre ältere Lipiner schon als ungemein begabter Dichter und Theaterschriftsteller in aller Munde. Zu seinen damaligen Bewunderern gehörten keine Geringeren als Friedrich Nietzsche und Wagner. Lipiners Beredsamkeit war legendär. Trotz seines gnomenhaften Wuchses sicherten ihm seine hypnotisierenden Augen und seine Suada die Aufmerksamkeit jeder Versammlung. Nun ließ sich Mahler ja nicht ohne weiteres von seinen Zeitgenossen beeindrucken, und wenn er anwesend war, fiel das Scheinwerferlicht nur selten auf einen anderen. Lipiner gehörte zu den wenigen Ausnahmen. In seinen Briefen nannte ihn Mahler gewöhnlich »liebster Siegfried« und äußerte sich mit grenzenloser Begeisterung über dessen Arbeit. Abgesehen von einer mehrjährigen Pause nach Mahlers Heirat, blieben die beiden für den Rest ihres Lebens in engem Kontakt und starben beide im Abstand von nur wenigen Monaten. Bezeichnenderweise äußerte sich Alma, die für die alten Freunde ihres Mannes, zumal die engsten, ohnehin nichts übrig hatte, über Lipiner besonders gehässig.

Wann sich die beiden begegneten, weiß man nicht genau,

aber wahrscheinlich war es um 1878 auf einer jener Zusammenkünfte eines für das damalige Wien typischen bunten Gemischs aus Deutschnationalisten und Sozialisten, Wagnerianern und Möchtegernliteraten, Vegetariern und Bonvivants. Eine solche, mehrere hundert Leute zählende Gruppe war der »Leseverein der deutschen Studenten«, der sich die Wahrung »des deutschen Wesens« der Wiener Universität zum Ziel gesetzt hatte. Eine weitere, erlesenere, war der (nach seinem sozialistischen Gründer Engelbert Pernerstorfer benannte) »Pernerstorfer Kreis«, der die deutsche Kultur über alles setzte und die Einheit aller deutschsprachigen Völker anstrebte. Talentierte Juden wie Lipiner und Mahler, die sich sowohl durch die deutschen Geistesgrößen als auch durch den ganz einfachen Drang nach Zugehörigkeit angezogen fühlten, gaben sich in solcher Gesellschaft deutscher als die Deutschen. Als die Anwesenden einmal zu einer besonders dröhnenden Marschmelodie »Deutschland, Deutschland über alles« sangen, soll angeblich Mahler die Klavierbegleitung gehämmert haben. Zu den Mitsingenden bei gleicher Gelegenheit gehörte ein weiterer jüdischer Freund Mahlers namens Victor Adler (keine Verwandtschaft mit Guido). Adler machte später sogar mit Georg von Schönerer, einem von Hitlers frühen Helden, gemeinsame Sache, brach dann aber mit dem extremen Nationalismus und begründete die Österreichische Sozialdemokratische Partei.

Das politische Element dieser Veranstaltungen reichte bei Mahler nicht tief. Zwar stimmte er Jahrzehnte später, als er als Direktor der Wiener Hofoper schon zum Establishment gehörte, für Adler und nahm sogar einmal kurz an einer Arbeiterdemonstration am 1. Mai teil, aber das ist auch schon alles, was wir von seiner politischen Betätigung nach dem Studium wissen und es vermutlich zu wissen gibt. Auch dem von Wagner in »Religion und Kunst« für »eine tiefgreifende Regeneration des Menschengeschlechts« empfohlenen (aber nicht selbst praktizierten) Vegetariertum blieb Mahler nicht lange treu. Obwohl er sich oft mit Adler, Lipiner und anderen in einem dunklen Kellerrestaurant in Wien zum Verzehr von Spinat und dergleichen traf, finden wir ihn schon wenige Jahre später in Budapest eifrig über Haxe mit Meerrettichsauce gebeugt.

Hätte sich Mahlers nichtmusikalische Betätigung zu jener Zeit in derlei Dingen erschöpft, wäre sie höchstens ein mitleidiges Lächeln wert. Aber höchstwahrscheinlich setzte sich Mahler schon damals in Wien und nicht, wie oft behauptet wird, erst ein gutes Jahrzehnt später in Hamburg mit der deutschen Philosophie auseinander. Seine späteren Briefe und die Erzählungen derer, die ihm nahestanden, zeigen, wie intensiv er sich nicht nur mit den Werken berühmter Denker wie Schopenhauer und Nietzsche befaßte, sondern auch mit relativ unbekannten wie Gustav Theodor Fechner (1801–1887) und Rudolf Hermann Lotze (1817–1881), die beide nach einer Synthese von Naturwissenschaft und Metaphysik strebten. Allem Anschein nach hatte Lipiner Ende der achtziger Jahre als erster Mahlers Interesse an diesen Autoren geweckt oder zumindest als wichtiger Katalysator gewirkt. Lipiner hatte schließlich, als er Mahler kennenlernte, schon eine größere Abhandlung über Schopenhauer verfaßt, unter Fechner in Leipzig studiert und Nietzsche, der ihn »ein wahres Genie« nannte, persönlich gekannt. Dieser Hintergrund und Lipiners glühende Verehrung müssen auf den jungen Musiker, dessen Faszination durch Literatur und Geisteswelten bislang weitgehend richtungslos war, einen tiefen Eindruck gemacht haben.

Mahlers Interesse an Philosophie aufzuzeigen ist eine Sache, ihren Einfluß auf seine Einstellung zur Musik zu belegen schon eine ganz andere. Er brauchte keinen Schopenhauer, um zu wissen, daß Musik die höchste Kunst war, wenn es ihn auch sicherlich freute, seine Meinung aus so berühmtem Munde bestätigt zu hören. Oberflächlich läßt sich Nietzsches Einfluß leichter aufspüren, obwohl Mahler schließlich Nietzsche verwarf, als dieser wagte, sich bitter gegen Wagner aufzulehnen. In seiner Dritten Sinfonie benutzte Mahler einen Text aus »Also sprach Zarathustra« und gab dem ganzen Werk sogar nach Nietzsche kurz den Untertitel »Die fröhliche Wissenschaft«. Die brutalen Gegensätze der Sinfonie, die sich von einem markerschütternden Getöse am Anfang zu einem versunkenen Schlußadagio spannt, erklärte er zum Teil so, daß sich die wilde Natur unter dem Gotte Pan schließlich zur Welt des Geistes läutere. Auch hier ist Nietzsche nicht weit – der Nietzsche der »Geburt der Tragödie«, der zeigen will, große Kunst entstehe nur durch Verschmelzen der ekstatischen, »dionysischen« Welt mit der ruhigen »apollinischen«.

So richtig das ist, so wenig geht es der Sache auf den Grund. Was Mahler wirklich bewegte, war nicht diese oder jene Kunsttheorie und schon gar nicht, sich für seine Sinfonien mit Gesang einen passenden Text auszusuchen. Hier ging es um viel Entscheidenderes. Beim Versuch einer Erklärung, worum es in seiner »Auferstehungs-Sinfonie« gehe, schrieb er später: »Warum hast du gelebt? Warum hast du gelitten? Ist das alles nur ein großer, furchtbarer Spaß? – Wir müssen diese Frage(n) auf irgendeine Weise lösen, wenn wir weiter leben sollen – ja sogar, wenn wir nur weiter sterben sollen!«

Mit seiner Doktrin der »ewigen Wiederkehr« gab Nietzsche gewissermaßen eine Antwort; daß nämlich alles in der Geschichte in riesigen Kreisen wiederkehre und wir deshalb so leben sollen, daß es sich auf immer wiederholen dürfe. Fechner, für den Steine und Pflanzen ebenso wie Tiere eine Seele besaßen, sah die Unsterblichkeit anders. Für ihn macht die Menschheit drei Phasen durch; die niedrigste sei ein ungebrochener Schlaf bis zur Geburt, die nächste – das frühe Leben – ein unruhiger Wechsel von Schlafen und Wachen, und die höchste ein ewiges Erwachen über den Tod, der in Wirklichkeit eine zweite Geburt sei. Schopenhauer, ein eifriger Student der Orientreligionen, erblickte die Erlösung aus der verabscheuten Welt in einer sehr ans buddhistische Nirwana-Ideal gemahnenden, asketischen Selbstverleugnung. Eine ähnliche Sicht beeindruckte auch Wagner tief. In einem Brief an Liszt von 1855 erging er sich in Lobsprüchen auf die buddhistische Auffassung, wonach die Geschöpfe so lange wiedergeboren werden und ihre Seelen verfeinern, bis sie niemandem mehr Schmerz zufügen. Diese Lehre, so Wagner, sei weit sublimer und befriedigender als die des »christlich-jüdischen Dogmas«, wonach man sich in einem einzigen, kurzen Erdenleben so verhalten müsse, daß man für den Rest der Ewigkeit ein angenehmes Leben erlange.

Daß Mahler diese Vorstellungen in erheblichem Umfang aufsog, wird nicht zuletzt aus Bemerkungen gegenüber seinem Biographen Specht deutlich. »Wir kehren alle wieder, das ganze Leben hat nur Sinn durch diese Bestimmtheit und es ist vollkommen gleichgültig, ob wir uns in einem späteren Stadium der Wiederkunft an ein früheres erinnern. Denn es kommt nicht auf den einzelnen und sein Erinnern und Behagen an; sondern nur auf den großen Zug zum Vollendeten; zu der Läuterung, die in jeder Inkarnation fortschreitet. Deshalb muß ich ethisch leben; um meinem Ich, wenn es wiederkommt, schon jetzt ein Stück Weges zu ersparen und um ihm sein Dasein leichter zu machen.«

Hat Mahler diese und ähnliche Bemerkungen zu anderer Zeit wirklich geglaubt? Er wollte es verzweifelt. Aber er hat nie aufgehört, nach weiteren Beweisen zu suchen, sei es in den neuesten Entdeckungen der Naturwissenschaften (jahrelang hielt er engen Kontakt mit dem bekannten Physiker Arnold Berliner), im Dialog zwischen Iwan und Aljoscha über die Existenz Gottes in »Die Brüder Karamasow« oder in Goethes Spekulation über Erlösung und Wiedergeburt. Vor allem aber suchte er mit seiner eigenen Arbeit nach Beweisen. »Goethe hat darüber Unendliches gesagt«, bemerkte Mahler einmal in einem Gespräch über die Rolle des Menschen im Kosmos. »Was ich meine, kann ich freilich nur als Musiker ganz aussprechen. [...] Ich bin nur Musiker und sonst nichts; das ist mir gegeben worden und nur über das habe ich Rechenschaft abzulegen.«

Das heißt nun nicht, Mahlers Arbeiten seien nichts anderes als ein musikgewordenes Gemisch von Schopenhauer, Nietzsche & Co. oder wir könnten auf diese oder jene philosophische These etwa wie auf das Heulen des Kindes oder den Wutausbruch der Mutter in dem Tongedicht »Sinfonia Domestica« von Richard Strauss hindeuten. Aber sämtliche Mahler-Sinfonien einschließlich »Das Lied von der Erde« sind Annäherungsversuche aus verschiedenen Richtungen an die größten Menschheitsfragen, die Bedeutung des Lebens und das Paradox des Todes. Manchmal geschieht der Klärungsversuch ganz offen, etwa in der »Auferstehungs-Sinfonie« oder in der Achten mit ihrer letzten Szene aus Goethes »Faust«. Manchmal geschieht er verdeckt wie in der gesanglosen Fünften, die mit einem Trauermarsch beginnt und sich zu einem frohen Choralthema durchkämpft, auf das selbst Bruckner stolz gewesen wäre. Implizit spielt er sogar bei Mahlers Entscheidung mit, sich nach anfänglichem Flirt mit der Oper und Kammermusik fast ausschließlich in sinfonischer Form zu äußern. Nur die Sinfonie bot ihm genug Raum und Struktur, in der Musik das zu suchen, was seine Lieblingsdenker in Worte gefaßt hatten. Daß er dann die Skala erweiterte und die Struktur fast sprengte, bezeugt nicht etwa eine Vorliebe für Gigantismus um seiner selbst willen, sondern die Intensität des Suchens.

Hier ist nicht der Ort für eine tiefere Beschäftigung mit den Sinfonien. Belassen wir es also bei der Feststellung, daß der kaum 20jährige Mahler beim Verlassen Wiens zur Übernahme jenes unerfreulichen kleinen Auftrags in Bad Hall den Kopf nicht nur voll hatte vom Klang der Volkslieder und böhmischen Kapellen, der Trompetenrufe und Märsche, der Bruckner-Choräle und Schubert-Sonaten. Sondern er dröhnte ihm auch von den philosophischen und metaphysischen Problemen, die er vor allem mit Lipiner gewälzt hatte. Auch das trug zum Werden des Komponisten Mahler bei.

II
Wanderjahre

Mit Stolz und mit Freude sehe ich um mich eine Künstlerschar versammelt, welche zum Siege zu führen sich kein Heerführer schämen darf. Es muß jeden von uns mit Stolz erfüllen, einem Institute anzugehören, [...] welches den Mittelpunkt aller künstlerischen Bestrebungen Ungarns und zugleich den Stolz der Nation bildet. Andererseits aber – mit welchen strengen Anforderungen an uns selbst muß uns das Bewußtsein erfüllen, daß wir diejenigen sind, denen es obliegt, die Bedeutung eines solchen Institutes zu erhalten und zu steigern.«

Mit diesen einschmeichelnden Worten stellt sich im Oktober 1888 der neue künstlerische Direktor und Chefdirigent der königlich-ungarischen Hofoper der versammelten Gesellschaft vor. Er tritt an sich eine beneidenswerte Stellung an, die ihm praktisch die höchste Gewalt über eines der modernsten Theaterhäuser Europas verleiht. Das erst vier Jahre zuvor fertiggestellte, imposante Gebäude an der Andrassystraße im Herzen von Budapest besitzt 1200 Sitze und verfügt über den neuesten Schrei eines hydraulischen Bühnenwerks. Zudem hat der neue Mann einen Zehnjahresvertrag in der Tasche und bezieht die ungewöhnlich hohe Summe von 10 000 Gulden jährlich.

Das Ganze hat allerdings auch ein paar Nachteile. Der vorige Direktor hat sich als Blindgänger erwiesen, obwohl er von keinem geringeren Vater als dem Komponisten und Schöpfer der ungarischen Nationaloper Ferenc Erkel abstammte. Das Haus steckt in schweren finanziellen Nöten, das Ensemble ist demoralisiert und undiszipliniert. Wegen der häufigen Gastspiele von »Stars« haben die angestammten Sänger kaum einmal die Gelegenheit zu glänzen, und das Spiel des Orchesters ist oft eher mittelmäßig. Das ist beschämend und unerträglich für die zweite Hauptstadt des Habsburgerreiches, die unbedingt zeigen will, was Wien könne, könne sie allemal, wenn nicht besser.

Ein Retter aus der Not wird dringend benötigt, im Idealfall einer, der glänzende Fähigkeiten als Dirigent und Produzent mit handfestem Geschick als Verwalter und dem brennenden Wunsch vereinigt, ungarische Werke zur Aufführung zu bringen. Also wendet man sich an den in Ungarn geborenen Chefdirigenten in Leipzig, den schon legendären Arthur Nikisch, aber nach einem kurzen Blick auf die trostlosen Zustände lehnt dieser ab. Ebenso der Karlsruher Dirigent Felix Mottl, ein Schützling Liszts, des überragenden ungarischen Komponisten und Pianisten der Zeit. Kein Wunder, daß da manchem das Herz stockt, als die Wahl schließlich auf einen wenig gewinnenden, aus Böhmen gebürtigen 28jährigen Juden namens Mahler fällt, der sich am ehesten im deutschen Repertoire auskennt und fast kein Wort Ungarisch spricht (es jedoch zu lernen verspricht). Dessen bisherige Karriere ist in buntem Zickzack innerhalb und außerhalb des k. u. k. Reiches verlaufen, ohne daß er sich irgendwo lange aufgehalten hätte, und manchesmal war sein Abgang einigermaßen skandalumwittert.

Gemeinhin gilt die Übernahme der Leitung der Wiener Hofoper durch den gerade erst 37jährigen Mahler als großartiges Bravourstück. War es ja auch. Aber in gewisser Weise war seine Ernennung auf den anspruchsvollen und gutbezahlten Budapester Posten bloße acht Jahre nach seinem Debüt als mitteloser Novize in Bad Hall noch bemerkenswerter. Weder die Sehnsucht nach dem Komponieren noch die Anflüge bis an den Rand des Selbstmords reichender Depressionen, noch die philosophische Spekulation und auch nicht eine kaum abreißende Kette von Liebesaffären hatten dem aufstrebenden Dirigenten lange Einhalt gebieten können. Aus jeder Anstellung holte er heraus, soviel nur ging, und aus zeitweiligen

Rückschlägen machte er Sprungbretter zur nächsten Sprosse auf der Karriereleiter.

Die erste Sprosse nach Bad Hall war Laibach, heute als Ljubljana in Slowenien bekannt, damals aber Hauptstadt des weit innerhalb der Grenzen Habsburgs liegenden Herzogtums Krain. Das Orchester des dortigen Landestheaters zählte ganze 18 Mitglieder, der Chor sogar nur 14, und vielleicht stufen deshalb einige Kommentatoren Mahlers Laibacher Zeit als kaum weniger amateurhaft und erniedrigend ein als die in Bad Hall. Es gibt auch diverse ebenso komische wie suspekte Legenden, wonach der junge Dirigent selbst den Part von Sängern habe singen oder den von Musikern pfeifen müssen, die unerwartet fernblieben.

Tatsächlich genoß das Ensemble von Laibach, wenn es auch klein war, einen guten Ruf, und Mahler durfte froh sein, den Posten bekommen zu haben. Er verdankte ihn in erster Linie seinem Agenten Lewy, aber es gibt auch Hinweise, daß Mahler selbst über seinen alten Konservatoriumskameraden Anton Krisper, dessen Vater ein einflußreicher Kaufmann in Laibach war, einige Unterstützung zusammengetrommelt hat. Wenn das zutrifft, dann entsprach es voll und ganz seinem Charakter. Mahler war ein großzügiger, aber auch anspruchsvoller Freund, denn er verstand es hervorragend, die alten Freunde (und Freundinnen) für sich einzuspannen. Desgleichen war er ein abgefeimter Unterhändler, der nicht zögerte zu flunkern, wenn er der Meinung war, damit lasse sich etwa ein besserer Posten erringen oder eine widerspenstige Diva zum Gastauftritt bewegen. Seltsamerweise befand er sich trotz seiner starrköpfigen Nüchternheit und eher spartanischen Lebensweise beständig in Geldnot. Später mochte das teilweise darauf zurückzuführen sein, daß er seine jüngeren Brüder und Schwestern mit Geld unterstützte, nachdem seine Eltern gestorben waren – aber da verdiente er schon wirklich gut. In Wahrheit konnte er einfach nicht mit Geld umgehen oder ließ sich zumindest nicht dazu herbei. Lewy jedenfalls scheint das bald bemerkt zu haben. Nach einer Weile bestand er auf einer Vertragsänderung, wonach sein Honorar unmittelbar an der Quelle von Mahlers Arbeitgebern an ihn abgezweigt wurde.

In Laibach blieb Mahler lediglich für eine kurze Spielzeit, von September 1881 bis März 1882, doch nach den Berichten der Ortspresse zu schließen, war sie ein Erfolg. Sicherlich hat er dort eine Menge gelernt, gab mit Verdis »Troubadour« sein Operndebüt und dirigierte danach viele weitere Werke, darunter Otto Nicolais »Die Lustigen Weiber von Windsor«, Carl Maria von Webers »Freischütz«, Gioacchino Rossinis »Barbier von Sevilla« und – zu seinem Entzücken – Mozarts »Zauberflöte«. Die Kritiken waren generell wohlgesonnen, und bei einer Benefizveranstaltung (die bedeutete, daß er die gesamten Einnahmen erhielt) wurde Mahler mit einem Lorbeerkranz bedacht. Nicht schlecht für einen gerade mal 21jährigen Neuling ...

Mahlers nächster Posten in Olmütz (dem heutigen Olomouc in Tschechien) war nun wirklich ein Sturz in die düstersten Tiefen provinziellen Musiklebens. An sich hätte es so schlimm gar nicht sein dürfen. Als zweitgrößte Stadt Mährens – sie lag nur etwa hundert Kilometer von Mahlers Heimatstadt Iglau entfernt – konnte sich Olmütz sehr wohl ein passables Theater leisten. In Wirklichkeit fehlte es dem Haus jedoch an allem – an Geld, Reparaturen und im Januar 1883 auch an einem neuen Dirigenten als Ersatz für den Vorgänger, der nach einem skandalösen (allerdings nicht näher beschriebenen) Betragen während des vierten Aktes von Giacomo Meyerbeers »Afrikanerin« entlassen worden war. Mahler erhielt den Posten, bedauerte es jedoch schon, noch ehe er zum ersten Mal den Stab hob. »Ich bin gelähmt, wie einer, der vom Himmel gefallen ist«, schrieb er seinem Freund Fritz Löhr, der jahrelang von ihm die freimütigsten Briefe erhielt. »Von dem Moment, da ich die Schwelle des Olmützer Theaters übertrat, war mir zu Mute, wie einem, den des Himmels Strafgericht erwartet. Wenn man das edelste Roß mit Ochsen vor einen Karren spannt, so kann es nichts anderes, als im Schweiße mitziehen.

Ich wage fast nicht, vor Dich zu treten – so beschmutzt fühle ich mich.«

Die »Ochsen«, wie Mahler seine Musikerkollegen titulierte, waren vom Theaterdirektor vorgewarnt worden, der neue Dirigent sei zwar so etwas wie ein Genie, aber auch ein seltsamer Vogel. Wie seltsam, das sollten sie bald merken – wie sich ein Bariton namens Jacques Manheit, damals Solist im Ensemble von Olmütz, Jahre später in einem Artikel lebhaft erinnerte. Gleich bei der ersten Probe suchten die Mitglieder des Chors nach einer Stunde das Weite, weil sie, wie sie sagten, völlig heiser waren und keinen Ton mehr herausbrachten. Darauf begaben sich die Solisten in den Probensaal und fanden dort Mahler am Klavier sitzend, die Hände zum Aufwärmen tief in den Rockschößen vergraben. Sein langes Haar hing in wirren Strähnen, das unrasierte Gesicht ließ einen schwarzen Bart erkennen, und er trug einen riesigen, horngeränderten Zwicker, der ihm unentwegt von der Nase rutschte, sobald er zum ausfahrend energischen Dirigieren ansetzte. Mahler versuchte, den Zwicker mit einem Band um den Kopf zu befestigen, sah dann aber so komisch aus, daß sich die Sänger vor Lachen schüttelten. Ansonsten hatten sie freilich nichts zu lachen. Mahler machte nicht einmal Anstalten, sich vorzustellen. Schnarrend verlangte er absoluten Gehorsam und ignorierte die offenkundige Feindseligkeit, mit der ihm außer Manheit fast alle begegneten.

Sogar in der Kneipe brachte Mahler die Leute gegen sich auf. Er befand sich noch in seiner vegetarischen Phase und bestellte zum Ärger des Kellners lediglich Wasser, Spinat und Äpfel und brach dann einen Streit vom Zaun mit einem anderen Gast, der schließlich unter Verwünschungen den Rückzug antrat mit der Bemerkung, der neue Kapellmeister verlasse am besten schleunigst die Stadt. Manheit versuchte weiteren Skandal zu vermeiden und zog Mahler hastig zum Billardspiel in ein nahes Café. Aber auch dort gab es Ärger. Mahler fing wild an zu tanzen und fuchtelte mit seinem Billardqueue so heftig herum, daß ein paar Offiziere aus der nahen Garnison herbeieilten, um nach dem Rechten zu sehen. Der Queuefuchtler erläuterte ihnen, er müsse den ersten Akt von Meyerbeers »Hugenotten« zu Nutz und Frommen der »Herren Kollegen« von Manheit dirigieren üben, die seinem Takt nicht zu folgen vermöchten.

Mahler hielt bis zum Saisonende Mitte März in Olmütz aus. Es war seine kürzeste und neben Bad Hall unrühmlichste Spielzeit an einem Theater. Dennoch ist erstaunlich, wieviel von dem späteren, in den größten Opernhäusern gefeierten und gefürchteten Maestro schon damals erkennbar war. Schon in Laibach hatte sich Mahler als Workaholic erwiesen, der eine neue Partitur so schnell beherrschte, wie andere ein Buch durchblättern, aber in Olmütz schlug er seinen Rekord noch um Längen. In gut zwei Monaten peitschte er dem unbedarften Ensemble fünf neue Opern ein, darunter Georges Bizets »Carmen« und Etienne Méhuls »Joseph in Ägypten«. Letztere benötigt vierzehn Solisten, das Theater besaß aber nur zwölf, doch Mahler mochte das Stück und bestand auf seiner Aufführung. Er hatte sogar so etwas wie Lob übrig für die Sänger, die trotz ihrer »unsäglichen Gefühllosigkeit« an ihre Aufgabe mit »etwas mehr Ernst« als üblich herangingen. Dieser bescheidene Erfolg reichte allerdings nicht so weit, daß er Lust gehabt hätte, Mozart- oder Wagner-Opern anzusetzen. Da er sicher war, daß die Werke zweier seiner Lieblingskomponisten nur beschmutzt würden, wenn das Olmützer Ensemble sie aufführte, intrigierte er so lange, bis sie aus dem Repertoire gestrichen wurden.

Wie stark Mahlers Gefühle für Wagner schon damals waren, wird aus einem anderen Bericht Manheits ersichtlich. Einmal traf der Sänger in einem Café auf Mahler, der trübselig vor sich hin starrte, weil er von zu Hause die Nachricht erhalten hatte, sein Vater sei erkrankt. Als ihm Manheit tags darauf wieder begegnete, rannte Mahler heulend und ein Taschentuch vor die Augen gepreßt die Straße hinunter. »Um Himmels willen, ist Ihrem Vater etwas passiert?« fragte Manheit. »Ärger, ärger, viel ärger«, jammerte Mahler, »der Meister ist gestorben.« Offenbar reisten die Nachrichten auch zu jener Zeit schon mit Windeseile: An ebendiesem 13. Februar 1883 hatte Wagner in Venedig das Zeitliche gesegnet. Fünf Monate später machte sich Mahler zur ersten Bayreuth-Pilgerfahrt auf, um sich den »Parsifal« anzuhören, und bemerkte beim Verlassen des Festspielhauses: »Da wußte ich, daß mir das Größte, Schmerzlichste aufgegangen war und daß ich es unentweiht mit mir durch mein Leben tragen werde.«

Wenngleich Mahler in Olmütz Mozart und Wagner nicht ins Programm nahm, gestand er: »Nur das Gefühl, daß ich für meine Meister leide und doch vielleicht einmal einen Funken ihres Feuers in die Seele dieser armen Menschen werfen kann, stählt meinen Mut.« Diese Bemerkung spricht Bände. Ein Dirigent, der »nur ein Musiker« war, genügte Mahler ganz und gar nicht, sei sein technisches Können auch noch so groß. Es bedurfte, wie er immer betonte, einer überlegenen Gestalt, eines Menschen, der so denke und empfinde, wie der Komponist gedacht und empfunden habe, als er das Werk schrieb. Zweifellos sind die meisten Dirigenten ähnlicher Meinung, auch wenn sie es nicht mit Mahlers unbekümmerter Selbstsicherheit sagen. Aber Mahler war ja auch selbst Komponist, wenngleich er als solcher in der Olmützer Zeit eher noch in den Kinderschuhen steckte. Er identifizierte sich vollständig mit dem gerade vorliegenden Werk, als sei es sein eigenes, und empfand jede Aufführung, die seinen Ansprüchen nicht genügte, als persönliche Beleidigung. Daß dies meistens der Fall war, überrascht wenig. Mahler begnügte sich nicht damit, daß ein Mitwirkender sein Bestes gab. Eine befriedigende Interpretation, meinte er, komme nur zustande »durch den Terrorismus, durch den ich jeden einzelnen zwinge, aus seinem kleinen Ich herauszufahren und über sich selbst hinauszuwachsen«.

Mahler übertreibt damit keineswegs, welche Angst er sein ganzes Berufsleben lang einflößte. Seine Wutausbrüche waren sprichwörtlich. Eine kleine falsche Note mochte er gerade noch hinnehmen, wenn der Geist der richtige war, niemals jedoch Routine oder Gleichgültigkeit. »Wo Musik ist, muß auch der Dämon sein«, pflegte er zu sagen. Genügten die Akteure dem nicht, so wurde er selbst zum Dämon. Er zitterte am ganzen Körper, sein Gesicht wurde bleich, seine Schläfenadern begannen wie blaue Blitze zu zucken. Damit erreichte er oft das Gegenteil: Unter seinem hypnotischen, zornbebenden Blick erstarrte mancher schlecht spielende Musiker so sehr zu Stein, daß er kaum noch sein Instrument heben konnte.

Zur Beschreibung von Mahlers Dirigierweise zog mancher Zeitgenosse zoologische Vergleiche heran. Einer sagte, Mahler behandle seine Musiker wie ein Löwenbändiger seine Bestien. Ein anderer meinte, auf dem Dirigentenpult sehe Mahler wie eine Katze aus, die sich in Krämpfen winde. Der Wiener Kritiker Max Graf schrieb, Mahler »ließ seinen Taktstock plötzlich nach vorwärts schießen, daß er wie die Zunge einer Giftschlange zu stechen schien. Mit seiner rechten Hand schien Mahler sich tief bückend aus dem Orchester herauszuholen, wie aus der tiefsten Schublade eines Kastens.« Die antisemitische Wiener *Deutsche Zeitung* äußerte sich noch rückhaltloser und behauptete, daß oft »Herrn Mahlers linke Hand nicht weiß, was die rechte tut. [...] Die Linke Mahlers in konvulsivischen Zuckungen markiert oft den böhmischen Zirkel, sie scharrt nach Schätzen, sie tremoliert, sie hascht, sie sucht, sie erwürgt, sie kämpft mit den Wogen, sie erdrosselt Säuglinge, sie walkt, sie schlägt die Volte – kurz, sie befindet sich im Delirium tremens, aber sie dirigiert nicht.« Diese Kritik war zwar feindselig gemeint, aber die geschilderte Akrobatik dürfte die Neugier selbst der Unmusikalischen erregt haben. In seiner späteren Laufbahn wurde Mahler dann ruhiger und verließ sich auf blitzende Blicke und ruckhaftes Zucken des Handgelenks. Das scheint noch faszinierender gewirkt zu haben. Augenzeugen beschreiben den Gegensatz zwischen dem Aufrauschen des Orchesters und Mahlers fast völliger Reglosigkeit als geradezu gespenstisch.

Aus Manheits Bericht geht hervor, daß Mahler in Olmütz schon fest in die Phase des »Löwenbändigers/der krampfgeschüttelten Katze« eingetreten war. So sehr er verabscheut wurde, so erfolgreich setzte er sich durch. Kurz vor seinem Weggang begann die anfänglich feindselige Lokalpresse das Orchester wegen seiner »vortrefflichen Leistung« zu loben. Mahler dirigierte nicht nur. Er probte mit den Sängern, war zugleich Produzent und Regisseur; oft sprang er vom Pult quer übers Orchester auf die Bühne, um den Chor an die richtige Stelle zu lotsen oder die Stellung eines Solisten zu korrigieren.

Zwei Jahrzehnte später in Wien war es kaum anders. Seine flinke Munterkeit brachte ihm hinter vorgehaltener Hand den Spitznamen »der jüdische Affe« ein und veranlaßte eine Hofschranze zu der süffisanten Bemerkung, Mahler brauche doch wohl nicht auch noch die Kulissen zu schieben.

Mahler gewann nicht nur die Presse für sich. Wie der Zufall es wollte, kam der Regisseur der Dresdener Hofoper, Karl Ueberhorst, auf Talentsuche – eigentlich nach Sängern – auch durch Olmütz. Daß ihm dann beim Anblick des Dirigenten der Atem stockte, dürfte nicht überraschen. Nachdem er Mahler die Oper »Joseph in Ägypten« hatte dirigieren hören, gestand er: »Der Mann, der eine solche Aufführung zustande gebracht, ist einfach anzustaunen.« Unglücklicherweise reichte künstlerische Leistung allein für eine Anstellung an der Dresdener Oper keineswegs aus. Ueberhorst hielt den jungen Maestro in »Gestalt und Aussehen« für ein so würdiges Haus für ungeeignet, war aber sofort bereit, ihm ein Empfehlungsschreiben für anderweitige Bewerbungen auszustellen. Mit Hilfe dieses Dokuments, das nicht zuletzt seine Energie und »Umsicht« (!) lobte, erhielt Mahler ein Engagement in Kassel, der Hauptstadt der Preußenprovinz Hessen-Nassau. Es sollte nicht weniger stürmisch verlaufen als das in Olmütz, allerdings unter weitaus günstigeren materiellen Voraussetzungen.

Mit dem Umzug nach Kassel verließ Mahler zum ersten Mal die relativ lockeren habsburgischen Lande und kollidierte prompt mit der preußischen Disziplin. An sich hätte das einer so auf Disziplin bedachten Person wie ihm (jedenfalls wenn er sie selbst verlangte) wenig ausmachen sollen. Aber das Königliche (preußische) Theater in Kassel, das letztlich Berlin unterstand, war ein Extremfall. Sein Generalintendant Adolph Freiherr von und zu Gilsa, Veteran des Französisch-Preußischen Krieges und Träger des Eisernen Kreuzes, führte es wie eine Militärakademie. Wer sich auch nur einer kleinen Verfehlung schuldig machte, wurde in ein schwarzes Buch eingetragen. Mahler erwischte es schon bald; unter anderem hatte er auf Bühne und Podium mit dem Fuß gestampft. Als sei das noch nicht demütigend genug, wurde ihm auch noch verboten, ohne vorherige Genehmigung Kürzungen vorzunehmen oder (eine ärgerliche, wenngleich nicht ganz überflüssige Vorschrift) mit einem weiblichen Mitglied des Ensembles ohne Anwesenheit eines Dritten zu proben.

Schlimmer noch: Mahler durfte sich zwar »königlicher Musik- und Chordirektor« nennen, unterstand aber einem wenig erquicklichen Kapellmeister aus Graz namens Wilhelm Treiber, der sich die gewichtigsten Werke gewöhnlich selber vorbehielt. Nachdem er in Olmütz Mozart und Wagner absichtlich ausgespart hatte, sah er sich nun in Kassel oft dazu verurteilt, Alltagswerke wie Viktor Nesslers »Rattenfänger von Hameln« zu dirigieren. Wie schon in Olmütz gewann Mahler die Öffentlichkeit und Kritiker für sich, war jedoch bald schon mit den Sängern und dem Orchester über Kreuz. Später hat Mahler behauptet, einmal habe er vor Musikern gestanden, die mit Knüppeln zur Probe gekommen seien, weil sie ihn zusammenschlagen wollten. Vielleicht ist das etwas übertrieben, aber völlig abwegig ist die Geschichte nicht. Bei einer ähnlichen Gelegenheit in Hamburg mußte Mahler die Polizei rufen. In Budapest wurde er zum Duell gefordert (ging aber nicht hin), und in Leipzig riefen die Orchestermitglieder gegen ihre »unwürdige Behandlung« den Stadtrat an: »Nicht selten verlangt der Herr geradezu Unmögliches.«

Vielleicht hat Mahler gehofft, ein ähnliches Schicksal werde auch Hofkapellmeister Treiber ereilen, so unwahrscheinlich das auch schien. In einem Brief an Lewy, der von Eigenlob auf Treibers Kosten strotzt, deutete Mahler an: »Es ist nicht ganz unmöglich, daß dem genannten Herrn plötzlich etwas Unangenehmes passieren könnte. – Ich mag mich nicht deutlicher aussprechen.« Tatsächlich jedoch stieß Treiber nichts zu, und bald begann sich Mahler nach einem anderen Engagement umzusehen. Sein erster (bekannter) Versuch schlug kläglich fehl.

Im Januar 1884 gab die Meininger Hofkapelle unter ihrem Begründer und Direktor Hans von Bülow in Kassel zwei Konzerte. Es waren zwei erstrangige Musikereignisse, die sich – jedenfalls was den vorausgehenden Reklamerummel und die schwindelerregenden Eintrittspreise anlangt – durchaus mit Tourneeauftritten der Berliner Philharmoniker unter Herbert von Karajan in neuerer Zeit vergleichen lassen. Von Bülow, der berühmteste Dirigent und einer der besten Pianisten seiner Zeit, war nicht nur die einstige rechte Hand Wagners (der Bülows Frau Cosima verführte und später ehelichte), sondern bemerkenswerterweise auch ein Anhänger von Brahms, den so viele Wagnerianer verachteten. Der gallige und sarkastische von Bülow hatte die Meininger Provinzkapelle zu einem der besten Orchester in Europa gedrillt und seine Mitglieder gezwungen, stehend auswendig zu spielen.

Bei diesem Zuchtmeister nun suchte Mahler Hilfe. Von einem der beiden Konzerte hingerissen, versuchte Mahler, zu von Bülow ins Hotel vorzudringen, wurde aber vom Portier abgewiesen. Davon unbeirrt, schrieb Mahler dem »Hochverehrten Meister« einen Brief, pries dessen »unvergleichliche Kunst« und bat ihn inständig, sein Schüler werden zu dürfen, und müßte er die Unterrichtskosten mit seinem Blute bezahlen. Mahler erläuterte, »nach den unseligsten Irrfahrten« sei er am Ortstheater zweiter Kapellmeister geworden. »Ob dies schale Treiben einen Menschen befriedigen kann, der mit aller Sehnsucht und Liebe an die Kunst glaubt und sie auf die unerträglichste Weise aller Orten mißhandelt sieht, werden Sie selbst nur allzugut beurteilen können.« Mahler gestand freimütig ein: »Was ich kann – könnte – weiß ich nicht; doch das werden Sie ja bald heraus haben.«

Von Bülow dachte nicht daran. Oft wird behauptet, er habe nicht einmal geantwortet. Tatsächlich schickte er Mahler jedoch ein paar gewundene Zeilen, in denen er ihm kurz gesagt bedeutete abzuschwirren. Noch weniger nett war, daß er Mahlers Brief an Treiber schickte, der nun – zweifellos voll Schadenfreude – nichts Eiligeres zu tun hatte, als das inkriminierende Dokument Herrn von Gilsa zu geben. Dieser ergriff, zu seiner Ehre sei es gesagt, keine Disziplinarmaßnahme. Aber spätestens jetzt wußten Mahlers Vorgesetzte, was er von ihrem Theater und seiner Arbeit hielt.

Von Bülows und Mahlers Wege sollten sich Jahre später unter deutlich erfreulicheren Umständen wieder kreuzen. Doch im Augenblick blieb dem jungen Assistenten nichts anderes übrig, als sich weiter mit dem »schalen Treiben« herumzuschlagen und in alle Himmelsrichtungen Bewerbungen loszuschikken. Ein Jahr lang hatte er kein Glück, dann aber stieß er, wie es so geht, gleich zweimal auf Gold. Er wurde als Dirigent des berühmten Leipziger Stadttheaters von Mitte 1886 an unter Vertrag genommen, und um die Zeitspanne bis dahin zu überbrücken, erhielt er ein Engagement beim Königlich Deutschen Landestheater in Prag. Mit diesen Engagements in der Tasche verließ er Kassel nach einem Vorfall, der ihm dort höchsten Ruhm einbrachte und größten Aufruhr verursachte. Es war zugleich der erste bekannte Fall, bei dem er sich in der Öffentlichkeit antisemitischen Angriffen ausgesetzt sah.

Neben seiner Tätigkeit am Theater hatte sich Mahler nebenbei als Chordirigent einen großen Namen gemacht. So erschien es nur natürlich, daß die Organisatoren eines Musikfestes in Kassel im Sommer 1885 an Mahler mit der Bitte herantraten, die Aufführung von Felix Mendelssohn-Bartholdys Oratorium »Paulus« zu übernehmen. So natürlich das war, so wenig diplomatisch war es. Offensichtlich wütend, weil man ihn übergangen hatte, setzte Treiber alles in Bewegung, um den Auftrag an sich zu ziehen. Auch von Gilsa versuchte, Mahler zum Rücktritt zu bewegen, indem er an seinen »Edelmut« appellierte. Aber nichts fruchtete. Zu sehr genoß Mahler die Aussicht, das Theaterorchester, vierhundertköpfige Chöre und hervorragende Solisten anführen zu dürfen, darunter auch einen Mezzosopran aus Wien namens Rosa Papier, die in seiner späteren Karriere noch eine entscheidende Rolle spielen sollte. Das Beste, was sich Treiber wohl noch erhoffen konnte, war, daß er die Orchesterproben für Mahlers Aufführung leiten durfte. Das ging der Kasseler Zeitung über die Hutschnur, die jammerte: »Die Deutschen hatten die Arbeit und der Jude die dabei abfallenden Ehren.« Kassel habe doch bessere und weit beliebtere Dirigenten als »den Juden Mahler«. Angesichts dieser Schlammschlacht beschloß das Orchester, mindestens teilweise auf Betreiben Treibers, sich der Aufführung zu verweigern.

Damit schien die Sache erledigt. Kein Orchester, kein Oratorium. Aber Mahler sah die Dinge anders. Er fahndete landauf, landab nach Musikern, trieb die Kapelle eines Kasseler Infanterieregiments auf, und die Aufführung selbst fand in einer Exerzierhalle statt. Sie wurde zu einem Riesenerfolg. Mahler wurde mit wertvollen Geschenken überhäuft, was ihm sehr gelegen kam, denn er befand sich gerade mal wieder derart in Geldnot, daß er seine Taschenuhr verpfändet hatte.

Inmitten all dieser beruflichen Kämpfe fand Mahler noch Zeit, sich in eine adrette, blauäugige Sopranistin am Kasseler Theater namens Johanna Richter zu verlieben. Er behauptete von ihr: »Sie ist alles, was liebenswert auf dieser Welt ist« und meinte, für sie würde er den letzten Blutstropfen vergießen. Sicher ging die Affäre weiter als sein unerwidertes Verhältnis mit Josephine Poisl vor ein paar Jahren, aber geendet hat sie nicht glücklicher. Mahler schrieb an Fritz Löhr, in der Silvesternacht 1884 habe er allein mit Johanna gesessen und auf den Anbruch des neuen Jahres gewartet. Sie hätten beide geweint. »Sie ging in das Nebenzimmer und stand eine Weile stumm am Fenster, und als sie wiederkam, still weinend, da hatte sich der unnennbare Schmerz wie eine ewige Scheidewand zwischen uns aufgestellt, und ich konnte nichts anderes als ihr die Hand drücken und gehen. Als ich vor die Türe kam, da läuteten die Glocken, und vom Turm tönte der feierliche Choral.« Tränen und Jubel – und gleichzeitig bittere Ironie. Der Zufall wollte es, daß Johanna im selben Haus wie Mahlers verabscheuter Chef Wilhelm Treiber wohnte. Es war, schrieb Mahler, »alles als ob der große Weltenregisseur es recht kunstgerecht hätte machen wollen«.

Ist die Bitterkeit dieser Szene in Mahlers Arbeit eingeflossen? Wir wissen lediglich, daß Mahler schon vor diesem traurigen Silvesterabend sechs Gedichte geschrieben hat, die er Johanna widmete, und vier davon in einem Zyklus namens »Lieder eines fahrenden Gesellen« musikalisch verarbeitete. Um es ganz genau zu nehmen, hatte Mahler die manchmal ihm zugeschriebenen Worte des ersten Liedes fast wörtlich aus »Des Knaben Wunderhorn« abgeschrieben, jener Sammlung alter deutscher Volksgedichte, die er liebte und oft ausgeschlachtet hat. Dennoch fiele es dem weniger Bewanderten schwer festzustellen, welche Passagen sich Mahler »ausgeborgt« hat, so vollkommen klinkte sich Mahler in den »Wunderhorn«-Stil ein. Mehr noch: Die Musik vermittelt die bohrende Verzweiflung des verschmähten Liebhabers, seine Qual beim Gedanken an die blauen Augen und das Silberlachen der Angebeteten, seine Erschöpfung, als er allein in die Nacht hinausschleicht.

In der ersten, für Stimme und Klavier geschriebenen Version atmet Mahlers Zyklus deutlich die stumpfe Hoffnungslosigkeit des Wanderers in Franz Schuberts »Winterreise«. Sein späteres Arrangement für Stimme und Orchester jedoch schlägt mit den gequälten Blechbläsern, den schaudernden Streichern und den wie Kobolde kichernden Holzblasinstrumenten härter zu. Subtiler noch: Die Lieder gleiten, dem rastlosen Antihelden gleich, den sie verkörpern, von einer Tonart in die andere. Hier kommt einem weniger Schubert als vielmehr Hector Berlioz in den Sinn. Es ist, als habe Berlioz das Alptraumhafte seiner »Symphonie fantastique« in seine stark romantischen Orchestrierungen von »Les Nuits d'été« transponiert.

Diese Ähnlichkeit kommt unerwartet, aber sie ist nicht die einzige zwischen dem der deutschen Tradition verhafteten mitteleuropäischen Juden und seinem großen französischen Vorgänger. Beide waren sowohl als Orchestrierende als auch als Sinfoniker revolutionär (wenngleich sich Berlioz zugegebenermaßen auf letzteres weniger konzentrierte), beide waren meisterhafte Dirigenten, keiner machte halbe Sachen. »Das gewöhnliche Orchester, der gewöhnliche Chor, der gewöhnliche Konzertsaal waren ihm nie genug«, schrieb der englische Kritiker Ernest Newman. »Alles muß Überlebensgröße haben. [...] Für ihn ist nichts je schön oder häßlich, alles ist entweder göttlich oder grauenhaft.« Diese Bemerkung galt Berlioz, aber sie läßt sich genausogut auf Mahler anwenden.

Die »Lieder eines fahrenden Gesellen« werden oft Mahlers erstes Meisterwerk genannt. Das ist ein ziemlich harsches Urteil gegenüber dem zeitlich früheren »Das klagende Lied«, einer Kantate über den Brudermord, die mit ihrer hinter der Bühne plazierten Kapelle schon die dramatischen Raumeffekte erforscht, die Mahler dann später vervollkommnete. Dennoch, die »Lieder eines fahrenden Gesellen« sind noch origineller und jedenfalls subtiler. Ob Johanna Richter je den Zyklus gehört oder gar selber gesungen hat, obwohl er genaugenommen für eine tiefere Stimme als die ihrige komponiert ist? Ihre lange, wenngleich wenig herausragende Karriere als Sängerin und dann Lehrerin reichte bis zum Zweiten Weltkrieg. Gelegentlich kann man hören, sie sei der eigentliche Grund gewesen, weshalb Mahler von Kassel weggegangen sei, aber das ist ebenso unwahrscheinlich wie die Behauptung, eine andere Liebschaft habe ihn ein Jahrzehnt später zum Weggang von Hamburg veranlaßt. In diesem wie in den anderen Fällen veränderte er sich zum eigenen Besseren, wobei er, so scheint es, den letztlich erstrebenswerten Posten stets fest im Sinn hatte. Das jedenfalls geht aus einem Brief hervor, den er nur drei Wochen nach seiner schmerzlichen Trennung von Johanna schrieb. Darin bittet er einen Freund, die Nachricht zu verbreiten, daß er ein neues Engagement in Leipzig erhalten habe, und fügt hinzu, daß »ich jetzt nicht viel Staffeln mehr zu steigen habe. Aber mein letztes Ziel ist und bleibt einmal Wien.«

Aus der Feder eines zweiten Kapellmeisters, der mit 24 Jahren dabei ist, Kassel unter einer drohenden Wolke zu verlassen, klingt das wie ziemlich wirklichkeitsfremde Angeberei. Aber Mahler wußte, was er wollte, und war dafür fast zu jedem Opfer bereit. Dazu gehörte auch, daß er seinen Stolz hinunterschluckte. Nach all den Enttäuschungen am Kasseler Theater sollte man meinen, daß er den Namen von Gilsa niemals mehr in den Mund hätte nehmen wollen. Doch Ende 1885 schreibt Mahler seinem früheren Chef und wünscht ihm, sicherlich zu von Gilsas Verwunderung, ein frohes neues Jahr.

»Ich kann nicht umhin«, schwindelt Mahler, »es bei dieser Gelegenheit auszusprechen, wie dankbar ich all' der Güte und Freundlichkeit gedenke, welche Sie mir im Laufe der Zeit erwiesen, da ich das Glück hatte, unter Ihrer Leitung meinen künstlerischen Idealen nachstreben zu dürfen. In Ihrer Schule lernte ich, was das Allerschwerste ist, zu gehorchen, um befehlen zu können, seine Pflicht getreu zu erfüllen, um dies von anderen verlangen zu dürfen. [...] Ich hoffe, Ihnen von nun an zu beweisen, daß ich meinem Meister keine Schande machen werde, und daß Ihre wohlmeinenden Ermahnungen auf fruchtbaren Boden gefallen sind.«

Für diese speichelleckerische Epistel gibt es drei mögliche Gründe. Einmal kann Mahler gemeint haben, was er sagte. Das meiste, was wir über seine Kämpfe in Kassel wissen, läßt das allerdings unwahrscheinlich erscheinen. Ein zweiter Grund wäre, daß Mahler einfach ironisch sein wollte, aber warum sollte er ein halbes Jahr nach seinem Weggang von Kassel plötzlich beschlossen haben, sich dieses Vergnügen zu gönnen? Die plausibelste Erklärung heißt, Mahler habe erkannt, daß ehemalige Chefs, wie immer er auch zu ihnen stand, seiner Karriere förderlich oder hinderlich sein konnten. Warum sich also nicht mit ein paar schmeichlerischen Worten, die ihn nichts kosteten, ihres Wohlwollens vergewissern? So schlau diese Strategie auch war – diesmal funktionierte sie nicht. Weniger als ein Jahr später schrieb Mahler erneut an von Gilsa und fragte, ob er ihm helfen könne, ein neues Engagement zu bekommen. Der Direktor wollte nicht, bewahrte aber, wie es seine Art war, den Brief sorgfältig auf.

Obwohl Mahler Wien als Ziel fest im Auge hatte, mußte er sich vorläufig mit Prag begnügen. Trotz der Schönheit der böhmischen Hauptstadt mit ihrem majestätischen Dom, dem Hradschin und den sanft zur Moldau abfallenden Waldwiesen hatte Mahler sie seit seinem kurzen Aufenthalt als Schüler nur in schlechter Erinnerung. Zudem sollte er nur den Posten eines untergeordneten Kapellmeisters am Deutschen Theater bekleiden, das wie viele andere deutsche Einrichtungen der Provinzen des Habsburgerreiches in jenen unruhigen Zeiten einen Statusverlust erlitten hatte. Die zusehends selbstbewußteren Tschechen hatten vor kurzem ein eigenes, herrliches Nationaltheater in Prag eröffnet, und unter einem nichtssagenden Intendanten, der gerade erst abgelöst worden war, bekam das deutsche Haus die Konkurrenz schmerzlich zu spüren. Anfänglich betrachtete Mahler seine dortige Tätigkeit lediglich als Lückenbüßer bis Leipzig. Dann aber lernte er es so sehr lieben, daß er vergeblich zu bleiben versuchte.

Es zeigte sich, daß Mahler mit seiner Zeitplanung unerwartetes Glück gehabt hatte. Angelo Neumann, der neue Intendant, der ihn verpflichtet hatte, war ein forscher früherer Operntenor mit ausgeprägtem Geschäftssinn und einem scharfen Auge für Begabungen. Dank ihm machte das Deutsche Theater bald wieder verlorenen Boden gut, nicht zuletzt mit Aufführungen von Wagner-Werken, die Neumann liebte. Auch er hatte seine Auseinandersetzungen mit seinem anmaßenden jungen Untergebenen, den er als »zu beweglich« am Dirigentenpult einschätzte, aber für Mahler ließ sich das Engagement in Prag wie eine himmlische Befreiung aus der Kasseler Zwangsjacke an. Dies um so mehr, als der Chefdirigent Anton Seidl, ein erfahrener Wagner-Mann, kurz nach Mahlers Ankunft zur Metropolitan Opera in New York ging. Der andere Dirigent, Ludwig Slansky, war am Ort beliebt, strapazierte sich aber ungern. So sah sich Mahler unvermittelt und praktisch ohne jede Anstrengung mit der Aufführung mehrerer Werke beauftragt, die er am meisten liebte und mit denen man ihn später besonders identifizieren sollte, wie etwa Wagners »Die Meistersinger« und »Die Walküre« sowie Beethovens »Fidelio«. Sogar Mozarts Oper »Don Giovanni«, die ein Jahrhundert zuvor in Prag unter der Stabführung des Komponisten uraufgeführt worden war, durfte er zu seiner großen Freude dirigieren, weil Slansky auch dazu zu faul war. Um dem Ganzen die Krone aufzusetzen, erhielt Mahler endlich die Chance, mehr außerhalb der Oper zu dirigieren, und gab zum ersten Mal Beethovens Neunte. Sie gelang so gut, daß ihm führende Persönlichkeiten der Prager deutschen Gemeinde, darunter Mahlers alter Freund Guido Adler, der damals an der Karlsuniversität lehrte, begeisterte Glückwunschbriefe schrieben.

Trotz dieser Deutschtümlichkeit kehrte Mahler dem, was die tschechische Konkurrenz tat, keineswegs den Rücken zu. Schließlich war er ja in Böhmen geboren. An freien Abenden wanderte er zu dem nur wenige Straßen entfernten Tschechischen Nationaltheater, um sich Werke von Smetana, Dvořák und Michail Glinka anzuhören. »Ich […] muß gestehn, daß mir ersterer sehr bemerkenswert scheint«, schrieb er dem Direktor des Leipziger Stadttheaters, Max Staegemann. »Wenn seine Opern in Deutschland auch nie Repertoire werden können, so wäre es doch immerhin der Mühe wert, einem gebildeten Publikum, wie das Leipziger ist, einen so durchaus originellen und ursprünglichen Musiker vorzuführen.«

Um die Zeit, als er diesen mit diplomatischem Lob für die Leipziger angereicherten Brief im Sommer 1886 schrieb, hatte sich Mahler endgültig damit abgefunden, Prag verlassen zu müssen. Er hatte alles darangesetzt, von seinem Vertrag mit Leipzig freizukommen, aber der zweifelsohne von den Berichten über die Erfolge des jungen Dirigenten beeindruckte Staegemann bestand auf Vertragserfüllung. So begab sich denn Mahler ein weiteres Mal auf Wanderschaft, wiederum einen Sopran unter Tränen zurücklassend. Dieser hieß Betty Frank. Sie sang am Deutschen Theater, nahm an Mahlers triumphaler Aufführung der Beethovenschen Neunten teil und gab in einem Konzert in einem Prager Hotel, mit dem sie in die Musikgeschichte Eingang fand, die Premiere von drei frühen Mahler-Liedern, zu denen sie der Komponist am Klavier begleitete. Das Techtelmechtel der beiden wurde so sehr zum Stadtgespräch, daß sogar Mahlers Bekannte und vielleicht seine Familie in Iglau davon Wind bekamen. Aber es hielt nicht lange vor. Kaum war Mahler in Leipzig, hatte er alle Hände voll zu tun – mit einer neuen Flamme zum einen und mit seinem bisher gefährlichsten Rivalen.

Bislang hatte Mahler die Rolle des heißspornigen jungen Genies gespielt (manchmal vielleicht sogar insgeheim genossen), indem er wie in Olmütz mittelmäßigem Material zu großartigen Aufführungen verhalf oder wie in Kassel und Prag nominell ihm vorgesetzte Dirigenten vorführte. In Leipzig indes erwartete ihn eine Herausforderung ganz anderer Größenordnung. Die Stadt, in der Johann Sebastian Bach einen Großteil seines Arbeitslebens verbracht hatte und Wagner zur Welt gekommen war, besaß schöne Chöre und das berühmte Gewandhausorchester, einen Klangkörper, den Felix Mendelssohn fast ein halbes Jahrhundert zuvor zu höchster Vollkommenheit geführt hatte. Als Mahler auf der Bühne erschien, wurde die große Leipziger Musiktradition vor allem durch Arthur Nikisch verkörpert, den Chefdirigenten am Städtischen Theater und mindestens so phänomenalen Meister des Orchesters wie sein neuer Untergebener aus Prag.

Hätte Nikisch etwa wie der 1830 geborene von Bülow zu einer älteren Generation gehört, wäre es Mahler vielleicht leichter gefallen, sich mit dem zweiten Platz zufriedenzugeben – jedenfalls eine Zeitlang. Aber Nikisch war nur fünf Jahre älter als Mahler und schien mit irritierender Leichtigkeit Berühmtheit erlangt zu haben. 1855 in Ungarn geboren, trat er als Wunderkind im zarten Alter von 11 Jahren ins Wiener Konservatorium ein. Nach Studienende wurde er Violinist beim Wiener Hofopernorchester, wo er unter anderem unter Brahms und Wagner spielte, stellte jedoch schnell fest, daß seine eigentliche

Begabung das Dirigieren war. Der elegante und stets höfliche Nikisch war der Liebling der Orchester und das Schoßkind der Damenwelt. 1878 kam er nach Leipzig, und schon bald lagen ihm die Musiker und das Publikum zu Füßen.

Das könnte nun so aussehen, als sei Nikisch ein oberflächlicher Geck gewesen, der beliebt war, weil er wenig verlangte. Tatsächlich aber brachte er es fertig, mit einem absoluten Minimum an Worten und Gestik oft müde und zynische Orchester so zündend anzuspornen, daß sie sich die Seele aus dem Leibe spielten. Wie er das machte, blieb selbst den Musikern oft ein Geheimnis. »Er blickte uns einfach an, bewegte oft kaum den Stab«, erinnert sich ein nachdenkliches Mitglied des Londoner Symphonieorchesters, »und wir spielten wie besessen.« Dieses »blickte uns einfach an« könnte einen Hinweis enthalten. Einer der seltenen Filmstreifen aus dem Jahre 1913 zeigt Nikisch beim Dirigieren, wobei er den Stab stets so hoch und dicht am Gesicht hält, daß die Musiker gezwungen sind, ihm in die Augen zu sehen. Und welche Augen! Selbst durch die schemenhaften alten Bilder noch brennen sie wie die eines Fanatikers – oder eines Hypnotiseurs. Vermutlich war das der Punkt: Nikisch hypnotisierte seine Musiker. Die meisten guten Dirigenten tun mehr oder weniger dasselbe. Aber Nikisch war ein Sonderfall.

Natürlich auch Mahler. Wohlwissend, mit was oder genauer: wem er es zu tun hatte, warf er sich noch leidenschaftlicher in die Arbeit. Allein im ersten Monat – einem drückend schwülen August, in dem noch viele Leipziger auf Urlaub waren – dirigierte er elf Aufführungen von zehn verschiedenen Opern, darunter vier von Wagner: »Lohengrin« als Auftakt, »Rienzi«, »Tannhäuser« und »Der fliegende Holländer«. Ein ähnlich rasantes Tempo hielt er auch im restlichen Jahr 1886/1887 durch und erhöhte es noch 1887/1888, komponierte »nebenbei« sogar noch. Er wollte sich keineswegs damit abfinden, »als blasser Mond hier das Gestirn Nikisch zu umkreisen«. Vielmehr brauste er wie ein Meteor durch die Leipziger Szene und hinterließ eine breite Spur ausgebrannter Sänger, wütender Regisseure und beleidigter Instrumentalisten des hehren Gewandhausorchesters, die murrten, sie würden behandelt, »als ob wir bis vor Herrn Mahler ganz dumm gewesen wären, als ob der hätte von Prag kommen müssen, um zu entdecken, was piano sei«.

Es überrascht wenig, daß sich Mahler auch mit Direktor Staegemann anlegte. Außerhalb des Theaters kamen die beiden gut miteinander aus. Mahler war oft bei Staegemann zu Gast und voll des Lobes für die zwei Töchter, beide talentierte Sängerinnen. Aber wenn es zur Sache ging, war Mahler gewohnt unnachgiebig. Schon drei Monate nach seinem Debüt bot Mahler in einem Brief an Staegemann seinen Rücktritt an, weil Nikisch den gesamten »Ring des Nibelungen« dirigieren sollte. Mahler behauptete, zwischen ihm und Staegemann sei »stillschweigend ausgemacht« gewesen, daß die Aufgabe geteilt würde. Offenbar ohne Staegemanns Wissen. Jedenfalls beließ er den »Ring« in Nikischs Händen und weigerte sich gleichzeitig, Mahler ziehen zu lassen.

Dieser Sturm legte sich hauptsächlich, weil Nikisch bald danach eine Lungenentzündung bekam und einen langen Urlaub antrat. Zu Mahlers Entzücken fiel ihm der »Ring« und vieles andere in den Schoß. »Durch die letzte Wendung der Dinge«, schrieb er an Löhr, »bin ich dem Nikisch faktisch in jeder Weise gleichgestellt worden und kann nun ganz ruhig mit ihm um die Hegemonie kämpfen, die mir schon um meiner physischen Überlegenheit willen zufallen muß. Ich glaube, daß es Nikisch mit mir nicht aushalten und über kurz oder lang das Weite suchen wird.« Doch Mahler hatte Pech; Nikisch erholte sich und bewies sehr viel mehr Stehvermögen als erwartet.

Während er so gegen Nikisch ankämpfte, stürzte sich Mahler in eine weitere Liebesaffäre, seine bislang verwickeltste. Wann sie genau anfing, ist unklar, aber die Umstände dafür waren schon bald nach Mahlers Ankunft in der Stadt gegeben. »Einen schönen Menschen habe ich doch, seitdem ich in Leipzig bin, gefunden«, schrieb Mahler im Oktober 1886 an Löhr (man sieht fast, wie dieser die Augenbrauen hochzieht), »und, damit ich es gleich sage – einen von denen, durch welche man seine Dummheiten anstellt. – Du verstehst doch, amice? – Diesmal will ich jedoch vorsichtig sein, sonst ergeht es mir wieder schlimm.«

Doch dem guten Vorsatz vermochte Mahler nicht treu zu bleiben. Der »schöne Mensch« war die vier Jahre ältere Marion von Weber, verheiratet und Mutter von drei Kindern. Carl von Weber, ihr Mann, war Hauptmann in einem Leipziger Regiment und mehr noch, Enkel des Vaters der deutschen romantischen Oper, Carl Maria von Weber. Mahler begann die von Webers regelmäßig zu besuchen, schrieb Lieder für die Kinder und übernahm, zunächst widerstrebend, von Carl eine Kompositionsaufgabe, die ihm schließlich Geld und Ruhm einbringen sollte. Es handelte sich um die Fertigstellung der komischen Oper »Die drei Pintos«, die Carls Großvater nur skizziert hatte. Mehrere Komponisten, darunter auch Meyerbeer, waren angegangen worden, hatten aber abgelehnt. Mahler sagte schließlich zu, vielleicht weil er die Herausforderung genoß, vielleicht auch, weil er damit einen noch besseren Vorwand hatte, mehr Zeit in Marions Nähe zu verbringen.

Wie ernst war die Affäre? Von Mahler selbst wissen wir fast keine Einzelheiten, aber er scheint Jahre später Alma sein Herz ausgeschüttet zu haben. In ihren Memoiren behauptet sie, Mahler und Marion seien so verliebt gewesen, daß sie sogar die gemeinsame Flucht beschlossen hätten. Nach ihrer Version schreckte Mahler zwar zunächst wegen der Folgen für seine Laufbahn und Familie zurück, aber die Leidenschaft habe ihn übermannt. Er machte sich auf und begab sich zum Bahnhof, den er und Marion als Treffpunkt vereinbart hätten, aber sie sei nicht erschienen, und so sei der Zug ohne die beiden abgefahren.

Vielleicht hat Alma die Geschichte ausgeschmückt. Als sie sie niederschrieb, hatte sie immerhin gerade ihre eigene berauschende Erfahrung einer heimlichen Romanze auf Schienen hinter sich, aber diesmal war Mahler der Gehörnte. Eine noch auffälligere Beschreibung stammt jedoch von Ethel Smyth, der britischen Komponistin und späteren Suffragette, die sich zu der Zeit in Leipzig aufhielt. In ihren Memoiren schreibt sie, Carl habe von der Liaison seiner Frau gewußt, aber die Augen zugedrückt, weil ein Skandal sein Ausscheiden aus der Armee bedeutet hätte. Schließlich habe er es dann nicht mehr ausgehalten. »Eines Tages, auf der Fahrt nach Dresden in Gesellschaft von Fremden, brach Weber plötzlich in lautes Gelächter aus, zog den Revolver und begann in Wilhelm-Tell-Manier auf die Kopflehnen zwischen den Sitzen zu schießen. Er wurde überwältigt, der Zug hielt, und man brachte den wild um sich Schlagenden zur nächsten Polizeistation – und von dort in eine Irrenanstalt.«

Auch diese Einzelheiten mögen übertrieben sein, aber immerhin scheint Carl tatsächlich Ausbrüche geistiger Instabilität gehabt zu haben und wurde später von Marion zu Hause gepflegt. Wahr klingt jedenfalls Ethel Smyths Einschätzung Mahlers als jemand, der »trotz seiner Häßlichkeit dämonischen Reiz« ausübt. »Zu der Zeit in Leipzig, von der ich spreche, sah ich ihn nur selten, und wir kamen uns nicht näher; ich war noch zu jung und unerfahren, als daß mir diese düstere Persönlichkeit etwas hätte sagen können, mit der der Umgang etwa so war, als habe man es mit einer in Rasierklingen steckenden Bombe zu tun.« Häßlich, dämonisch reizvoll, düster, explosiv – sie hätte genausogut Mephisto oder Dr. Jekyll und Mr. Hyde beschreiben können.

Die vielleicht zuverlässigste Aussage darüber, wie nahe sich Mahler und Marion wirklich standen, verdanken wir viele Jahre später einer unerwarteten Quelle. 1907 schrieb der niederländische Dirigent Willem Mengelberg aufgeregt seiner Frau, er habe Marion besucht, die damals schon Witwe war und in Dresden lebte. Mengelberg wußte nichts von der einstigen Liaison in Leipzig, aber als das Gespräch auf Mahler kam, stellte er fest, daß Marions Augen feucht wurden und sie zitterte. Zu seinem Erstaunen holte sie schließlich einen Stoß Originalmanuskripte von Mahler hervor und sagte eindringlich, sie habe sie noch niemandem gezeigt. Wie viele Mahler-Werke Marion versteckt hatte, ist unklar. Die Manuskripte gingen später verloren, wahrscheinlich in der Dresdener Bombennacht 1945. Aber eines davon war sicherlich eine frühe Version der Ersten Sinfonie, die noch ein sentimentales Andante namens »Blumine« enthielt, das Mahler später strich. Nach Mengelberg hatte Mahler den Satz mit »In glücklicher Stunde« überschrieben. Ans Ende hatte er eine Widmung an Marion zu ihrem Geburtstag gesetzt.

Dieser Hintergrund bringt etwas Licht in eine ansonsten verwirrende Notiz, die Mahler Anfang Januar 1888 an Löhr hinausjagte. Darin erläuterte Mahler seinem Freund – zum ersten und einzigen Mal in roter Tinte –, er könne nur wenige Zeilen schreiben »in dieser Trilogie der Leidenschaften und Wirbelwind des Lebens! Alles in mir und um mich *wird!* Nichts *ist!* Laßt mich jetzt noch ein bißchen durch! Dann sollt Ihr alles erfahren!«

Die »Trilogie« erläuterte Mahler nicht näher, aber mit dem Wirbelwind hatte er allemal recht. Von der Affäre mit Marion einmal abgesehen, schlug er sich mit den alles andere als einfachen Vorbereitungen der Aufführung von »Die drei Pintos« herum. Die Musik hatte er im vorigen Herbst fertiggestellt und gemeinsam mit Carl alles darangesetzt, das magere Libretto über ein amouröses Verwirrspiel in Spanien anzureichern. Nun kam es ganz auf die Premiere an, die für den 20. Januar angesetzt war. Viele führende Operndirektoren wurden erwartet, sogar ein Vertreter der Metropolitan Opera in New York. Auch Hermann Levi, den Wagner eigenhändig als Dirigent für die Premiere des »Parsifal« ausgesucht hatte, sollte da sein, desgleichen der Quälgeist Hanslick aus Wien mit verrißbereit gespitzter Feder. Wenn die Aufführung Erfolg hatte, dann gab sie nicht nur dem Dirigenten Mahler Auftrieb, sondern auch der unbekannte Komponist Mahler gelangte endlich ins Rampenlicht. Nun mag von der endgültigen Partitur mehr noch von Weber gestammt haben, als Mahler zugeben wollte, aber er hatte eine Menge Arbeit hineingesteckt, und sein Name erschien mit auf dem Titelblatt.

»Die drei Pintos« wurden sofort zum Schlager, auch wenn

die Oper heute kaum noch aufgeführt wird. Nach der triumphalen Premiere wurde sie in Leipzig weiterhin vor ausverkauftem Haus gespielt und gelangte schon binnen weniger Monate in Hamburg, München, Dresden und Kassel zur Aufführung. Im Jahr darauf erreichte sie Wien und später Berlin. Vom Leipziger Verleger erhielt Mahler 10000 Mark Vorschuß, wovon er 1000 postwendend an seine Eltern schickte, denen er stolz berichtete, wie ihn der König und die Königin von Sachsen in der Pause empfangen hätten. »Jedenfalls bin ich vom heutigen Tag an ein ›berühmter‹ Mann«, schrieb er. Dieses frohlockende Wort schien gerechtfertigt, aber es war doch verfrüht. Nur wenige spätere Kompositionen Mahlers stießen auf solch sofortige Begeisterung – schon gar nicht die Erste Sinfonie, an der er jetzt trotz allem, was er sonst noch zu tun hatte, fieberhaft arbeitete.

Wann genau Mahler sich ernsthaft der Arbeit an der Sinfonie zuwandte, weiß man nicht, aber den Großteil scheint er erstaunlicherweise eher binnen Wochen als Monaten geschrieben zu haben. Auch wenn er keine anderen Verpflichtungen gehabt hätte, wäre das ein rasantes Tempo. Aber meist leitete er tagsüber Proben und mußte zudem oft am Abend noch dirigieren. Die einzige Pause gab es, als Kaiser Wilhelm I. starb und das Theater aus Trauer geschlossen blieb, was dem erfreuten Mahler zehn freie Tage zum Komponieren verschaffte. Als er den ersten Satz fertig hatte, rannte er zu den von Webers hinüber, obschon es fast Mitternacht war, und spielte Marion und Carl das Stück am Klavier vor. »Wir waren alle drei so begeistert und selig«, sagte Mahler später – eine unter den genannten Umständen eher makabre Bemerkung.

Im März konnte Mahler seinem Freund Löhr berichten, die Arbeit sei fertig. »Es ist so übermächtig geworden«, schrieb er, »wie es aus mir wie ein Bergstrom hinausfuhr! Heuer im Sommer sollst Du hören! Wie mit einem Schlag sind alle Schleußen in mir geöffnet! Wie das gekommen ist, erzähle ich Dir vielleicht einmal!« Was immer Mahler dann Löhr gesagt haben mag – acht Jahre später gestand er dem Komponisten und Kritiker Max Marschalk in einem Brief, eine Liebeserfahrung habe die Sinfonie ausgelöst. Allerdings, fuhr Mahler fort, müsse er betonen, daß die Sinfonie dort einsetze, wo die Liebe endete. »Das äußere Erlebnis wurde zum *Anlaß* und nicht zum Inhalt des Werkes.«

Das hört sich wie Haarspalterei an. In Wirklichkeit ist es eine entscheidende Warnung vor der Versuchung, die Inhalte von Mahlers Werken allzu eng mit den jeweiligen Lebensumständen in Verbindung bringen zu wollen. Was Mahler in jenen ersten Monaten des Jahres 1888 aus der Feder floß, war seit Jahren in ihm umgegangen, bis sich dann »die Schleusen« öffneten. Teile des ersten und dritten Satzes bauen auf den »Liedern eines fahrenden Gesellen« auf, die er in Kassel für Johanna Richter geschrieben hatte. Der Marion gewidmete zweite Satz »Blumine« beruht auf einem Auszug aus einer anderen Komposition der Kasseler Zeit, einer Zwischenmusik zu einem Stück namens »Der Trompeter von Säkkingen«. Die Trompetenrufe und das Vogelgezwitscher, der Ländler und die quiekende kleine Kapelle erinnern an seine böhmisch-mährische Herkunft. Und die Blitze von Ironie und Banalität – spiegeln sich in ihnen vielleicht Mahlers Leiden im Theateralltag, die endlosen Kämpfe mit, wie er meinte, gefühllosen Musikern und kurzsichtigen Intendanten? Vielleicht. Aber diese Auslegung ist viel zu konkret.

Gründe, zu leiden, hatte Mahler genug, und sie alle trugen zweifellos zur zähneknirschenden Parodie des dritten Satzes und zum explosiven Übergang in den vierten bei. Nach Fertigstellen der ersten beiden Sinfonien sagte er, die Werke »erschöpfen den Inhalt meines ganzen Lebens; es ist Erfahrenes und Erlittenes, was ich darin niedergelegt habe, Wahrheit und Dichtung in Tönen. Und wenn einer gut zu lesen verstünde, müßte ihm in der Tat mein Leben darin durchsichtig erscheinen.«

So wirkte das Liebeserlebnis gewissermaßen als Bombe, die die Schleusen aufriß. Doch für den schöpferischen »Bergstrom« mag es weitere Gründe gegeben haben, die Mahler nicht erwähnt hat. Dazu könnte seine Arbeit an den »drei Pintos« gehören, bei der er sich nach langer Abstinenz endlich wieder einer umfangreichen Orchestrierung zuwandte. Desgleichen mag der Wunsch mitgespielt haben, seine Fähigkeiten auf einem Gebiet zu beweisen, auf dem der Nichtkomponist Nikisch nicht mithalten konnte.

Nun war Nikisch keineswegs Mahlers einziger Rivale, nicht einmal sein gefährlichster. Im Oktober 1887 war Richard Strauss, der aufstrebende Komponist und Dirigent aus München, nach Leipzig gekommen, um seine f-Moll-Sinfonie zu geben. Er und Mahler trafen sich dabei zum ersten Mal, kamen einigermaßen miteinander aus und blieben von da an sich mißtrauisch beäugende Freunde. Strauss lobte sogar Mahlers Arbeit an den »drei Pintos« in einem Brief an von Bülow, ließ aber eiligst einen Rückzieher folgen, als von Bülow anderer Meinung war. Mit Sicherheit indes war Mahler nicht entgangen, daß Strauss vier Jahre jünger war und schon mit zwei Sinfonien, Concertos, einem Streichquartett und mehreren anderen Kompositionen aufwarten konnte. Vielleicht hat ihn diese erste Begegnung angespornt, etwas ganz und gar Eigenes zu komponieren. Und vielleicht entstand aus all diesen Elementen die kritische Masse, aus der dann die Erste Sinfonie hervorbrach.

Und nicht nur die Erste! Kaum hatte er die Arbeit daran beendet, begann er die nächste, einen zwanzigminütigen Trauermarsch, der offenbar von Anfang an als erster Satz einer Sinfonie gedacht war, zu dem er Jahre später auch wurde. Es mutet seltsam an, daß er dem Blechbläsertriumph des Finales der Ersten Sinfonie sofort eines seiner düstersten Stücke folgen ließ. Um so mehr, als es Hinweise gibt, daß er das neue Werk noch während der Komposition des vorigen zumindest schon skizziert hat.

Für Mahler war das offenbar kein Paradox. In seiner Ersten Sinfonie, so sagt er, unterliege sein Held, der Titan, immer neuen Schicksalsschlägen und erringe schließlich den Sieg nur im Tod. Zum Beginn der Zweiten schrieb er an Marschalk:

»Wenn Sie es wissen wollen, so ist es der Held meiner D-Dur-Symphonie [Nr. 1], den ich da zu Grabe trage, und dessen Leben ich, von einer höheren Warte aus, in einem reinen Spiegel auffange. [...] Also eigentlich knüpft meine 2. Symphonie direkt an die erste an!« Mahler sagt »der Held«, meint sich aber eindeutig selbst. Später sagte er, beim Komponieren des Trauermarsches habe er sich selbst tot auf einer Bahre unter Haufen von Kränzen und Blumen liegen sehen.

Skeptiker mögen einwenden, Mahler versuche nachträglich in Worten eine Verbindung herzustellen, die während des Komponierens selbst so klar gar nicht vorhanden gewesen sei. Damit hätten sie Mahler wenigstens halb auf ihrer Seite. Im selben Brief an Marschalk schickt Mahler seinem Kommentar über die Zweite Sinfonie das Eingeständnis voraus: »Ich weiß für mich, daß ich, solang ich mein Erlebnis in Worten zusammenfassen kann, gewiß keine Musik hierüber machen würde. Mein Bedürfnis, mich musikalisch-symphonisch auszusprechen, beginnt erst da, wo die *dunkeln* Empfindungen walten, an der Pforte, die in die ›andere Welt‹ hineinführt; die Welt, in der die Dinge nicht mehr durch Zeit und Ort auseinanderfallen.« Mit anderen Worten: Mahler wollte beides. Traf seine Arbeit auf Unverständnis oder befürchtete er es, dann versuchte er, sie in Worten zu »erklären«. Natürlich wußte er, wie unzulänglich Worte sind, meinte aber – zumindest anfänglich –, sie seien immer noch besser als gar nichts. Später bezweifelte er auch das.

Dennoch sollten sich selbst Skeptiker hüten, die »Erklärung« einfach von der Hand zu weisen. 1887, kurz bevor sich Mahler ernsthaft an seine Erste Sinfonie setzte, erschien in Leipzig das Drama »Dziady« (»Vorabend der Vorväter«) des berühmten polnischen Dichters Adam Mickiewicz auf Deutsch. Die Übersetzung unter dem Titel »Todtenfeier« hatte kein anderer als Mahlers Wiener Freund Siegfried Lipiner besorgt. Zwar gibt es keinen Beweis, daß Mahler es sofort las, aber seltsam wäre es schon, wenn er es nicht getan hätte. Es befaßte sich dramatisch mit dem Leben nach dem Tode, war das Produkt eines vielbewunderten alten Freundes, und es erschien gleich vor seiner Haustür. Später jedenfalls kannte er das Werk gut und zitierte daraus.

Hat »Dziady« Mahlers Geist in einem entscheidenden Augenblick seines schöpferischen Lebens wieder auf Themen wie Erlösung und Wiedergeburt konzentriert, über die er vor Jahren mit Lipiner ausgedehnte Gespräche geführt hatte? Könnte das der Grund sein, warum Mahler wenige Monate später in dem unergründlichen Prozeß, in dem Ideen und Emotionen zu Musik werden, Werke über Sieg und Tod gleichzeitig hervorbrachte? Für einen, der (und sei es zögernd) ans ewige Leben glaubt, liegt darin kein Widerspruch. Im Gegenteil.

Die Theorie ist plausibel, läßt sich aber nicht beweisen. Sicher wissen wir nur, daß Mahler seinen Trauermarsch (wie die Übersetzung des Mickiewicz-Dramas) »Todtenfeier« nannte und die daraus entstehende Zweite Sinfonie »Auferstehung«.

Das Manuskript des Marsches beendete Mahler im September 1888 in Prag, wo er »Die drei Pintos« mehrmals als Gastdirigent gab. Im übrigen war er arbeitslos. Vier Monate zuvor hatte er mit Leipzig aus nicht eindeutig belegten Gründen gebrochen. Dem Vernehmen nach soll er nach einer wütenden Auseinandersetzung mit dem Chefregisseur bei Staegemann seinen Rücktritt eingereicht haben, den dieser annahm. Aber Mahler lag sich immer mit irgend jemandem in den Haaren, und Staegemann war es schon gewohnt, Rücktrittsgesuche seines temperamentvollen jungen Kapellmeisters abzuschmettern. Was also hatte sich Anfang 1888 geändert?

Eines war jedenfalls gleichgeblieben. Trotz Mahlers Versuche, Nikisch den Platz streitig zu machen, schien dieser fest entschlossen, auf Dauer in Leipzig zu bleiben (ging dann aber, Ironie des Schicksals, schon ein Jahr später weg und übernahm das Boston Symphony Orchestra). Doch inzwischen war Mahler eindeutig der Meinung, auch wenn er noch selten gehört werde, sei er doch fest als Komponist etabliert und habe dank seiner Leistung als Dirigent mehr denn je Anspruch auf einen Spitzenposten. Neuerdings haben sich zudem Beweise gefunden, daß er schon vor seinem Krach mit dem Regisseur – in klarem Bruch seines Vertrags in Leipzig – insgeheim über Auftritte in Prag verhandelt hatte. Vielleicht hat er den Krach bewußt übertrieben oder sogar eingefädelt, um sich einen Grund für den Abgang zu verschaffen. Oder Staegemann hat von dem Handel mit Prag Wind bekommen und sich gesagt, nun reiche es endgültig.

Wie dem auch sei – Mahler mußte in jenem Sommer ein paar angstvolle Monate der Unsicherheit überstehen, bemühte sich erfolglos um eine Aufführung seiner Ersten Sinfonie und hielt weiterhin Ausschau nach dem besseren Engagement, auf das er Anspruch zu haben glaubte, das sich aber einfach nicht einstellen wollte. Nach dem Erfolg mit den »drei Pintos« sah es einen Augenblick lang sogar so aus, als könne er doch noch in Prag bleiben, aber diese Aussicht zerschlug sich endgültig nach einem weiteren, diesmal eindeutig unbeabsichtigten Krach mit seinem früheren Gönner Angelo Neumann.

Das ungemütliche Interregnum hätte kaum vielversprechender enden können, denn Mahler erhielt einen Ruf als künstlerischer Leiter und Chefdirigent nach Budapest. Offenbar hatte er nach Kräften alle Fäden gezogen, um den Posten zu bekommen. So wissen wir beispielsweise, daß sein Freund Guido Adler eine einflußreiche Kontaktperson in Budapest mit Briefen überschüttet hat, Mahler sei absolut erste Wahl. Das Jahresende 1888 erlebte einen neuen Chef, der sich hingebungsvoll in seinen neuen Posten warf; es war zwar nicht der ersehnte in Wien, kam ihm aber schon einen großen Schritt näher. Hochgemut schickte er Staegemann sogar ein Weih-nachtspaket mit Salami und Paprika und einem redseligen Brief, in dem er über die Probleme plauderte, denen er sich – nunmehr ebenfalls Direktor im Vollsinne – gegenübersah. Urplötzlich schien alles im Lot. Doch das nächste Jahr sollte sich als eines der schlimmsten seines Lebens erweisen.

III
Auf dem Weg zum Gipfel

Dramatischer kann das Debüt eines Dirigenten wohl kaum verlaufen. Gerade hatte Mahler am 26. Januar 1889 dem Orchester der Budapester Oper das Unterwasserbrodeln entlockt, mit dem Wagners »Rheingold« beginnt, da züngelten Flammen aus dem Souffleurkasten über die Bühne. Grimmig entschlossen, seine Dirigentenpremiere nicht buchstäblich in Rauch aufgehen zu lassen, versuchte Mahler die Musiker weiterzutreiben, ging es doch um den Auftakt zur geplanten erstmaligen Gesamtaufführung des »Rings« in Ungarn. Auf sie hatte Mahler praktisch seit seinem Eintreffen hingearbeitet, den Text übersetzen lassen und das Sängerensemble zusammengeschweißt.

Zu guter Letzt geriet die Aufführung zum Triumph, obschon sogar Mahler sie kurz unterbrechen mußte, als die Feuerwehr eintraf, um das Feuer zu löschen. Ein paar ängstliche Gemüter hatten die Flucht angetreten, aber die meisten Zuhörer blieben und bereiteten ihm anschließend eine Ovation. Am folgenden Abend fand die zweite Oper des »Rings«, »Die Walküre«, bei Publikum wie Kritikern ebenso ungeteilte Zustimmung. Selbst den glühendsten Nationalisten fiel es schwer, an einem so engagierten vorbereiteten und dirigierten allungarischen Wagner etwas auszusetzen.

Dann begannen die Schicksalsschläge zu hageln. Trotz seines unsteten Lebens hatte Mahler stets zur Familie Kontakt gehalten. Jetzt aber mußte er unentwegt zur Krisenbewältigung die 400 Kilometer zwischen Budapest und Iglau hin- und herpendeln. Nach jahrelangem Kränkeln starben seine Eltern im Abstand von acht Monaten, Bernard am 18. Februar, Marie am 11. Oktober. Seine 20jährige Schwester Justine – »Justi« – gab sich alle Mühe, den Haushalt in Iglau zu führen und nach Bernards Tod ihre Mutter zu pflegen, aber im September war auch sie dem Zusammenbruch nahe. Mahler brachte sie zur ärztlichen Untersuchung nach Wien, besuchte bei gleicher Gelegenheit auch seine verheiratete Schwester Leopoldine, die seit Monaten unter furchtbaren Kopfschmerzen litt. Zwar hatten die Ärzte nichts Schwerwiegendes feststellen können, aber kaum war Mahler wieder in Budapest, starb auch sie, wahrscheinlich an einem Hirntumor.

Während er mit all dem fertig zu werden und gleichzeitig die Oper zu leiten versuchte, litt er selbst große Schmerzen. Im Juli ließ er sich in München die Hämorrhoiden entfernen, doch das Leiden trat in späteren Jahren erneut auf, einmal so schlimm, daß er fast verblutete. Eine weitere Operation scheuend, warf er sich in seine Budapester Pflichten und nahm Morphium, »um über die Proben zu kommen«. Nur selten ließ er sich durch Krankheit von seiner Arbeit abhalten, obwohl er in seinem Leben unter heftigen Migräneanfällen, häufigen Kehlkopfentzündungen und »Ärger in den unteren Regionen« litt, wie er es nannte. »Krankheit ist Talentlosigkeit«, pflegte er zu sagen, ganz als ob ein starker schöpferischer Wille allein den Körper zum Durchhalten zwingen könne. Meist schien er recht zu behalten.

Nun war Mahler Oberhaupt der Familie oder jedenfalls von dem, was von ihr noch übrig war. Von seinen vier überlebenden Geschwistern stand er der unpraktischen, aber sanftmütigen Justi eindeutig am nächsten und nahm sie mit nach Budapest. Der treue Fritz Löhr, der inzwischen geheiratet hatte und als Archäologe in Wien arbeitete, erklärte sich bereit, sich um die beiden jüngsten Geschwister, den 16jährigen Otto und die 14jährige Emma zu kümmern. Übrig blieb noch der 22jährige Alois, das »schwarze Schaf« der Familie, der den Kopf voller verrückter Geschäftsideen hatte und unablässig in Schulden steckte. Mahler beglich selbstverständlich die Rechnungen der beiden jüngeren, griff aber auch Alois, wenngleich er »einen kleinen Stoßseufzer nicht unterdrücken« konnte, regelmäßig unter die Arme.

Mahlers Großzügigkeit oder jedenfalls Pflichtgefühl brachte ihm nicht viel Freude ein. Seine Brüder trugen ihm nach, daß er darauf bestand, sie müßten wie er auf ihren Anteil am Grundbesitz der Familie verzichten, um den Schwestern eine bessere Mitgift zu verschaffen. Otto studierte am Wiener Konservatorium auf Mahlers Kosten Musik, erschoß sich jedoch 1895, vielleicht aus Verzweiflung darüber, daß er seinem berühmten Bruder nicht das Wasser reichen konnte. Er hinterließ einen Zettel, auf dem stand, er gebe »seine Eintrittskarte zurück«. Alois wanderte urplötzlich nach Amerika aus, offenbar auf der Flucht vor seinen Gläubigern. Jahrelang hatte es den Anschein, als sollten die beiden Mädchen »sitzenbleiben«, aber schließlich heirateten sie die Brüder Rosé, zwei gefeierte jüdische Musiker in Wien. Beide Schwestern starben in den dreißiger Jahren, gnädigerweise noch vor dem Holocaust. Ihre Familien hatten weniger Glück. Emmas Ehemann Eduard, ein Cellist, kam im KZ Theresienstadt um, und Justines Tochter, die Geigerin Alma, starb in Auschwitz, wo sie für die SS aufspielen mußte. Justines Ehemann Arnold, vordem Konzertmeister bei den Wiener Philharmonikern, floh fast ohne einen Pfennig in der Tasche nach London, wo er 1946 starb.

Als die Familienangelegenheiten einigermaßen geregelt waren, begann Mahler in Budapest fieberhaft mit den Proben für eine Aufführung, von der er glaubte, sie würde seine Karriere schlagartig ändern. Nach Jahren emotionaler Tumulte, die sich vor zwei Jahren in Leipzig in einem schöpferischen Ausbruch entladen hatten, sollte er nun endlich die Uraufführung seiner Ersten Sinfonie dirigieren. Damals nannte er sie allerdings noch nicht Sinfonie, sondern eine »Symphonische Dichtung in fünf Sätzen«. Doch ungeachtet der Bezeichnung fand Mahler, die Aufführung am 20. November werde – trotz des Erfolgs mit den »drei Pintos« und ein paar öffentlicher Konzerte seiner

Lieder – sein eigentliches Debüt als schaffender Künstler darstellen. Wie würden die Leute reagieren? Später gab Mahler zu, er habe aufrichtig mit einem Riesenerfolg gerechnet, der ihm die Möglichkeit gäbe, von den Einkünften leben und sich aufs Komponieren konzentrieren zu können. Irgendwie war er trotz aller Rückschläge immer noch naiv.

Die Premiere war kein völliger Mißerfolg. Ein Teil der Zuhörer klatschte nach jedem Satz, und ein paar Kritiker ließen wirklichen Einblick erkennen. Alles in allem nicht so schlecht für eine Uraufführung. Doch die meisten reagierten aufgebracht und verwirrt, vor allem auf den Satz mit dem Trauermarsch (über dem in der Partitur »Mit Parodie« stand), von dem keiner wußte, ob er nun ernst zu nehmen sei oder nicht. »Wir werden seine [Mahlers] erfolgreichen Bemühungen als Operndirektor darum nicht minder dankbar anerkennen und ihn immer wieder mit Vergnügen am Dirigentenpult erblicken, wenn er nicht seine eigenen Kompositionen dirigiert«, höhnte eine Zeitung. Zum ersten, aber bei weitem nicht letzten Mal fanden die Karikaturisten in einer Mahler-Sinfonie reiche Nahrung. Auf einer Karikatur war der Komponist zu sehen, wie er mit vor Anstrengung lotrecht gesträubtem Haar aus einem riesigen Horn ganze Tierherden herausblies, während gleichzeitig ein Freund die Reklametrommel rührte und die Zuhörer vor Angst in Ohnmacht fielen.

Mahler nahm es übel auf und behauptete, nach der Aufführung hätten ihn seine Freunde gemieden, als sei er »ein Kranker oder Geächteter«. Aber selbst er mußte eingestehen, daß einiges an seinem Werk nicht in Ordnung war, darunter einige Instrumentierungspassagen. Das war wenig überraschend, denn bis zu den Proben hatte Mahler seine Orchestrierung noch nie spielen hören, sieht man vom Sonderfall der »drei Pintos« einmal ab. Schon der Anfang klang falsch: ein dichter, satter Streicherton, wo er doch etwas anvisiert hatte, das so frisch und leicht wie ein Frühlingsmorgen sein sollte. Er begann mit einer kräftigen Überarbeitung, fügte sogar anfänglich noch eine schriftliche Erläuterung des Ganzen hinzu, ließ sie dann aber wieder fallen. Erst ein Jahrzehnt später, 1899, stand das Werk in seiner heutigen Form. Ähnlich erging es auch seinen späteren Werken: Komposition, Proben, Überarbeitung, Aufführung, erneute Bearbeitung, gelegentlich auch Selbstvorwürfe wegen »Amateurhaftigkeit«. Immer schien Mahler eine Verbesserung möglich, die Vollkommenheit greifbar nahe.

Um sicherzustellen, daß andere Dirigenten zweifelsfrei wußten, was er wollte, versah Mahler seine Partituren mit mehr Anweisungen als je ein Komponist vor oder nach ihm. Manchmal fügte er ein paar ergänzende Worte hinzu, um zu betonen, daß er tatsächlich meinte, was er sagte. So erklärt er den Musikern, wann sie das Instrument aufnehmen sollen, damit sie es bei einem schwierigen Einsatz rechtzeitig zur Hand haben, und die Chorsänger erhalten Tips, wie sie am besten den Klang einer Glocke nachahmen können. Da er wußte, daß die Musiker zum Überinterpretieren seiner Anweisungen neigten, versuchte er sein Ziel mit List zu erreichen. Wollte er etwas langsamer gespielt haben, dann schrieb er oft »nicht eilen« anstatt »ritardando«; wollte er ein »accelerando«, dann sagte er »nicht schleppen«. Trotz manchen Fehlkalküls sind diese Präzision und dieser Professionalismus schon in der Ersten Sinfonie erkennbar. Für die Fanfarenstöße gleich nach Beginn gibt Mahler die Anweisung, hinter der Bühne sollten zwei Trompeten »in weiter Entfernung aufgestellt« sein, eine dritte jedoch nur »in der Ferne« spielen. Es ist wie Magie – wenn die Anweisungen befolgt werden. Meist werden sie es nicht.

Weit davon entfernt, nun von den Erträgen seines neuen Werkes leben zu können, mußte sich Mahler noch mehr der Opernarbeit zuwenden und fand weniger Zeit denn je zum Komponieren. Trotz seiner anfänglichen Triumphe am Dirigentenpult und einer Verbesserung der Finanzlage des Theaters erschienen in der nationalistischen Presse die ersten Klagen, er bringe nicht genügend ungarische Opern auf die Bühne, und das Publikum muckte allmählich auf, weil immer weniger »Stars« gastierten. Da Mahler von Anfang an alles darangesetzt hatte, die ortsansässigen Begabungen zu fördern, nahm er diese Vorwürfe natürlich übel. Zumal er sich, je länger er in Budapest weilte, um so mehr danach sehnte, deutsche Werke wieder auf Deutsch zu Gehör zu bringen. Als Mahler sich beklagte, er sei »dreifach heimatlos«, meinte er es geographisch, aber in Budapest (und später Amerika) plagte ihn vor allem das Heimweh nach der Sprache, der vielleicht gleich nach der Musik seine größte Liebe galt.

Schon bei der Ankunft hatte er sich deutlich gegen die damals nicht nur in Ungarn gängige Praxis ausgesprochen, gastierende Künstler jeweils in der Sprache singen zu lassen, die sie am besten beherrschten, egal, um welche Oper es sich handelte. Künstlerisch wäre es dann eher noch zu vertreten, bemerkte er säuerlich zu einem Interviewer, die Werke überhaupt ohne Worte zu spielen. Diese Ablehnung des Opernbabel bedeutete jedoch keineswegs, Mahler persönlich habe nun partout alles auf ungarisch gesungen hören wollen, von Wagners »A Rajna Kincse« (Rheingold) bis Mascagnis »Parasztbecsület« (Cavalleria rusticana). Im Interesse der Schaffung eines wirklich erstklassigen Nationalensembles nahm er es lediglich hin. Doch nun beklagten die einen Kritiker, er sei mit seiner »Magyarisierung« zu weit gegangen, während andere meinten, sie gehe nicht weit genug. Der verhärteten Haltung fiel unter anderem vor allem die beabsichtigte Gesamtaufführung des »Rings« zum Opfer. Trotz des Anfangserfolges mit den ersten beiden Opern blieb es Mahler versagt, in Budapest auch noch »Siegfried« und die »Götterdämmerung« auf die Bühne zu bringen und damit den »Ring« abzuschließen.

Innerlich fühlte sich Mahler immer unwohler, aber solange er den ausgeglichenen Regierungskommissär für die Hoftheater, Ferenc von Beniczky, auf seiner Seite hatte, brauchte er wenig zu befürchten. Von Beniczky hatte Mahler hergeholt, ihn stetig ermutigt und ihm künstlerisch freie Hand gelassen. Im Herbst 1890 verdichteten sich jedoch die Gerüchte, ein hitzköpfiger Adliger, Graf Geza Zichy, werde im kommenden Jahr schon bald die Kommissärsstelle antreten. Für

Mahler konnte es kaum eine schlimmere Nachricht geben. Graf Zichy war ein fanatischer Nationalist und Antisemit, der früher, obwohl er einen Arm verloren hatte, Konzertpianist gewesen war und sich etwas auf seine kompositorischen Fähigkeiten zugute tat. Alles deutete darauf hin, daß er sich künstlerisch wie politisch in die Opernangelegenheiten einmischen würde.

So begann Mahler, sich nach einem anderen Posten umzusehen, obwohl sein Vertrag in Budapest noch weitere acht Jahre galt und er immer wieder große Erfolge einheimste. Einer der größten – sein »Don Giovanni« in blendender, diesmal weitgehend importierter Besetzung – sollte sich als noch wichtiger erweisen, als Mahler damals erkannte. Zufällig befand sich am 16. Dezember der nörgelige Brahms in der Stadt und wurde von zwei Mahler-Fans, die freien Zugang zu einer Loge hatten, zur abendlichen Aufführung des »Don Giovanni« eingeladen. Er nahm es wenig begeistert an mit der Bemerkung, er könne sich dort wenigstens ein Schläfchen gönnen, bevor er sich ins Wirtshaus begebe. Doch aus dem geplanten Nickerchen wurde nichts. Kaum hatte Mahler die Ouvertüre beendet, gab Brahms schon zustimmendes Grunzen von sich, das schließlich in die Rufe »Ganz vortrefflich, großartig – aber das ist ja ein Teufelskerl!« mündete. Später eilte der Greis auf die Bühne, um den Dirigenten zu umarmen und ihm für den schönsten »Giovanni« seines Lebens zu danken. Ob sich Brahms wohl noch erinnerte, wer »Das klagende Lied« geschrieben hatte, dem er und die anderen Jurymitglieder neun Jahre zuvor den Beethovenpreis versagt hatten? Vielleicht. Mit der Mahlerschen Musik konnte er sich zwar nie anfreunden, aber von diesem Dezemberabend an ließ er keine Gelegenheit verstreichen, sich begeistert übers Mahlers Können als Operndirigent zu äußern. Sein Zeugnis sollte sich angenehm auszahlen, als Mahler sieben Jahre später für den Direktorenposten in Wien kandidierte.

Inzwischen jedoch mußte er erst einmal aus Budapest heraus – freilich zu den günstigsten Bedingungen. Wie befürchtet, wurde Graf Zichy im Januar 1891 Theaterkommissär und erzwang prompt eine Neuregelung, die ihm das Recht gab, in künstlerischen Fragen unmittelbar einzugreifen, sogar über Mahlers Kopf hinweg. Nach einer stürmischen Auseinandersetzung mit dem neuen Mann sah sich Mahler von der Suspendierung durch das Innenministerium bedroht. Zweifellos hatte er gute Lust, auf der Stelle wegzulaufen, widerstand aber dann doch der Versuchung. Er war zwar entschlossen, Budapest so schnell wie möglich zu verlassen, aber seine Arbeitgeber sollten teuer dafür bezahlen.

Da er nur zu gut wußte, wie unbedingt ihn Graf Zichy loswerden wollte, machte Mahler im März das Angebot, seinen Zehnjahresvertrag gegen einen neuen, nur auf achtzehn Monate lautenden einzutauschen. Würde dieser dann nicht verlängert, sollte Mahler eine Barabfindung von 25 000 Gulden erhalten. Wie erwartet, wollte Graf Zichy nicht länger warten. So sagte er Mahler, er könne die 25 000 Gulden haben, wenn er sofort gehe. Vermutlich wäre er weniger freigebig gewesen, hätte er gewußt, daß Mahler vom Leiter des Hamburger Stadttheaters, Bernhard Pollini, bereits ein festes Angebot in der Tasche hatte. Pollini war ein gerissener Geschäftsmann, aber um seinen neuen Mann zu bekommen, hatte er schwer arbeiten müssen. Monatelang waren zwischen den beiden Briefe hin- und hergeflattert, wobei Mahler übers Salär und die Nebeneinnahmen stritt und einmal sogar das Ganze abzublasen drohte. Indem er Pollini glauben und Graf Zichy fürchten ließ, er sei bereit, noch eine ganze Weile in Budapest zu bleiben, schlug er bei beiden die größten Vorteile heraus.

Formal trat Mahler am 14. März zurück, kaum zweieinhalb Jahre nach seiner Antrittsrede, in der er versprochen hatte, den »künstlerischen Stolz der Nation« zum Siege zu führen. In einer Abschiedserklärung, die er – da er die Oper nicht mehr betreten durfte – in Form eines offenen Briefes in der Presse abgab, betonte er, er scheide von seinem Posten »in dem Bewußtsein treu und redlich erfüllter Pflicht«, und dankte dem Personal und dem Publikum für ihre Unterstützung. Immer noch hatte er massenhaft Anhänger, die wütend darauf reagierten, daß ihr Idol unter so schäbigen Umständen gehen mußte. Wenige Tage später wurde sogar die Polizei in die Oper gerufen, weil tumulthafte Szenen und stürmische Rufe »Mahler, Mahler!« wiederholt eine »Lohengrin«-Aufführung unterbrachen. Später äußerte sich Mahler liebevoll über seine Zeit in Budapest, aber als er in diesem März zu seinem neuen Posten gen Norden zog, war er froh, »endlich frei« zu sein. Seine Erleichterung dauerte nicht lange, obschon er in Hamburg sechs Jahre blieb – abgesehen von Wien länger als sonst irgendwo.

Als »Freie und Hansestadt« gehörte der Stadtstaat Hamburg weder zum Habsburgerreich noch zu Preußen, sondern empfand sich beiden überlegen. Die dank ihres blühenden Hafens reiche und kosmopolitische, sich mit ihren elektrischen Straßenbahnen stolz auf dem neuesten Stand dünkende Elbemetropole blickte herablassend auf das schlampige Wien und das grimmig provinzielle Berlin herab. Aus Mahlers Blickwinkel noch wichtiger war, daß man der Hamburger Oper nachsagte, sie gehöre zu den schönsten und bestfinanzierten in Deutschland und erfreue sich eines aufmerksamen Publikums. Das war weitgehend Pollini zu verdanken, der sich vom Opernbariton zum Impresario gewandelt hatte und dem Haus schon achtzehn Jahre vorstand, als er Mahler verpflichtete. Er hatte mit der Leitung von Operngesellschaften in Rußland ein kleines Vermögen gemacht und es in beträchtlichem Umfang in das Hamburger Haus investiert, das er vom Senat gepachtet hatte; bald leitete er auch noch weitere Theater in der Stadt, was ihm den Spitznamen »Mono-Pollini« einbrachte.

Eine Zeitlang ging alles gut. Mahler wohnte zunächst in Pollinis Villa, liebte die frische Meeresluft, stürzte sich geradezu in seine Opernarbeit und dirigierte in den zwei Monaten bis zum Saisonende im Mai nicht weniger als 35mal. Er erfüllte sich einen langgehegten Traum und gab seine erste Aufführung von Wagners »Tristan und Isolde« – wohl das Werk, mit dem sein

Name von nun an am häufigsten verbunden wurde. Ganz ihre vorgebliche nordische Kühle vergessend, feierten die Kritiker Pollinis Neuerwerbung als »genialen Dirigenten« mit »magischer Gewalt«. Nicht minder hingerissen war Piotr Iljitsch Tschaikowski, als er zwei Monate später zur deutschen Erstaufführung seines »Eugen Onegin« nach Hamburg kam. Doch am höchsten zählte für Mahler das Lob ebenjenes Hans von Bülow, der ihm sieben Jahre zuvor in Kassel die kalte Schulter gezeigt hatte und nun in Hamburg wohnte. Nachdem er Mahler Wagners »Siegfried« hatte dirigieren hören, äußerte sich von Bülow fast so begeistert wie Brahms in der Budapester »Giovanni«-Aufführung. Später schickte er sogar einen Lorbeerkranz mit der Widmung »Dem Pygmalion der Hamburger Oper«, womit er andeuten wollte, unter Mahlers Zauberstab erwache totes Material zum Leben.

Von Bülows unerwartet lobende Worte stimmten allerdings nicht ganz. Im Gegensatz zum Pygmalion der Mythologie war Mahler in Hamburg nicht König. In Budapest hatte er praktisch unbegrenzte künstlerische Gewalt genossen, jedenfalls bis Graf Zichy auf der Bildfläche erschien. In Hamburg war er »nur« erster Kapellmeister, was bedeutete, daß die wichtigeren Entscheidungen über Künstler und Repertoire in den Händen seines Arbeitgebers lagen. Dank seiner früheren Tätigkeit als Sänger verpflichtete Pollini zwar einige der besten Solisten, wählte jedoch in Mahlers Augen auch wertlose Opern aus und überließ wenig engagierten Leuten die Bühnenregie. Unter dem Einfluß der Wagnerschen Idee vom »Gesamtkunstwerk« des Verschmelzens von Musik und Handlung strebte Mahler Aufführungen an, in denen jedes Element gleichermaßen gelungen war – vom Spiel des Orchesters über die stimmliche und schauspielerische Leistung bis hin zu Produktion und Bühnenbild. Schon im armseligen kleinen Olmützer Theater hatte er den Blick auf dieses Ideal gerichtet, das er mit einiger Konsequenz erst in Wien verwirklichen konnte. Pollini andererseits strebte nach Gewinn. Damit es diesen auch abwarf, investierte er in großem Umfang ins Theater, stattete es mit

Plüschsitzen, Heizung und elektrischer Beleuchtung aus, wie es seine betuchte Klientel erwartete. Auch im Repertoire schreckte er keineswegs vor Abenteuern zurück. Ein Beweis dafür ist die Entscheidung, den »Eugen Onegin« des damals umstrittenen Tschaikowski auf die Bühne zu bringen. Pollini war jedoch überzeugt, was das Publikum ins Theater locke, seien vor allem große Stimmen. Alles übrige, dem Mahler soviel Wert beimaß, sei nur zweitrangig.

Abgesehen davon, daß Pollini völlig andere künstlerische Vorstellungen hegte, war er zudem ein Zuchtmeister, der sogar Mahler an den Rand seiner Belastbarkeit trieb. In Leipzig hatte Mahler, um Nikisch von der Spitze zu verdrängen, mit Freude alles übernommen, was sich ihm bot, und in zwei Spielzeiten über 200 Aufführungen dirigiert. In den sechs Hamburger Spielzeiten führte er unter Pollinis erbarmungsloser Peitsche den Stab in 740 Vorstellungen. Mehrere Nebendirigenten kamen und gingen, meist, weil sie das Tempo nicht mithalten konnten. Einer starb sogar, offensichtlich an Erschöpfung. Als Mahler seine Rückkehr nach Hamburg zur Spielzeit 1892/1893 hinauszögerte, weil in der Stadt die Cholera ausgebrochen war, drohte ihm Pollini mit dem Entzug eines Jahresgehalts. Später verpflichtete er Mahlers einstigen Studienfreund Rudolf Krzyzanowski als beigeordneten Dirigenten und ließ ihn aus purer Gehässigkeit Werke wie »Tristan« dirigieren, auf die, wie er wußte, Mahler selbst versessen war. In seiner letzten Saison mußte sich Mahler auf Pollinis Drängen mit so seichten Stücken wie Karl Millöckers Operette »Der Bettelstudent« befassen.

Dennoch darf man Mahler nie als schuldloses Opfer skrupelloser Intendanten, sturer Musiker oder auch intrigierender Damen darstellen. Bei seinem Drang nicht nur nach künstlerischer Vollkommenheit, sondern auch ganz einfach zur Spitze im Beruf, sah er weder sich noch anderen je eine Schwäche nach. Selbst enge Freunde fühlten sich manchmal von seiner Launenhaftigkeit und seinen Wutanfällen abgestoßen. Sie fanden sich damit ab, weil sie wußten, wieviel anderes, Bewunderns- und Liebenswertes sonst noch in ihm steckte. Pollini sah in ihm lediglich einen ehrgeizigen, hemdsärmeligen Dirigenten – wenn auch einen, der unbestreitbar gut fürs Geschäft war. Als Mahlers erster Vertrag 1894 auslief, erneuerte Pollini ihn für fünf Jahre.

Pollini war Mahlers erster und einziger Besuch in London zu verdanken. Sir Augustus Harris, der Intendant von Covent Garden, plante für Juni/Juli 1892 eine Spielzeit mit deutschen Werken, darunter dem »Ring«, und fragte seinen Hamburger Kollegen, welche Künstler er ihm empfehlen könne. Daraufhin erschien Mahler an der Spitze von über 150 Sängern und Musikern, die größtenteils aus Hamburg kamen, und mit einem Wörterbuch bewaffnet in England. »Audience: delighted and much thankfull«, berichtete er in holprigem Englisch nach Hause. »I am quite done up!«

Das Gastspiel wurde zu einem solchen Erfolg, daß zehn zusätzliche Vorstellungen in den Aufenthalt hineingequetscht wurden. Ein paar Mißtöne gab es allerdings schon. Das Publikum staunte nicht schlecht, als es Beethovens »Fidelio« in deutscher Sprache hörte und nicht in Italienisch, wie seit langem wider alle Vernunft in London üblich. George Bernard Shaw berichtete in bewußtem Gegensatz zu seinen ekstatischen Kritikerkollegen nach »Siegfried« lediglich, Mahler kenne die Partitur »gründlich« und setze die Tempi »mit ausgezeichneter Urteilskraft«. Das deutsche Orchester bedachte er naserümpfend mit der Bemerkung, die Kapelle von Covent Garden könne besser spielen, wenn man ihr Gelegenheit dazu gebe. Einen weitaus tieferen Eindruck hinterließen die Gäste bei einem 19jährigen Musikstudenten, der knapp ein Jahrzehnt später eine erste Sinfonie komponieren sollte, die noch gigantischer war als Mahlers Erste. Von Mahlers »Tristan« völlig aufgewühlt, taumelte der junge Ralph Vaughan Williams wie in Trance nach Hause und machte zwei Nächte lang kein Auge zu.

Im Grunde hätte sich Mahler über die Tournee freuen sollen, die sein internationales Ansehen beträchtlich erhöhte. In Wirklichkeit ärgerte er sich über die in England verlorengegangene Ferienzeit, in der er hätte komponieren können, und beschloß, derlei Einladungen künftig abzulehnen. Inzwischen war er 32 und hatte seit Leipzig wegen der Doppelbelastung durch Karriere und Familie nur wenig Eigenes geschaffen. Zudem suchte er verzweifelt, öfter aus dem Operngraben herauszukommen und das sinfonische Repertoire dirigieren zu können wie von Bülow, der in Hamburg regelmäßig Abonnementskonzerte gab. Oft saß Mahler dort in der ersten Reihe; sein älterer Kollege verbeugte sich immer wieder dorthin und blinzelte ihm zu – was Mahler ärgerte: Die erste Reihe genügte ihm nicht. Er wollte am Pult stehen.

Das war nicht bloß eine Laune, sondern eine mit Mahlers Wunsch, mit dem Komponieren voranzukommen, seelenverwandte Sehnsucht. Bevor er nach Hamburg kam, hatte er Hunderte Opernaufführungen dirigiert, aber fast nur ein Dutzend Chor- und Orchesterkonzerte. Auf dem Programm hatten der erfolgreiche »Paulus« in Kassel sowie mehrere größere Sinfonien gestanden (Beethovens Fünfte und Neunte sowie Mozarts Nr. 40), aber im übrigen eher Leichtgewichtiges. Mahler war einfach als Sinfoniedirigent nicht bekannt genug, geschweige denn bewundert, und das wurmte ihn. »Sie müssen begreifen, lieber Freund«, sagte er zum Hamburger Kritiker Ferdinand Pfohl, »daß eine Tätigkeit, wie sie die Oper von ihrem Kapellmeister verlangt, auf die Dauer unerträglich, geradezu tödlich wirkt. Ich muß aus dem Gefühl der Selbsterhaltung heraus und der Achtung vor mir selbst Konzerte dirigieren, mich im Konzertsaal erfrischen, erholen, die Einseitigkeit des Operndirigenten ergänzen durch die Tätigkeit des Symphoniedirigenten. So wahr ich vor Ihnen stehe, ich muß Symphonien dirigieren. [...] Es ist ein Rettungswerk, das ich mir erweisen möchte.«

Eine große, wenngleich erstaunlicherweise nur selten gestellte Frage lautet, ob es Mahler tatsächlich fertigbrachte, sich – in Hamburg oder sonstwo – auf der Konzertbühne zu regenerieren. Als von Bülow 1894 starb, übernahm Mahler zusätzlich zu seiner Opernarbeit die Abonnementskonzerte und wurde damit, wenn auch nur für kurze Zeit, zu Hamburgs allmächtigem Dirigenten. Zum ersten Mal konnte er nicht nur das eine oder andere Gelegenheitskonzert, sondern binnen fünf Monaten eine ganze Konzertreihe von acht Abenden geben. Mit überschäumender Begeisterung stellte er Programme zusammen, in denen er geschickt Mozart, Beethoven und Schubert mit relativ unbekannten Werken wie der »Symphonie fantastique« von Berlioz, Eduard Lalos »Symphonie espagnole« und Bruckners Vierter Sinfonie mischte. Auch superbe Virtuosen wie der Pianist Ferruccio Busoni und der Violinist Pablo de Sarasate wurden verpflichtet. Doch die Reihe endete mit einem so gewaltigen Defizit, daß sich der organisierende Konzertagent Hermann Wolff weigerte, Mahler für eine weitere Saison zu verpflichten – nicht einmal zu einem geringeren Honorar.

Was war schiefgelaufen? Mahler verfügte nur über ein »Zufallsorchester«, das er aus den verschiedensten Quellen zu seiner Verfügung zusammenklaubte, aber er hatte schon längst gezeigt, wie gut er wenig versprechendes Material zu einem leistungsfähigen Ganzen knüppeln konnte. Nein, nicht gegen das Spiel als solches lehnten sich die Kritiker in der Regel auf. Mahlers Interpretationen erschienen ihnen allzuoft viel zu willkürlich, schon gar seine »Retuschen« an so bekannten Stücken wie Beethovens Neunter. Ob ein bloßer Kapellmeister etwa Beethovens Geschäft besser verstehe als Beethoven, wetterten die Kritiker.

Dieser Kapellmeister meinte es in mancher Beziehung schon. Mit der Behauptung, der taube Beethoven habe die ideale Orchestrierung gar nicht erreichen können, fügte Mahler hier eine Klarinette, dort eine Pikkoloflöte oder eine Posaune hinzu. Zu allem Überfluß verlagerte er die Bläser im Chorfinale sogar hinter die Bühne, um das Gefühl einer Ferne zu vermitteln, von der er meinte, Beethoven habe sie im Sinn gehabt, aber nicht in der Partitur vermerkt. Mahlers »Retuschen« und seine Erklärung dafür machten dabei keineswegs halt. Er half der Orchestrierung von Werken nach, die nach seiner Meinung in den riesigen neuen Konzertsälen zu wenig Wirkung erzielten, und schrieb Beethoven- und Schubert-Quartette für große Streichergruppen um mit der Begründung, die Musik sei viel zu kraftvoll, als daß man sie bloßen vier Musikern überlassen dürfe. Seine umfangreichste Erläuterung dieser Methodik enthält ein langer Brief Mahlers von 1893 an eine gewisse Gisela Tolnay-Witt, die ihm aus Budapest geschrieben hatte. Darin ging er in die feinsten Details der Musikgeschichte und modernen Architektur und schloß: »Also fort mit dem Klavier! Fort mit der Violine. Die sind gut für die ›Kammer‹, wenn Sie allein oder in Gesellschaft eines guten Kameraden sich die Werke der großen Meister vergegenwärtigen wollen – als Nachhall –, etwa wie ein Kupferstich Ihnen das farbenglänzende Gemälde eines Raffael oder Böcklin in die Erinnerung zurückruft. – Hoffentlich war ich Ihnen verständlich.« Da könnte er sich in falschen Hoffnungen gewiegt haben: Nach einigen (allerdings spärlichen) Hinweisen soll das wißbegierige Fräulein Tolnay-Witt zarte acht Jahre gezählt haben.

Mahlers »kreative« Musikauffassung zeigte sich auch in seiner Wahl der Tempi. Schon in London hatte ein ansonsten wohlgesonnener Kritiker geklagt, in einer Beethoven-Ouvertüre habe Mahler bei einem Allegro zu langsam angesetzt und dann beschleunigt, obwohl nirgends ein »accelerando« stehe. Die Hamburger Kritiker nahmen erst recht kein Blatt vor den Mund. Ungewöhnlich geschmeidige Tempi im dramatischen Kontext einer Oper seien eine Sache, im Konzertsaal aber verzerrten sie die Absichten des Komponisten. Mahler sei zwar offenkundig begabt, aber das Dirigentenpult im Konzert sei eindeutig nicht sein Platz. Alles in allem schien das Publikum ihrer Meinung. Die Zahl der Besucher ging zurück, vielleicht auch, weil ihnen Mahlers Programmauswahl zu abenteuerlich war.

Das hätte nun auch lediglich auf empfindungslose Zuhörer zurückzuführen sein können, die ein Genie nicht zu erkennen vermochten. Der 1876 in Berlin geborene Dirigent Bruno Walter, der in jenen Hamburger Jahren erstmals mit Mahler zusammenarbeitete, beschrieb ihn fast sieben Jahrzehnte später (auf Englisch) als »den ausnahmslos größten ausübenden Musiker, den ich je gehört habe«. Ein anderer Dirigent, der 1885 geborene Otto Klemperer, war sich mit Walter in vielem uneins, nicht aber darin. Die Leute höben Toscanini in den Himmel, brummte er verächtlich gegen Ende seines Lebens, aber Mahler sei »tausendmal größer« gewesen. Nun waren beide noch jung, als sie Mahler verfielen, und Walter jedenfalls hat seinen Mentor sehr viel häufiger Opern als Sinfonien dirigieren hören. Vielleicht glänzte Mahler eben doch wirklich am meisten in der Oper, die er zu verachten vorgab. Selbst seinen eingeschworenen Feinden fiel es schwer, seine dortigen Leistungen abzustreiten, aber seinen Konzerten standen sogar seine Freunde manchmal reserviert gegenüber. Wie dem auch sei – der klägliche Ausgang der Hamburger Abonnementsreihe war ein harter Schlag für Mahler. Er hätte ihn wohl noch härter getroffen, wäre da nicht etwas anderes gewesen. 1893 öffneten sich wie schon fünf Jahre zuvor in Leipzig die schöpferischen »Schleusen«. Mahler hatte wieder fieberhaft zu komponieren begonnen, aber dazu brauchte er weiten Abstand vom Opernhaus.

Auf Mahlers Weisung hin hatte seine Schwester Justi einen Teil des Frühjahrs 1893 damit verbracht, östlich von Salzburg das Salzkammergut nach einem ruhigen und billigen Domizil für die Sommerferien zu durchkämmen. Es mußte groß genug sein, um die vier Mitglieder der Familie – sie, Gustav, Emma und Otto – sowie Natalie Bauer-Lechner aufnehmen zu können, eine Freundin Mahlers, die ihre enge Freundschaft mit ihm nur zu gern noch enger gestaltet hätte.
    Im einsam gelegenen »Gasthof zum Höllengebirge« hatte Justi schließlich fünf Zimmer plus Küche aufgetan. Sie waren schäbig möbliert – die Mahlers mußten mit einem einzigen, zersessenen Sofa vorliebnehmen, das nach Bedarf von Zim-

mer zu Zimmer gerückt wurde –, aber im übrigen war der Ort weit weniger düster, als sein Name besagte. Das weiße, efeuumrankte Gebäude mit großen Sonnenterrassen stand in der Nähe des verschlafenen Dörfchens Steinbach am Attersee, dem größten See der österreichischen Alpen. Hinter dem Gasthof schwangen sich blumenübersäte Wiesen sanft zum Wasser hinunter. Vor ihm zogen sich bewaldete Hügel nach Norden und Süden hin und boten den idealen Rahmen für Mahlers heißgeliebte lange Spaziergänge. Nur die im Hintergrund ragenden kahlen grauen Felsabhänge des Höllengebirges verliehen der Szene einen drohenden Zug. In dieser Umgebung verbrachte Mahler vier der glücklichsten und produktivsten Sommer seines Lebens. Daß sie auch zu den bestdokumentierten gehören, verdanken wir hauptsächlich Natalie, die meist mit von der Partie war und umfangreiche Notizen machte.

Von allen Frauen, die Mahler nicht geheiratet hat, war Natalie vielleicht die beste. Sie war zwei Jahre älter als er und eine gute Violaspielerin und hatte sich erstmals zu ihm hingezogen gefühlt, als Mahler noch am Wiener Konservatorium studierte. Über zehn Jahre später hatte sie mit ihrem Mann, einem Professor, gebrochen und war in Budapest aufgetaucht, als Mahler dort noch Direktor war, wobei sie sich auf eine Einladung berief, die Mahler en passant einer Gruppe von Wiener Freunden gemacht hatte, in der sie sich zufällig befand. Galant (oder zumindest umsichtig) überließ er ihr während ihres Aufenthalts seine kleine Wohnung und zog selbst ins Hotel. Um die Steinbacher Zeit war Natalie dank ihrer bloßen Hartnäckigkeit fast schon ein Teil der Familie geworden, aber eben nicht der Teil, der sie eigentlich sein wollte. Mahler behandelte sie wie eine Schwester, nicht als potentielle Ehefrau. Sie ging oder fuhr mit dem Rad mit ihm spazieren, schwamm mit ihm quer über den Attersee, notierte sorgfältig alles, was er über die Musik – zumal die eigene – sagte, und gab erst nach Jahren die Hoffnung auf eine Heirat auf. »Mahler hat sich vor sechs Wochen mit Alma Schindler verlobt«, schrieb sie Anfang 1902 in ihr Tagebuch. »Ich befände mich hier, wollte ich darüber reden, in der Lage des Arztes, der sein Nächstes und Liebstes auf Tod und Leben behandeln soll. Drum sei, dies zu Ende zu führen, in die Hände des höchsten, ewigen Meisters gelegt!«

Nicht zuletzt diesem würdigen Abgang ist es zu verdanken, daß man sich Natalies oft als einer wertvollen, aber doch eher mitleiderregenden Gestalt erinnert, der Almas Sprühen und Wagen vollkommen abging. Ganz stimmt dieses Bild nicht. Selbst wenn man die übliche Verzerrung in den Berichten argwöhnischer Frauen wie etwa Almas in Rechnung stellt, war die junge Natalie in den Wiener Jahren alles andere als in sich gekehrt. Wie George Sand trug sie oft Männerkleidung, und ihr lagen – teils verheiratete – Männer zu Füßen. Unglücklicherweise erwiderten jene ihre Zuneigung nicht, von denen sie es sich am meisten wünschte. Der eine war Siegfried Lipiner, der andere Mahler. Letzterer wußte genau, daß sie seine Bemerkungen so sorgfältig aufschrieb wie Eckermann die Goethes oder James Boswell die von Dr. Johnson. Das war zwar schmeichelhaft, konnte aber auch störend werden.

»Gott, wie kann man so etwas fragen, Natalie«, explodierte er in jenem ersten Sommer in Steinbach, als sie ihn fragte, wie er komponiere. »Weißt du, wie man eine Trompete macht? Man nimmt ein Loch und schlägt Blech drum herum, so ungefähr ist es mit dem Komponieren. Nein, im Ernst, wie ließe sich das sagen? Das geschieht auf hundertfach verschiedene Weise. Bald gibt das Gedicht den Anstoß, bald die Melodie. Oft fange ich in der Mitte, oft am Anfang, zuweilen auch am Ende an, und das übrige schließt sich nachher dran und drum herum, bis es sich zum Ganzen rundet und vollendet.«

Obwohl Mahler hier darüber spricht, wie er seine Lieder schrieb, komponierte er auch seine Sinfonien in derselben, scheinbar willkürlichen Arbeitsweise. Das dürfte all jene vor den Kopf stoßen, die meinen, ein ernsthafter Komponist müsse mit dem ersten Taktstrich beginnen und sich unbeirrt zur Endapotheose durchrackern, aber es war nun mal so. Mahler schrieb den ersten Satz seiner Dritten Sinfonie zum Schluß und den letzten Satz der Vierten als erstes. Das ursprüngliche Andante in der Ersten ließ er nachher fallen und war sich unschlüssig, in welcher Reihenfolge die beiden mittleren Sätze der Sechsten stehen sollten. Manchmal ergoß sich ein Werk ganz plötzlich aus ihm, so etwa die Erste, die Achte und ein Großteil der Dritten; manchmal tröpfelten sie mühselig vor sich hin, wie etwa vor allem die Zweite. Erst als er sich 1893 im »Gasthof zum Höllengebirge« in seinem Zimmer vergraben hatte, fand Mahler allmählich die Fortsetzung zum »Todtenfeier«-Satz, den er vor fünf Jahren in Prag fertiggestellt hatte. Seltsamerweise war es ein Gedicht über die Predigt des Antonius zu den Fischen, mit dem er den Faden wieder aufgriff.

Mahler hatte nach 1888 nicht völlig mit Komponieren aufgehört. Wie seit jeher vom »Wunderhorn« fasziniert, hatte er ihm wieder einige Verse entnommen sowie ein paar eher leichte Lieder mit Klavierbegleitung geschrieben. Erst 1892 wurden die Stücke dann ehrgeiziger. Etwa von da an bis 1901 verfaßte er einen ganzen Strom von »Wunderhorn«-Kompositionen für Stimme und Orchester, die an Subtilität und Vielfalt alles Vorherige überragten. Sie sind für die Sinfonien etwa das, was Tolstois Novellen für seine Romane sind: nur von geringerem Umfang. Nach Mahler enthielten die naiven, manchmal geradezu verrückten »Wunderhorn«-Texte »verborgene Schätze«, und er benutzte alle orchestrierende Kraft, deren er fähig war, um sie zu heben. In »Wo die schönen Trompeten blasen« verraten gedämpfte Bläser vor einem sanften Ländler, wie der Geist eines toten Soldaten nächtens seine Geliebte aufsucht. In »Revelge« hört man aus dem dumpfen Knacken der mit der Holzseite des Bogens geschlagenen Saiten die marschierenden Skelette der in der Schlacht Gefallenen heraus. Unablässig sich wiederholende Orchesterstöße bilden den unheimlichen Hintergrund zu »Das Irdische Leben«, jene Geschichte über das Brot, das zu spät gebracht wird, als daß es ein verhungerndes Kind vor dem Tod retten konnte. Die Begleitung ahmt die ganze, unerbittliche Monotonie der im Lied implizierten Mühle nach, aber Mahler will damit sicherlich mehr sagen.

Hier dreht sich die Tretmühle des Lebens selbst und zermalmt unbarmherzig das am stärksten Ersehnte. Die individuelle Tragödie, die der Text erzählt, wird durch die Musik universell.

Eine noch auffälligere Verwandlung gelingt Mahler in »Des Antonius von Padua Fischpredigt«, die er bald nach der Ankunft in Steinbach schrieb. Oberflächlich betrachtet, ist dies eine drollige Geschichte, aus der Mahler das meiste herausholt. Mit der betrunken klingenden Klarinette und schlingernden Streichern ruft er lebhaft die Fischschwärme ins Gehör, die den weisen Worten des Heiligen lauschen, dann aber so stumpfsinnig wieder davonschwimmen, wie sie gekommen waren. »Ist das ein schillerndes Gewimmel«, bemerkte er Natalie gegenüber. »Die Aale und Karpfen und die spitzgoscheten Hechte, deren dumme Gesichter, wie sie an den steifen, unbeweglichen Hälsen im Wasser zu Antonius hinaufschauen, ich bei meinen Tönen wahrhaftig zu sehen glaubte, daß ich laut lachen mußte.«

Das hört sich nun ganz und gar nicht wie eine vielversprechende Grundlage für das Scherzo eines Werkes an, das mit der schwarzen Majestät der »Todtenfeier« beginnt, aber genau so hat Mahler es benutzt. Bei der viel längeren, sinfonischen Umsetzung der Fischgeschichte fügte er seltsame Instrumente wie etwa die »Ruthe« hinzu (ein Zweigbündel wird gegen die Baßtrommel geschlagen) und spitzte die Ironie mit einer wimmernden Trompete, wütenden Pizzicati und plötzlichen Tempowechseln weiter zu. Aus dem vordem zum Schmunzeln reizenden Lied wurde eine Anklage alles Sinnlosen im Leben, die sich gegen Ende zum Fortissimo-Ausbruch äußersten Ekels aufbäumt. In der Endform der Sinfonie leitet dieser angstvolle dritte Satz ohne Pause zur einfachen Gläubigkeit des vierten über, einem weiteren »Wunderhorn«-Lied namens »Urlicht«. Einen passenderen Übergang kann man sich kaum ausdenken, doch kam er Mahler nicht sofort in den Sinn. Als der Sommer zu Ende ging, besaß er eine ganze Menge Musik: die »Todtenfeier«, ein Scherzo, »Urlicht« sowie ein Andante, das auf Themen beruht, die er schon in Leipzig skizziert hatte. Aber abgesehen von der am Anfang stehenden »Todtenfeier« war noch nicht klar, welches Stück wohin paßte, ja, ob »Urlicht« in der Sinfonie überhaupt Verwendung finden würde. Vor allem fehlte ihm ein geeignetes Finale als passender Ausgleich für den gewichtigen ersten Satz.

Vielleicht fand er es dank von Bülow oder genauer: dank von Bülows Tod. Durch ihre gegenseitige Bewunderung als Dirigenten bestärkt, beschloß Mahler 1891, seinem älteren Kollegen die »Todtenfeier« auf dem Klavier vorzuspielen. Kaum hatte er zu spielen begonnen, hielt sich von Bülow schon die Ohren zu. »Wenn das noch Musik ist«, sagte er nachher bissig zu Mahler, »dann verstehe ich nichts mehr von Musik.« Mahler behauptet zwar, »wir gingen freundschaftlich auseinander«, aber er dürfte tief enttäuscht gewesen sein.

Hat diese bittere Begegnung eine innere Sperre verursacht oder zumindest verstärkt, die Mahler daran hinderte, seine Arbeit fertigzustellen, solange der dafür Verantwortliche noch am Leben war? Diese fesselnde Theorie ist oft vorgetragen worden, vor allem durch den Psychoanalytiker und frühen Freud-Schüler Theodor Reik in seinem Buch *The Haunting Melody*. Wir wissen sogar von Mahler selbst, daß ihm der Schlüssel zum Finale erst einfiel, als er im März 1894 im Trauergottesdienst für von Bülow in der Hamburger Michaeliskirche saß. Als der Chor auf der Orgelempore eine Vertonung der »Aufersteh'n«-Verse von Friedrich Gottlieb Klopstock intonierte, berichtet Mahler, habe ihn plötzlich ein »Blitzstrahl« durchzuckt, »und alles stand klar und deutlich vor meiner Seele! Auf diesen Blitz wartet der Schaffende, dies ist ›die heilige Empfängnis‹. Was ich damals erlebte, hatte ich nun in Tönen zu erschaffen.«

Das ging dann schnell. Drei Monate später schickte er Löhr aus Steinbach einen jubelnden Brief: »Melde hiermit die glückliche Ankunft eines gesunden, kräftigen, letzten Satzes der 2en. Vater und Kind befinden sich den Umständen angemessen; letzteres ist noch nicht außer Gefahr. [...] Kranzspenden dankend abgelehnt. Andere Geschenke werden jedoch angenommen.«

Diese berühmte Geschichte wirft mehrere Fragen auf. Was genau beinhaltete der »Blitzstrahl«? Die Idee eines Finales mit Chor war es nicht. Mahler gesteht, daß er schon seit langem mit dem Gedanken gespielt, ihn aber bislang verworfen hatte, weil er den Vorwurf befürchtete, er ahme Beethovens Neunte nach. Kam ihm plötzlich die Idee, der Klopstock-Text eigne sich ideal für ein Finale mit Chor, falls er es doch komponiere? Dann wäre es immerhin erstaunlich, daß er nur zwei Klopstock-Verse verwendete und den Rest selbst verfaßte. Oder hat er damals einfach zum ersten Mal daran gedacht, das Werk mit dem Auferstehungsgedanken in Chorform abzurunden? Vielleicht. Man kann sich allerdings kaum vorstellen, daß ihm dieser Gedanke in den ganzen sechs Jahren seit der Komposition der »Todtenfeier« nie gekommen sein sollte.

Auch die Theorie von der »psychologischen Sperre« ist problematisch. Wenn er wirklich wegen von Bülows Rüffel blockiert war, wie kommt es dann, daß er 1893 an anderen Sätzen der Sinfonie so produktiv arbeiten konnte, als von Bülow noch lebte? Wahrscheinlicher war es also ganz einfach Zeitmangel, der Mahler in den Jahren nach der »Todtenfeier« an der Weiterarbeit hinderte. Im völlig freien Sommer in Steinbach konnte er eine Menge bewältigen, darunter auch ein paar (offenbar unpassende) Skizzen für das Finale. Nach dieser erneuten »Einlaufphase« als Komponist hätte er zweifellos im folgenden Sommer auch ohne den »Blitz« aus heiterem Himmel in der Michaeliskirche die Sache zu Ende gebracht.

Das alles soll nun keineswegs die Entstehungsgeschichte des Werkes abschwächen, geschweige denn das Werk selbst. Es ist und bleibt ein Wunder, daß eine über so viele Jahre so stückchenweise komponierte Sinfonie so hervorragend zusammenpaßt. Mahler selbst bemängelte, der zweite Satz – andante moderato – sei nach dem tragischen ersten zu leichtfüßig, und verlangte vom Dirigenten, zwischen den beiden eine Pause von fünf Minuten einzulegen (was die meisten allerdings nicht beachten). Vielleicht ging er mit sich selbst zu sehr ins Gericht. Das graziöse Andante hebt die Ironie des anschließenden »St.-Antonius«-Scherzos noch schärfer hervor, wie auch die »Urlicht«-Passage – »Ich bin von Gott und will wieder zu Gott« – den sie wegfegenden anfänglichen Terror des Finales überhöht. So einfach, scheint Mahler sagen zu wollen, läßt sich der Himmel nicht gewinnen. Wenn sich dann endlich Klopstocks Auferstehungsverheißung hervorwagt, ist sie in einem titanenhaften Kampf der Instrumente errungen worden, der mit dem Ruf der letzten Trompete und des Todesvogels endet. Erst damit wird der Weg frei für den Höhepunkt, auf dem der Chor Mahlers eigene Worte »Was du geschlagen / Zu Gott wird es dich tragen!« in einem jubelnden Forte fortissimo mit Orgel, Orchester und rauschenden Glocken hervorstößt.

»Es klingt alles wie aus einer anderen Welt herüber«, schrieb Mahler im Januar 1895 nach den ersten Proben. »Ich denke, der Wirkung wird sich niemand entziehen können.« Wie unrecht er hatte! Zwei Monate später gab er in Berlin die Premiere der ersten drei Sätze vor einer mitleiderregend kleinen, wenngleich wohlgesonnenen Zuhörerschar und einer Handvoll weitgehend feindseliger Kritiker. Eine ziemlich typische Besprechung bezichtigte ihn »zynischer Unverschämtheit«. Davon unbeirrt und mit Hilfe von Geldzuwendungen freigebiger Hamburger Freunde, kehrte er im Winter desselben Jahres für die erste Aufführung des Gesamtwerkes nach Berlin zurück. Die Aussichten schienen kaum besser, und um den Saal einigermaßen zu füllen, wurden an Musiker und Studenten Freikarten verschenkt. Am Abend litt Mahler unter einer so schlimmen Migräne, daß er nach den letzten Takten totenbleich in die Garderobe floh und ohnmächtig wurde. Hinter ihm aber brach ein Applaus aus, der mit jeder Minute weiter anschwoll. Viele weinten. Bruno Walter, der die Szene miterlebte, sagte später, jener Abend des 13. Dezember 1895 habe den eigentlichen Beginn von Mahlers Komponistenkarriere gekennzeichnet, und beschloß auf der Stelle, »für das Mahlersche Schaffen meine Zukunft einzusetzen«.

Einen Vorgeschmack auf das nächste Werk seines Mentors sollte Walter schon bald bekommen. In einem überströmenden Brief aus Steinbach im folgenden Juli berichtete Mahler, er komme gut mit einer dritten Sinfonie voran, die die Kritiker sicher ebenso in Rage versetzen werde wie ihre Vorgängerinnen. »Daß es bei mir nicht ohne Trivialitäten abgehen kann, ist zur Genüge bekannt«, fügte er fröhlich hinzu. »Diesmal übersteigt es allerdings alle erlaubten Grenzen. Man glaubt manchmal, sich in einer Schänke oder in einem Stall zu befinden.« Ob Walter, wenn er keine anderen Urlaubspläne habe, nicht einfach für ein paar Tage herkommen wolle?

Sosehr Walter mit Sicherheit daran lag, die Sinfonie kennenzulernen, gab es doch noch einen weiteren guten Grund, die Einladung anzunehmen. Er hatte sich nämlich in Mahlers jüngste Schwester Emma verliebt. Nachdem sie und Justi jahrelang in Wien geblieben waren, zogen sie schließlich mit Mahler in eine große Wohnung in Hamburg, in der Walter häufig zu Gast war. In seinen Memoiren läßt sich Walter – abgesehen von einem Gespräch mit ihr über Dostojewski – diskret wenig über Emma aus, aber es hat den Anschein, als habe er eine Zeitlang sogar an eine Heirat gedacht. Nach einigen Berichten, die allerdings wenig plausibel klingen, soll Mahler letztlich gegen die Liaison sein Veto eingelegt haben. Wie dem auch sei – die Einladung nach Steinbach war für Walter eine unerwartete Chance, Emma in zwangloserer Umgebung wiederzusehen, bevor er nach zwei Spielzeiten zu Mahlers Füßen in Hamburg seinen neuen Posten in Breslau antrat.

Die Atmosphäre in Steinbach dürfte in diesem Sommer noch spannungsgeladener gewesen sein als sonst. Von der Verbindung zwischen Walter und Emma ganz abgesehen, jagte Mahler fast täglich einen Brief an Anna von Mildenburg heraus, eine temperamentvolle Sängerin aus Wien, mit der er sich immer tiefer einließ. Dabei hatte ihr Verhältnis alles andere als vielversprechend begonnen. Als die 23jährige Anna im Herbst zuvor für eine erste Klavierprobe nach Hamburg gekommen war, hatte Mahler sie so angebrüllt, daß sie völlig verstört in

Tränen ausbrach, und ihr dann prophezeit, sie werde schon zu heulen aufhören, wenn sie erst in der »allgemeinen Theaterschlamperei« untergegangen sei. Vielleicht war Anna, wie viele (hauptsächlich weibliche) Lästermäuler behaupten, egozentrisch, verschlagen und unausgeglichen, aber mittelmäßig war sie nie. Hauptsächlich dank Mahlers Ausbildung wurde aus ihr ein dramatischer Sopran ohnegleichen, vor allem für Wagner-Rollen. Schon nach wenigen Wochen waren Mahler und sie in eine Affäre verstrickt, die in Hamburg bald Stadtgespräch war und Justi und Emma tief beunruhigt haben dürfte. Was würde aus ihnen, wenn ihr Bruder heiratete? Ähnliches ging auch Mahler durch den Sinn. »Meine Schwestern sind so arm geworden«, vertraute er Anna in einem Brief an. »Du hast Recht! Es ist auf die Zeit zu rechnen, die allgewaltige Meisterin. Nur bleibe mit mir fest und *gut* – und erbarme Dich der lieben Menschen; dann wirst Du und ich schon das Richtige finden.«

Noch beunruhigter wird Natalie gewesen sein. 1894 hatte Mahler sie aus Steinbach fernhalten können, weil sie ihm auf die Nerven ging, aber vom folgenden Jahr an war sie wieder in Gnaden aufgenommen. Spätestens im Sommer 1896 wußte sie über ihre ferne, viel jüngere Rivalin und den Grund für Mahlers unablässige Briefeschreiberei bestens Bescheid. Ihre Unruhe wuchs vermutlich noch anläßlich eines düster nostalgischen Ausflugs Anfang August. Ihr alter Schwarm Siegfried Lipiner hatte gerade zum zweiten Mal geheiratet und verbrachte, wie es der Zufall wollte, den Sommer mit seiner neuen Frau gleich jenseits der Berge in Berchtesgaden. Mahler und Natalie radelten den beiden ein gut Stück entgegen, und die vier beendeten den Tag in einem Café am Straßenrand unter strömendem Regen. Zur Verwunderung der Passanten standen die beiden Männer im Wolkenbruch im Freien und diskutierten über Philosophie und Lipiners geplante dramatische Trilogie »Christus«. Sie gestikulierten beide heftig, und wie oft, wenn er erregt war, stampfte Mahler auf dem Boden herum wie ein wildgewordener Keiler. Natalie notierte brav die Szene, behielt jedoch ihre Gedanken für sich. Sicher aber erinnerte sie sich, wie ihr Lipiner vor über zehn Jahren durch die Finger geschlüpft war, und fragte sich, ob es ihr mit Mahler jetzt ebenso ergehe.

Zur Zeit des Ausflugs hatte Mahler die Sinfonie fast schon im Entwurf fertig – seine längste und vielleicht (obwohl es an Konkurrenz nicht mangelt) unheimlichste. Deutlich spürte Natalie, daß hier, selbst gemessen an der »Auferstehung«, etwas ganz Ungewöhnliches geboren wurde. In ihrem Notizbuch vermerkte sie, Mahler stecke nicht bis über die Ohren in der Arbeit, sondern sei geradezu von göttlichem Irrsinn besessen. Erstaunlicherweise störten ihn – im Gegensatz zu sonst – nicht einmal die Geräusche in der Umgebung des »Komponierhäusls«, der kleinen Hütte, in die er sich Tag für Tag von halb sieben bis mindestens Mittag mit seiner Muse und manchmal ein paar Kätzchen einschloß.

Das war nun wirklich eine Revolution. Mahler war nämlich so überaus geräuschempfindlich, daß ihn sogar die gelegentlichen Töne aus dem einsamen Gasthof störten. Im ersten Sommer fand er sich damit noch ab, bestand aber darauf, daß für ihn vor seiner Rückkehr 1894 ein ruhigerer Arbeitsplatz am Ende der Wiese am See gebaut werde. Er liebte die Hütte schon, als er ihrer ansichtig wurde, und nannte sie (wen wundert's?) nach einem »Wunderhorn«-Lied über ein kleines Häuschen, in dem die Mäuse singen und tanzen, liebevoll sein »Schnützelputz-Häusel«. Es bestand aus einem einzigen Raum mit kräftigen Steinmauern und Doppelfenstern an drei Seiten, der gerade genug Platz bot für ein paar Möbel samt Klavier. Aber selbst hier war es nicht immer still genug. Die Damen mußten Kinder wegscheuchen und vorbeiziehende Drehorgelspieler mit einer Gabe bedenken, fast ehe sie noch einen Ton spielen konnten. Die Glocken der Kühe in der Umgebung wurden mit Tüchern gedämpft, die Vögel mit einer Vogelscheuche in Schach gehalten, die einen Badeanzug von Justi, einen Mantel von Emma und einen Hut von Natalie zur Schau trug. Mahler durfte beim Komponieren rein gar nichts in die Quere kommen, nicht einmal die geliebte Natur.

»Geliebt« ist in diesem Zusammenhang ein hoffnungslos unzulängliches Wort. Mahler war besessen, berauscht von der Natur. Anna von Mildenburg hat beschrieben, »wie er oft auf einem Spaziergang plötzlich mit geheimnisvoller Gebärde stehenblieb und nun erregt mit angehaltenem Atem und stillem Lächeln einem Tierchen bei seiner Arbeit zusah, einen Vogel beim Singen belauschte, und immer ging diese Spannung, diese feine Heiterkeit in Nachdenklichkeit und ernste, versonnene Betrachtung über, in Erkenntnis göttlicher Weisheit, göttlichen Willens und Waltens, immer fühlte er gleich das Wunder, das Geheimnis und stand in Ehrfurcht und rührend kindlichem Staunen und konnte die Teilnahmslosigkeit und Gleichgültigkeit der Menschen für diese wunderbaren Begebenheiten in der Natur nicht verstehen.«

Dieses Bild ist allerdings unvollständig. Bruno Walter kam der Wahrheit näher, als er schrieb, beim Blick auf die Natur habe Mahler »Liebe und Schauder, Entzücken und Entsetzen« empfunden; »er sah das bellum omnium contra omnes [den Krieg aller gegen alle] in der Natur, und fühlte, wie dieselben selbstfeindlichen Gewalten auch in seinem Innern tobten«. Auch Alma erzählt, wie Mahlers Naturverbundenheit die Freude über kleine Geschöpfe und hübsche Ansichten weit überstieg, wie ihm sogar die ersehnte Stille manchmal unerträglich wurde. »Im Sommer […] kam Mahler einmal schweißbedeckt aus seinem Arbeitshäuschen heruntergelaufen, konnte sich kaum fassen und bekam es endlich heraus: die Sommerhitze! Die Stille! Der panische Schrecken! Es hatte ihn gepackt. Entsetzen! Diese Empfindung des brodelnden schrecklichen Auges des großen Pan entsetzte ihn oft, und er kam dann mitten aus seiner Arbeit, aus seiner Einsamkeit, um in menschlicher, warmer Nähe unseres Hauses wieder zu sich zu kommen und weiterzuarbeiten.«

War das, was Alma hier beschreibt, auch lange nach Steinbach, so durchdringt doch dieselbe Atmosphäre des schieren Entsetzens weite Teile der Dritten Sinfonie. Das gilt vor allem für den ersten, fast eine halbe Stunde dauernden Satz mit seinem urzeitlichen Pochen und Schnauben, den wie angestochene Säue quiekenden Holzbläsern, dem aufrührerischen Marsch und dem durch die Streicher tobenden Orkan. Mahler nannte es »Pan erwacht: Der Sommer marschiert ein«, gestand aber, es könnte genausogut »Was mir das Felsgebirge erzählt« heißen. Als Bruno Walter in jenem Juli am Steinbacher Schiffssteg an Land ging und auf die Klippen des Höllengebirges starrte, sagte Mahler zu ihm, er brauche sich das gar nicht anzusehen, denn »das habe ich schon alles wegkomponiert«, womit er bedeutete, die Berge seien nichts als Rohmaterial, das er zum Bau seiner Dritten Sinfonie benutzt habe. Mahler also als Baumeister, besser: als Gott höchstpersönlich. Und doch empfand er sich manchmal als bloßes Werkzeug in der Hand eines Höheren: »Man komponiert nicht, man wird komponiert.« Diese Bemerkung kommt der Strawinskis nach »Le sacre du printemps«, einem weiteren Werk elementarer Gewalt, unheimlich nahe: »Ich hörte und schrieb, was ich hörte. Ich bin das Gefäß, durch welches Le Sacre hindurchging.«

Nach diesem brutalen Anfang gehören die beiden folgenden Sätze größtenteils in jenen Aspekt des sorglosen Wunderns, von dem Anna sprach. Der erste, »Was mir die Blumen auf der Wiese erzählen«, ist wie ein naives, verspieltes »Wunderhorn«-Lied ohne Worte. Mit gemischten Gefühlen stellte Mahler fest, daß er sofort zum Schlager avancierte, den Kollegen wie Nikisch und Felix Weingartner losgelöst von der übrigen Sinfonie zu Gehör brachten. »Es bleibt mir eben keine Wahl, wenn ich endlich einmal zu Worte kommen will, so darf ich nicht zimperlich sein«, schrieb er verdrießlich, »und so wird nun wohl in dieser Saison dieses kleine, bescheidene Stück noch oft ›am Fußgestelle des Pompeius bluten‹ und mich dem Publikum als ›sinnigen‹, duftigen ›Sänger der Natur‹ vorstellen. – Daß diese Natur alles in sich birgt, was an Schauerlichem, Großem und auch Lieblichem ist (eben das wollte ich in dem ganzen Werk in einer Art evolutionistischer Entwicklung zum Aussprechen bringen), davon erfährt natürlich niemand etwas. Mich berührt es ja immer seltsam, daß die meisten, wenn sie von ›Natur‹ sprechen, nur immer an Blumen, Vöglein, Waldesduft etc. denken. Den Gott Dionysos, den großen Pan kennt niemand.«

Der »schauerliche« Aspekt der Natur kehrt erst am Ende des dritten Satzes wieder, einem mit »Was mir die Tiere im Wald erzählen« betitelten Scherzo. Davor wechselt die Laune des Stücks von purem Spaß (eine kecke kleine Melodie aus einem »Wunderhorn«-Lied über einen Kuckuck und eine Nachtigall) zu ausladender Hochstimmung, nur beruhigt vom nostalgischen Klang eines fernen Posthorns, wie Mahler es in Iglau oft gehört hatte. Der Fortissimo-Akkord mit den kreischenden Flöten, Pikkolos und Klarinetten, der dieser ganzen Fröhlichkeit ein Ende setzt, ist auf vielerlei Weise interpretiert worden, aber vielleicht am passendsten mit »der Schleier reißt«. Um was zu offenbaren? All das in den Wäldern, was Mahler nach Almas Worten von Entsetzen gepackt fliehen und bei Menschen Zuflucht suchen ließ.

Hier tritt zum ersten Mal die menschliche Stimme auf, bei Beginn des vierten Adagio-Satzes mit dem Titel »Was mir der Mensch erzählt«. Auf dem Hintergrund huschender, fast regloser Streicher, den verzweifelte Oboen-Glissandi durchzucken, intoniert ein tiefer Alt sanft Nietzsches »Mitternachtslied« – »O Mensch! Gibt Acht! Was spricht die tiefe Mitternacht?« – aus »Also sprach Zarathustra«. Es ist die Musik kosmischer Einsamkeit. Selbst der Emotionsausbruch in den Schlußworten: »Doch alle Lust will Ewigkeit! Will tiefe, tiefe Ewigkeit« sinkt in die Leere zurück, aus der das Stück hervortrat. So scheint es jedenfalls. »Folgt ohne Unterbrechung« (nach Mahlers strenger, aber oft ignorierter Anweisung) unvermittelt ein fünfter Satz mit der Überschrift »Was mir die Engel erzählen« und der Anweisung »Lustig im Tempo und keck im Ausdruck«. Dieses für Kontraalt und Knabenchor gesetzte weitere »Wunderhorn«-Lied rauscht bald wieder zum Ton verklingender Glocken vorbei und führt geradewegs in ein ausgedehntes (rund 25 Minuten dauerndes) Adagio-Finale »Was mir die Liebe erzählt«.

»Die Liebe erzählt mir sehr schöne Dinge! Und wenn sie mir jetzt erzählt, so erzählt sie mir immer von Dir!« schrieb Mahler im Juli an Anna. »Aber in der Symphonie, liebes Anni, handelt es sich doch um eine andere Liebe, als Du vermutest. Das Motto zu diesem Satz lautet:

> ›Vater, sieh an die Wunden mein!
> Kein Wesen laß verloren sein!‹

Verstehst Du also, liebes Herz, um was es sich da handelt? – Es soll damit die Spitze und die höchste Stufe bezeichnet werden, von der aus die Welt gesehen werden kann. Ungefähr könnte ich den Satz auch nennen ›Was mir Gott erzählt!‹ Und zwar eben in dem Sinne, als ja Gott nur als ›die Liebe‹ gefaßt werden kann. Und so bildet mein Werk ein[e] alle Stufen der Entwicklung in schrittweiser Steigerung umfassende musikalische Dichtung. – Es beginnt bei der leblosen Natur und steigert sich bis zur Liebe Gottes!«

Hängt das alles wirklich zusammen? Selbst einige von Mahlers unerschütterlichsten Anhängern haben Zweifel geäußert, vor allem zum ersten Satz. Man hört Walter beinahe seufzen, wenn er schreibt: »Ich gebe aber rückhaltlos zu, daß bei diesem Satz – und nur bei diesem – der Wunsch, ihn rein musikalisch aufzufassen, häufig durch den Eindruck von außermusikalischen Elementen – phantastischen Vorstellungen, die sich keck in den musikalischen Ablauf mischen – behindert werden kann.« Deryck Cooke, ein mit tiefem Einblick begabter britischer Kritiker, nannte den Satz »einen totalen formalen Fehlschlag« und das ganze Werk als »kaum in der wahren symphonischen Tradition stehend«. So jedenfalls in einer schönen Broschüre, die die BBC 1960 zu Mahlers hundertstem Geburtstag herausgab; in einer späteren, erweiterten und nach Cookes Tod erschienenen Fassung sind die ablehnenden Worte gestrichen.

Mahler scheint manchmal selbst die Zweifel geteilt zu haben. In dem erwähnten Brief an Anna nennt er die Dritte Sinfonie eine »musikalische Dichtung«, ganz ähnlich also, wie er schon seine Erste und den ersten Satz der Zweiten genannt hatte. 1895 sagte er sogar zu Natalie, als er sich gerade mit der Dritten an die Arbeit gesetzt hatte: »Daß ich sie Symphonie nenne, ist eigentlich unzutreffend, denn in nichts hält sie sich an die herkömmliche Form. Aber Symphonie heißt mir eben: mit allen Mitteln der vorhandenen Technik eine Welt aufbauen.« Doch ein Jahr später war er anderen Sinnes. »Zu meiner Verwunderung und Freude zugleich sehe ich nun: es ist in diesem [ersten] Satz, wie in dem ganzen Werk, doch wieder dasselbe Gerüst, der gleiche Grundbau – ohne daß ich es gewollt oder daran gedacht hätte –, wie sie bei Mozart und, nur erweitert und erhöht, bei Beethoven sich finden, vom alten Haydn aber eigentlich geschaffen worden sind. Es müssen ihnen doch tiefe, ewige Gesetze innewohnen, an denen Beethoven festhielt und die ich bei mir als eine Art Bestätigung wiederfinde.«

Diese späteren Überlegungen Mahlers kamen der Wahrheit näher als seine früheren. Der erste Satz folgt generell der traditionellen Form der Sonate, wenngleich in verwirrender Form, und alle Sätze sind thematisch auf eine Weise verbunden, die man durchaus sinfonisch nennen kann. Ob das ausreicht, das Stück in die »wahre symphonische Tradition« einzureihen (sie verweigert sich ohnehin jeder leichten Definition), braucht hier nicht vertieft zu werden. Umfaßt diese Tradition nämlich nichts, was einen Chor enthält oder mehr als vier Sätze hat oder Töne »aus dem echten Leben« wie etwa Vogelgezwitscher aufweist, dann fällt selbst Beethoven aus ihr heraus.

Die Dritte ist, wie Mahler selbst sagte, »eine harte Nuß«, aber hat man sie erst geknackt, dann wird sie zu einer der ausgewogensten und ausgefeiltesten aller seiner Sinfonien. Die gewaltigen beiden Eingangs- und Endsätze werden flankiert von Intermezzi, die ihrerseits wieder die gewichtigeren Episoden von den »Tieren« und der »Menschheit« umrahmen. Im Brennpunkt des ganzen Werkes steht der Entsetzensausbruch am Ende des dritten Satzes. Der verstorbene Sir John Barbirolli, ein englischer Dirigent, der ein noch besserer Mahler-Interpret war, als seine Schallplattenaufnahmen vermuten lassen, hat einmal gesagt, daß »es in Mahlers Sinfonien viele Höhepunkte, aber nur einen Zenit gibt, den es zu entdecken gilt«. In der Dritten Sinfonie wird er sicherlich mit dem »Reißen des Schleiers« erreicht – einem letzten, elementaren Schock, bevor der Mensch die Bühne betritt.

Das Werk besteht auch ohne Mahlers »Programm«. Man braucht nicht die »evolutionistische Entwicklung« zu kennen oder die Gedichte zu verstehen, um zu merken, wie das unbehauene Material des Anfangs Stück um Stück bis zum hinreißenden Schluß-Adagio verfeinert wird. Vielleicht keine »reine Musik«, aber sicherlich doch »gereinigte Musik«. Welche Schlußfolgerung man aus diesem Fortschreiten zieht, ist jedermanns eigene Sache. Für Mahler indes markierte es einen Schritt im persönlichen Glauben, der sogar noch über das »Auferstehen« hinausging. So sagte er zu Natalie: »Die höchsten Menschheitsfragen, die ich in der Zweiten stellte und zu beantworten suchte: Wozu sind wir? und: Werden wir sein auch über dieses Leben hinaus? – sie können mich hier nicht mehr bewegen. Denn was hat das im All zu bedeuten, wo *alles* lebt und leben *muß* und *wird?* Kann ein Geist, der den ewigen Schöpfungsgedanken der Gottheit in einer Symphonie wie dieser nachdenkt, sterben? Nein, die Zuversicht bekommt man: ewig und unvergänglich wohlgeboren ist alles; wie Christus lehrt: ›In meines Vaters Hause sind viele Wohnungen‹; und hier hat auch Menschenleid und -trübsal keinen Raum mehr.«

Nur selten äußerte sich Mahler mit solchem Optimismus, und nie schrieb er eine so aus vollem Herzen jubelnde Sinfonie. Zweifellos spielte auch die Landschaft von Steinbach hinein und neuerdings seine Liebe zu Anna. Aber sie enthält mehr als nur das. Während er die Dritte Sinfonie schrieb, war Mahler eindeutig von Nietzsche beeinflußt, nicht von dem ikonoklastischen Nietzsche, der verkündete, »Gott ist tot«, sondern vom analytischen, der den Schöpfungsakt definierte, und vom poetischen, der von der Ewigkeit träumte. Der dionysische erste Satz (der an »Die Geburt der Tragödie« gemahnt) und die Verwendung des »Mitternachtsliedes« beweisen zur Genüge, wie sehr Mahler mit Nietzsches Gedankenwelt befaßt war. So pflegte er ja auch den in Steinbach Versammelten laut aus »Zarathustra« vorzulesen, in dem der Philosoph seine Unsterblichkeitstheorie von der »ewigen Wiederkehr« am ausführlichsten beschreibt. Auch Fechners Evolutionskonzept eines »ewigen Wachens« hat ihn sicherlich beeinflußt, desgleichen Lipiner.

Nun ist es eine Sache, sich von Ideen des ewigen Lebens beeinflussen zu lassen, und eine ganz andere, sie offenkundig im eigenen Schaffen bestätigt zu finden – aber genau dies geschah Mahler. Er hat die Dritte Sinfonie kaum weniger stückweise komponiert als die Zweite, dabei einen Satz mit der Überschrift »Was mir das Kind erzählt« völlig fallengelassen und die Reihenfolge der anderen umgestellt. Eine Zeitlang hatte er eine Menge Musik, Titel und philosophische Konzepte, aber kein einheitliches Ganzes. Als er dann schließlich die endgültige Form fand, stellte er unversehens fest, daß sich alles zusammenreimte und nicht nur als musikalische Konstruktion, sondern auch als Evolution von der »leblosen Natur« zur »Liebe Gottes« Sinn machte. Es war, als gälten die Natalie gegenüber erwähnten »tiefen, ewigen Gesetze« nicht nur für die sinfonische Komposition, sondern überhaupt für die Schöpfung. Und er hatte sie entdeckt, genauer: wiederentdeckt. Was Wunder, daß er »Verwunderung und Freude« empfand.

Selbst dieser großartig produktive Sommer war nicht ohne Wolken. Seit seinem ersten Jahr in Steinbach hatte es sich Mahler zur Gewohnheit gemacht, Johannes Brahms zu besuchen, der seine Ferien 24 Kilometer entfernt im eleganten Bad Ischl verbrachte. Den Besuchen lag mindestens soviel Kalkül wie Bewunderung zugrunde. Mahler wußte, daß ihm Brahms seit jenem »Don Giovanni« in Budapest wohlgesonnen war und seiner Karriere voranhelfen konnte. »Wir passen allerdings nicht sehr zusammen«, ließ er Anna freimütig wissen, »und die ›Freundschaft‹ wird nur aufrecht erhalten, weil ich dem alten großen Meister als junger, werdender gerne die schuldige Rücksicht und Nachsicht zolle und ›mich‹ nur von der Seite zeige, von der ich glaube, daß sie ihm angenehm ist.«

Doch 1896 nahm der Besuch eine andere Wende. Brahms versuchte sich besonders herzlich zu geben und bat Mahler sogar zum ersten Mal, ihm Teile seiner Musik zu schicken. Aber er ermüdete schnell und spürte die ersten Anzeichen des Leberkrebses, an dem er innerhalb eines Jahres sterben sollte. Als Mahler ihn am Abend verließ, blickte er noch mal den Flur hinunter und sah, wie sich die einsame Gestalt – wahrscheinlich der berühmteste lebende Komponist – mühsam hinunterbeugte und ein Stück Wurst als Abendbrot vom Ofen holte. Die bedrückende Szene beschäftigte Mahler noch tagelang. »Möge der Himmel mich davor bewahren, daß mir die Einsicht einmal abhanden kommen sollte, wenn meine Sachen schwächer werden«, brach es plötzlich Natalie gegenüber aus ihm heraus. »Besser wäre es, daß einer in der Glanzzeit seines Schaffens dahingerafft würde, wo immer noch ein Größeres und Höheres zu erwarten und noch keine Grenze sichtbar wird, die das Bild seiner Wirksamkeit einschränkt.«

Mit den Ferien endete im August auch die Steinbach-Ära. Ein neuer Besitzer hatte den »Gasthof zum Höllengebirge« übernommen und zeigte sich bei den Abmachungen für den folgenden Sommer so kleinkariert, daß Mahler widerstrebend beschloß, nicht mehr wiederzukommen. Im nächsten Jahr sollte er Hamburg endlich zugunsten von Wien verlassen, wo er den heißersehnten Direktorenposten erhielt, der ihn aber noch mehr beschäftigen sollte als jeder andere zuvor. Mit dem Komponieren war es damit auf Jahre hin mehr oder weniger vorbei, und als er zögerlich wieder damit anfing, kam ein Werk heraus, das mit der Dritten nichts gemein hatte.

Als er Steinbach verließ, konnte Mahler von all dem noch nichts ahnen, aber wieviel er dem Ort verdankte, war ihm völlig klar. Am letzten Tag wanderte er den Berg hinauf, blickte auf die Hütte hinab, wo er so vieles geschaffen hatte, und weinte wie ein Kind.

IV
Fußfassen in Wien

Ob Kaiser Franz Joseph das unruhige Jahr 1897 als Revolutionsjahr empfand, ist zu bezweifeln. Sicher, sein Ministerpräsident, Graf Kasimir Badeni, mußte zurücktreten, als die Deutschsprachigen wegen sprachlicher Zugeständnisse an die Tschechen wütend auf die Barrikaden gingen. Auch die Lokalpolitik wurde gespannter und die sich schnell ausbreitende Hauptstadt schwerer zu regieren. Vor allem durch den massiven Zustrom von Arbeitsuchenden hatte sich die Bevölkerung Wiens in den letzten drei Jahrzehnten fast verdreifacht und näherte sich nun mit großen Schritten der Zweimillionenmarke. Vielen Neureichen stand ein wachsendes Heer von Menschen gegenüber, die in bitterster Armut lebten.

Doch was bedeuteten diese Probleme schon einem Kaiser, der nun seit fast fünfunddreißig Jahren voll Zwist und Hader über einen ganzen Reigen von Ministerpräsidenten oder an ihnen vorbei regierte? Er hatte persönliche Tragödien (die Entfremdung seiner schönen Gemahlin Elisabeth – »Sissi«; die Hinrichtung seines Bruders im Ausland; den Selbstmord seines Sohnes) durchgestanden, Niederlagen auf dem Schlachtfeld überlebt, sich durch eine Krise nach der andern zwischen den Völkern der widerspenstigen Donaumonarchie durchgemogelt und mit angesehen, wie die Wirtschaft nach dem großen Börsenkrach von 1873 wieder in Schwung kam. Unbeeindruckt von den Warnungen der »Sachverständigen« und dem Murren vieler Wiener, hatte er den Abbruch der alten Befestigungsanlagen und den Bau der Ringstraße befohlen, um der Hauptstadt ein neues Gesicht zu geben. So änderten sich zwar die Zeiten, aber die Habsburgdynastie blieb. Nichts schien daran rütteln zu können – nicht einmal der blutige Aufstand von 1848, der Kaiser Ferdinand I. zur Flucht aus Wien und später zur Abdankung zugunsten von Franz Joseph gezwungen hatte.

Blut floß 1897 kaum auf den Straßen, aber die Luft war revolutionsgeschwängert. Zwar belächelten die Konservativen mitleidig die jungen Künstler, die dem engherzigen »Künstlerhaus« den Rücken kehrten und ihren eigenen Verein gründeten. Aber die neue »Vereinigung Bildender Künstler Österreichs«, besser als »Wiener Secession« bekannt, veränderte die Haltung einer ganzen Generation nicht nur in der Malerei, sondern auch in Architektur und Formgebung. Die Secessionisten waren ein buntgewürfelter Haufen; sie reichten von ihrem ersten Vorsitzenden, dem explosiven Gustav Klimt, dessen erotische und düster-unheimliche Bilder im offiziellen Wien Skandale auslösten, bis zum elegant aristokratischen Josef Olbrich; vom schulterklopfenden Carl Moll bis hin zum schweigsamen Alfred Roller (Mahlers späterer Schwiegervater der eine, sein Bühnenbildner der andere). Zusammengehalten wurden sie alle von der Verachtung für eine Künstlergeneration, die nur die Werke längst versunkener Zeiten nachgeäfft und keinen eigenen Stil gefunden habe. »Der Zeit ihre Kunst. Der Kunst ihre Freiheit« hieß der Schlachtruf der Secessionisten, der in goldenen Lettern über dem Eingang ihres neuerbauten Hauptquartiers prangte. Für die secessionistischen Architekten war der stolze neue »Ring« ein verhaßtes Schandmal, eine sich aus dem Nirgendwo ins Nirgendwo schlängelnde Landstraße, seine Gebäude ein Stil-Kuddelmuddel von imitierter Klassik bis zu imitierter Gotik. Wieviel besser, tönten die Jungtürken zum Schauder der Traditionalisten, seien da doch die klaren Linien und die Praxisbezogenheit der amerikanischen Wolkenkratzer.

Das literarische Gegenstück zur Secession war »Junges Wien«, ein loser Zusammenschluß von Schriftstellern, der sich um Hermann Bahr scharte, einen eloquenten Autor und Journalisten, der Essays und Dramen, Romane und Gedichte unterschiedlichster Qualität nur so hervorsprudelte. Bahr, der später Mahlers Hamburger Freundin Anna von Mildenburg heiratete, hatte Jahre in Berlin und Paris verbracht und fand bei der Rückkehr nach Wien dessen literarisches Leben ebenso rückständig wie seine bildende Kunst. Als die Secession ihre Zeitschrift *Ver Sacrum* (»Heiliger Frühling«) herausbrachte, schrieb Bahr einen der ersten Beiträge. Obwohl er dank der schieren Kraft seines Wesens den Mittelpunkt von »Junges Wien« bildete, gab es weitere, talentiertere Mitglieder – Männer wie Hugo von Hofmannsthal, den Meister der eleganten Verse, der bald zum Opernlibrettisten von Richard Strauss wurde, und Arthur Schnitzler, der mit beißender Ironie die Schattenseite des Wiener Lebens aufs Korn nahm. Sogar Freud blickte neidvoll auf Schnitzlers Scharfblick für seelische und erotische Probleme und gestand, ihm erschließe sich ein solches Verständnis erst nach langer und mühseliger Analyse.

Nicht alle begabten jungen Schriftsteller hielten viel von »Junges Wien«. Zu denen, die es nicht taten, gehörte der 1874 in Böhmen geborene Satiriker Karl Kraus – aber er blickte ohnehin verächtlich auf die meisten Aspekte seiner Zeit herunter, auf die modischen Jungtürken um Klimt und Bahr ebenso wie auf die Reaktionäre, auf die ätzenden neuen Demagogen nicht minder als auf das schlampige System, das ihnen ihre Chance bot. Kraus übte weder Schonung noch erwartete er sie. Der Staat war ein Zerrbild, die Gesellschaft ein Affentheater, Wien eine moralische Kloake. Mochte er auch nach zu vielen Seiten Hiebe austeilen, so tat er es doch mit Worten von einer tödlichen Präzision, wie sie kaum ein Zeitgenosse beherrschte. Die vielen hundert Ausgaben der von ihm begründeten und verfaßten Zeitschrift *Die Fackel* beweisen dies zur Genüge.

Dennoch hatten Kraus und »Junges Wien« einiges gemeinsam. Beispielsweise benutzten sie beide dasselbe Café – nicht gerade nebensächlich in einer Stadt, in der das Kaffeehaus gleichzeitig Ort für die Zeitungslektüre, Club und zweite Heimat war (und in gewissem Umfang bis heute ist). Trafen sich

Bahr und seine Kumpane unter der verräucherten Kuppel des ehrwürdigen Café Griensteidl, dann geschah es oft unter dem durchdringenden Blick des – natürlich an einem anderen Tisch sitzenden – Karl Kraus. Seine dortigen Beobachtungen erschienen dann schließlich in dem bissig-komischen Aufsatz »Die demolierte Literatur«, in dem er eine Parallele zog zwischen dem bevorstehenden Abbruch des Cafés durch die Stadtplaner – einer der geringeren Revolutionen von 1897 – und der Verwüstung, die dessen schriftstellernde Gäste mit ihren Worten anrichteten.

Noch etwas anderes verband sie: Kraus war Jude. Auf die eine oder andere Weise hatten viele führende Mitglieder des Bahr-Zirkels (Bahr selbst allerdings nicht) einen jüdischen Hintergrund, darunter Schnitzler und Hofmannsthal, Richard Beer-Hofmann und Felix Salten. Das war nur ein Zeichen für den jüdischen Einfluß auf das Wien des »Fin de siècle« und vor allem sein Kulturleben. Die liberale Presse – Zeitungen wie die *Neue Freie Presse, Neues Wiener Tagblatt* und *Wiener Allgemeine Zeitung* – befand sich weitgehend in jüdischer Hand. Auch in der Musik waren die Juden einflußreich, unter anderem mit etablierten Komponisten wie Karl Goldmark, heranwachsenden wie Alexander Zemlinsky und Arnold Schönberg sowie Violinisten wie Arnold Rosé und Musikwissenschaftlern wie Guido Adler. In der »Secession« standen zwar keine jüdischen bildenden Künstler in vorderster Reihe, aber doch jüdische Sponsoren. Sie unterstützten die Bewegung mit Geld und Kontakten, nicht zuletzt über Künstlersalons wie dem der Berta Zuckerkandl, Tochter des liberalen jüdischen Verlegers Moritz Szeps.

Dieser Einfluß war nicht bloß die Folge des steilen Anstiegs der Zahl der Juden in Wien von ein paar tausend bei Franz Josephs Thronbesteigung im Jahre 1848 auf fast 150 000 am Ende des Jahrhunderts. 1900 betrug der Anteil der Juden an der Bevölkerung von Groß-Wien weniger als zehn Prozent, doch an der Wiener Universität machten sie ein Viertel der Studenten, in einigen Fakultäten wie Medizin einen noch größeren Prozentsatz aus. Diesem unverhältnismäßig hohen Anteil lag teilweise der Wunsch der relativ spät Gekommenen zugrunde, möglichst schnell voranzukommen, aber auch die tiefe Sehnsucht, einer Gesellschaft anzugehören, die ihnen bei all ihren Mängeln eine kulturelle und geistige Heimat bot. Einfach gesagt: In ihrem inbrünstigen Drang nach Assimilierung wurden viele Juden auf andere Weise zur Sondergruppe. Sie verwandelten sich in eine einflußreiche Elite, die mindestens ebensosehr beneidet und sogar gehaßt wie bewundert wurde.

Vor diesem Hintergrund wurde der in Wien latent immer vorhandene Antisemitismus in den letzten Jahrzehnten vor der Jahrhundertwende beträchtlich heftiger. Manche Antisemiten waren selber Juden. Diejenigen, die sich dem Wiener Leben schon weitgehend angepaßt, sich sogar zum Christentum bekehrt hatten, hatten allmählich das Gefühl, der stete Zustrom mittelloser Neuankömmlinge aus den fernen Ostgebieten der Donaumonarchie bedrohe ihren Status. Über diese an ihrer Kleidung und ihren Gewohnheiten sofort erkennbaren »Ostjuden« schrieb Joseph Roth, sie »haben keine Heimat; nur viele Gräber auf allen Friedhöfen«. Sehr viel verbreiteter indes war das wachsende Ressentiment bei den gewöhnlichen Wienern, die meinten, die Juden gewännen viel zuviel Schlagkraft, und ihnen insbesondere alle mit dem Börsenkrach verbundenen Widrigkeiten anlasteten.

Diese Verbitterung war der Nährboden, auf dem zwei politische Bewegungen gediehen. Die eine war der bösartige, aber noch marginale Protonazismus Georg von Schönerers, des Anführers der Alldeutschen im Habsburgerreich. Die andere war der subtilere, schleichende Antisemitismus von Karl Lueger und seiner Christlichsozialen Partei. In der Politik des Fernsehzeitalters hätte der würdevoll gutaussehende Demagoge Lueger (mit dem Beinamen »der schöne Karl«) mit seinem sicheren Instinkt für die wohltönende, aber ambivalente Phrase großen Erfolg gehabt. »Wer Jude ist, bestimme ich«, pflegte er zu sagen – und tatsächlich zählte er nicht wenige prominente Juden zu seinen Freunden. Aber er bediente sich des Judenhasses, um unter seinem Banner die Eifersüchtigen und Enttäuschten, die kleinen Handwerker und Händler zu sammeln, die die industrielle Revolution arbeitslos gemacht hatte und die nun nach einem Sündenbock Ausschau hielten. Obwohl Lueger viermal zum Bürgermeister von Wien gewählt wurde, weigerte sich Franz Joseph, selbst strenger Katholik, aber kein Antisemit, seine Wahl zu bestätigen. Beim fünften Mal, am 16. April 1897, gab der Kaiser nach. Lueger übernahm die Macht in der Stadt, und damit endeten Jahrzehnte liberaler Verwaltung in Wien.

Luegers Wahl löste zwar kein sofortiges Pogrom aus, aber sie bedeutete genauso eine Revolution wie die Gründung der Wiener Secession zwei Wochen zuvor. Als wolle er den Tod der alten Ordnung unterstreichen, war Brahms am selben Tag, dem 3. April, gestorben, an dem die Secessionisten ihre Unabhängigkeitserklärung veröffentlichten. Fünf Tage später erschien in der *Wiener Abendpost* eine beiläufige, zweizeilige Notiz, die ebenfalls eine Revolution prophezeite, obschon das damals kaum jemand bemerkte. Die Zeitung vermeldete, Herr Heinrich (sic!) Mahler, früher Direktor der Budapester Oper, sei als Kapellmeister für die Wiener Hofoper verpflichtet worden. Tags darauf rätselte die *Neue Freie Presse*: »Bei der lakonischen Kürze der Meldung in der *Abendpost* weiß man auch noch nicht, welche Stellung Herr Gustav Mahler neben den bereits seit Jahren an der Hofoper wirkenden Kapellmeistern Hans Richter [seit 1875], Johann Fuchs [seit 1879] und Joseph Hellmesberger [seit 1886] einnehmen wird. Oder sollte Herr Mahler eine andere Bestimmung an der Hofoper haben? ...«

Die *Neue Freie Presse* hatte den wunden Punkt berührt. Die Hofoper besaß durchaus genügend Dirigenten, wenngleich Joseph Hellmesberger jr. (Sohn des alten Mahler-Feindes in Konservatoriumstagen) und Fuchs eher Mittelklasse waren. Andererseits brauchte sie eindeutig einen neuen Direktor/ Hauptkapellmeister als Ersatz für den alten Wilhelm Jahn, der den Posten sechzehn Jahre bekleidet hatte und nun allmählich das Augenlicht verlor. Wer würde dessen Nachfolger? Die

Wiener waren (und sind) es gewohnt, sich über Ernennungen im Kulturbereich, zumal an der Oper, Monate im voraus in die Haare zu geraten. Die Vorzüge und Makel selbst der unwahrscheinlichsten Kandidaten wurden in der Presse und den Kaffeehäusern mit einer Inbrunst diskutiert, wie man sie der reinen Politik nur selten entgegenbrachte. Richter, der herausragendste Musiker in Wien, hatte eindeutig gute Chancen, obwohl er kein Verwaltungsmensch war und oft durch Abwesenheit glänzte. Einige tippten auf Felix Mottl, einen Schützling von Wagners Witwe Cosima, andere auf Ernst von Schuch, Direktor in Dresden. Mahler wurde kaum einmal erwähnt. Wie groß seine Leistungen in Budapest auch gewesen sein mochten – jetzt war er »bloß« erster Kapellmeister eines Stadttheaters und mit seinen 36 Jahren sicherlich zu jung für den prestigeträchtigen Wiener Posten. Außerdem war er Jude. Damit schien die Sache erledigt. Mochte Franz Joseph auch gegen Lueger und seinesgleichen sein, so würde er doch nicht so weit gehen, die k. k. Oper einem Juden anzuvertrauen. Vermutlich stimmte diese Meinung, aber schon im April war sie überholt. Mahler hatte vor zwei Monaten zum Katholizismus konvertiert.

Schon oft hatte Mahler sein taktisches Geschick als geborener Karrierist unter Beweis gestellt, aber die Art und Weise, wie er seinen Coup in Wien plante und vorbereitete, stellte alles Bisherige in den Schatten. Seitdem er vor zwei Jahrzehnten weggegangen war, hatte er zweifellos stets den Ehrgeiz genährt, mit Glanz und Gloria in die Hauptstadt des Habsburgerreiches zurückzukehren. Schon während der eher unbedeutenden Kasseler Zeit hatte er 1885 gestanden: »Mein letztes Ziel ist und bleibt einmal Wien.« In Hamburg witzelte er seinen Freunden gegenüber fast jedesmal, wenn die Türglocke ging, sie könnte den Ruf vom »Gott der südlichen Zonen« verkünden. Dabei hatte er sicherlich nicht etwa Italien im Sinn. Er wartete nicht tatenlos auf den Ruf, er hangelte danach. In einer beiläufigen Bemerkung in einem Brief an Löhr vom Sommer

1895 offenbarte Mahler, er habe in Wien mit Joseph Freiherr von Bezecny gesprochen, dem Generalintendanten der Hoftheater einschließlich der Oper. Die Unterhaltung hatte kein unmittelbares Ergebnis gehabt, aber irgendwann zwischen damals und Herbst 1896 spürte Mahler, daß sich das Tor nach Wien endlich öffnete. Vielleicht waren es die Meldungen von Jahns hinfälligem Gesundheitszustand, vielleicht das Gerücht, der Erste Oberstofmeister und dem Kaiser für die Künste unmittelbar verantwortliche Rudolph Prinz von und zu Liechtenstein plane ein Revirement an sämtlichen Hoftheatern. Doch welches immer der Grund sein mochte, Mahler begann mit einem Mehrfrontenangriff in Wien selbst und suchte gleichzeitig nach Unterstützung in weiterer Ferne.

Als einer der ersten wurde Siegfried Lipiner in die Schlacht geschickt, der nicht nur hohes literarisches Ansehen genoß und große Überredungskunst besaß, sondern aufgrund seiner amtlichen Tätigkeit als Bibliothekar des österreichischen Parlaments auch die Wiener Bürokratie in- und auswendig kannte. Irgendwann im November schaute Lipiner in von Bezecnys Büro vorbei und legte dar, Mahlers weitverbreitete Reputation als arroganter und jähzorniger Mensch sei völlig unbegründet. Da er sich offenbar nicht sicher war, ob er auch alle Zweifel ausgeräumt hatte, ließ Lipiner dem Besuch noch einen Brief folgen, in dem er argumentierte, Mahler sei zwar leidenschaftlicher Natur, aber damit gehe »die größte Selbstbeherrschung und eine oft unglaubliche Geduld« einher. Selbst Mahler mochte das als etwas übertrieben empfinden.

Auch Natalie Bauer-Lechner wurde zum Dienst gepreßt. Großen Drucks bedurfte es dafür freilich nicht, denn sie war natürlich scharf darauf, Mahler nach Wien zu bekommen und damit, wie sie fälschlich annahm, einige Entfernung zwischen ihn und Anna von Mildenburg zu legen. Natalie unterbreitete Mahlers Bewerbung dem ehemaligen, jetzt als Dozentin tätigen Star der Oper, Rosa Papier, die in der Wiener Musikwelt gewaltigen Einfluß besaß. Insbesondere war sie eng mit Eduard Wlassack befreundet, dem eigentlichen Drahtzieher hinter von Bezecnys Hoftheaterbüro. Wie das Glück wollte, hatte Rosa Papier zwei persönliche Gründe, Mahler gewogen zu sein. Vor elf Jahren hatte sie unter ihm in der umstrittenen, aber brillanten Aufführung des »Paulus« in Kassel gesungen, und sie wußte, daß sich ihre einstige Musterschülerin Anna von Mildenburg unter Mahlers Anleitung zu einer großen Künstlerin entwickelte. Nicht daß sie Annas Fehler unterschätzt hätte, zu denen auch jene wilde Besitzgier und die Neigung zur Schwatzhaftigkeit über ihre Liebeserlebnisse gehörten, die schließlich sogar Mahlers Inbrunst abkühlen sollten.

Später hat Mahler gesagt, den Wiener Posten habe er letztlich »weiblicher Protektion« zu verdanken gehabt, womit er Rosa Papier meinte. Das ist übertrieben. Die Papier-Wlassack-Achse spielte zwar die Schlüsselrolle, aber sie war nicht die einzige. Mahlers sommerliche Besuche bei Brahms hatten ihm die Unterstützung aus dieser lebenswichtigen Ecke eingebracht. Die Verbindung zu Brahms fiel auch bei Hanslick in die Waagschale, dem König der Wiener Kritiker, der ohnehin Mahlers Rivalen Mottl nicht ausstehen konnte. Einflußreiche alte Freunde aus den Budapester Tagen, darunter der Direktor der Musikakademie, Ödön von Mihalovich, und Graf Albert Apponyi, ein führender Politiker, wurden aufgeboten, um von Bezecny mit Empfehlungsschreiben zu bombardieren. Zudem verstand Mahler auch die Presse für sich einzuspannen. In Hamburg sorgte er für Zeitungsmeldungen, seine Ernennung in Leipzig stehe bevor, und lenkte so die Rivalen von seiner Fährte ab. In Wien vertraute er seine Pläne Ludwig Karpath an, einem intriganten Journalisten (und Neffen von Karl Goldmark, an den Mahler ebenfalls appellierte), und bot ihm als Gegenleistung Insidertips aus Hof und Oper an. Karpath hat später behauptet, seine Bemühungen hinter den Kulissen hätten Mahler in Wien »gemacht«, aber viele andere meinten ebenfalls, sie könnten dieses Verdienst für sich beanspruchen.

Nichtsdestoweniger wußte Mahler nur zu gut, daß sein Status als Jude alles zuschanden machen konnte. Das geht klar aus einem inständig bittenden Brief an Mihalovich vom

21. Dezember hervor, demselben Tag, an dem er von Bezecny seine förmliche Bewerbung schickte. Darin bat er Mihalovich um Beistand, »von dem die Gestaltung meines ganzen Schicksals abhängt«, und fügte hinzu, sein Name werde in Wien zwar ernsthaft erwogen, aber sein Judentum spreche gegen ihn. »Was dies anbetrifft, so möchte ich nicht verfehlen, Ihnen mitzuteilen (falls Sie es nicht schon wissen), daß ich bald nach meinem Abgange von [Buda]Pest meinen Übertritt zum Katholizismus vollzogen habe.«

Das war eine Lüge, die Mahler zudem zwei Tage später in einem Brief an Wlassack wiederholte. Er hatte Budapest vor fast sechs Jahren verlassen und war immer noch nicht getauft. Aber allmählich geriet Mahler in Verzweiflung. Sein Verhältnis zu Pollini war schlimmer denn je, und alle seine Hoffnungen waren auf Wien gerichtet. Sie zu verwirklichen schien ihm jedes Mittel recht. Ein paar Wochen später brach er in Hamburg sämtliche Brücken hinter sich ab und reichte seinen Rücktritt zum Ende der Spielzeit ein, obwohl er wußte, daß er danach arbeitslos wäre. In einem pathetischen (und nicht ganz zutreffenden) Brief Mitte Januar an seinen Berliner Freund Marschalk schrieb er: »In Wien braucht man einen Direktor und findet, daß ich der geeignete Mann für diesen Posten wäre. – Aber das Hindernis aller Hindernisse – mein Judentum – liegt im Wege und dürfte mir denselben auch verrammeln. Ich denke wirklich halb und halb mich für eine Zeit in Berlin niederzulassen. Glauben Sie, daß ich da ›Stunden‹, ›Lektionen‹, oder Ähnliches bekommen kann?«

Nur einen Monat später, am 23. Februar 1897, räumte Mahler das Hindernis aus dem Weg. Er wurde katholisch getauft, nicht, wie manchmal behauptet wird, im »Michel«, in dem ihn der »Blitzstrahl« der Inspiration für die »Auferstehungs-Sinfonie« getroffen hatte, sondern in der nahe gelegenen Kleinen Michaeliskirche. Die Taufe befreite Mahler ebensowenig von antisemitischer Feindseligkeit wie andere Juden, die ihrem Glauben abschwuren. Einmal ein Jude, immer ein Jude, argumentierten die Gegner. Cosima Wagner beispielsweise tat trotz ihrer scheinheiligen Freundlichkeit Mahler gegenüber alles, um ihn von Wien fernzuhalten, schickte ihm aber, nachdem ihr das mißlungen war, katzbuckelnde Briefe, in denen sie die mageren Opern ihres Sohnes Siegfried anpries. Aber die Konvertierung war ein entscheidendes Argument für Mahlers Anhänger, ihn nunmehr nicht nur als bestgeeigneten Mann für den Posten, sondern auch als Christen zu empfehlen, ein Wort, das in seiner Personalakte in Wien dick unterstrichen ist.

Trotz dieser Umstände stufen einige Mahlers Konversion auch heute noch als allein oder wenigstens hauptsächlich religiös motiviert ein. Andere lassen durchblicken, er habe sie auf sich genommen, weil er Anna zu ehelichen beabsichtigte – was ebenso unwahrscheinlich ist. Mahlers Hamburger Freund, der Kritiker Ferdinand Pfohl, gesteht andererseits, die Nachricht habe auf ihn verheerend gewirkt. Wie es denn sein könne, fragte er Mahler, daß ein Nichtkatholik von einem streng katholischen Kaiser auf den Wiener Posten berufen würde. Mit einem »seltsamen Abadonna-Lächeln in seinem Luzifergesicht« habe Mahler erwidert: »Der Rock ist schon gewechselt.« Pfohl schloß daraus, »Mahler wechselte eines äußeren Vorteils, eines Nutzens wegen, nicht aber unter dem Zwang eines inneren Konflikts, innerer Notwendigkeit sein äußeres Glaubensbekenntnis: Ein Gut, das wir von Eltern und Vorfahren ererbt haben, das also unvergleichlichen Pietätswert besitzt, den Wert ehrwürdiger Tradition. Nein, Gustav Mahler war kein Heiliger.«

Ausführlicher äußerte sich Mahler zu seiner Konvertierung in einem Gespräch mit Karpath. Nach dessen Memoiren hat Mahler zu ihm gesagt: »Was mich besonders kränkt und ärgert, das ist der Umstand, daß ich mich taufen lassen mußte, um zu einem Engagement zu kommen, das ist das, was ich nicht überwinden kann. [...] Ich leugne nicht, daß es mich große Überwindung kostete, man darf ruhig sagen aus Selbsterhaltungstrieb eine Handlung zu begehen, der man ja innerlich gar nicht abgeneigt war.«

Ein Akt der »Selbsterhaltung« war Mahlers Drängen auf

den musikalischen Thron des Habsburgerreiches zwar wohl kaum, aber ansonsten klingt seine Äußerung wahr. Weder war er vor seiner Konversion ein glaubenseifriger Jude noch danach ein frommer Katholik. Alma zufolge liebte er Kirchen, gregorianische Gesänge und den Duft des Weihrauchs. Er glaubte auch an eine Art Leben nach dem Tode, aber das beweist längst nicht, daß er das christliche Dogma auch innerlich angenommen hat. Zwar benutzte er in seiner Zweiten Sinfonie ein paar von Klopstocks »Aufersteh'n«-Versen, ließ aber die im Original enthaltene Nennung Jesu Christi weg. In seiner Achten Sinfonie übernahm er den Text der alten lateinischen Hymne »Veni Creator Spiritus«, setzte die Worte jedoch in eine massiv extrovertierte Musik, die weit von ihrem liturgischen Ursprung entfernt ist. In beiden Fällen wurde eine spezifisch christliche Botschaft in eine universelle umgemünzt, ähnlich Friedrich Schillers »Ode an die Freude«, die Beethoven in seiner Neunten Sinfonie verwendet hat.

Mahlers Haltung zum Judaismus war mindestens ebenso zweideutig. Fast nie zeigte er irgendein spezielles Interesse an jüdischen Dingen, geschweige denn jüdischen Anliegen. Obwohl er und Theodor Herzl, der Begründer des Zionismus, zeitgleich in Wien lebten, scheinen sie sich nie begegnet zu sein. Mahler nahm sich nach ein paar Jahren in Wien Bruno Walters an, weil er dessen ungewöhnliche Begabung kannte, aber generell behandelte er jüdische Musiker nicht mit besonderer Gunst. Eher im Gegenteil. In der Zeit vor Walter lehnte er die Idee, Leo Blech, einen konvertierten Juden, als Dirigenten zu verpflichten, mit der Begründung ab: »Ich gelte bei den Antisemiten trotz meiner Taufe als Jude, und mehr als einen Juden verträgt die Wiener Hofoper nicht.« Den »Ostjuden« stand Mahler genauso ablehnend gegenüber wie andere seiner assimilierten Glaubensbrüder in der Hauptstadt. Während eines Besuchs in Lemberg (dem heutigen Lvov in der Ukraine) schrieb er 1903 an Alma: »Das Leben hier zeigt wieder so ein originelles Gesicht. Am possirlichsten sind doch die polnischen Juden, die hier herumlaufen, wie anderswo die Hunde. – Es ist äußerst unterhaltend, denen zuzuschauen! Mein Gott, mit denen soll also ich verwandt sein?! Wie trottelhaft mir die Racentheorien erscheinen, angesichts solcher Beweise, kann ich Dir gar nicht schildern!«

Dennoch identifizierte sich Mahler in gewisser Weise mit den Juden. Zu Natalie sagte er: »Ein großartiges Bild für den Schaffenden ist Jakob, der mit Gott ringt, bis er ihn segnet. Wenn die Juden nichts als das erfunden hätten, müßten sie kolossale Leute gewesen sein. – Mich will Gott auch nicht segnen; nur im fürchterlichen Kampfe ums Werden meiner Werke ringe ich es ihm ab.« So aufschlußreich der Vergleich mit Jakob auch sein mag – er bedeutete keineswegs, daß Mahler etwa »jüdische Musik« schrieb oder hätte schreiben wollen. Hie und da findet man Spuren jüdischer Volksgesänge und Tanzrhythmen, vor allem in der Ersten Sinfonie und einigen Liedern. Es wäre sehr seltsam, wenn sie fehlten. Aber gleichzeitig gibt es zahllose andere Elemente: böhmische Melodien und spöttisch angedeutete Wiener Walzer, Märsche und Ländler, Anklänge von Schubert und Berlioz. Wenn gelegentlich behauptet wird, die Musik werde schon dank ihres schieren transnationalen Charakters jüdisch, gewissermaßen ein Produkt der Diaspora, dann überstrapaziert man einen Punkt.

Wie seine Musik paßt auch Mahlers religiöse Affinität in keine vorgezeichnete Schublade. Was Mahler sein Leben lang suchte, konnte ihm kein bestimmter Glaube geben. Daher seine Leidenschaft für die Philosophie, die Physik und später den orientalischen Mystizismus, daher auch die ganze Kette der – gewonnenen und verlorenen – Schlachten, die seine Sinfonien darstellen. Er war der Konversion »nicht abgeneigt« (eine alles andere als durchschlagende Erklärung!), weil er glaubte, daß keine der beiden Seiten das Monopol der Wahrheit besaß, und weil sein Judentum seiner Karriere noch hinderlicher im Wege stand. Dennoch war es ihm verhaßt, sich dazu getrieben zu fühlen. Die Konversion war ein Akt des Opportunismus, und Mahler wußte es nur zu gut.

Der Mann, dem Mahlers Ehrgeiz vielleicht am wenigsten

bewußt war, war der am unmittelbarsten davon Betroffene: Wilhelm Jahn. An den 1835 in Mähren geborenen Jahn erinnert man sich am ehesten wegen seiner Liebe zum Kartenspiel und guten Wein und wegen des unrühmlichen Endes seiner Karriere. Das wird seiner Leistung in Wien alles andere als gerecht. In seinen frühen Jahren als Direktor holte er hervorragende Sänger und Sängerinnen ins Ensemble, bildete sie aus und dirigierte, wie der Kritiker Richard Specht schrieb, mit »sublimer Anmut, Geschmeidigkeit und Delikatesse«. Dieses Kompliment fällt um so mehr auf, als Specht ein großer Mahler-Fan war. Beide, der vor allem für das französische und italienische Repertoire zuständige Jahn und der hauptsächlich fürs deutsche verantwortliche Richter, garantierten den Wiener Opernbesuchern Abend für Abend glänzende Tonkunst. Was ihnen fast oder überhaupt nicht gelang, war jene entscheidende Einheit von Musik und Dramatik, nach der Mahler sein Leben lang strebte. Von Mal zu Mal gerieten die allzu betulichen Aufführungen etwas mehr außer Tritt mit der zunehmend rastlosen Zeit. Jahns Gesundheitszustand verschlechterte sich, und er brachte es nicht fertig, die Sänger und Sängerinnen auszusieben, die ihren Höhepunkt überschritten hatten. Einmal ging er so weit, seinen Rücktritt anzubieten, offenbar als Kunstgriff (einer der seltenen, die ihm zu bescheinigen waren), um sich in seiner Stellung bestätigen zu lassen. Kunstgriff oder nicht – er blieb.

Mahler tat alles, um Jahn keinen Verdacht schöpfen zu lassen. In seiner förmlichen Bewerbung an von Bezecny erwähnte er lediglich, er wolle einen Posten »als Kapellmeister«, obwohl die paar Wiener Insider genau wußten, daß er auf den Direktorenposten aus war. Dann arrangierte er es so, daß er an einem Tag in Dresden war, an dem auch Jahn da sein würde, so daß er ihn – gewissermaßen »per Zufall« – aushorchen konnte. Der Plan klappte. Jahn ließ ihn in seiner Unschuld wissen, trotz seiner Augenprobleme denke er nicht daran, abzutreten, doch wahrscheinlich werde er einen zusätzlichen Dirigenten brauchen. Wenn ja, so versprach er, werde er gerne an Mahler denken. Doch was Jahn dachte, wurde bald noch unwichtiger. Wenige Wochen nach der Zusammenkunft wurde Mahler getauft, und das Pendel in Wien schwang entscheidend in seine Richtung. Am 4. April suchte er von Bezecny auf und unterschrieb einen Vorvertrag über eine Einjahressaison als Dirigent an der Oper zum 1. Juni. Bald schon wurde ein vollständiger Vertrag aufgesetzt und Jahn elf Tage später zur Unterschrift vorgelegt. Tatsächlich kam Mahler in Absprache mit von Bezecny Ende April aus Hamburg nach Wien, um seinen Posten einen Monat früher als geplant anzutreten. Der erstaunte Jahn erhielt die Nachricht, während er sich zur Augenbehandlung in Karlsbad befand.

Rückblickend erscheint der weitere Verlauf der Geschichte unausweichlich. Mahler gab am 11. Mai sein triumphales Wiener Debüt mit »Lohengrin«, was Karl Kraus zu dem (auch auf ihn selbst anwendbaren) Kommentar veranlaßte, daß »man es vom Gesicht ablesen kann, daß er mit der alten Mißwirtschaft energisch aufräumen wird«. Zwei Monate danach wurde Mahler zum stellvertretenden Direktor ernannt, und im Oktober löste er Jahn endgültig ab. Doch anfangs litt Mahler unter schlimmsten Ängsten, der Spitzenjob könnte ihm doch noch durch die Finger schlüpfen – zumal von Bezecny unerwartet seinen Rücktritt ankündigte, dann aber doch bis ins neue Jahr blieb. Eine schlimme Kehlkopfentzündung zwang Mahler, im Juni Krankheits- und danach einen langen Erholungsurlaub mit vielen Spaziergängen zu nehmen, während er gleichzeitig weiterhin Wlassack und andere Drahtzieher mit Briefen überhäufte. Als seine Ernennung zum stellvertretenden Direktor in der Presse erschien, verpaßte Mahler die Nachricht, denn er befand sich weitab jeder Zeitung in den Bergen. Die Ironie des Schicksals wollte es, daß er es aus einem Brief in Jahns spinnenhafter Schrift erfuhr.

Von da an war sich Mahler sicher, daß ihm die Direktorenstelle gewiß war, aber Jahn tappte erstaunlicherweise immer noch im dunkeln. Als ihn Mahler Ende Juli in seinem Landhaus aufsuchte, um sich »Anweisungen« zu holen, wurde er mit solcher Liebenswürdigkeit behandelt, daß er Gewissensbisse bekam. »Der arme Mann hat also keine Ahnung davon, daß ich schon demnächst zu seinem definitiven Nachfolger ernannt werden soll«, meinte er zu Karpath. »Ich muß sagen, er tut mir menschlich furchtbar leid. Was aber nützt das alles, bin ich's nicht, so wäre es eben ein anderer. Da ist es mir schon lieber, daß ich es bin.« Mahler der Pragmatiker! Letzten Endes war es Wlassack, der Jahn mitteilte, er müsse zugunsten Mahlers abtreten. Der alte Mann war wie vor den Kopf geschlagen, wurde dann wütend, aber nachdem er darüber geschlafen hatte, gab er nach. Von Franz Joseph noch mit einem Orden bedacht, entschwand er langsam aus dem Bild und verstarb drei Jahre später.

Ein Jahr nach Übernahme der Leitung der Oper wurde Mahler auch Dirigent der Wiener Philharmoniker und vereinte damit gleich beide musikalischen Spitzenpositionen der Donaumonarchie in seiner Hand. Natalie schreibt, Mahler sei erstaunt gewesen, als ihm eine Delegation der Philharmoniker im November 1898 die Aufgabe antrug. Sie fügt hinzu, fast habe er bedauert, ja gesagt zu haben, weil er fürchtete, seine Arbeit an der Oper könnte darunter leiden. Allein diese Passage zeigt, daß Natalies Erinnerungen bei all ihrem unschätzbaren Wert nicht immer uneingeschränkt zu trauen ist. Vor Jahren schon hatte Mahler in Hamburg zu Pfohl gesagt, daß er danach lechze, Sinfoniekonzerte zu dirigieren. Seine anschließende Konzertreihe war zwar eine Enttäuschung gewesen, aber in Wien verfügte er über ein weitaus besseres Orchester. Genau besehen, war es sogar sein eigenes, denn die Wiener Philharmoniker setzten (und setzen) sich nur aus Mitgliedern des Opernorchesters zusammen. Allerdings gab es einen entscheidenden Unterschied. Im Operngraben unterstanden die Musiker als Angestellte dem Direktor (und letztlich dem Kaiser); im Konzertsaal wahrten sie eifersüchtig ihre Unabhängigkeit, hatten ihre eigene Verwaltung und wählten insbesondere selbst ihre Dirigenten. Diesen Unterschied hat Mahler zwar schrecklich unterschätzt, aber daß er beide Positionen innehaben wollte, dürfte niemanden überraschen. Als Dirigent der Philharmoniker hatte er zudem erheblich mehr Aussicht, seine eigenen Werke zur Anhörung zu bringen. Wie er genau zu dem Posten gekommen war, wurde allerdings erst in den achtziger Jahren dieses Jahrhunderts erkennbar, als Teile des Archivs der Philharmoniker veröffentlicht wurden.

An der Oper hatte Mahler Jahn ausschalten müssen; bei den Philharmonikern mußte er gegen Richter antreten, oberflächlich betrachtet ein dickerer Brocken. Der 1843 in Ungarn geborene Richter hatte es sowohl im Opern- als auch im sinfonischen Repertoire zu Ansehen gebracht. Als junger Mann war er Wagner sklavisch ergeben und stand später regelmäßig am Dirigentenpult in Bayreuth, wo ihm »der Meister« die erste Aufführung des »Rings« anvertraute. In Wien hatte er seit mehr als zwanzig Jahren die Philharmonischen Konzerte dirigiert und dabei zwei Brahms-Sinfonien und (kühner noch) Bruckners Vierte uraufgeführt. Zwar fehlten ihm Nikischs hypnotische Kraft und von Bülows eiserne Disziplin, aber seine besten Aufführungen atmeten eine Größe, die von so unterschiedlichen Sachkennern wie Bernard Shaw und Claude Debussy gepriesen wurde. Den Philharmonikern galt der frühere Orchestermusiker Richter, der von der Geige bis zum Kontrafagott fast alle Instrumente beherrschte, als einer der ihren, zumal er auch nichts von allzu vielen Proben hielt. Für das Wiener Publikum war die große, bärtige Gestalt mit ihrer eigenwilligen Gangart und ihrem festen Takt schon zur Institution geworden. Doch gegen Ende des Jahrhunderts begannen viele Institutionen zu wanken, und auch im Konzertsaal waren nicht wenige Adepten zu einem Wandel bereit. Daß sie ihn nun bekamen, dafür sorgten Mahler und die Philharmoniker hinter Richters Rücken.

Dabei hatte das Geschäftsjahr 1898 des Orchesters noch ganz normal begonnen. Auf der Jahresversammlung am 10. Mai war Richter einstimmig als Dirigent wiedergewählt worden und behielt damit automatisch auch den Vorsitz im Organisationsausschuß. Folglich hätte er die Ausschußtagung am 28. August leiten müssen, auf der der Spielplan der kommenden Saison beschlossen werden sollte. Doch an seiner Stelle führte Mahler den Vorsitz, der nun den Versammelten versprach (oder drohte), er werde einige bislang in Wien noch nicht gehörte Werke dirigieren. Nach dem Sitzungsprotokoll nahmen die Ausschußmitglieder diese Erklärung zur Kenntnis, vermutlich mit gemischten Gefühlen. Kurzum: Alle betrugen sich, als gäbe es Richter nicht mehr. Aber es gab ihn noch – und er erschien als Vorsitzender zur nächsten Ausschußsitzung am 22. September. Er überbrachte traurige Nachrichten: Er könne wegen des Kummers mit seinem rechten Arm die nächste Spielzeit nicht dirigieren und schlage Mahler als einen möglichen Ersatz vor. Die Ausschußmitglieder äußerten »größtes Bedauern« und waren einverstanden, Mahler zu fragen, ob er die Aufgabe übernehme. Zwei Tage später akzeptierte das Orchester in der Vollversammlung den Wechsel per Handzeichen.

Was genau zwischen der Jahresversammlung im Mai und der Ausschußsitzung im August vorging, ist unklar. Hatte Mahler die führenden Mitglieder des Orchesters auf eine Übernahme angesprochen, oder waren sie auf ihn zugegangen? Wer immer die Initiative ergriffen haben mag – keine der beiden Seiten schneidet in der Sache besonders gut ab. Wenn jemand gut abschneidet, dann ist es Richter, den Mahler in einem Brief an Löhr vor Jahren abschätzig als »der biedere Hans« bezeichnet hatte. Offenbar bekam er Wind von der Verschwörung und beschloß, ohne weiteres Aufheben von der Bühne abzutreten. Sein »Kummer mit dem Arm« hinderte ihn jedenfalls nicht, andernorts zu dirigieren, insbesondere in England, wo er schon bekannt und beliebt war. 1899 übernahm er das Hallé-Orchester in Manchester zu einem höheren Salär, als er je in Wien bekommen hatte, und starb siebzehn Jahre später – wie es sich geziemt, in Bayreuth.

In den offiziellen Akten ist kein Anzeichen ersichtlich, daß jemand unter den Philharmonikern gegen Mahlers Ernennung

Einwände erhoben oder Richters Abgang zu verhindern gesucht hätte. Das bedeutet nicht, daß das ganze Orchester den Wechsel unter allen Umständen begrüßt hätte. Natürlich hoffte jeder, daß der Riesenerfolg des neuen Mannes an der Oper auch auf die Philharmoniker überschwappen und die Einnahmen hochtreiben werde. Aber während die einen Mahlers künstlerische Integrität achteten, waren anderen, und nicht nur den unvermeidlichen Judenhassern, sein mörderisches Arbeitstempo und harter Umgangston – die ihm bald schon den Spitznamen »Korporal vom Tag« einbrachten – zutiefst verhaßt.

Begonnen hatte alles recht gut. Am Ende seiner ersten Orchesterprobe nach der Ankunft in Wien war Mahler die Liebenswürdigkeit selbst und pries »das österreichische Musikantentum: der Schwung und die Wärme und große natürliche Veranlagung, die jeder mitbringt«. Sicher war er wirklich über die Qualitätsverbesserung gegenüber Hamburg glücklich und gab sich obendrein natürlich auch diplomatisch, solange er den Direktorenposten noch nicht hatte. Doch bald schon klagte er Natalie, bei näherer Betrachtung entdecke er massenhaft Mängel – Cellos, die eine Einzelnote nicht gleichmäßig halten könnten, eine generelle Weigerung, piano zu spielen, und schlampige Rhythmen. »Aber das alles werde ich ihnen mit der Zeit austreiben«, versprach er.

Jedenfalls tat er sein Bestes – oder Schlimmstes. Es dauerte nicht lange, da setzte er viel mehr Proben an, als Richter oder Jahn sich je hätten träumen lassen, selbst für Werke, die das Orchester schon oft gespielt hatte. Schönberg hat später Mahlers Perfektionismus damit verteidigt, einem schwachen Dirigenten gingen nach drei Proben die Ideen aus und ein großer finde auch nach neun noch etwas zu verbessern. Das trifft sicherlich zu. Doch viele Instrumentalisten kamen eher empört als bewundernd zu dem Schluß, was Mahler anstrebe, sei auch nicht mit endlosen Proben zu erreichen. Die Holzbläser sahen sich gedrängt, sanfte Phrasen bis zum Ersticken auszuhalten. Ein Kesselpauker wurde zu immer noch mehr Volumen ermahnt, bis schließlich der Trommelschlegel zerbrach. Ein Beckenspieler wurde mehrfach der Schwäche bezichtigt und raffte schließlich seine letzte geballte Kraft zu einem einzigen, mächtigen Schlag zusammen. »Bravo«, schrie Mahler. »So ist's recht! Und jetzt – noch stärker!«

Wenigstens bei dieser Gelegenheit ließ Mahler eine gewisse Zufriedenheit erkennen. Noch öfter aber griff er unzulänglich spielende Musiker heraus und kanzelte sie vor versammelter Kollegenschar ab – eines der sichersten Mittel, in jedem Orchester Antipathie zu wecken. Ein anderes besteht darin, unter den Spielern einen (in der Regel bald entdeckten) Spion oder zwei zu haben, die man über den Kulissenklatsch ausfragen kann. Auch dieser Taktik bediente sich Mahler. Es war, als sei er geradezu darauf aus, das Orchester gegen sich aufzubringen. Schließlich kann Wut auch produktiv sein. Als die Spieler während einer verunglückten Probe von Beethovens Fünfter zu rebellieren begannen, schnappte Mahler, wenn sie ihre Rage in der Aufführung zum Tragen brächten, würden sie wenigstens den Anfang korrekt spielen.

Schlimmer noch als die spannungsgeladene Mehrarbeit war für die Spieler die Sorge um den Arbeitsplatz. Vielen ist Mahler in Erinnerung, weil er im Gegensatz zu Jahn alternde Sänger und Sängerinnen hinauswarf, aber gegenüber dem Orchester war er nicht weniger unerbittlich. Während seines Jahrzehnts als Direktor ersetzte er rund 80 Instrumentalisten, davon über 30 Holzbläser – und diese an sich schon hohe Zahl ist nur eine Andeutung dessen, was in Wirklichkeit vor sich ging. Mahler neigte sehr zum Experiment, holte neue Musiker und ließ sie dann wieder fallen, längst ehe sie einen Pensionsanspruch erwerben konnten. Vielversprechende Aspiranten fürs Opernorchester pflegte er mit der Aussicht auf lukrative Arbeit in den Wiener Philharmonischen Konzerten zu locken, obwohl er strenggenommen dazu gar nicht berechtigt war. Anstelle der ortsansässigen Spieler der »Wien-Flöte«, die ihm zu sanfttönig klang, holte er Holländer, die die schneidendere »Boehm-Flöte« beherrschten. Nicht zuletzt untersagte er die traditionelle Sitte, wonach ein Spieler, der sich freinehmen wollte, einen Ersatz stellen konnte.

Sicherlich war Mahlers Vorgehen nicht von Gehässigkeit, sondern von höchsten künstlerischen Motiven diktiert. Er kämpfte auch, letztlich mit Erfolg, für eine bessere Bezahlung der Musiker und eine Erhöhung ihrer Zahl von rund 100 auf 120. Aber warum nicht wenige die Mahler-Dekade als Terrorregime empfanden, liegt auf der Hand. Franz Schmidt, ein Cellist und Komponist, der 1896 zum Orchester kam, erinnert sich: »Mahler brach wie eine Elementarkatastrophe über das Wiener Opernhaus herein. Ein Erdbeben von unerhörter Intensität und Dauer durchrüttelte den ganzen Bau von den Grundpfeilern bis zum Giebel. Was da nicht sehr stark und lebensfähig war, mußte abfallen und untergehen. [...] Namentlich im Orchester wütete Mahler derart mit Pensionierungen und Entlassungen, daß ich, im Jahre 1897 noch der jüngste, im Jahre 1900 schon der dienstälteste Cellist war.«

Mahlers Auftrag als Dirigent der Philharmonischen Konzerte hätte beinahe schon nach der ersten Saison geendet. In der Jahresversammlung im Mai 1899 schlugen seine Feinde vor, die Wahl eines Chefdirigenten zu verschieben und Richter zu fragen, ob er seinen alten Posten wiederhaben wolle. Nach stürmischer Sitzung wurde der Antrag mit 54 gegen 41 Stimmen angenommen – erstes deutliches Anzeichen, daß die Mahler-Ära die Spieler gespalten hatte. Unglücklicherweise für die Rebellen war versäumt worden, erst einmal festzustellen, ob Richter überhaupt wiederkommen wollte. Er wollte nicht. In einem Brief dankte er dem Orchester für seine »für mich sehr ehrenvolle Anfrage«, fügte jedoch hinzu, er werde während eines Großteils der Spielzeit nicht in der Stadt weilen. Im August und September wurden dann angsterfüllte Ausschußsitzungen abgehalten und mehrfach Delegationen zu dem beleidigten Mahler geschickt, die ihn anflehten, doch zu bleiben. Schließlich willigte er ein unter der Bedingung, daß es keine »Agitation« gegen ihn mehr gebe.

Die Spaltung des Orchesters fand auch beträchtlichen Niederschlag in der Presse. Liest man einige Artikel aus den Wiener Jahren, so könnte man zu dem Schluß gelangen, Mahler habe sich praktisch nur öffentlichen Angriffen von Schurken, Idioten und Antisemiten ausgesetzt gesehen. Und es stimmt ja auch, daß er sich gegen Massen von Giftpfeilen wehren mußte, die schlimmsten in anonymen Briefen an die Presse, die eindeutig von seinen eigenen, verärgerten Musikern stammten. Meist ignorierte Mahler sie nach Kräften, aber einmal gelang es ihm, eines der Originalbriefe habhaft zu werden, an den er einen Graphologen setzte, damit dieser den Schuldigen aufspüre. Aber es gab auch eine Menge scharfsinniger und oft begeisterter Kritiker, darunter Max Kalbeck von *Neues Wiener Tagblatt*, Richard Heuberger von *Neue Freie Presse* und den jungen Max Graf bei *Neues Wiener Journal* (der sich jedoch später gegen Mahler wandte). Selbst in der antisemitischen *Deutschen Zeitung* brachte Theodor Helm es fertig, hin und wieder ein lobendes Wort für Mahler einzuschleusen, und nannte ihn (zweifelsohne zum Ärger seines Chefredakteurs, der, wann immer möglich, den Artikel eines ihm genehmeren Kritikers brachte) einen Musiker von »Verstand und Leidenschaft«.

Und der gefürchtete Hanslick, der Wagner in Grund und Boden verdammte und Bruckner in Stücke riß, gab Mahler eine sehr faire Chance. »Anfang gut, Alles gut«, schrieb er in *Neue Freie Presse* nach Mahlers erstem Konzert mit den Philharmonikern im September 1898. Er stellte fest, das Programm – Beethovens Coriolan-Ouvertüre, seine Eroica und Mozarts Symphonie Nr. 40 – könne das Orchester schon im Schlaf spielen. Aber dank Mahlers akribischen Proben seien die Werke mit »ganzer Hingebung und lebendigem Geist« erklungen und hätten ein ganz neues Erlebnis vermittelt. Mahlers eigene Musik in späteren Konzerten bedachte Hanslick mit weniger Komplimenten. Er verwarf seine Erste Sinfonie als »verrückt« und bezweifelte, ob man einfache »Wunderhorn«-Volkslieder so ausladend orchestrieren solle. Immerhin, fügte er hinzu, »Mahler hat dieses Wagestück mit außerordentlicher Feinheit und meisterlicher Technik ausgeführt«.

Mit anderen Worten: Die Kritik an Mahlers Leistungen beruhte meist weder auf persönlicher Rachsucht noch auf rassischen Vorurteilen, sondern auf echten Geschmacks- und manchmal Grundsatzunterschieden. Die gewaltigen dynamischen Kontraste und die Klarheit im Kern, um die Mahler in den Proben rang, erschienen manchen Zuhörern, die noch Richter im Ohr hatten, als Offenbarung, anderen hingegen übertrieben und manieriert. Selbst der gewöhnlich wohlgesonnene Kalbeck schrieb nach der Aufführung von Schuberts »Großer C-Dur-Sinfonie«, zu viel Dynamik sei ebenso abzulehnen wie keine. Mahler habe wohl gemeint, er könne Mißverständnissen aus dem Wege gehen, wenn er jeden Punkt hervorhebe, in dem er sich von der allgemeinen Meinung unterscheide, aber letztlich habe er damit den Gesamtfluß des Werkes zerstört. Diese Meinung äußerten nicht nur die Wiener und die deutschen Kritiker. Nach einem Konzert unter Mahler in Paris beklagte der Kritiker Pierre Lalo (Sohn des Komponisten Edouard Lalo): »M. Mahler hat wie die meisten deutschen Dirigenten seiner Generation Fehler, die das genaue Gegenteil der Fehler unserer französischen Dirigenten darstellen. Bei uns denkt man über die Partituren der Meister überhaupt nicht nach, bei unseren Nachbarn denkt man zu viel. Man entdeckt in jeder Note eine Absicht; man hebt alles hervor; und man gelangt zu einer übermäßigen Komplizierung der Struktur, man zerstört den Aufbau des Stückes.«

In einem nachdenklichen Aufsatz kam Max Graf zu dem Schluß, in Höchstform sei Mahler bemerkenswerterweise immer dann, wenn eine Musik extremste Ansprüche stelle, sei es nun leidenschaftliche Exaltation wie »Tristan und Isolde«, sei es zärtlichste Heiterkeit wie »Figaros Hochzeit«. »An diesen Grenzen explodiert sein Talent am glänzendsten, intensivsten, blendendsten. [...] Die Mittellage der Begabung – ungefähr Beethoven-Symphonien, ›Meistersinger‹, ›Siegfried‹ – scheint mir weniger kräftig, wie oft bei Violinen E- und G-Saite prachtvoll klingen, die Mittelsaiten stumpfer und matter. Hier ist Hans Richter, der mehr Roastbeef und weniger Nerven im

Leibe hat, der stärkere Mann. Wo die Grenzen Richters enden, fängt die Begabung Mahlers erst an, und selbst bei der größten Verehrung für jenen starken und männlichen Künstler muß ich sagen, daß er nie weder der innerlichsten Vertiefungen und Ergriffenheiten, wie sie ›Tristan und Isolde‹ zur vollkommenen Reproduktion fordert, noch jener geistreichen Heiterkeit, wie sie ein Werk Mozarts verlangt, fähig war.«

Nichts von alledem läßt sich heute mehr nachprüfen, denn das Zeitalter, als man Orchesterwerke auf Tonträger zu bannen begann, hat Mahler (im Gegensatz zu Nikisch) knapp verpaßt. Was sich – weil das Material noch vorhanden ist – nachprüfen läßt, ist seine Überarbeitung der Partituren anderer Komponisten. Manchmal retuschierte er mehr oder weniger ausgiebig die Instrumentierung, beispielsweise in Schumann- und Beethoven-Sinfonien; manchmal schrieb er Werke vollständig um, so etwa Schubert- und Beethoven-Quartette für ein volles Streichorchester. Doch beides lehnten die meisten Kritiker ab, in Wien wie zuvor in Hamburg.

Mahlers Hauptargument, er passe doch lediglich für kleine Säle geschriebene Werke für die Aufführung in viel größeren an, war weder weit hergeholt noch neu. Auch andere, darunter Nikisch und von Bülow, hatten Stücke bearbeitet. Aber Mahler kreideten es selbst die Kritiker an, die ansonsten für ihn durchs Feuer gingen. In seiner Kritik einer Aufführung von Mahlers retuschierter Version von Beethovens Neunter verglich ein verängstigter Heuberger »diese Verwirrung, diese Barbarei« mit dem Übermalen des Bildes eines alten Meisters. »Wir gehören zu den aufrichtigsten Verehrern Herrn Direktor Mahlers«, schrieb Heuberger, »insoweit es seine bewundernswürdige Tätigkeit im Theater betrifft. […] umsomehr möchten wir aber in diesem Falle ein vernehmliches *Halt!* rufen.« Selbst Mahlers Musikologenfreund Guido Adler, der jetzt als Professor für Musikgeschichte an der Wiener Universität lehrte, fühlte sich unwohl in seiner Haut. »Da das Original Beethovens unantastbar erhalten bleibt, kann daraus kein dauernder Nachteil entstehen«, beruhigte er sich gewissermaßen selbst.

»Ob die Interpretation so weit gehen darf und soll, ist eine Frage für sich.« Ist es bis heute.

Auch das Publikum reagierte oft wütend, aber gelangweilt hat es sich nie. Im Gegensatz zu Mahlers Hamburger Konzerten blieben die in Wien stets gut besucht, und zwar so sehr, daß zu Beginn der Spielzeit 1899/1900 kurz überlegt wurde, ob man ihre Zahl nicht verdoppeln sollte. Daraus wurde dann aber nichts, vermutlich wegen Zeitmangels und Arbeitsüberlastung. Außerdem war das Orchester zu einer Aufführung im Rahmen der Pariser Weltausstellung von 1900 eingeladen – seiner ersten Auslandstournee. Einige Musiker befürchteten, das werde zu teuer, und außerdem wimmle es in den Pariser Hotelbetten von Wanzen. Aber die Mehrheit der Orchestermitglieder meinte, hier stehe die Ehre des österreichischen Musikertums auf dem Spiel, und so kam die Tournee zustande. Trotz einiger lobender Kritikerstimmen erwies sie sich als Reinfall. Die Vorausreklame war stümperhaft (auf den Plakaten war Mahlers Name als »Malheur« abgedruckt ...), es kamen nur wenige Zuhörer, und die Akustik in der riesigen Trocadéro-Halle war erbärmlich. Die Einnahmen blieben so weit hinter den Erwartungen zurück, daß Mahler bei Baron Rothschild um Geld betteln mußte, um die Rückfahrt des Orchesters bezahlen zu können.

Der Applaus, den Mahler von den Orchestermitgliedern erhielt, als er ihnen bei einem Bankett in Paris mitteilte, er habe das Geld für die Heimfahrt, war eindeutig der Höhepunkt in seinem Verhältnis zum Orchester. Wenige Monate später hatte er sich mit ihm schon wieder überworfen, und im April 1901 gab er nach einer schweren Krankheit den Dirigentenstab zurück. Viele Musiker quittierten das mit einem Seufzer der Erleichterung, die freilich nicht lange vorhielt. Als Nachfolger wählten sie den eleganten (als »der fesche Pepi« bekannten), aber höchst mittelmäßigen Joseph Hellmesberger jr. Doch dessen Konzerten blieben die Zuhörer fern, und seine kurze Herrschaft endete mit einem Eklat. Nachdem ihn der Vater einer minderjährigen Ballett-Elevin, die er verführt hatte, in aller

Öffentlichkeit verdroschen hatte, verlor er den Posten, worauf das Orchester zum Gastdirigenten-System überging, das es (mit einigen Unterbrechungen) bis heute pflegt. Auf diese Weise braucht es sich weder mit Narren noch mit Genies lange herumzuschlagen.

Mahler war nur knapp drei Jahre Dirigent der Philharmoniker (trat bei ihnen allerdings bis 1907 hin und wieder als Gast auf) und hatte fast achtzig Werke aufgeführt. Zu etwa einem Drittel handelte es sich um Kompositionen von Beethoven (zum Teil »arr. Mahler«), aber es gab auch Neuheiten von Komponisten wie César Franck, Hermann Goetz, Wilhelm Kienzl und Lorenzo Perosi sowie Stücke wie die »Symphonie fantastique« (1830) von Berlioz, die in Wiener Ohren noch sehr fremdländisch modern klangen. Zusammen mit den vielen Proben brachte allein diese Konzerttätigkeit einen ziemlich vollen Terminkalender, aber Mahler trug ja außerdem noch eine riesige Arbeitslast an der Oper. In den vier Jahren zwischen der Ankunft in Wien und dem Bruch mit den Philharmonikern dirigierte er rund 370 Opernaufführungen, darunter fast dreißig Premieren. Zum Vergleich: In seinen fünfeinhalb Jahren als Wiener Operndirektor (1956–1962) hat Herbert von Karajan nur 168 Aufführungen dirigiert – und er war bestimmt kein Langweiler.

Auch wenn Mahler nur, wie in Hamburg, erster Kapellmeister der Oper gewesen wäre, hätte sein Leben hektisch ausgesehen. Aber in Wien, wie in kleinerem Umfang schon in Budapest, war er ja zudem für ein Haus mit mehreren hundert Musikern, Dutzenden von Technikern und Büroangestellten, 2500 Sitzen und einem Jahresetat von rund drei Millionen Kronen verantwortlich. Obwohl er Büroarbeit verabscheute, verbrachte Mahler mehr Stunden als sein Vorgänger am Schreibtisch, diskutierte mit Sängern und Sängerinnen über Verträge und Urlaub, handelte bessere Arbeitsbedingungen für die Bühnenarbeiter aus oder erkämpfte zusätzliche Gelder für Bühnendekoration und Kostüme. Diese Verwaltungsschlachten wären auch dann kein Zuckerlecken gewesen, wenn der zugängliche von Bezecny Generalintendant der Hoftheater geblieben wäre. Aber Anfang 1898 wurde er durch Baron August Plappart ersetzt, einen pedantischen Hansdampf in allen Gassen. Zur gleichen Zeit wandte sich der einst so hilfreiche Wlassack erbost gegen Mahler, weil dieser, nunmehr in Amt und Würden, nicht mehr bei ihm vorbeischaute oder ihm unterwürfige Briefe schrieb. Entscheidende Hilfe wurde dem Operndirektor hingegen von Liechtensteins Vertreter zuteil, dem Zweiten Obersthofmeister Fürst Alfred Montenuovo, der mit aristokratischer Geringschätzung auf alle Bürokraten herabsah und für Mahlers oft großspurige Verteidigung seiner Grundsätze aufrichtige Bewunderung hegte. Ohne Montenuovos unerschütterliche Unterstützung hätte sich Mahler wohl kaum ein Jahrzehnt auf seinem Posten behaupten können.

Auch die Opernbesucher seufzten schon bald unter dem neuen Regime. Mahler erklärte der »Claque« (die ihre Lieblingssänger und -sängerinnen lärmend beklatschte) den Krieg, bestand darauf, daß der Saal während der Aufführung abgedunkelt und Zuspätkommende nicht mehr eingelassen wurden. Wenn er in den Orchestergraben stelzte, herrschte er das ganze Auditorium mit wütendem Rundumblick an, um jeden zu Stein erstarren zu lassen, der es wagen sollte, an ein Flüstern oder Programmraschein auch nur zu denken. Meist hätte er sich die Mühe sparen können. Wie ängstliche Schüler vor einem cholerischen Lehrer lernten auch die Zuschauer bald, völlig still zu sein, sobald Mahler erschien. »Ist Musik solch ein ernstes Geschäft?« fragte der Kaiser verwundert, als er von diesen Neuerungen erfuhr. »Ich dachte immer, sie sei dazu da, die Leute glücklich zu machen.«

Viele Wiener dachten ebenso. Mahler war ausgezogen, ihnen beizubringen, daß gute Musik, »leichte« wie »schwere«, immer ernst genommen werden müsse. Das bedeutete, daß man jeglicher Aufführung so begegnen mußte, als handle es sich um eine Premiere. Es bedeutete, daß einer Operette wie Johann

Strauß' »Fledermaus« (die Mahler in seinem ersten Monat als Direktor in Anwesenheit des hocherfreuten Komponisten zur Aufführung brachte) nicht mindere Sorgfalt gebührte als einer Tragödie wie »Tristan und Isolde«. Es bedeutete, daß an Wagners »Ring« keinerlei Streichungen vorgenommen werden durften, wie es vor Mahlers Zeit in Wien gang und gäbe gewesen war. Es bedeutete auch ein Durchackern der vielen neuen Partituren, die hoffnungsvolle Komponisten einsandten, aus denen seltene Kostbarkeiten herausgefischt, die möglichen Stücke herausgesiebt und die untauglichen abgelehnt werden mußten.

Dieses Sieben von Partituren bereitete Mahler endlosen Kummer. Am schmerzlichsten war die Begegnung nach langer Entfremdung mit seinem einstigen Studienkameraden Hugo Wolf, einem großen Liederkomponisten, der eine unausgegorene Oper namens »Der Corregidor« geschrieben hatte. Kaum war Mahler in Wien, legte ihm Wolf auch schon das Manuskript vor und hatte den Eindruck, ihm sei eine baldige Aufführung versprochen worden. Was immer Mahler zunächst gesagt hatte, nahm er später wieder zurück, weil er befürchtete, bei all seiner schönen Melodik wirke das Stück dramatisch nicht überzeugend. Ein hitziger Auftritt in Mahlers Büro endete damit, daß der schon seit langem geistig labile Wolf in die Stadt rannte und lauthals verkündete, er sei zum neuen Operndirektor ernannt worden. Man brachte ihn ins Irrenhaus, wo er 1903 starb. Ein Jahr später brachte Mahler dann endlich »Der Corregidor« in zwei Versionen heraus; die eine hatte er selbst überarbeitet, die zweite war Wolfs Original. Die Kritiker verrissen beide.

Weniger tragisch, aber nicht minder zeitraubend waren Mahlers Kämpfe mit zwei völlig ungleichen Komponisten: Ruggiero Leoncavallo und Siegfried Wagner. Als eine der letzten Verpflichtungen aus der Jahn-Zeit hatte Mahler Leoncavallos »La Bohème« (nicht zu verwechseln mit dem schöneren Puccini-Werk gleichen Namens) vorgefunden. Der Komponist erwies sich als schrecklicher Störenfried, versuchte Mahler die

Besetzung zu diktieren, mischte sich in die Proben ein und machte über einen Rechtsanwalt und den italienischen Botschafter Druck. Mahler nannte das Werk »aufdringlich« und »widerwärtig«, ließ ihm aber dennoch die bei ihm übliche, akribische Vorbereitung angedeihen. Zu seiner Verärgerung kam es, jedenfalls beim Publikum, ganz gut an, weniger bei den Kritikern.

Dasselbe galt für Siegfried Wagners erste Oper »Der Bärenhäuter«, allerdings erst, nachdem Mahler daran ein paar drastische Streichungen vorgenommen hatte. Cosima Wagner, die das Machwerk ihres Sohnes als schönste Komödie seit den »Meistersingern« ihres verstorbenen Gatten ansah, ließ Mahler wissen, was er da tue, sei »unzulässig«. Aber er ließ sich nicht umstimmen, erläuterte ihr seine Gründe und wies darauf hin, daß er die (nicht zuletzt von Richter) am »Ring« vorgenommenen Kürzungen rückgängig gemacht habe. Ohnehin war Cosima verwundert, daß Mahler – und nicht der damals (1899) noch an der Oper tätige Richter – das Werk zur Aufführung brachte. »Einen merkwürdigen Konflikt traf ich in Wien an«, schrieb sie einer Freundin. »Mahler und Richter, der Jude und der Germane. In ihm spielt sich im kleinen das ab, was in unserer Welt sich im großen vollzieht. Die Lässigkeit des Deutschen läßt den Juden – will man gerecht sein – als den Verdienstvolleren erkennen. Mahler ist es, der den ›Bärenhäuter‹ aufführt.«

Mindestens so schwierig wie der Umgang mit Komponisten (oder deren Müttern) war der mit den Sängern und Sängerinnen. Die hoffnungslosen Fälle warf Mahler unbarmherzig hinaus, aber den Begabten war er Diktator, Trainer und Amme zugleich. Wütend, weil der große Bariton Theodor Reichmann auf der Bühne dauernd herumzappelte, brachte ihm Mahler bei stillzuhalten, indem er ihm bei den Proben die Gliedmaßen zusammenschnürte. Doch als sich Reichmann beklagte, er werde zugunsten eines Rivalen beiseite geschoben, schrieb ihm Mahler einen langen Antwortbrief, in dem er seine »meisterhaften Interpretationen« pries und den er mit »euer treuer

Bewunderer« unterzeichnete. Desgleichen tröstete er den weinerlichen dänischen Tenor Erik Schmedes, einen der besten »Tristan«-Sänger, als dieser Mahler anflehte, doch »nett« zu ihm zu sein.

Mehr Rückgrat zeigten alles in allem die Damen. Als Mahler in einer Probe zur »Zauberflöte« die Sopranistin Elise Elizza zum x-ten Male »Stirb, Ungeheuer« wiederholen ließ, drehte sie sich wütend zu ihm hin und spuckte ihm die Worte ins Gesicht. Eine andere Sopranistin, Marie Gutheil-Schoder, warf Mahler kurz angebunden aus ihrer Garderobe, als er ihr sagte, sie solle am Abend eine andere Perücke tragen. Sie blieb bei ihrer Wahl und wurde trotz (oder wegen) ihres Eigensinns einer seiner Lieblinge – so sehr, daß bald schon das Gerücht umging, die beiden hätten etwas miteinander. Böse Zungen unterstellten ihm auch eine Liaison mit der nicht weniger feurigen Sängerin Rita Michalek. Da er überdies – gegen Natalies fast hysterischen Widerstand – Anna von Mildenburg aus Hamburg nach Wien geholt hatte, kam Mahler bald auch in Wien in den Ruf eines Don Juan.

Mindestens in den drei letzten Fällen hatten die Wiener Klatschmäuler wahrscheinlich unrecht. Aus Mahlers Briefen an Anna, bevor sie Hamburg verließ, geht hervor, daß er sie unbedingt für das Wiener Ensemble wollte, aber nur aus beruflichen Gründen. Es gibt zahlreiche Hinweise, daß sie diesen Sinneswandel innerlich nicht akzeptierte, aber Mahler scheint sie sich dennoch weitgehend vom Leibe gehalten zu haben. Falls es über eine Affäre mit Gutheil-Schoder und Michalek je klares Beweismaterial gegeben hat, ist davon nichts erhalten geblieben. Erhalten geblieben sind indes seine leidenschaftlichen Briefe an Selma Kurz, eine brillante und bildhübsche Sopranistin, die im September 1899 mit 24 Jahren in Wien debütierte. Vier Monate später sang sie die Wiener Premiere von einigen Orchesterliedern Mahlers, und um die Osterzeit trafen sich die beiden schon insgeheim zwischen den Proben. Das Verhältnis scheint sich in einem Kurzurlaub in Venedig weiter vertieft zu haben, obwohl ziemlich störenderweise auch

Justi und Natalie mit von der Partie waren. Bald danach drängte Mahler seine »liebste Selma« brieflich: »Glaube an meine Liebe, und daß sie etwas Einziges in meinem Leben ist und bleiben wird! Bedenke es nur immer, daß wir am Anfang eines langen Weges sind, den wir frisch und unermüdet gehen wollen. [...] Leben wir zusammen weiter, und lieben wir uns unbekümmert!«

Als der Sommer ins Land zog, hatte sich das Verhältnis abgekühlt. Selma befürchtete, eine längere Liaison oder gar Heirat mit Mahler könnte das Ende ihrer Karriere bedeuten. Auch Mahler mag wieder vorsichtiger geworden sein in Erinnerung an die Komplikationen seiner Hamburger Affäre mit Anna. Außerdem war er Ende Juni nach einem weiteren harten Jahr an der Oper und den verunglückten Pariser Konzerten mit den Philharmonikern völlig ausgelaugt. Es ist geradezu ein Wunder, daß er überhaupt noch Zeit für Privates fand, ja, daß er nicht schon längst zusammengebrochen war. Er hatte seine üblichen Halsentzündungen und Migränen und 1898 eine weitere Operation wegen seines alten Hämorrhoidenleidens hinter sich gebracht, aber dank seiner Kraft und Zähigkeit hatte ihn nichts lange aufhalten können.

So konnte es aber nicht weitergehen. Am 24. Februar 1901 war Mahlers Terminkalender noch voller als gewöhnlich. Am frühen Nachmittag gab er ein Konzert mit den Philharmonikern, das Bruckners ausladende Fünfte Sinfonie einschloß, und am Abend dirigierte er die Aufführung zum 110. Jahrestag der »Zauberflöte«. An diesem Abend erlitt er eine so schwere Blutung, daß er über zwei Liter Blut verlor. Ein Arzt wurde gerufen, dann ein Chirurg, der den Blutfluß stoppte. Aber Mahler war nur knapp dem Tod entronnen, und er wußte es. Der Gedanke ans Sterben, sagte er Natalie, habe ihn nicht im geringsten erschreckt. Ja, während er zwischen Leben und Tod schwebte, habe er sich gefragt, ob es nicht besser wäre, wenn er gleich jetzt das Zeitliche segne und alles hinter sich habe.

Hatte Mahler, wenn auch nur kurz, wirklich das Gefühl, es gebe so wenig, für das sich zu leben lohne? Wenn ja, dann sollte er bald anderer Meinung sein. Im Publikum der »Zauberflöte« an jenem Abend saß die 21jährige Alma Schindler. Später erinnerte sie sich fälschlich, an dem Abend seien die »Meistersinger« gegeben worden, aber Mahlers Erscheinung war ihr sehr klar im Gedächtnis. »Er sah aus wie Luzifer«, schrieb sie, »weiß das Gesicht, Kohlen seine Augen. Ich hatte tiefes Mitgefühl mit ihm und sagte zu meiner Umgebung: ›Das kann dieser Mensch nicht aushalten!‹« Ein Jahr später waren sie und Mahler verheiratet.

V
Alma

Am 7. November 1901 gab Berta Zuckerkandl in ihrem Salon eine Soiree für ihre durchreisende Schwester Sophie Clemenceau. Sogar für eine so erfolgsgewohnte Gastgeberin wie Berta war das ein ungewöhnlich glänzendes Ereignis. Sollte es sicherlich auch sein. Sophie war die Schwägerin des französischen Staatsmannes Georges Clemenceau und unterhielt in Paris selbst einen begehrten Salon, zu dessen häufigen Gästen unter anderem der Bildhauer Auguste Rodin und der aufstrebende Komponist Maurice Ravel zählten. Die ehrgeizige Berta, die selbst eine flotte Feder führte und ein prallgefülltes Adreßbuch ihr eigen nannte, wollte sich von niemandem überbieten lassen. An der Souper-Tafel jenes Abends saßen neben anderen die Secessions-Maler Gustav Klimt und Carl Moll, der ehemalige Direktor des Burgtheaters Max Burckhard und – Bertas größter Überraschungscoup – Hofoperndirektor Gustav Mahler.

Mahler ging fast nie zu solchen Zusammenkünften; tat er es ausnahmsweise einmal, dann war seine Anwesenheit bestenfalls ein gemischtes Vergnügen. Obwohl er zu Hause, wenn Justi kochte, Marillenknödel gleich reihenweise verschlang, bestand er unausweichlich auf frugaler Kost wie Grahambrot mit Äpfeln und saß die meiste Zeit düster schweigend da. Manchmal sprang er, noch ehe das Essen beendet war, vom Tisch auf und eilte mit mächtigen Schritten ins Nebenzimmer, wobei er der besorgten Gastgeberin kurz angebunden zuzischte, er wolle allein sein. Wohlgesonnene Gäste schrieben dieses Verhalten einem plötzlichen Ausbruch schöpferischer Inspiration zu; andere sahen darin den Beweis, daß er sich bei ihnen unverständlicherweise langweile. Wahrscheinlich war es ein wenig von beidem.

So dürfte sich Berta von vornherein besorgt gefragt haben, wie sich Mahler wohl in ihre Runde fügen werde, war aber sicherlich stolz darauf, daß er überhaupt kam. Wie es der Zufall wollte, verdankte sie den Kontakt zu ihm ihrer Schwester. Mahler hatte im Jahr davor während des mißglückten Parisbesuchs der Wiener Philharmoniker Sophie und ihren Ehemann Paul kennengelernt, war mit ihnen gut ausgekommen und hatte versprochen, Berta von ihnen zu grüßen, wenn er wieder zu Hause sei. Desgleichen hatte Mahler bei der Pariser Begegnung zwei weitere angesehene Franzosen kennengelernt, die sich wider Erwarten zu glühenden Anhängern entwickelten: den Mathematiker und späteren Ministerpräsidenten Paul Painlevé sowie Oberst Georges Picquart, den Georges Clemenceau 1906 als Kriegsminister ins Kabinett nahm. Von dieser Ernennung erfuhr Picquart übrigens, als er sich gerade in Wien »Tristan« mit Mahler am Pult anhörte und nun zu seinem Mißvergnügen noch vor Ende der Vorstellung nach Paris abreisen mußte.

Die Geschichte hat noch eine andere Pointe. Es war kein anderer als Picquart, der sich – anfänglich sehr zum Schaden seiner Karriere – für Alfred Dreyfus eingesetzt hatte, jenen französischen Offizier jüdischer Abstammung, der 1894 unter der falschen Anklage, militärische Geheimnisse verraten zu haben, zu lebenslänglicher Haft verurteilt wurde. Die »Dreyfus-Affäre« war eines der notorischsten Beispiele des Antisemitismus in Europa und trug nicht wenig dazu bei, in Theodor Herzl, der aus Wien zur Berichterstattung über den Prozeß nach Paris gekommen war, die Überzeugung zu wecken, die Juden brauchten eine eigene Heimstatt. Dennoch scheint Mahler mit Picquart, obwohl er im Laufe der Jahre häufig mit ihm zusammenkam und ihn als »integren« Mann von »außergewöhnlicher Klasse« bezeichnete, nie über die Dreyfus-Affäre und ihre Auswirkungen gesprochen zu haben. Offenbar versetzten ihn nicht einmal dieser infame Fall und die enge Beziehung zu Picquart in Wallung über das Schicksal eines Volkes, dessen Glauben er inzwischen abgeschworen hatte.

Ebenfalls bei Bertas Souper zugegen, wenngleich widerstrebend, war Alma Schindler. Zumindest hat Alma später behauptet, sie sei nur widerstrebend hingegangen. Zu Beginn ihres Buches *Gustav Mahler – Erinnerungen und Briefe* erzählt sie, wenige Tage vorher sei sie auf dem Ring zufällig Berta und ihrem Mann Emil, einem bekannten Anatomen, in die Arme gelaufen. Sie hätten sie spontan für den Abend zum Essen eingeladen, um Mahler kennenzulernen, aber sie habe ebenso spontan abgelehnt. Das klingt auf den ersten Blick etwas bizarr. In ihrem Buch erläutert Alma, sie habe Mahler zwar als Dirigenten bewundert, aber seine im Vorjahr in Wien aufgeführte Erste Sinfonie habe ihr gar nicht gefallen, und zudem habe sie der Klatsch über seine Liebschaften mit Sängerinnen abgestoßen. So sehr, daß sie »im selben Sommer, da es fast unausweichlich schien, verhindert [habe], ihn kennenzulernen«.

So schnell gaben die Zuckerkandls aber nicht auf. Mahler meinte schließlich, er könne erst an einem anderen Abend kommen, zu dem wiederum Alma eingeladen wurde. Diesmal gab sie nach und gestand, was sie zusagen lasse, sei die versprochene Anwesenheit von Klimt und Burckhard, die sie beide anbeteten. Sie saß zwischen ihnen, und die drei bildeten »ein recht liederliches Kleeblatt und lachten viel«, so daß Mahler, der etwas weiter unten an der anderen Tischseite saß, ihnen unablässig neidische Blicke zugeworfen habe. Nach dem Essen seien sie und Mahler wütend aneinandergeraten wegen eines Balletts, das ihr Kompositionslehrer Alexander Zemlinsky geschrieben hatte. Sie warf Mahler vor, er habe sein Versprechen, das Werk aufzuführen, nicht gehalten. Als er entgegnete, er könne das Werk nicht verstehen, bot sie ihm kühn an, ihn aufzuklären. Mahler habe gelacht und sie als Ersatz – gemeinsam mit Berta und Sophie, die eben hinzugetreten waren – für den nächsten Tag zu einer Opernprobe eingeladen. Er habe auch vorgeschlagen, Alma nach Hause zu bringen, aber sie habe abgelehnt. Im nachhinein sei sie über ihr dreistes Benehmen an jenem Abend unglücklich gewesen, denn es habe sie, wie sie meinte, in ein falsches Licht gesetzt.

Dies also Almas Bericht über ihre angeblich erste Begegnung mit Mahler. Lange Zeit galt er als generell zutreffend, wenngleich er hie und da von der Version in ihren umfangreichen und manchmal fast unleserlichen Tagebüchern abweicht, die nie vollständig veröffentlicht worden sind. So schreibt Alma dort zum Beispiel, sie habe an dem ganzen Abend kaum zwei Worte mit Klimt gewechselt. Soviel zum »liederlichen Kleeblatt«. Desgleichen erwähnt sie dort, nicht aber in ihrem Buch, sie sei mit ihrem Stiefvater Moll zu dem Souper gegangen, was wiederum Zweifel auf ihre spätere Behauptung wirft, Mahler habe angeboten, sie nach Hause zu bringen. Doch das sind nur Details. Anderes läßt vermuten, daß ihr Bericht ernsthaftere Mängel enthält.

Zwei Monate nach dem Souper bei Berta feierten Alma und Mahler Verlobung. Die Nachricht, der »Operndiktator« werde ein beinahe nur halb so altes Mädchen heiraten, dem ganz Wien zu Füßen lag, war natürlich ein gefundenes Fressen für die Klatschspalten. Über das ungleiche Paar erschienen so viele exotische »Hintergrundberichte«, daß man darüber allzu leicht eine relativ zurückhaltende Mitteilung übersieht, die am 29. Dezember im *Fremden-Blatt* erschien. Danach waren sich Alma und Mahler erstmals zwei Jahre zuvor während der Sommerferien in der Nähe des Hallstätter Sees im Salzkammergut begegnet. Einander vorgestellt habe sie ein junger Professor vom Wiener Konservatorium, schrieb das *Fremden-Blatt*; später hätten sie »bei musikalischen Abenden im Salon eines hervorragenden Wiener Mediziners« erneut Bekanntschaft geschlossen.

Diese Mitteilung wäre unbemerkt geblieben, wäre da nicht der Inhalt einer alten Postkarte in Mahlers Handschrift, die erst 1995 veröffentlicht wurde. Die mit dem Poststempel von Bad Aussee im Salzkammergut vom 5. Juli 1899 versehene Postkarte besagt: »Einzige richtige und gesetzlich geschützte

Unterschrift: Gustav Mahler. Vor Nachahmungen wird gewarnt.« Adressiert ist die Karte an »Frl. Alma Schindler, H.6, Stammbach [sic!] bei Goisern«. Sowohl Stambach (wie es richtig heißen muß), wo Alma jenen Sommer mit ihrer Familie verbrachte, als auch Aussee liegen nahe dem Hallstätter See. Offenkundig war das *Fremden-Blatt* doch auf der richtigen Spur. Jedenfalls ist unwahrscheinlich, daß sich Mahler die Mühe gemacht haben sollte, einem ihm völlig unbekannten Mädchen eine so verschmitzte Botschaft zu schicken. Zweifellos war es nur eine flüchtige Begegnung gewesen, aber sie hatte Alma immerhin so beeindruckt, daß sie ein Autogramm erbat.

Die Bestätigung dieser Begegnung nach fast einem Jahrhundert wirft ein neues Licht auf das, was Berta über den Ursprung des berühmten Soupers berichtet. In einem Band ihrer Memoiren mit dem Titel *Österreich intim* schreibt Berta, eines Tages habe ihr Mann einen Anruf von Almas Mutter Anna Moll erhalten. Anna habe geklagt, Alma sehe so blaß aus, werde immer weniger, und was am beunruhigendsten sei: Sie spiele nicht mal mehr die Kokette. Ein Arzt habe eine Anämie diagnostiziert, aber sie, Anna, halte das für dummes Zeug. Der einzige Anhaltspunkt, den sie habe, sei, daß Alma jeden Abend in die Oper gehe, tränenüberströmt zurückkomme und stundenlang am Klavier sitze. Emil Zuckerkandl schloß daraus kurzerhand, wahrscheinlich habe der Magnetismus »dieses Musikers« (sprich: Mahlers) die vermeintliche Anämie verursacht. Anna solle doch Alma zu dem Souper schicken, das er und seine Frau planten – vielleicht könne man schon an dem Abend mit der Heilung beginnen.

Diese Version ist weitgehend mit der Begründung abgetan worden, Berta gehe mit den Tatsachen recht unbekümmert um, vor allem aber, weil sie der viel besser bekannten Version Almas widerspricht. Hatte Alma tatsächlich Mahler zu meiden gesucht und war es fast gegen ihren Willen zu der, wie sie sagt, »ersten Begegnung« mit ihm gekommen, dann ergibt Bertas Bericht keinen Sinn. Sinn bekommt er indes, wenn sich Alma schon stark zu Mahler hingezogen fühlte, vielleicht gar seit jener Begegnung im Sommer kurz vor ihrem 20. Geburtstag. Nimmt man das an, dann erklärt sich auch eine andere Seltsamkeit ganz von selber. In ihrem Buch *Mein Leben* erinnert sich Alma fast zwei Jahre vor Bertas Souper eines Partybesuchs, bei dem sie Zemlinsky kennengelernt habe. Bald waren sich die beiden einig, alle übrigen Gäste seien unergiebig, und fragten sich betrübt, ob es überhaupt jemanden gebe, von dem sich nur Gutes sagen lasse. Wie aus einem Munde entschlüpfte beiden derselbe Name: Mahler. Als Alma das schrieb, hatte sie sicherlich schon vergessen, wie sehr sie sich in ihrem viel früher geschriebenen Buch *Gustav Mahler* anfänglich geziert haben wollte.

Warum gestand Alma die Wahrheit nicht ein? Schließlich war es kein Verbrechen, wenn sich eine junge Frau in den mächtigsten Musiker in der Stadt verliebte – einen Mann mit großer persönlicher Faszination und zudem noch ledig. Doch Alma war alles andere als eine junge Durchschnittsfrau, schon gar nicht in ihren eigenen Augen. Sie war, wie sie gleich eingangs ihres Buches *Mein Leben* sagt, die Tochter »eines großen Monumentes«. Ihr Vater Emil Jakob Schindler war nicht nur der größte österreichische Landschaftsmaler seiner Zeit. Mindestens ebenso wichtig für Alma war, daß er so lebte, wie es in ihren Augen ein wahrer Künstler mußte: kühn seinen Träumen verhaftet und alles Weltliche wie etwa das schnöde Geld herzlich verachtend. War sein einziges Paar Schuhe durchgelaufen, dann mietete der junge und bitterarme Schindler einfach ein paar Wochen lang einen Fiaker, bis er wieder ein Bild verkauft hatte. Obwohl immer noch knapp bei Kasse, bezog er mit seiner Frau Anna, einer früheren Operettensängerin, und seinen zwei kleinen Töchtern Schloß Plankenberg in der Nähe des Wienerwalds – eine Burg aus dem 15. Jahrhundert mit Zwiebelturm. Dort wuchs Alma heran, wanderte durch die grünen Felder, huschte des Nachts zitternd an dem kerzenerleuchteten Altar vorbei, der (als bloßes Prunkstück) im großen Treppenhaus stand, und sah ihrem Vater stundenlang bei der Arbeit im Atelier zu.

Auch wenn sich Alma nicht im elterlichen Schloß befand, war ihre Jugend weitgehend von romantischen Nebeln umfangen. Als sie acht Jahre alt war, segelten die Schindlers mehrere Monate lang an der dalmatinischen Küste entlang, während Emil Landschaften für ein Buch malte, das der kaiserliche Kronprinz Rudolf in Auftrag gegeben hatte. Den halben anschließenden Winter verbrachte die Familie auf der griechischen Insel Korfu. In die dortige Villa wurde ein Flügel gestellt, und Alma, die schon ein wenig spielen konnte, fing an zu komponieren. Die Musik wurde ihre Leidenschaft. Natürlich wünschte sie sich auch Geld und Reichtum, aber doch nur, wie sie sagt, um (anderen) schöpferischen Menschen den Weg ebnen zu helfen. Sie träumte von einem riesigen Garten in Italien mit vielen weißen Ateliers, in die sie herausragende Künstler einladen würde, während sie selbst in einer Gondel, deren Draperien aus rotem Samt sich hinter ihr bauschten, über das Wasser glitt.

Dann starb ihr Vater. Mit nur 50 Jahren erlag er 1892 während eines Familienurlaubs auf der Nordseeinsel Sylt einem Darmleiden. Alma erinnert sich, wie sie voll böser Ahnungen weinend mit ihrer Schwester über die Dünen lief und ihr zu Hause Moll, der allgegenwärtige Jünger ihres Vaters, entgegenkam. »Kinder«, sagte er, »ihr habt keinen Vater mehr.« Das dürfte der schlimmste Schlag in Almas Leben gewesen sein – und sie mußte nicht wenige schwere Schläge einstecken. Erst 12jährig hatte sie, wie sie sagt, »meinen Leitstern verloren. [...] Ich war gewohnt gewesen, ihm alles zu Gefallen zu tun, meine ganze Eitelkeit und Ehrsucht hatte als einzige Befriedigung den Blick seiner verstehenden Augen gehabt.« Drei Jahre später heiratete ihre Mutter zu Almas grenzenloser Verachtung Carl Moll, mit 34 Jahren schon ein bekannter eigenständiger Maler, wenngleich bei weitem kein Emil Schindler. Moll sei lediglich ein »Perpendikel«, schrieb Alma bitter (und unfair), »und mein Vater war doch eine Wesensuhr!«

Plankenberg wurde aufgegeben, und schließlich zog die Familie nach Wien, erst in eine Wohnung nahe der Stadtmitte (seltsamerweise genau in dem Gebäude, in dem sich Mahlers Bruder Otto das Leben genommen hatte), später in eine Villa auf der Hohen Warte, einer Hügelvorstadt, die sich nach und nach zur Künstlerkolonie mauserte. Keine von beiden besaß für Alma den Zauber ihres geliebten Schlosses, und ebensowenig waren Molls Künstlergäste ihrer Erinnerung an den Vater gewachsen. Das hinderte sie nicht, mit einigen der besten zu flirten, die fast alle erheblich älter waren als sie. Burckhard beispielsweise stand schon in seinen Vierzigern; er war gelernter Jurist, aber von der Veranlagung her ein Literaturrevolutionär. In blindem Vertrauen auf seine Verläßlichkeit vom arglosen Establishment mit der Leitung des ehrwürdigen Burgtheaters betraut, machte er wider Erwarten das schockierte und zugleich neugierig-gespannte Wiener Publikum mit dem Sozialrealismus moderner Dramatiker wie Ibsen und Schnitzler bekannt. Er brachte Alma zwei Waschkörbe voller Bücher, darunter von ihrem Idol Nietzsche, und nahm sie auf Ausflüge mit, bei denen – ganz ohne Not – Anna Moll sie als Anstandsdame begleitete. Als Burckhards Interesse weniger väterliche Züge annahm, lachte Alma ihn aus. Körperlich bedeutete er ihr gar nichts.

Bei Klimt war das anders. Eine Zeitlang war Alma geradezu behext von dem zwölf Jahre älteren, provokativen Wortführer der Secession mit seinem unverschämten Grinsen und wilden (freilich langsam schütter werdenden) Haarwuchs. Ihre Gefühle wurden erwidert. Als Alma mit den Molls 1899 durch Italien reiste, war auch Klimt dabei. In Genua gelang ihm und Alma ein verstohlener Kuß und in Venedig ein heimliches Treffen, bei dem sie sich ewige Liebe schworen. Doch – Pech für die beiden –: Anna Moll warf einen Blick in Almas Tagebuch und erfuhr von dem Kuß. Nachdem ihm Carl Moll wütend mit dem Finger gedroht hatte, erklärte sich Klimt bereit, die knospende Leidenschaft zu beenden, wobei es ihm offenbar weniger ausmachte, Alma zu verlieren, als seinen Künstlerkollegen gegen sich aufzubringen.

Alma fühlte sich doppelt verraten: von der Mutter, was sie

kaum überraschte, und von Klimt, was sie mehr schmerzte. In *Mein Leben* schreibt sie, sie habe an Selbstmord gedacht. Doch bald schon gingen ihr andere Männer durch den Kopf. Im Sommer desselben Jahres lernte sie Mahler kennen, und im Jahr darauf begann sie mit Kompositionsstunden bei Zemlinsky, der schon bald ihren Reizen erlag. Obwohl nur sieben Jahre älter als sie, war er schon ein angesehener Komponist, Dirigent und Dozent. Schönberg war einer seiner Schüler und obendrein Bewunderer. Alma empfand ihm gegenüber erheblich mehr als Bewunderung. Mochte sie auch schreiben, »Alex« sei ein »scheußlicher Gnom. Klein, kinnlos, zahnlos, immer nach Kaffeehaus riechend, ungewaschen«, so fiel sie ihm doch in die Arme, wenn er ihr auf dem Flügel aus »Tristan« vorspielte. Sie sehnte sich (und er vermutlich nicht minder) nach weit mehr, aber wie eine »dumme Gans«, wie sie sagte, fürchtete sie sich vor einem Verstoß gegen die Konvention, wenn sie ihre Jungfräulichkeit vor der Ehe verlöre. Außerdem winkte Mahler am Horizont. Ende 1901 war er sogar schon in Reichweite, obgleich sie auch damals Zemlinsky nicht völlig fallenließ. Die Entscheidung kam sie schwer an. »Und wenn Alex groß und mächtig wird?« fragte sie fast einen Monat nach Bertas Soiree voller Qual in ihrem Tagebuch.

Was war es, das an Alma so unwiderstehlich wirkte, vor allem auf geniale oder fast geniale Männer? Immerhin umfaßte die Kurzliste derer, die sich in sie verliebten, keine Geringeren als den Bauhaus-Architekten Walter Gropius, den Maler Oskar Kokoschka und den Schriftsteller Franz Werfel. Oft nannte man sie »die schönste Frau in ganz Österreich«, aber das galt auch für eine Reihe ihrer Zeitgenossinnen, darunter mindestens eine von Klimts zahlreichen Liaisons. Hinzu kommt, daß die Fotos dem Ausspruch kaum standhalten. Auf frühen Aufnahmen erkennt man einen hübschen, aber keineswegs umwerfenden Teenager mit dichtem, nach der Mode hochgestecktem Haar und fast bis zum Kinn hochgezogenem Kleid. Schnappschüsse aus der Mahler-Zeit zeigen Alma zumeist traurig oder nervös. Im späteren Leben sieht sie mit ihren gewellten Haaren und sackähnlichen Kleidern, die eine ausladende Figur verbergen helfen sollten, offen gestanden eher verblüht aus. Dennoch gehörte auch dann noch zu ihren Eroberungen ein junger römisch-katholischer Priester, der gut und gerne ihr Sohn hätte sein können.

Nach Auffassung ihrer Tochter Anna wird überhaupt keines der Fotos Alma gerecht, nicht einmal die wenigen, die die Intensität ihrer unglaublich blauen Augen einfangen. Almas magnetische Kraft sei so groß gewesen, daß die Leute – so Anna – kaum »den ganzen Unsinn« bemerkten, den sie redete. Wenn sie einen Raum voller Menschen betreten habe, sei fast jedesmal ein Augenblick der Stille eingetreten. Habe sie sich zuhörend vorgebeugt, was sie meist tun mußte, weil sie schon seit ihrer Jugend auf einem Ohr schlecht hörte, hätten ihre Gesprächspartner ein tiefes und instinktives Verstandenwerden empfunden. Nun, jedenfalls die meisten. Eine nennenswerte Minderheit, darunter der Schriftsteller Elias Canetti, der sich in Anna verliebte, und Richard Strauss, fand Alma alles andere als unwiderstehlich. Den anderen dürfte es etwa so ergangen sein wie Werfel, Almas drittem und letztem Ehemann, der sie »eine der wenigen großen Magierinnen unserer Zeit« genannt hat.

Magierin hin oder her – auf jeden Fall war Alma eine glänzende Schauspielerin, die äußerst überzeugend in die Rolle der Göttin und Muse zu schlüpfen verstand. Ihre Kühnheit nahm die Männer im Sturm, schon gar die älteren und begabten in ihrer Jugend, die sich unerwartet in die Defensive gedrängt fühlten. »Glauben Sie, daß jemand so kreativ, wie ich es bin, Ihre Oper immer noch nicht gehört hat?« lautete ihr Eröffnungszug Zemlinsky gegenüber. Bei Bertas Souper war es mindestens ebensosehr Almas leidenschaftliches Eintreten für Zemlinsky wie ihr gutes Aussehen, das Mahler gefangennahm. Auf einem anschließenden Spaziergang sagte er zu Burckhard, auf den ersten Blick habe er Alma lediglich für »eine Puppe« gehalten, bald aber gemerkt, daß eine Menge mehr in ihr steckte. Hatte Alma mit genau dieser Reaktion gerechnet oder sie zumindest erhofft? Wußte sie tatsächlich nicht, daß ihre »Dreistigkeit«, die sie später zu bedauern vorgab, einer ihrer größten Trümpfe war? Hat sie das Gerede über Mahler als »Don Juan« wirklich abgestoßen (und nicht insgeheim verlockt)?

Es fällt schwer, das alles zu glauben – wie so vieles in Almas zwei Büchern, die seit langem als grundlegendes Quellenmaterial über Mahler gelten. Nicht daß sie je voll und ganz zum Nennwert akzeptiert worden wären. Auf den ersten Blick war erkennbar, daß Alma mit Fakten und Zahlen, die sie recht einfach hätte nachprüfen können, ziemlich sorglos umging. Ebenso lag auf der Hand, daß ihre Darstellung subjektiv war. Wie könnte es anders sein. Kein vernünftiger Mensch erwartet von einer Witwe, die ihr Leben an der Seite eines Genies beschreibt, ein Stück leidenschaftsloser Forschung. Doch Stückchen um Stückchen sind über Alma Dinge aufgetaucht, die auf ihr veröffentlichtes Werk erheblich stärkere Schatten des Zweifels werfen. Ihre Tagebücher, die seit ihrem Tod in einer amerikanischen Universitätsbibliothek verwahrt liegen, sind eingehender untersucht worden. Von denen, die sie gut kannten, wie etwa ihr zweiter Ehemann Gropius, sind neue Einzelheiten bekanntgeworden. Briefe Mahlers an sie sind in vollständigerer Form ans Licht gekommen, als sie zu offenbaren gedachte. Inzwischen ist deutlich geworden, daß Alma nicht nur beiläufige Fehler machte und die Dinge »durch ihre Brille« betrachtete. Sie hat auch Tatsachen frisiert.

Angesichts ihres Hintergrundes überrascht das ganz und gar nicht. Der angebetete »monumentale« Vater hatte seinen Träumen genügt. So war Alma bestimmt entschlossen, auch den ihrigen – und ihm – zu genügen. Dazu bedurfte es einiger wahrlich halsbrecherischer Anflüge von Phantasie. Vor ihrer Eheschließung mit Mahler vertraute sie ihrem Tagebuch an, sie werde sich gewaltig rühren müssen, um sich den Platz zu sichern, der ihr künstlerisch gebühre, denn: »Er hält von meiner Kunst gar nichts – von seiner viel – und ich halte von seiner Kunst gar nichts – und von meiner viel. – So ist es!« Das Gefühl ihrer eigenen Wichtigkeit ging weit über die Kunst hinaus und überlebte Mahler problemlos. Bei Ausbruch des Ersten Weltkriegs notierte sie, offenbar allen Ernstes: »Ich bilde mir manchmal ein, ICH habe diesen ganzen Weltbrand entfacht, um irgend eine Entwicklung oder Bereicherung zu erfahren.«

Die Person, die das schrieb, dürfte kaum bereit gewesen sein, der Welt gegenüber einzugestehen, daß sie als Autogrammjägerin in Mahlers Leben getreten war, zudem als eine, an die sich Mahler offenbar gar nicht mehr erinnerte, als sie sich bei den Zuckerkandls wiederbegegneten. Geschweige denn, daß sie mit der Veröffentlichung von Mahlers Briefen an sie bloß der geschichtlichen Genauigkeit dienen wollte. Verstieß der Wortlaut gegen Almas Selbstwertgefühl oder Vorlieben, dann mußte er eben mit ein paar geschickten Strichen oder Hinzufügungen »korrigiert« werden, ehe ihn die Welt sehen durfte. Viele Veränderungen sind ganz klein, aber kumuliert erhalten sie Gewicht, und nirgendwo läßt Alma erkennen, daß sie sie vorgenommen hat. »Ich bitte Dich, antworte mir hierauf, ob Du mich darin verstehst, und auch mir folgen kannst«, ermahnt Mahler in vorehelichen Briefen Alma im Zusammenhang mit dem, was er von einer Partnerin fürs Leben erwartete. »... und auch mir folgen willst«, lautet der Text in Almas Auswahl für die *Erinnerungen und Briefe*. Der bloße Hauch einer Idee, Mahler könnte eher ihre Fähigkeit als ihre Bereitschaft angezweifelt haben, erschien Alma eindeutig zu abwertend, als daß sie ihn unverändert belassen hätte. Ebenfalls gestrichen wurden Bezugnahmen auf Geschenke, die ihr Mahler gekauft oder gemacht hat (sie behauptet, sie habe von ihm fast keine bekommen), auf reichlich Haushaltsgeld (sie sagt, sie sei oft knapp bei Kasse gewesen) und auf Leute wie »Carl und Anna« Moll, für die er viel mehr Sympathie empfand als Alma je. Sie waren schließlich etwa seines Alters.

Von den 159 Briefen Mahlers an sie, die Alma veröffentlicht hat, ließ sie alles in allem nur 37 unverändert. Knapp 200 weitere Briefe, Telegramme und Notizen (einige tatsächlich von geringem Interesse) beschloß sie, überhaupt nicht zu veröffentlichen. Und was ihre Briefe an ihn anbelangt, so scheint sie nach seinem Tode alle vernichtet zu haben, deren sie habhaft werden konnte. Jedenfalls hat, soweit bislang bekannt, nur der Wortlaut eines einzigen überlebt.

Auf diese Weise hat sich Alma erkleckliche Mühe gegeben, um ihre Spuren zu verwischen und dabei die Schuld für alles, was in der Ehe schiefging, ihm zuzuschieben. Je offenkundiger dieses Bemühen wird, desto mehr fällt es auf sie zurück mit der Folge, daß man sie leicht für den allein schuldigen Teil und Mahler für das unschuldige Opfer halten könnte. In diese Rolle paßt er äußerst selten, und das gilt auch hier. Alma war oft verdreht, eifersüchtig und hinterlistig, aber Mahler war mindestens ebensooft launisch und autoritär. Wobei »launisch« nur höchst unvollkommen die sprunghaften Wechsel im Bruchteil einer Sekunde vom Lachen zum Wutschnauben und wieder zurück beschreibt, die für Mahler ebenso charakteristisch sind wie für sein Werk. Sogar Natalie, die Mahler und seine Musik anbetete, fand das Leben mit ihm unter einem Dach anstrengend. In einer vielsagenden Passage über die Zeit mit ihm in Steinbach schreibt sie, es sei gewesen wie auf einem Boot, das von den Wellen hin- und hergeworfen werde. Man müsse aussteigen, um wieder auf die Füße zu kommen. Wenn es Natalie schon während eines Ferienbesuchs so erging, wie war dann erst Alma zumute, die sich ja fürs Leben an Mahler gebunden fühlte? Oft verzweifelt. Aus ihren melancholischen Tagebüchern, die von Ausbrüchen der Wut und des Selbstmitleids nur so überquellen, geht das noch deutlicher hervor als aus ihren Büchern. Aber schließlich hatte sie ja ein Genie gewollt. Sie hatte es bekommen. Und mit Genies ist bekanntlich selten gut hausen.

Bei den Zuckerkandls verliebte sich Mahler Hals über Kopf in Alma. Bald schon schickte er ihr – anonym – ein Liebesgedicht, scharwenzelte aufgeregt um sie herum, wenn sie in die Oper kam, und war bald häufiger Gast auf der Hohen Warte. Einem gemeinsamen Abendspaziergang durch den Schnee folgte ein Kuß in Almas Schlafzimmer. Aber die Leidenschaft machte ihn nicht kritiklos, geschweige denn blind. Seine frühen Briefe an sie sind übersät mit schulmeisterlichen Belehrungen wie »lerne fragen«, »lerne antworten« und (ebensooft wie vergeblich) sie solle »deutlich schreiben«. In einer zwanzigseitigen Epistel aus Dresden am 19. Dezember 1901 – kaum eineinhalb Monate nach der Begegnung bei den Zuckerkandls – schreibt er ihr, sie sei zu jung, um schon eine echte Persönlichkeit zu besitzen, und die Männer schmeichelten ihr um ihrer Schönheit, nicht ihrer geistigen Ansprüche willen. »Alma-kind! – wir sollen ja in unserer Liebe, in unseren Herzen einig werden! Aber in Ideen? Wo sind deine Ideen?« Er krönt dieses bemerkenswerte Dokument, das natürlich zu denen gehört, die Alma nicht veröffentlichte, mit der Aufforderung, sie müsse mit dem Komponieren aufhören, wenn sie heirateten. »Du hast von nun an nur einen Beruf: mich glücklich zu machen! Verstehst Du mich, Alma?« Alma sagt, in diesem Falle glaubhaft, nach dem Lesen dieses Briefes habe sie die ganze Nacht durch geweint – und sich dann einverstanden erklärt. Aber unter der Asche glomm ihr Ressentiment jahrelang weiter, vielleicht ein Leben lang.

Mahler war nicht nur Alma gegenüber geradezu brutal offen, sondern er kannte auch das Für und Wider seiner eigenen Lage. In einem Brief an Justi etwa zur gleichen Zeit schreibt er, er könne viel in die Ehe einbringen, fragt aber auch, ob es denn recht sei, »den Frühling an den Herbst zu ketten, ihn zu zwingen, den Sommer zu überspringen«. Eine Zeitlang, so Mahler weiter, werde sich alles gut anlassen, »aber was denn, wenn mein fruchtreicher Herbst dem Winter gewichen ist?« Zweifellos erkannte Justi das Problem ebensogut, war aber nicht geneigt, ihren Bruder in seinen Zweifeln zu bestärken. Sie hatte – wohl ohne Mahlers Wissen – schon lange ein Verhältnis mit Arnold Rosé, dem Konzertmeister der Wiener Philharmoniker. Sie war jetzt 33, führte weiterhin Mahlers Haushalt und wollte ihn keineswegs im Stich lassen. Aber wenn er heiratete, konnte auch sie es tun.

Alma zufolge war Mahler, als er von der Sache mit Rosé erfuhr, derart geschockt, daß er wochenlang kein Wort mehr mit Justi wechselte. Diese unwahrscheinliche Behauptung gehört zu den vielen in ihren Büchern, mit denen Alma Gustav Mahler als prüde hinzustellen versucht. »Er war ein Kind, und das Weib war seine Angst!« schreibt sie; bis weit nach seinem 40. Lebensjahr habe er fast kein sexuelles Erlebnis gehabt. Alma schreibt dies mindestens zum Teil der Wirkung einer heftigen Liebesszene zu, die Mahler als Kind in einem Haus in Prag mitbekommen habe. Vermutlich hat Alma die Geschichte von Mahler selbst. Sie ist seither weidlich als entscheidender Anhaltspunkt für seine Psychologie ausgeschlachtet worden, nicht unähnlich jener Drehorgelgeschichte nach einem Streit seiner Eltern. Ob Mahler von dem Prager Vorfall wirklich so geschockt war, wie Alma durchblicken läßt, steht auf einem anderen Blatt. Jedenfalls deuten seine romantischen Verwicklungen in fast jeder Stadt, in der er sich aufhielt, einschließlich Wien, kaum auf eine Angst vor Frauen hin. Das muß nicht heißen, daß er »wahllos durch die Betten ging«. Mahler hatte zweifellos Angst vor der Syphilis – damals eine weitverbreitete Geißel, die mehreren seiner Freunde, darunter Hugo Wolf, Irrsinn und schließlich den Tod einbrachte. Doch selbst dann fällt schwer zu glauben, seine Liebschaften seien weitestgehend platonisch geblieben, schon gar die lang anhaltende mit der leidenschaftlich anspruchsvollen Anna von Mildenburg.

Wie immer Mahlers sexuelle Erfahrung ausgesehen haben mag, als er Alma begegnete: Die ihrige war nach eigenem Eingeständnis praktisch gleich Null. Ein kühner Flirt war eine Sache, über die Stränge zu schlagen eine ganz andere. Immerhin, als sie und Mahler verlobt waren, beschloß sie, daß ihre Jungfräulichkeit nun schließlich nicht bis zur Hochzeitsnacht unversehrt bleiben müsse. Nach einer trübseligen Darstellung in ihrem Tagebuch vom Neujahrstag 1902 war ihre erste Liebesnacht ein Flop. Die Enttäuschung währte nicht lange. Ein nachfolgender Eintrag aus bloß drei Worten – »Wonne über Wonne« – spricht für sich. Als sie zwei Monate später heirateten, war Alma schwanger.

Der Januar erwies sich als denkwürdiger Monat. Kaum hatten Alma und Mahler angefangen, miteinander zu schlafen, machte sich Alma daran, ihm seine alten Freunde zu vermiesen. Eine Art Kraftprobe war unausweichlich. Alma merkte natürlich, daß viele, die Mahler nahestanden, sie mißbilligten, insbesondere Siegfried Lipiner, der jedesmal, wenn sie eine Meinung von sich gab, die Augenbrauen hob und gedehnt »Mädchen« sagte. Das Gefühl beruhte auf Gegenseitigkeit. Alma war es gewohnt, von den Spitzentalenten der Stadt in den Himmel gehoben zu werden, und fand viele von Mahlers Kumpeln fad und unwichtig. Nicht wenige waren zudem Juden, was die Dinge in Almas Augen noch verschlimmerte. Burckhard, der fürchterlich eifersüchtig war, hatte sie von Mahler abzubringen versucht, indem er sagte: »Sie sind ein so schöner Mensch und eine gute Rasse, verdunkeln Sie die nicht, indem Sie einen so degenerierten älteren Mann heiraten.« Alma ließ ihn zwar abblitzen, aber seine Worte blieben bei ihr hängen. Obschon sie zweimal einen Juden (Mahler und Werfel) heiratete, ließ sie bis zu ihrem Lebensende oft einen starken antisemitischen Zug erkennen. Vielleicht war das das einzige, was sie mit Moll gemeinsam hatte, der später ein überzeugter Nazi wurde – das und die Bereitschaft, in Mahlers Fall eine Ausnahme zu machen.

So war es kaum verwunderlich, daß der Abend zu einem Fiasko wurde, als Mahler in seiner Wohnung ein gemütliches Abendessen veranstaltete, um seine Braut und Schwiegereltern mit ein paar Freunden bekannt zu machen. Die Aussichten wurden kaum dadurch besser, daß er auch Anna von Mildenburg einlud. Natürlich hatten sie und Alma sich bald in den Haaren. Als Anna fragte, was sie von Mahlers Musik halte, erwiderte Alma, das wenige, was sie davon kenne, mißfalle ihr. Überall lange Gesichter. Anna Moll wurde feuerrot. Nur Mahler schien amüsiert. Alma ignorierte die Gäste oder machte sich über ihre Bemerkungen lustig, vor allem über Lipiners Äußerungen zur Malerei und Philosophie. Irgendwann zogen sie und Mahler sich zur engen Umarmung zurück und blieben so lange weg, daß sich Justi, die nun mit ihrem Verlobten Arnold der unerquicklichen Runde ausgeliefert war, verzweifelt auf die Suche nach den beiden begab.

In *Erinnerungen und Briefe* beschreibt Alma den Abend fast schwelgerisch, als sei er ein Triumph gewesen. War er für sie ja auch. Nicht zuletzt verursachte er eine Entfremdung zwischen Mahler und dem »liebsten Siegfried«, die jahrelang anhielt. Lipiner war über den Abend so entsetzt, daß er sich sofort anschließend hinsetzte und Mahler einen Brief schrieb, in dem er Alma unklugerweise herzlos, dumm und affektiert nannte. Alma rächte sich in ihrem Buch dafür, indem sie Lipiner mit den Worten beschrieb: »Ein böses, hartes Tier, die Augen viel zu nah beisammen, darüber ein enormer kahler Schädel. Er stieß beim Reden mit der Zunge an. Er goethelte, wenn er schrieb, und mauschelte, wenn er sprach. […] Soviel sterile Unnatur habe ich bis dahin an keinem Menschen noch erlebt – wenn er denn ein Mensch ist.«

Vor die Wahl zwischen Alma und Lipiner gestellt, entschied sich Mahler natürlich für Alma. Aber auch andere Freunde ließen sich kaum noch blicken, darunter der »treue alte« Fritz Löhr. Zu den wenigen verbliebenen gehörte der Rechtsanwalt Emil Freund, dessen Ratschläge unersetzlich waren. Auch Bruno Walter, der 1901 an der Wiener Oper Kapellmeister wurde, war einer der wenigen aus Mahlers altem Kreis, die den Sprung in den neuen schafften. Hin und wieder giftete Alma gegen ihn, und später im Leben, als beide in Amerika im Exil lebten, nannte sie ihn einen »Pseudo-Mahler-Papst«. Aber er behandelte sie mit viel Diplomatie und blieb trotz gelegentlicher Streitereien mit Mahler einer seiner engsten Vertrauten.

Was Justi anbelangt, so geht aus Almas Tagebuch hervor, daß die beiden Frauen anfänglich gut miteinander auskamen – verständlicherweise, da sich ihre Eheabsichten kreuzten. Doch in Almas Memoiren ist von dieser Wärme nicht viel zu spüren. Dort wird Justi nicht nur als schrecklich eifersüchtig gezeichnet, die triumphierend zu Alma gesagt habe: »Eines freut mich, ich habe ihn jung gehabt, und du hast ihn alt.« Sie wird auch als so verschwenderisch beschrieben, daß Mahler bei der Eheschließung 50000 Goldkronen Schulden gehabt habe, die Alma durch sorgfältiges Wirtschaften zurückgezahlt haben will.

Nun war Justis Umgang mit Geld sicherlich keineswegs berühmt, übrigens genausowenig der ihres Bruders schon zu einer Zeit, als er noch nicht nach dem Tod seines Vaters die Familie zu finanzieren begonnen hatte. Aber dafür, daß ihr Unvermögen Mahler so tief in die roten Zahlen getrieben haben soll, wie Alma behauptet, gibt es keinerlei Hinweise. Die erwähnte Summe überstieg schließlich bei weitem sein Bruttojahreseinkommen als Operndirektor, Gehalt und Nebeneinkünfte zusammen. Zwar hatte er sich nicht lange davor einen Teil des Erbes seiner Schwestern zur Mitfinanzierung des Baus eines Landhauses ausgeborgt, aber Alma behauptet, die geschuldeten 50000 Kronen seien noch hinzugekommen. Wahrscheinlich ist dieser Seitenhieb auf Justi nur ein weiterer Versuch Almas, die Rolle fast all derer in Mahlers Leben herunterzuspielen, die er vor ihr gekannt hatte. Dasselbe mag auf ihre nur selten angefochtene Bemerkung zutreffen, Mahler habe sich nicht die Mühe gemacht, zu Justis Hochzeit zu gehen, obschon sie nur einen Tag nach seiner eigenen stattfand. Vielleicht stimmt das. Wenn ja, dann paßt es überhaupt nicht zu Mahlers Pflichtgefühl gegenüber der Familie und insbesondere seiner Zuneigung zu Justi. Er und Alma wurden am 9. März 1902 in der Karlskirche in Wien Mitte getraut. Am 10. März taten es Justi und Arnold ihnen in einer nahe gelegenen Kirche gleich. Soviel steht jedenfalls fest. Folgt man Alma, dann fuhr sie mit Mahler am 9. per Zug nach St. Petersburg in die Flitterwochen.

Auf den Tag genau drei Monate später, am 9. Juni, dirigierte Mahler auf Musikfestspielen in Krefeld die erste vollständige Aufführung seiner Dritten Sinfonie. Die Bedingungen waren alles andere als ideal. Das Orchester war bunt zusammengesucht, wenngleich Mahler es in Form paukte. Das Wetter war drückend heiß, und das Publikum machte nach der Unmenge moderner Werke an den Abenden zuvor allmählich schlapp. Sollten die Leute während Mahlers philosophischem 100-Minuten-Epos, das er vor sechs Jahren in Steinbach fertiggestellt, seither aber nur mit einem Satz oder höchstens zwei Sätzen in Konzerten behutsam angeboten hatte, etwa davonlaufen oder einnicken?

Nichts dergleichen. Kaum war das Schluß-Adagio im Saal verhallt, klatschte das Publikum stehend Beifall. Ein paar Begeisterte rannten zur Bühne, andere winkten mit dem Taschentuch, und Mahler wurde mindestens ein dutzendmal herausgerufen. Alma, die Mahlers Arbeit bislang bestenfalls kühl gegenübergestanden hatte, gestand, beim Konzert an diesem Abend »[war] meine Erregung […] unbeschreiblich groß; ich weinte und lachte leise vor mich hin und fühlte plötzlich die Bewegungen meines ersten Kindes«. Sogar die Kritiker äußerten sich positiv. Die meisten waren sich einig, dies sei das Schlüsselereignis der Musiktage gewesen und könne durchaus »eine neue Entwicklungsstufe in der deutschen Musik« einläuten. Nicht daß die Rezensenten die Dritte immer so freundlich aufgenommen hätten. In Wien verließ einer einmal die Vorstellung mit der knurrenden Bemerkung: »Für so was verdient der Mann ein paar Jahre Gefängnis«, die seither aus unerfindlichen Gründen oft dem Schriftsteller Felix Salten zugeschrieben worden ist. Tatsächlich zitiert Salten in seinem Buch *Geister der Zeit* die Bemerkung, die ein (ungenannter) Kritiker nach dem Konzert ihm gegenüber gemacht habe, als Beweis dafür, welchem »Geheul« Mahler auf eigenem Boden ausgesetzt gewesen sei. Armer Salten. Er war ja keineswegs nur ein durch und durch katholischer Schriftsteller, dessen Werk vom Kinderbuch *Bambi* bis zur erotischen Legende *Josefine Mutzenbacher* reichte. Er war auch einer der standfestesten Anhänger Mahlers.

Alles in allem brachten die Krefelder Musiktage für Mahler den bislang größten Triumph als Komponist. Zu verdanken hatte er ihn vor allem einem Mann: seinem alten Kollegen und

Rivalen Richard Strauss. Alma berichtet, nach dem ersten Satz der Dritten Sinfonie sei Strauss ostentativ applaudierend durch den Saal geschritten, und das Publikum habe sich ihm schnell angeschlossen. Von dem Augenblick an sei der Erfolg des Konzerts gesichert gewesen. Hingegen läßt Alma nicht verlauten – vielleicht hat sie es gar nicht recht gemerkt –, wieviel Strauss schon vorher dafür getan hatte, daß Mahlers Werke überhaupt zur Anhörung gelangten.

15 Jahre waren inzwischen vergangen seit jener ersten Begegnung der beiden jungen Musiker in Leipzig, nach der Strauss Mahlers Orchestrierung der »drei Pintos« in hohen Tönen gepriesen hatte (bis ihn von Bülow zurückpfiff). 1894 benutzte Strauss seinen Einfluß als Kapellmeister in Weimar, um dort eine Aufführung von Mahlers Erster Sinfonie zustande zu bringen, und ein Jahr später tat er in Berlin dasselbe für die ersten drei Sätze seiner Zweiten Sinfonie – ihre Uraufführung. Beide Vorstellungen (unter Mahlers Stabführung) fielen durch, jedenfalls bei den Kritikern, aber Strauss ließ sich nicht beirren. Er forderte Mahler auf, ihm seine Partituren zu schicken, und fragte 1900 in einem Brief besorgt nach, ob er noch komponiere. Es wäre tausendfach schade, sagte Strauss, wenn Mahler seine künstlerische Energie nur dem Theater zuwende, aus dem nie eine wahrhaft künstlerische Institution werden könne. Strauss wußte, wovon er sprach. Er war damals erster Kapellmeister an der Berliner Oper. Zudem gab er Konzerte, lehrte, komponierte regelmäßig und war von 1901 an Vorsitzender des angesehenen »Allgemeinen Deutschen Musikvereins«. Er hatte ohne Frage noch mehr zu tun als Mahler, schaffte es aber mit unverwüstlicher Urbanität.

Als Strauss von Mahlers Dritter Sinfonie erfuhr, wollte er sie unbedingt in einem seiner Berliner Konzerte uraufgeführt sehen, aber die Reaktion des Komponisten war alles andere als ermutigend. »Was nun die Dritte anbetrifft, so muß ich darauf bestehen, daß die Aufführung meinen Intentionen durchaus entspricht«, schrieb Mahler zurück. »Die Akkustik des Krollsaales soll *schlecht* sein! Ist das wahr? Dann, lieber Freund, machen Sie dort nichts von mir. Das Orchester muß prima sein! Die Proben müssen ausgiebig sein – und – mein Werk dauert 2 Stunden – es hat kein anderes neben demselben am Programm Platz.« Doch auch das schreckte Strauss nicht ab. »Sie sind und bleiben ein alter Eigensinn«, erwiderte er. »Das schadet aber nichts. Das ist gerade hübsch an Ihnen.« Er ließ die Dritte für die Krefelder Musiktage vormerken, die der Musikverein organisierte, und sorgte dafür, daß Mahlers Forderungen zum größten Teil erfüllt wurden.

Völlig selbstlos waren Strauss' Bemühungen zugunsten Mahlers allerdings nicht. Als sich die beiden kennenlernten, war Strauss eindeutig der bekanntere Komponist, aber Mahler befand sich als Kapellmeister in einer stärkeren Position. Dabei blieb es dann alles in allem auch. Vom Ende der achtziger Jahre an produzierte Strauss gleich reihenweise Tondichtungen wie »Also sprach Zarathustra«, »Don Quixote« und »Ein Heldenleben«, das viele zarte Ohren beleidigte, bald aber ins Repertoire Eingang fand. Sein »Zarathustra« war übrigens 1896 gerade fertig, als Mahler seine Dritte Sinfonie beendete, bei der er teilweise denselben Nietzsche-Text benutzte. Doch im Gegensatz zu der Sinfonie wurde Strauss' Stück binnen weniger Monate uraufgeführt. Das meiste, was Strauss hervorbrachte, wurde zu Gold – freilich in jener Zeit nicht in einem Maße, das es ihm erlaubt hätte, allein vom Komponieren zu leben, wie er es sich ersehnte. So war es auch aus Karrieregründen für ihn durchaus sinnvoll, mit seinem einflußreichen Kollegen in Kontakt zu bleiben, schon gar von 1897 an, als Mahler den Wiener Posten übernahm und sich Strauss zum Opernkomponisten mauserte.

Strauss' Umsicht zahlte sich aus. Seine zweite Oper, »Feuersnot« – ein starkes Gemisch aus Symbolik, Satire und Sex –, wurde 1901 in Dresden uraufgeführt, nachdem die Berliner Zensoren Veränderungen des anstößigen Textes verlangt hatten. Aber die Wiener Oper verfügte über noch bessere Mittel als die Dresdener, und Mahler erklärte sich einverstanden, sie ganz Strauss' neuem Werk zur Verfügung zu stellen. Er schlug sich erfolgreich mit den Zensoren herum, überwachte die Bühnenbilder und Kostüme und probte mit Sängern und Orchester (wie immer) so hingebungsvoll, daß Strauss, der ursprünglich selbst hatte dirigieren wollen, die Sache gerne Mahler überließ.

Dieser Punkt, den das Opernarchiv eindeutig belegt, entging offenbar der frischverlobten Alma, die der Wiener Erstaufführung am 29. Januar 1902 beiwohnte. Mahler habe nicht dirigiert, schreibt sie in *Erinnerungen und Briefe*, »weil ihm vor diesem Werk graute«. Nun ist seltsamerweise »Feuersnot« offenbar die einzige Strauss-Oper, die Mahler dirigiert hat (gleich viermal nacheinander in Wien); im Konzertsaal gab er allerdings häufig Strauss-Werke. Auf festerem Boden steht Almas Erinnerung an Strauss' reichlich mit Haaren auf den Zähnen gesegnete Gattin Pauline, die neben ihr in der Loge saß. Während der gesamten Aufführung habe Pauline »Feuersnot« als kitschiges Machwerk beschimpft, das nur ein Lügenbold loben könne. Hinter der Bühne habe sie dann dem voreilig beglückten Strauss eine Szene gemacht, ihm vorgeworfen, er mache sie krank, und erklärt, sie werde nicht zum geplanten Essen mit Mahler und Alma kommen. Strauss sei schließlich allein im Restaurant erschienen. Nach der Bemerkung, sein Weib sei »oft arg ruppig, aber wissen S', i brauch des«, habe er den Rest des Abends damit verbracht, seine Tantiemen zu berechnen. Mahler habe dieser Ausbund an Materialismus so genervt, schreibt Alma weiter, daß er kaum ein Wort gesagt habe.

Wenn man Strauss Glauben schenkt, ist nichts von alledem glaubhaft. Als er 1946 in der Schweiz zum ersten Mal Almas Buch las, bezeichnete er es als ein Produkt der »Minderwertigkeitskomplexe eines liederlichen Weibes«. An den Rand der Schilderung jenes Abends in Wien schrieb er: »Alles Schwindel!« und bemerkte, seine Frau habe gerade »Feuersnot« stets sehr gerne gemocht.

Von Strauss' Kommentaren ganz abgesehen, flößt Almas Behauptung, Mahler habe das Werk nicht gemocht und auch nicht dirigiert, nicht gerade Vertrauen in den Rest ihrer Geschichte ein. Dennoch könnte sie ungeachtet der Detailmängel mit dem allgemeinen Trend durchaus recht haben. Pauline, die zur Opernsängerin avancierte Tochter eines bayerischen Generals, hatte eine noch spitzere Zunge als Alma. Ihre Wutanfälle und Fauxpas waren stadtbekannt. Sie bedrängte Strauss so lange, bis er zu regelmäßigen Stunden komponierte, und wenn ihr das Ergebnis mißfiel (was keineswegs immer der Fall war), verpaßte sie ihm eine gründliche Gardinenpredigt. Trotz alledem hielt die Ehe 55 Jahre, auf beiden Seiten ohne das kleinste Anzeichen einer Untreue. Strauss starb 1949, Pauline ein Jahr später.

Die Darstellung der Szene im Restaurant in Almas Buch wird von einem Brief Mahlers an Alma zwei Tage später in groben Zügen bestätigt. Strauss denke immer nur ans Geld, und die »Atmosphäre, die Strauss um sich verbreitet, ist so ernüchternd – man wird sich ordentlich selbst fremd [...]. Nicht wahr, lieber zusammen das Brod der Armut essen, und im Lichte wandeln, als sich so verlieren an das Gemeine! Kommen wird die Zeit, da die Menschen die Spreu vom Weizen gesondert erblicken werden – und meine Zeit wird kommen, wenn die seine um ist.«

Diese Prophezeiung erfüllte sich nur zur Hälfte. Mahlers Zeit kam zwar mit Macht, aber ein Großteil von Strauss' Werk ist und bleibt – zur Verärgerung der Kritiker, die es ebenso überflüssig finden, wie Mahler in seinem Brief andeutet – in Oper und Konzert beliebt. Doch davon abgesehen, stehen Mahlers harte Worte hier in schroffem Gegensatz zu denen über Strauss bei vielen anderen Anlässen. Nur sechs Wochen vorher hatte er ihn in einem anderen Brief an Alma als »ein sehr lieber Kerl« bezeichnet, »der in seinem Verhältnis zu mir mich rührt«. Fünf Jahre früher meinte er einem Kritiker gegenüber: »Abgesehen davon, daß ich wohl mit meinen Werken als Monstrum dastehen würde, wenn nicht die Straussischen Erfolge mir die Bahn geöffnet, sehe ich es als meine größte Freude an, daß ich unter meinen Zeitgenossen einen solchen Mitkämpfer und Mitschaffer gefunden. Schopenhauer gebraucht irgendwo das Bild zweier Bergleute, die von entgegengesetzten Seiten in einen Schacht hineingraben und sich dann auf ihren unterirdischen Wegen begegnen. So kommt mir mein Verhältnis zu Strauss treffend gezeichnet vor.«

Hat Mahler Strauss nun bewundert, sogar geschätzt, oder verabscheut? Die Wahrheit lautet, daß er ihm ambivalent gegenüberstand. Er war ungemein beeindruckt von »Salome«, Strauss' dritter Oper, und nannte sie »ein ganz geniales, sehr starkes Werk, das entschieden zu dem Bedeutendsten gehört, was unsere Zeit hervorgebracht!« Mehr noch: Zu den Gründen, warum Mahler 1907 Wien zu verlassen beschloß, gehörte auch, daß es ihm nicht gelungen war, die Zensoren zu überzeugen, ihn das Werk aufführen zu lassen. Desgleichen vernachlässigte er keineswegs Kompositionen von Strauss im Konzertsaal, obwohl es sich zumeist um Tondichtungen handelte, um Programm-Musik, mit der Mahler selbst eine Zeitlang geliebäugelt, sie dann aber verworfen hatte. Er versuchte sogar, Strauss davon zu überreden, er begebe sich in eine »Sackgasse«, wenn er weiter solche Sachen schreibe. »Sackgasse« oder nicht – Strauss-Werke erschienen auf Mahlers Konzertprogrammen häufiger als die Mozarts oder Haydns, Brahms' oder Schumanns, Mendelssohns oder Tschaikowskis.

Bis zu einem gewissen Punkt bewunderte Mahler Strauss auch als Dirigenten. Einmal notierte er, er selbst erreiche auch nach zahllosen Proben kaum einmal genau das, was er wolle, während Strauss es mit bloß zwei schaffe. Zweifellos verrät diese Bemerkung auch ein wenig Neid. So oft schien Strauss der Erfolg in den Schoß zu fallen, während sich Mahler jeden Zollbreit erkämpfen mußte. Schon ihr Äußeres deutete es an: Strauss war der hochgewachsene, elegante Deutsche mit festem Schritt und überlegenem Lächeln, Mahler der kurzgeratene, dunkelhäutige Jude mit explosivem Temperament. Doch welchen Neid Mahler auch empfinden mochte – Strauss' Grenzen standen ihm jederzeit klar vor Augen. Gewiß wußte er, daß Strauss schnell zum Ziel kam, aber daß eine Verbesserung nicht möglich sei, sagt er nirgends. Daraus läßt sich schließen, daß sich Strauss bei allem großen technischen Können (oder gerade deswegen) zu leicht zufriedengab. So stand also der Perfektionist gegen den Pragmatiker! Nicht daß Strauss der schöpferische Funke gefehlt hätte, weder als Dirigent noch als Komponist. Doch allzuoft lag er, wie es Mahler einmal plastisch ausdrückte, wie ein unterirdisches Feuer unter einer Menge Schutt vergraben.

Bald nachdem Mahler 1911 gestorben war, kam Strauss in einem Gespräch mit dem jungen Otto Klemperer, der Mahler seinen Durchbruch als Dirigent verdankte, auf ihn zu sprechen. Strauss bekannte, das Gerede seines verstorbenen Kollegen, er suche die Erlösung durch die Musik, habe ihn stets verwirrt. »Ich weiß nicht, wovon ich erlöst werden müßte«, soll Strauss Klemperer zufolge gesagt haben. »Wenn ich morgens an meinem Schreibtisch sitze und mir eine Idee kommt, brauche ich doch keine Erlösung. Was hat Mahler gemeint?«

Diese Bemerkung läßt tief blicken. Strauss kannte Mahler, mit gewissen Unterbrechungen, 24 Jahre lang. Er half ihm, benutzte ihn und war mit seinem Werk besser vertraut als fast jeder andere. Und doch hat er offenbar nicht erkannt, daß Mahler mit jeder Sinfonie neu zu erkennen rang: »Warum hast du gelebt? Warum hast du gelitten? Ist das alles nur ein großer, furchtbarer Spaß?« Mit anderen Worten: Strauss hat den wichtigsten Punkt an Mahler verpaßt. Für Mahler war Komponieren nicht bloß eine ideale Form, seinen Lebensunterhalt zu verdienen, sondern eine Frage von Leben und Tod. Im Sommer 1902 war Mahler ein verheirateter Mann, der gerade dabei war, eine Familie zu gründen. Er stand an der Schwelle zu seinen größten Leistungen an der Oper. Aber nichts von alledem bedeutete ihm so viel wie das Erschaffen seiner eigenen Musik. Alma mag das schon leise gespürt haben. Wenn nicht, sollte sie es bald erfahren.

VI
Maiernigg

Von allen österreichischen Seen scheint der Wörther See in Kärnten in ganz besonderer Weise dazu angetan, den Funken kompositorischen Schaffens zu zünden. Die herrliche Landschaft tut zweifellos das Ihrige dazu. Im Süden flankieren die Gipfel der Karawanken, der letzten natürlichen Hürde vor dem Balkan, den See, der sich als wahres Sonnenparadies über siebzehn Kilometer von Kärntens Hauptstadt Klagenfurt im Osten bis zum Kurort Velden im Westen erstreckt.

Nun gibt es in den Alpen viele atemberaubende Gegenden, und es ist schwer zu erklären, was dieser das besondere Flair verleiht. Etwas Geheimnisvolles und Dramatisches hängt in der Luft und widersteht sogar der allsommerlichen Invasion der Touristen, die in Scharen an die »österreichische Riviera« strömen. Vielleicht hat es damit zu tun, daß Kärnten jahrhundertelang ein Land der Begegnungen und Schlachten war, wie zahllose archäologische Funde beweisen. Die Kelten, denen die Berge heilig waren und die an ihren Hängen Siedlungen bauten, waren da. Ebenso die Römer als Soldaten und Händler. Desgleichen illyrische Stämme, Goten, Türken und Slowenen. Mag sein, daß auch das Klima hineinspielt. Die schwüle Hitze, die sich um den See staut, wird in regelmäßigen Abständen von gewaltigen Gewitterstürmen verjagt, deren blaue und weiße Blitze knisternd überm Wasser züngeln.

Was immer der Grund sein mag, diese Gegend beflügelt die Phantasie und reizt offenbar zum Komponieren. So hat Brahms beispielsweise gesagt, am Wörther See flögen ihm die Melodien, um die er an anderen Orten schwer ringen müsse, nur so zu. Er verbrachte mehrere Sommer bei Pörtschach am Nordufer und schuf dort unter anderem einen Großteil seiner Zweiten (und sonnigsten) Sinfonie und sein Violinkonzert. Anton Webern schrieb in den Jahren vor seinem Studium bei Schönberg einige ganz frühe Musikwerke in Klagenfurt und Umgebung. Alban Berg, auch er Schönberg-Schüler, komponierte in der Seeufereinsamkeit nahe Velden manche seiner besten Schöpfungen, darunter sein Violinkonzert und einen Teil der unvollendeten Oper »Lulu«. Das Konzert ist von einer doppelten Tragik überschattet. Berg widmete es »Dem Andenken eines Engels« – Manon Gropius, Almas liebreizender Tochter aus zweiter Ehe, die die Kinderlähmung schon 18jährig hinwegraffte. Berg selbst wurde bald nach Fertigstellung des Werkes im Jahre 1935 von einem Insekt gestochen. Die Wunde begann zu eitern, und binnen Monaten starb er an Blutvergiftung.

Auch die Mahlers ereilte später am Wörther See die Tragik, aber als sie im Juni 1902 dort hinkamen, trübte kaum ein Schatten ihr Leben. Mahler hatte gerade den Triumph der Dritten Sinfonie in Krefeld hinter sich, und vor ihnen lagen mehr als zwei Monate Ferien in einer Villa, die Mahler in Maiernigg, einem stillen Dorf am Südufer des Sees, hatte bauen lassen. Das Haus selbst, das Alma jetzt zum ersten Mal sah, nahm sich allerdings keineswegs wie ein idealer Erholungsort aus. Der eher abweisende Klotz aus Stein und dunklem Holz mit seinen wie Schutzwehren wirkenden Balkonen und Veranden über drei Stockwerke und der zum Eingang führenden Fußbrücke ähnelte eher einer Trutzburg als einem Ferienhaus. Die Innendekoration fand Alma »scheußlich«; sie kletterte auf sämtliche Schränke und riß die Flechtwerkverzierung ab.

Doch es gab auch Versöhnliches. Von allen Räumen hatte man einen herrlichen Blick auf den See; ganz besonders galt dies für Mahlers Zimmer, das sich wachtürmchengleich unter die Traufen des Steildaches schmiegte. Vom Garten aus führten Stufen zu einer Privatpromenade, einem Bootshaus und Umkleidekabinen hinunter, deren Flachdach sich ideal zum

Die Eltern: Bernard (1827–1889) und Marie (1837–1889).
Mahler sagte über sie: »Sie paßten so wenig zueinander wie Feuer und Wasser. Er war der Starrsinn, sie die Sanftmut selbst.«

Das erste bekannte Foto von Mahler im Alter von fünf oder sechs Jahren. Später erzählte er, welche Todesangst er ausgestanden habe, weil er meinte, gleich werde man ihn packen, in die Kamera stecken und dann auf ein Stück Karton kleben.

Mahler mit seiner ältesten
Schwester Justine (»Justi«)
und Freunden beim Besuch in
Bad Reichenhall,
1892.

Mahler 1899 mit Justi.
Zwei Jahre zuvor war er
Direktor der Wiener Hofoper
geworden.

Die neunzehnjährige Alma Maria Schindler im Jahre 1899, als sie Mahler zum ersten Mal begegnete.

Alma mit ihren Töchtern Maria, die »Putzi« gerufen wurde (1902–1907), und Anna, die auf den Namen »Gucki« hörte (1904–1988).

Das Gasthaus in Steinbach am Attersee, wo Mahler die Sommer von 1893 bis 1896 verbrachte. Rechts am See das »Komponierhäusl«, wo er die Zweite Sinfonie fertigstellte und die Dritte komponierte. Im Hintergrund das Höllengebirge, von dem er zu Bruno Walter sagte, das alles habe er »schon wegkomponiert«.

In dieser Villa, die Mahler in Maiernigg am Wörthersee erbauen ließ, verbrachte er die Sommer von 1902 bis 1907. Sein Schlafzimmer schmiegte sich »wachtürmchengleich« unter die Traufen des Steildaches.

In dieser Hütte im Wald oberhalb der Villa in Maiernigg vollendete Mahler seine Vierte Sinfonie und komponierte die Fünfte bis Achte.

Mahler mit Töchterchen Maria 1905 in der Villa in Maiernigg. Dort starb sie zwei Jahre später an Scharlach und Diphtherie.

Das Bauernhaus in Alt-Schluderbach in den Dolomiten, in dem Mahler von 1908 bis 1910 die Sommerferien verbrachte. Trotz seines Herzleidens marschierte Mahler auch bei schlechtem Wetter täglich nach Toblach *(rechts im Hintergrund)* und zurück.

Mahler 1909 mit Töchterchen Anna (die ihm verblüffend geglichen haben soll) am Bauernhaus von Alt-Schluderbach.

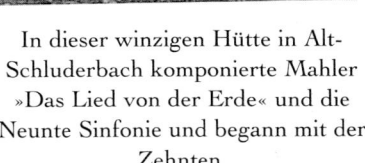

In dieser winzigen Hütte in Alt-Schluderbach komponierte Mahler »Das Lied von der Erde« und die Neunte Sinfonie und begann mit der Zehnten.

Alma und Gustav 1909 bei einer Bergwanderung in der Nähe von Alt-Schluderbach.

1910. Pragser Wildsee. Mahler bei Tisch mit Alma, Maria Moll, Töchterchen Anna (Mitte), dem Dirigenten Oskar Fried und Almas Mutter Anna Moll.

(Oben links) Arnold Schönberg (1874–1951) in der für ihn typischen, trotzigen Stimmung. Der revolutionäre Komponist und begabte Kunstmaler stand Mahlers Musik erst feindselig gegenüber, setzte sich jedoch später leidenschaftlich für sie ein.

(Oben rechts) Willem Mengelberg (1871–1951). Mahler sah in dem niederländischen Dirigenten des Amsterdamer Concertgebouw und (von 1921–1929) des New Yorker Philharmonic seinen einfühlsamsten Interpreten.

(Links) Bruno Walter (1876–1962), Assistent Mahlers in Hamburg und Wien. Der in Berlin geborene Dirigent setzte sich über ein halbes Jahrhundert lang für die Verbreitung von Mahlers Musik ein.

Mahler *(rechts)* sieht zu, wie sein Freund und Rivale Richard Strauss nach der österreichischen Erstaufführung von »Salome« im Mai 1906 selbstbewußt die Grazer Oper verläßt.

Natalie Bauer-Lechner (1858–1921). Die österreichische Violaspielerin betete Mahler an und verbrachte bis zu seiner Heirat im Jahre 1902 oft die Sommer bei ihm und seinen Schwestern.

Anna von Mildenburg (1872–1947), ein unvergleichlicher dramatischer Sopran (hier als Kundry in Wagners »Parsifal«); vor Alma war sie Mahlers größte Liebe.

Die 1869 eröffnete Wiener Hofoper.
Mahler wirkte von 1897 bis 1907 als ihr Direktor.

The Philharmonic Society
of New York

1910... SIXTY-NINTH SEASON ...1911

Gustav Mahler . . . Conductor

MANAGEMENT LOUDON CHARLTON

Carnegie Hall

TUESDAY NIGHT, JANUARY 17
AT EIGHT-FIFTEEN
FRIDAY AFTERNOON, JANUARY 20
AT TWO-THIRTY

Soloist
MME. BELLA ALTEN
(of the Metropolitan Opera House)

All-Modern Programme

1. OVERTURE "Das Kätchen von Heilbronn" . . . . *Pfitzner*
2. SYMPHONY No. 4, in G major . . . . *Mahler*
   I Recht gemächlich
   II In gemächlicher Bewegung
   III Ruhevoll
   IV Sehr behaglich
   Solo Part: MME. ALTEN
3. "EIN HELDENLEBEN" Opus 40 . . . . *Richard Strauss*

The Steinway Piano is the Official Piano of the Philharmonic Society

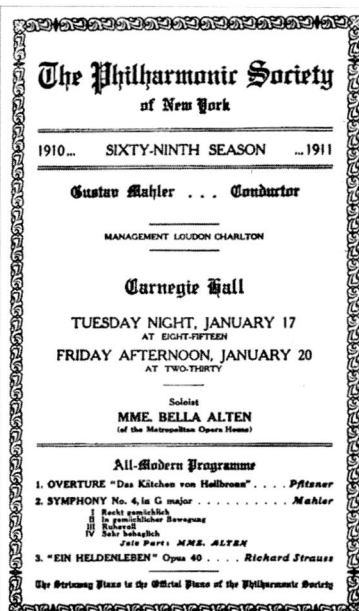

Am 17. und 20. Januar 1911 dirigierte Mahler zum letzten Mal sein eigenes Werk – die Vierte Sinfonie – in der Carnegie Hall, New York.

(Unten) Die Metropolitan Opera. An ihr gab Mahler am 1. Januar 1908 mit »Tristan und Isolde« sein triumphales New Yorker Debüt und dirigierte von da an regelmäßig mit großem Erfolg, bis er dann 1909 das New Yorker Philharmonic übernahm. 1910 kehrte er für die ersten Aufführungen von Tschaikowskis »Pique Dame« in Amerika noch einmal kurz als Gast an die Met zurück.

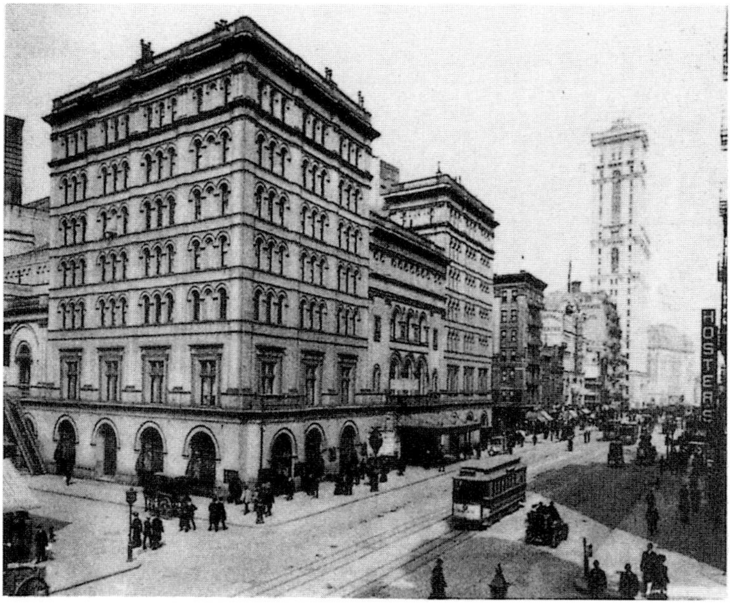

Mahler und seine Musik regten die Phantasie der Karikaturisten an:
(Oben) Bei der Wiener Premiere seiner Ersten Sinfonie am 18. November 1900.
(Unten) Ein Saaldiener bringt Mahler bei, es seien keine Zuhörer mehr übrig,
denn für die Aufführung eines seiner Monsterwerke werde alle Welt auf der
Bühne gebraucht.

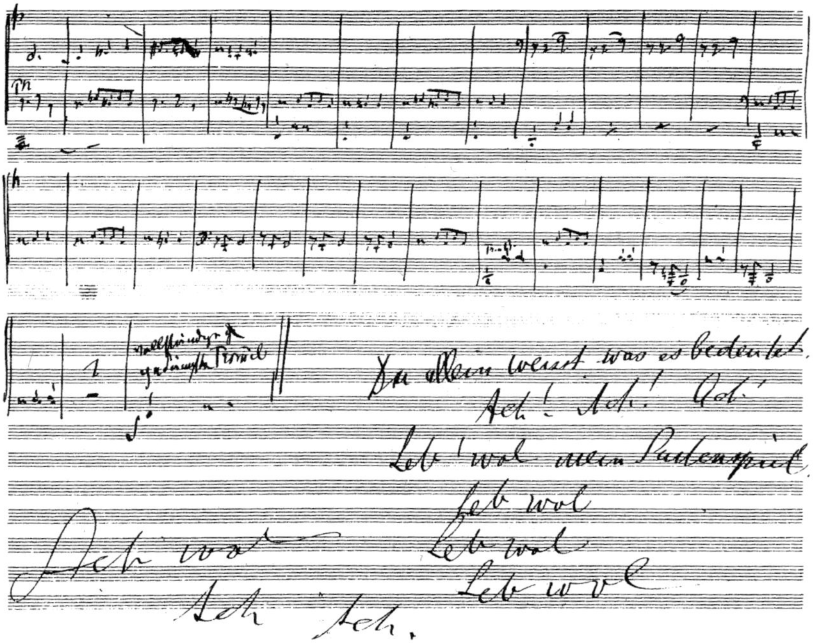

Die Schlußseite des vierten Satzes der Zehnten Sinfonie bezeugt lebhaft Mahlers panische Angst, Alma zu verlieren. Später kritzelte er auf die Partitur: »für dich leben! für dich sterben! Almschi«; hier: »Du allein weisst was es bedeutet. Ach! Ach! Ach! Leb' wol mein Saitenspiel! Leb wol Leb wol Leb wol«

Scherenschnitte von Troianski. »Wie eine Katze, die sich in Krämpfen windet«, beschrieb ein Spaßvogel Mahlers Dirigierweise. Später änderte Mahler jedoch seinen Stil und versagte sich am Pult jede ausladende Geste.

Mahler bei der letzten Überfahrt von New York nach Europa im April 1911. Einen Monat danach starb er in Wien.

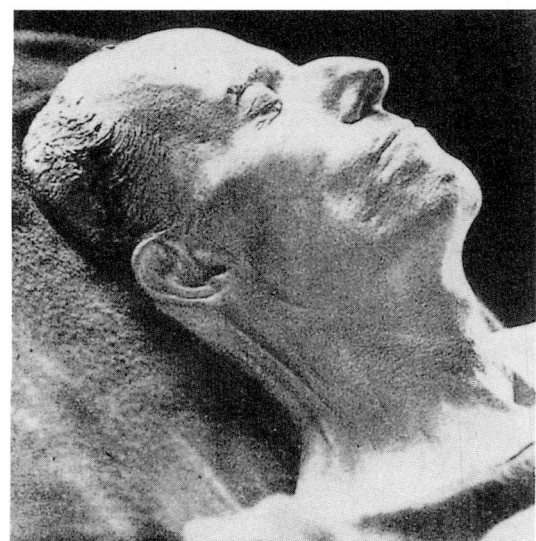

Mahlers Totenmaske (abgenommen von Carl Moll).

Sonnenbaden eignete. Später, als ihr erstes Kind geboren wurde, karrte Mahler Sand für einen Spielplatz am See heran. Sicher könne es Schlangen geben, gestand er der verängstigten Alma, doch keine giftigen, denn die scheuten das Wasser: »Frage jeden Arzt.«

Mahler war stolz auf den Besitz, fast ein wenig schuldbewußt, daß er ihm gehörte. »Es ist zu schön«, murmelte er 1901, als er einzog. »Man vergönnt es sich nicht.« Viel schärfer war er im Grunde auf ein weitaus einfacheres Gebäude: sein neues Komponierhäuschen etwa 60 Meter weiter oben in den dichtbewaldeten Hügeln unmittelbar hinter der Villa. Jedesmal, wenn sie im Sommer nach Maiernigg kamen, ließ Mahler die Koffer stehen und eilte über einen der steilen Pfade, die sich durch die Fichten wanden, zu seinem Refugium. Dort stieß er die Läden der drei Fenster auf, sog die frische Waldluft in sich ein, und schon fielen seine Wiener Opernsorgen von ihm ab. Selbst beim Komponieren blieben die Fenster jetzt meist offen. Das Vogelgezwitscher störte ihn nicht mehr wie noch vor Jahren in Steinbach, und Drehorgelspieler kamen nur selten vorbei.

Abgesehen von den Schlafenszeiten, verbrachte Mahler fast ebenso viele Stunden in seiner Hütte wie in der Villa. Da sie geräumiger und solider gebaut war als das Komponierhäusl in Steinbach, bot sie massenhaft Platz für seinen Schreibtisch, den Flügel und Bücher über Bücher – Goethe, Kant und viele Bände Bach. Gleich nebenan gab es sogar ein separates Toilettenhäuschen, das eine Eule hartnäckig als Nistplatz mißbrauchte. Eines Tages, schrieb Mahler einem Freund trocken, werde an seiner Werkstatt im Wald ein Schild angebracht werden, auf dem stehe: »Hier saß jeden Morgen der seinerzeit so berühmte G. M.« Er hoffe allerdings, daß die Gedenkplatte auch am richtigen Häuschen angebracht werde. Die Sorge war überflüssig: Nur die inzwischen geschmackvoll als Museum eingerichtete Komponierhütte steht noch.

Während aller Sommer, die er mit Alma in Maiernigg verbrachte, mit Ausnahme des sechsten und letzten, war Mahlers Tagesablauf fast stets derselbe. Er stand gegen sechs Uhr auf und begab sich zur Hütte zum Frühstück, das ihm die Köchin heraufbrachte, offenbar eine Frau mit übernormalem Stehvermögen und sicherem Tritt. Es folgten mindestens fünf, manchmal sogar erheblich mehr Stunden ununterbrochener Arbeit. Nach dem Wiederabstieg zur Villa schwamm und sonnenbadete er dann mit Alma. Nach einem leichten Mittagessen unternahmen die beiden ausgedehnte und anstrengende Spaziergänge, auf denen Mahler manchmal stehenblieb, sich Notizen machte oder Takte in die Luft schlug. Brach Alma vor Erschöpfung fast zusammen, sagte Mahler: »Ich liebe dich«, worauf sie sich wieder zusammenriß. Am Abend lasen oder musizierten sie, manchmal mit Freunden.

»Mahler machte zu jener Zeit den Eindruck eines kerngesunden Menschen«, schrieb der Secessions-Kunstmaler Alfred Roller, der Mahlers Bühnenbildner wurde und regelmäßig in Maiernigg zu Gast weilte. Diese Äußerung muß hervorgehoben werden. Mahler hatte damals sein 40. Lebensjahr schon überschritten. Hinter ihm lagen mehrere schwere Erkrankungen und Operationen sowie über zwei Jahrzehnte voller Theaterkämpfe, von den familiären Belastungen ganz zu schweigen. Nach alledem hätte er gut und gerne ein kränkelndes Nervenbündel sein können, wie Alma oft durchblicken läßt, ohne es ganz so deutlich zu sagen. In den *Erinnerungen* läßt sie zwar an Mahlers Energie in jener Zeit keine Zweifel aufkommen. Aber sie behauptet doch, sie habe von Anfang an gespürt, daß die Schwimm- und Sonnenbadroutine in Maiernigg sein Herz angestrengt habe, und nennt seine Menüwünsche »Krankenkost«.

Rollers Darstellung, geschrieben mit dem Blick des Malers fürs winzigste Detail, offenbart uns hingegen einen nahezu in der Blüte körperlicher und geistiger Kraft stehenden Mann. Wegen seiner Hämorrhoiden war Mahler, wie seine Gastgeberinnen, darunter Berta Zuckerkandl, zu ihrem Bedauern hatten feststellen müssen, in der Essensauswahl heikel bis pingelig. Demgegenüber sagt Roller: »Er aß gern und mit Genuß. Viel Obst, besonders Äpfel und Orangen, viel Butter, leichte

Gemüse und Mehlspeisen, wenig Fleisch und immer nur das von Haustieren. Wild und das Fleisch freilebender Tiere mied er vollkommen. [...] Er schlief vortrefflich, liebte seine Zigarre und genoß gern des Abends ein Glas Bier. Schnäpse mied er gänzlich.«

Wie Alma stellte auch Roller fest, daß Mahler auf den Spaziergängen so schnell ging, daß man ihm kaum folgen konnte. »Im Eilschritt, [...] in dem sich die weiteren Spaziergänge vollzogen, trug er den Oberkörper leicht vorgeneigt, das Kinn vorgestreckt und trat fest, fast stampfend, auf. Diese Gangart hatte etwas Stürmisches, etwas ausgesprochen Triumphales.« Blieb er stehen, dann oft, um noch von Aussichten zu schwärmen, die weniger Naturvernarrten ganz und gar nicht als etwas Besonderes vorkamen. »Sagen Sie, ist das nicht ein herrlicher Platz! Ist es da nicht wunderschön«, pflegte er dann wieder und wieder zu seinen verwirrten Begleitern zu sagen. Mahlers Schwimmvergnügen begann »gewöhnlich mit einem mächtigen Kopfsprung. Dann schwamm er lange unter dem Wasser, und weit draußen im See kam er erst wieder zum Vorschein, sich behaglich im Wasser wälzend wie eine Robbe. Mit Mahler gemeinsam zu rudern war kein Vergnügen. Er hatte einen sehr kräftigen Streich und einen viel zu schnellen Schlag. Aber seine Kraft befähigte ihn, diese Anstrengung lange auszuhalten.«

Beim Sonnenbaden bemerkte Roller, daß Mahlers Körper muskulös war und keine Spur überflüssiges Fett aufwies. »Ich habe infolge meines Berufes eine große Zahl nackter Menschenkörper aller Art beobachtet und erkläre, daß der 40jährige Mahler einen tadellos schönen, kräftig-schlanken Manneskörper besaß, der allerdings kaum siebeneinhalb Kopflängen gemessen haben mochte. Ich konnte, als ich ihn zum erstenmal nackt sah, eine Bemerkung der Überraschung über diese Muskelpracht nicht zurückhalten. Mahler lachte gutmütig, da er merkte, daß auch ich durch das allgemeine Geschwätz über seine dürftige Körperlichkeit beeinflußt worden war.« Roller fühlte sich sogar an ein Rennpferd in bester Kondition erinnert. Kein übler Vergleich. Mahler liebte die körperliche Betätigung im Freien. Aber er brauchte sie auch, um in Form zu bleiben und seine Werke noch im Sommer über die Zielgerade zu bringen.

Wer Mahlers am unmittelbarsten eingängige Sinfonie, die Vierte, kennt, könnte leicht zu dem Schluß gelangen, sie sei im Sommer 1902 in Maiernigg geschrieben worden. Das Werk atmet eine Leichtigkeit und Anmut, die einen Komponisten vermuten lassen, für den sich endlich die Dinge harmonisch ins Leben fügten. Doch diese Schlußfolgerung wäre falsch. 1902 vollendete Mahler seine Fünfte Sinfonie, die einiges gewichtiger und oft auch angstdurchweht ist. Die Vierte war bereits fertig (soweit irgendein Werk des ewigen Revisionisten Mahler je endgültig als fertig bezeichnet werden kann) und hatte ihren Schöpfer endlose Mühe gekostet. Ebendieser Mühe, sich zur Arbeit zu zwingen, ist es sogar weitgehend zuzuschreiben, daß Mahler schließlich Hausbesitzer in Maiernigg wurde.

Nach Beendigung der Dritten Sinfonie im Jahre 1896 hatte Mahler drei Jahre lang nur wenig komponiert. Das war mehr oder weniger eine Zwangspause. 1897 kämpfte er um den Opernposten in Wien, und 1898 mußte er sich erneut die Hämorrhoiden entfernen lassen und brauchte einen Großteil des Sommers für die Genesung. Er vollendete zwei weitere Wunderhorn-Lieder, aber das war auch schon fast alles. Entschlossen, sich 1899 endlich wieder ernsthaft dem Komponieren zuzuwenden, buchte er für sich, Justi und Natalie ein Ferienhaus in einem ruhigen Dorf. Doch als die drei im Juni vor der Tür standen, mußten sie feststellen, daß die Besitzer das Haus zur Hälfte zugeschlossen hatten und der Rest ungeeignet war. Es folgten zehn Tage eifriger Suche, bis sich schließlich im Salzkammergut ein geeignet erscheinender Ersatz fand – eine alleinstehende Villa hoch über dem Badeort Altaussee (Mahlers Aufenthaltsort in jenem Sommer, in dem sein Weg erstmals den Almas kreuzte). Doch leider erwies sich auch diese Wahl als untauglich. Oft regnete es in Strömen und wurde so kalt, daß Mahler kaum die Feder festhalten konnte. Begab er sich ins Dorf, so fand sich der »Herr Direktor« von den »Kurgästen« begafft, worauf Mahler sie prompt in »Kuhgäste« umtaufte. Am schlimmsten aber war, daß das störende »Umpa-Umpa« der Dorfkapelle bis zu Mahlers fernem Fenster drang.

Schon waren die Ferien zum größten Teil verstrichen, und Mahler hatte nur ein einziges Lied geschrieben, ein paar Fahnen früherer Werke korrigiert und sich bereits damit abgefunden, daß er kaum mehr zustande bekäme. Doch dann fuhren ihm wider alle Erwartung so viele Ideen für eine vierte Sinfonie durch den Kopf, daß er ihrer kaum Herr wurde. Er hatte sogar Ohnmachtsanfälle, während er in einem verzweifelten Wettlauf mit der Zeit und vor dem nächsten Trompetenstoß der Kapelle da unten möglichst viel aufs Papier zu bannen versuchte. Kaum waren die ersten zwei Sätze einigermaßen skizziert und der dritte geplant, mußte er abbrechen und nach Wien zurückkehren. Er warf die unfertige Partitur in die unterste Schublade und konnte, wie er zu Natalie sagte, nicht einmal mehr an sie denken, ohne daß es ihm einen Stich gab.

So konnte es nicht weitergehen. Mahler wußte, daß er unbedingt ein Feriendomizil auf Dauer brauchte, und im August machten sich Justi und Natalie mit dem Fahrrad zu einer Erkundungstour auf. Immer noch mit leeren Händen und zunehmend bedrückt, bestiegen sie einen Dampfer über den Wörther See, als sie, wie Natalie berichtet, zufällig auf Anna von Mildenburg stießen. Sie nahm sie zu einem ihr bekannten Architekten in Maiernigg mit, der den beiden Haussucherinnen sagte, bauen sei klüger als mieten. Wenige Wochen später war ein Grundstück für die Villa samt Komponierhütte gefunden, und Mahler eilte nach Maiernigg, um den Vertrag zu unterschreiben. Die Hütte sollte schon im nächsten Sommer, das Haus ein Jahr später fertig sein.

Mittelbar verdankte Mahler also sein Feriendomizil dieser Zufallsbegegnung mit seiner einstigen Hamburger Flamme Anna, die jetzt seinem Wiener Ensemble angehörte. Das klingt wie ein höchst bemerkenswertes Zusammentreffen von Umständen, aber da Anna aus der Region stammte, mag es wirklich purer Zufall gewesen sein. Kurzum, sie verbrachte auch die folgenden Sommer in der Gegend, und nachdem die jungvermählten Mahlers eingezogen waren, gewöhnte sie sich an, mit – wie Alma sagt – »einem räudigen Hund« auf den Fersen uneingeladen hereinzuschneien. Mindestens ein solcher Besuch nahm eine spektakuläre Wendung. Während draußen ein heftiges Gewitter tobte, das die Zweige der nahen Bäume gegen die Villa peitschte, und Anna drinnen die »Walküre« spielte, zog es Mahler auf die Terrasse, von wo er der schwangeren Alma zurief, sie solle nachkommen. Sie weigerte sich. Anna, deren langes Haar ihr im Sturm übers Gesicht flatterte, wandte sich triumphierend Mahler zu und schmähte: »Die ist ja feig!« Mag Alma auch oft fürchterlich eifersüchtig gewesen sein – manchmal hatte sie Grund dazu.

Eigentlich hätte Mahler die Vollendung der Vierten Sinfonie im Jahre 1900 wenig Kummer bereiten sollen. Sie war schon ziemlich weit gediehen, das Komponierhäuschen in Maiernigg war wie versprochen im Juni fertig, und bis zur Fertigstellung des Hauses fanden er, Justi und Natalie eine geräumige Mietvilla gleich in der Nähe. Doch trotz alledem brachte Mahler zunächst praktisch nichts zuwege. Allmählich war ihm verzweifelt zumute. Vor einem Jahr hatte er in düsterer Vorahnung zu Natalie gesagt, am Ende werde er sein Sommerhaus, seinen Seelenfrieden und seine Ruhe und alles haben, was er für sein Wohlbefinden brauche – nur der schöpferische Künstler werde nicht dasein. Diese Prophezeiung schien sich bewahrheiten zu wollen.

Mahlers mentale Sperre in diesem Sommer war Anlaß zu manch einfallsreicher Psychoanalyse. Theodor Reik beispielsweise argumentiert, ein unterbewußtes Schuldgefühl, weil er seine Sinfonie nicht fertiggestellt habe, bevor er sich mit dem Auftrag für den Bau der Villa »belohnte«, könne Mahler blockiert haben. Desgleichen ist Mahlers Besorgnis, die Kreativität könne ausbleiben, mit einer Angst vor sexueller Impotenz verknüpft worden.

Vielleicht kommt jedoch Natalie der Sache näher, wenn sie bemerkt, als er in Maiernigg ankam, sei Mahler von der schiefgelaufenen Parisreise mit den Wiener Philharmonikern, von der er gerade zurückgekehrt war, völlig ausgelaugt gewesen und habe erst einmal Zeit gebraucht, sich davon zu erholen. Wie immer die Wahrheit aussehen mag: Anfang Juli – um seinen 40. Geburtstag – brachte Mahler schließlich die Sinfonie wieder auf den Weg und vollendete sie etwa binnen Monatsfrist, komponierte allerdings nur selten mit der Leichtigkeit, die ihn in Steinbach beseelt hatte. Einige spätere Werke Mahlers, insbesondere die Achte Sinfonie, brachen immer noch wie viele seiner früheren in hektischen kreativen Schüben aus ihm heraus. Aber die Schwierigkeiten mit der Vierten waren für ihn eine nützliche Lektion. »Vielleicht ist es gar nicht nötig und nicht einmal das Richtige, daß ein Werk immer so aus der Stimmung, gleich einer Eruption, entspringt«, sagte er in jenem Sommer zu Natalie. »Es muß vielmehr ein gleichmäßiges Können an ihre Stelle treten: die eigentliche Kunst, welche dem, der sie besitzt, immer zu Gebote steht und alle Schwierigkeiten, auch die des eigenen Übelbefindens, überwindet.«

Die Vierte läßt fast nichts von ihrer schmerzlichen Geburt erkennen. Vom Klang der Schlittenglocken am Anfang bis zum ätherischen Wunderhornlied »Das himmlische Leben« am Ende entfaltet sie sich mit geradezu mozartscher Durchsichtigkeit und Leichtigkeit. Der gequälte Mahler, der immer »unter der Kopfhaut den Knochenschädel sah«, scheint entschwunden – oder doch fast. Im zweiten Satz, dem Scherzo, kreischt zwar eine einen Ton höher gestimmte Violine »wie wenn der Tod aufspielt« und zittern die Holzbläser nach Kräften. Aber dieser Einbruch ist nicht von Dauer. Das anschließende Adagio (das Richard Strauss so bewunderte) endet in einem strahlenden Fortissimo des ganzen Orchesters, das den letzten Kummer hinwegschwemmt. In Mahlers Worten ist die Grundstimmung des Werkes wie »das ununterschiedene Himmelsblau. [...] Nur manchmal verfinstert es sich und wird spukhaft schauerlich: doch nicht der Himmel selbst ist es, der sich trübt, er leuchtet fort in ewigem Blau. Nur uns wird er plötzlich grauenhaft, wie einen am schönsten Tage im lichtübergossenen Wald oft ein panischer Schrecken überfällt.«

Der Ausbruch am Ende des Adagios ist einer der wenigen in der Sinfonie. Nach Mahlerschen Größenordnungen ist das Orchester ohne Kontrabaß oder Posaunen und mit »nur« vier Hörnern (verglichen mit Baßtuba, vier Posaunen und acht Hörnern in der Achten) eher klein, und die Aufführung der ganzen Sinfonie dauert meist weniger als eine Stunde. Das heißt nicht etwa, sie sei einfach. Der erste Satz gehört zu den komplexesten, die Mahler je schrieb – ein Wunderwerk feinstgesponnener Organisation, das die Leichtigkeit, mit der er ins Ohr geht, vollkommen Lügen straft. Er beginnt auch, »als ob er nicht bis drei zählen könnte«, wie Mahler bemerkt, »dann aber geht es gleich ins große Einmaleins, und zuletzt wird schwindelnd mit Millionen und aber Millionen gerechnet«. Desgleichen gesteht er, die Stimmführung eines offenbar kunstlosen Themas darin habe ihm ungeahnte Kopfschmerzen bereitet. »Hier aber fehlt mir wahrscheinlich heute noch der Kontrapunkt, der reine Satz, welcher da für jeden Schüler, der ihn geübt hat, spielend eingreifen müßte.«

Ein ziemliches Geständnis für einen Direktor der k. k. Oper, der bereits drei massive Sinfonien hinter sich hatte. Es bestätigt nicht nur, daß Mahler, als er das Wiener Konservatorium verließ, tatsächlich noch eine entscheidende Kunstfertigkeit fehlte, die er danach mit Intuition und viel Schweiß aufholen mußte. Es hilft auch erklären, warum er im Komponierhäuschen in Maiernigg neben seiner eigenen Musik nur die von Bach zur Hand hatte, dem unübertroffenen Meister des Kontrapunkts. Nach Natalie rief er einmal aus: »Unsagbar ist, was ich von Bach immer mehr und mehr lerne (freilich als Kind zu seinen Füßen sitzend).« Schon in seinen Hamburger Tagen hatte Mahler von Bachs Werk als einer »kastalischen Quelle« gesprochen, in der er nach einem weiteren Abend im Opernjoch den »Kulissenschmutz« wegspülen könne. Spätestens zur Maiernigg-Zeit war Mahlers Bewunderung für Bach so groß geworden, daß dieser in seinem musikalischen Pantheon jedenfalls als Pädogoge gleichberechtigt neben Mozart, Beethoven und Wagner stand.

Ganz abgesehen von der »größten Mühe«, die ihm nach eigener Aussage weiterhin der Kontrapunkt verursachte, baute sich Mahler in die Vierte ein weiteres Vexierrätsel ein, das ihm die Sache noch mehr erschwerte. »Das himmlische Leben« hatte Mahler ursprünglich 1892 in Hamburg komponiert und später daran gedacht, es als siebten und letzten Satz an seine Dritte Sinfonie anzufügen. Nachdem er diese Idee wieder verworfen hatte, die ein ohnehin schon marathonhaftes Werk aus dem Gleichgewicht gebracht und noch länger gemacht hätte, beschloß er, das Lied als Schluß der Vierten zu verwenden. Auf den ersten Blick mag es scheinen, als sei es kaum schwerer, zu einem vorhandenen Finale eine passende Sinfonie zu schreiben, als in der Algebra zu einer gegebenen Lösung eine passende Gleichung zu finden. Doch was in der Mathematik hingehen mag, gilt nicht zwangsläufig auch in der Kunst. Wie konnte Mahler seinem Werk das Gefühl einer Entwicklung verleihen, ohne beim Übergang zu dessen vorgegebenem naiven Ende ins Triviale zu verfallen? Die Antwort darauf ist vielschichtig, im wesentlichen aber hat Mahler das Problem dadurch bewältigt, daß er es als verborgene Lösung anging. Die Sinfonie entwickelt sich tatsächlich, aber rückwärts; sie entledigt sich schrittweise der Komplexität des »großen Einmaleins« im ersten Satz und gelangt zum geradlinigen »zwei und zwei« der Himmelsvision eines Kindes im letzten. Die Methode funktioniert, weil Mahler im wesentlichen vermitteln will, menschliche Seligkeit sei nur dadurch zu erreichen, daß man Überklugheit gegen Einfachheit eintauscht. »Wenn ihr nicht werdet wie die Kinder, werdet ihr nicht ins Himmelreich eingehen«, unterstreicht er im letzten Satz, wenngleich nicht mit einem Text aus der Bibel, sondern aus dem Wunderhorn. Ganz zum Schluß schweigt sogar die Sopranstimme, während Streicher und Harfe langsam im Pianissimo verebben zu einem »Frieden, der alles Verstehen übersteigt«.

Nicht jeder freilich sieht das Werk auf diese Weise. Vor allem Theodor Adorno nicht, dessen zahlreiche Goldklümpchen kritischer Erkenntnis allerdings mühsam aus einer sich trübe dahinquälenden Prosa herausgesiebt werden müssen. Nach Adorno bedeutet die Vierte Sinfonie genau das Gegenteil dessen, was sie von der ersten bis zur letzten Note zu besagen scheint. Die seraphischen Schlittenglocken am Anfang seien in Wirklichkeit Narrenschellen, die warnten, »was ihr nun vernehmt, ist alles nicht wahr«. Das Paradies werde nur präsentiert, um »anzumelden, daß es nicht sei«. Möge der Sopran auch im Finale verheißen, »daß alles für Freuden erwacht«, so wisse, wenn die Musik verebbt, doch keiner, »ob sie nicht für immer einschläft«. Mahler äußere nicht den Glauben an die Unzerstörbarkeit kindlicher Unschuld, sondern betrauere deren unwiederbringlichen Verlust.

Stimmt diese Sicht, dann ist die Vierte tatsächlich, wie Adorno sagt, eine Märchensinfonie so traurig wie irgendein Spätwerk Mahlers. Einige Indizien könnten tatsächlich darauf hinweisen. Schon im nachgeäfften Trauermarsch seiner Ersten Sinfonie hat sich Mahler als Meister der Ironie und Vieldeutigkeit erwiesen, weshalb er auch in der Vierten dasselbe Spiel gespielt haben könnte. Selbst seine ausdrückliche Anweisung an den Sopran, das Finale »mit kindlich heiterem Ausdruck; durchaus ohne Parodie« zu singen, kann – jedenfalls von Adorno-Fans – als weiteres Zeichen solch hintersinniger Verschlagenheit gedeutet werden. Zudem war dies die erste Sinfonie, die Mahler nach der Ernennung zum Direktor in Wien schrieb, einem Karriereziel, um das er seit langem gekämpft und für das er (mindestens formal) den Glauben gewechselt hatte. Doch selbst nach Erreichen der Spitze in seinem Berufsstand hatte sich die Perfektion, die er in Oper wie Konzertsaal anstrebte, als so flüchtiges Unterfangen herausgestellt wie eh und je. Könnte nicht die Vierte das verschleierte Eingeständnis sein, daß sich seine jugendlichen Idealvorstellungen, jedenfalls als ausübender Musiker, vielleicht aber auch in anderer Beziehung, letztlich niemals verwirklichen lassen würden?

Mag sein – aber dann ist die Verschleierung selbst für Mahler äußerst kunstvoll. So kunstvoll, daß sie für die meisten Zuhörer undurchdringlich bleibt. Wahrscheinlicher ist daher, daß das Stück tatsächlich in dem Geist aufgefaßt werden soll, in dem es angeboten zu werden scheint und in dem Mahler darüber sprach. Anfänglich wirkte es auf die Zuhörer verblüffend, nicht zuletzt, weil sie mittlerweile erwarteten, daß Mahler-Sinfonien sehr laut und sehr lang sein mußten. Das aber war genau der Punkt. Mit seiner gewaltigen Dritten Sinfonie hatte Mahler eine Vision der ganzen Schöpfung von den niedrigsten bis zu den erhabensten Dingen vorgelegt. Welch weiteren Weg gab es von da aus überhaupt, musikalisch und philosophisch? Die Antwort lag fertig vor ihm im Wunderhornlied, mit dem er als »Was mir das Kind erzählt« die Dritte hatte abrunden wollen. Seine Botschaft der Einfachheit und Unschuld konnte nun die Grundlage eines neuen Werkes bilden, kleiner im Umfang und subtiler im Inhalt. Sollten die Glocken am Anfang wirklich die Schellen eines Narren sein, wie Adorno behauptet, so ist es ein heiliger Narr – etwa wie Wagners Parsifal oder Aljoscha in Mahlers Lieblingsroman *Die Brüder Karamasow*. Oder auch gleich jenem kindhaften Aspekt in Mahlers eigenem, vielschichtigem Wesen. »Meine IV. [Sinfonie] wird Dir ganz fremd sein«, schrieb er Alma bald nach der Verlobung. »Die ist wieder ganz Humor – ›naiv‹ etc; weißt Du, das an meinem Wesen, was Du noch am Wenigsten in Dir aufnehmen kannst – und was jedenfalls in alle Zukunft nur die Wenigsten erfassen werden.«

Hat Mahler bemerkt, daß es zwischen seiner Vierten und der Beethovens eine Parallele gab? Beide sind kompakter als ihre unmittelbare Vorgängerin (bei Beethoven die mächtige »Eroica«), und beide besitzen eine unerwartete Leichtigkeit, wegen der sie leicht unterschätzt werden. Die Parallele ist mit den beiden Vierten nicht zu Ende. Mahler beginnt seine Fünfte Sinfonie mit einem dem »Schicksalsklopfen an der Tür« sehr nahe verwandten Motiv, das Beethoven fast ein Jahrhundert zuvor zur Eröffnung seiner Fünften benutzt hatte. Der

Unterschied liegt darin, daß Mahler sein »Schicksals«-Thema einer Trompete anvertraut und nicht hauptsächlich den Streichern wie Beethoven und daß es den Auftakt zu einem Trauermarsch bildet. Wir sind wieder mitten in der tragischen Stimmung des ersten Satzes der »Auferstehungs-Sinfonie«. Was ist aus der ewigen Seligkeit von »Das himmlische Leben« geworden?

Eine mögliche Antwort dürfte auf der Hand liegen. Mahler begann mit dem Komponieren der Fünften Sinfonie im Sommer 1901, nur wenige Monate nachdem er im Februar in Wien fast verblutet wäre. Kein Wunder, daß viele Kommentatoren eine Verbindung herstellen zwischen dem tragischen Ton eines Großteils der Fünften und dieser jüngsten Begegnung mit dem Tod. Das wird noch plausibler, da vieles andere, was Mahler in diesem höchst ergiebigen Sommer komponiert hat, ebenfalls düster ist, so zum Beispiel das Lied »Der Tamboursg'sell« über einen jungen Mann, der wegen eines nicht genannten Verbrechens, vermutlich der Desertion, hingerichtet werden soll. Es ist das letzte Wunderhorn-Gedicht, das Mahler vertont hat, und vielleicht das bitterste Lied, dessen langsamer, aber unerbittlicher Marschrhythmus und wirbelnde Schnarrtrommelbegleitung nicht die kleinste Hoffnung auf Vergebung lassen. Eine andere, aber keineswegs weniger intensive Trauer geistert durch die »Kindertotenlieder«, von denen Mahler in jenem Sommer drei und 1904 zwei komponierte. Nach Natalie soll Mahler gesagt haben, es tue ihm leid für sich selbst, daß er diese Lieder schreiben müsse, und leid für die Welt, die sie eines Tages hören werde. Weithin durch den Zyklus unterstreicht eine sparsame, manchmal skeletthafte Instrumentierung das Leid der Eltern, dessen Tiefe sich der vollen Äußerung entzieht. Er spiegelt übrigens auch eine neue Genügsamkeit Mahlers bei der generellen Orchestrierung wider, die schon die Kargheit seiner Spätwerke wie »Das Lied von der Erde« ankündigt.

Natürlich konnte es gar nicht ausbleiben, daß Mahlers ernsthafte Krankheit auf seinen Geisteszustand eingewirkt und sich letztlich auf die eine oder andere Weise auch in seiner Musik niedergeschlagen hat. Aber liegt das wirklich der Düsterheit vieler seiner Werke im selben Jahr zugrunde? Wie praktisch – und langweilig –, wenn sich der schöpferische Prozeß so einfach ausloten ließe! Mahler war auch Ende 1893 in Hamburg schwer krank und möglicherweise dem Tode nahe, und dennoch schrieb er im folgenden Sommer das freudige Finale seiner »Auferstehungs-Sinfonie«. Trotz gewaltiger Enttäuschungen in den Jahren 1899 und 1900 hat er die leichtfüßige Vierte geschrieben. Die Sechste bietet ein noch seltsameres Bild. Mahler komponierte sie in den beiden Sommern 1903 und 1904, die zu den glücklichsten seines Lebens gehörten – oder sich jedenfalls als solche darstellen, wenn wir alles zugrunde legen, was wir über den damaligen Zustand seiner Ehe, Gesundheit und Karriere wissen. Dennoch ist die Sechste die einzige Sinfonie Mahlers, die eindeutig in der Katastrophe zu enden scheint.

Mit anderen Worten: Zwischen Mahlers körperlichem Befinden und dem Wesen seines Werkes besteht so oft kein erkennbarer Zusammenhang, daß es klug ist, Vorsicht walten zu lassen, wann immer ein solcher auftaucht. Doppelte Vorsicht bei seinen »Kindertotenliedern«. Kein Werk, abgesehen vielleicht von der Sechsten Sinfonie, ist mehr mißbraucht worden, um den Mythos von Mahler als tragischem Propheten zu untermauern. Das geht dann so: Alma berichtet, als Mahler 1904 die »Kindertotenlieder« vollendet habe, habe sie ihn gewarnt: »Um Gottes willen, du malst den Teufel an die Wand!« Drei Sommer später starb eine ihrer kleinen Töchter. Ergo hat Mahler als düsteres Kunstgenie übernatürliche Kräfte an den Tag gelegt und das Ereignis in seiner Musik vorausgesagt. Da sind die psychoanalytischen Erklärungen für die »Kindertotenlieder« noch überzeugender. In einer der eleganteren argumentiert der Amerikaner Stuart Feder, daß Mahler 1901 so knapp dem Tod entronnen war, habe ihn unbewußt dazu angespornt, über die Vaterschaft eine Art Unsterblichkeit anzustreben. Daher rühre sowohl Mahlers hastiges Werben um

Alma als auch seine fast gleichzeitige Komposition der »Kindertotenlieder«, in denen sich Geburt und Tod mischten.

Vielleicht ist etwas daran. Doch wenn Mahler den Zyklus 1901 aus Sehnsucht nach Kindern begonnen hat, warum kehrte er dann drei Sommer später wieder zu ihm zurück, als sein Töchterchen Maria schon die ersten Gehversuche hinter sich hatte und die im Juni 1904 geborene Anna bereits in den Windeln lag? Vielleicht hat die Antwort doch mehr mit Pragmatismus als mit dem Unterbewußten zu tun. Im Frühjahr 1904 hatte Mahler versprochen, in der folgenden Saison die Uraufführung eines seiner Werke der »Vereinigung Schaffender Tonkünstler« zu geben, einer kurzlebigen Gesellschaft, die unter anderem von Schönberg zur Förderung zeitgenössischer Musik gegründet worden war. Indem er den drei vorhandenen zwei weitere »Kindertotenlieder« hinzufügte, dachte Mahler womöglich, einen ganzen Zyklus anbieten zu können, der gut ins Bild paßte – was er auch bald tat. Das Gesamtwerk wurde am 29. Januar 1905 in einem reinen Mahler-Konzert in Wien mit dem Komponisten am Pult uraufgeführt.

Zweites Gesicht hin, Psychoanalyse her – eine Feststellung über Mahler von 1901 ist jedenfalls unbestreitbar: Das Werk Friedrich Rückerts hatte ihn zu faszinieren begonnen. Von den acht Liedern, die er in jenem Sommer schrieb, waren sieben – einschließlich der drei »Kindertotenlieder« – Rückert-Texte. Warum Rückert? Obwohl ein empfindsamer und vielschreibender Dichter, war er doch nicht wirklich ein ganz großer, aber in diesem Fall machte ihn gerade das anziehend. Mahler sagte einmal zu einem Freund, er finde es profan, wenn Komponisten vollkommene Gedichte vertonten; das sei, »als wenn ein Meister eine Marmorstatue gemeißelt habe und irgendein Maler wolle Farbe darauf setzen«. Was er bei Rückert wie in den Wunderhorn-Texten – die ja auch keine große Dichtung sind – vorfand, waren eine Stimmung und eine Thematik, die seine Vorstellungskraft beflügelten. Daß er sich zu den Kindertotenversen entschloß, ist auch insofern kein Wunder, als Rückert sie geschrieben hatte, nachdem seine beiden kleinen

Kinder im Abstand weniger Wochen gestorben waren. Mahler hatte sehr viele Familienmitglieder verloren, und sein Lieblingsbruder, der 13jährig starb, hatte wie Rückerts Sohn Ernst geheißen.

So düster wie die »Kindertotenlieder« ist bei weitem keiner der vier anderen Rückert-Texte, die Mahler in jenem Sommer vertonte. »Um Mitternacht« ist ein eher großartiges als schmerzliches Selbstgespräch über das Schicksal des Menschen. In »Ich bin der Welt abhanden gekommen« hat Mahler das Gefühl tiefen Friedens eingefangen, das er beim Komponieren in seiner einsamen Hütte empfand, abseits allen »Weltgetümmels«. Die beiden anderen sind das zartfühlende »Ich atmet' einen linden Duft« und das launige »Blicke mir nicht in die Lieder«, das oft als Mahlers schwächstes Lied bezeichnet wird. Mag sein, aber man hört es dennoch mit Vergnügen. Gleiches gilt für »Liebst du um Schönheit«, ein weiteres halbverspieltes Rückert-Gedicht, das Mahler im folgenden Jahr für Stimme und Klavierbegleitung als Liebeslied für Alma vertonte. Um sie zu überraschen, steckte er das eben fertiggestellte Manuskript in die Partitur von Wagners »Walküre«, die sie häufig am Klavier spielte, und dachte, in ein, zwei Tagen werde sie das Lied finden. Weit gefehlt. Schließlich ging ihm die Geduld aus. Wie zufällig griff er nach der Partitur, und »Liebst du um Schönheit« flatterte Alma zu Füßen. Noch am selben Tag hätten sie, wie sie sagt, das Lied mindestens 20mal zusammen gespielt. Eigenartigerweise hat er es selbst nie orchestriert; das besorgte später der Leipziger Musiker und Kritiker Max Puttmann. Es gelang ihm so getreulich, daß viele Zuhörer die Orchestrierung bis heute fälschlich für die Mahlers halten.

Zum Teil hat die leichtere Stimmung von »Liebst du um Schönheit« auch den Weg in die Fünfte Sinfonie gefunden, so beispielsweise ins Adagietto für Streicher und Harfe im vierten Satz, die zweifellos beliebteste Mahler-Musik. Dabei wird das Adagietto meist ganz und gar nicht besonders freudvoll gespielt. Seitdem es in die musikalische Untermalung von Viscontis Film »Der Tod in Venedig« eingegangen ist, wird es regelmäßig als Klagelied, zudem als sentimentales, mißhandelt. In gewissem Maße ist das natürlich Auffassungs- und Geschmackssache. Wenn ein Dirigent das Gefühl hat, einer Musik wohne Feierlichkeit inne, bleibt es ihm überlassen, sie auch so zu interpretieren. Zu seinen Gunsten spricht dabei Mahlers Anfangsanweisung zum Tempo, »Sehr langsam«, wenngleich sie schon bald zu »Etwas flüssiger als zu Anfang« und »Nicht schleppen« wechselt. Dennoch spricht einiges dafür, daß der schwermütige Ansatz nicht nur das eigentliche Wesen des Stückes verzerrt, sondern auch Mahlers sinfonische Architektur durchbricht. Einen besonders packenden Ansatzpunkt dafür liefert uns der bereits erwähnte holländische Dirigent Willem Mengelberg, der uns zu erkennen half, wie nahe Mahler in seinen Leipziger Jahren Marion von Weber gestanden hatte. Nach Mengelberg, den Mahler seinen besten Interpreten (nach ihm selbst) genannt hat, war das Adagietto eine Liebeserklärung, die Mahler – wahrscheinlich Ende 1901 – in Manuskriptform an Alma geschickt hat. Dem Manuskript lag kein Wort bei, und Worte waren ja auch nicht nötig. Alma verstand sofort, worum es ging. Vielleicht hat sich Mengelberg geirrt, obwohl er sagte, er habe die Geschichte sowohl von Mahler als auch von Alma gehört. Jedenfalls handelte er nachweislich nach seiner Überzeugung. Sein Adagietto von 1926 (mit knapp sieben Minuten das schnellste auf Schallplatte) atmet eine zwingende Flüssigkeit und Inbrunst, die Welten entfernt sind von dem Schmalz, von dem die Aufführungen heutzutage meist triefen.

Selbst wenn sich Mengelberg getäuscht haben sollte, gibt es noch einen anderen guten Grund, das Adagietto schwungvoll zu spielen. Mahler schrieb die Sinfonie zwar in fünf Sätzen, unterteilte sie jedoch in drei sorgfältig ausgewogene Teile. Teil eins umfaßt die ersten beiden Sätze, den Trauermarsch und seinen stürmischen, wenngleich kürzeren Anschluß, der mit der Weisung versehen ist: »Stürmisch bewegt. Mit großer Vehemenz.« Der letzte Teil beginnt mit dem Adagietto, das geradewegs zum Rondo-Finale weiterleitet, einem Satz, der von fröhlicher Polyphonie birst und mit einem triumphalen Chor endet. Mahler hatte seine Lektion bei Bach gut gelernt! Übrig bleibt damit der dritte Satz – das kunstvollste Scherzo, das Mahler je schrieb – als zweiter Teil und Dreh- und Angelpunkt des Ganzen. In ihm ist jede einzelne Note nach Mahlers Worten energiegeladen wie der Schweif eines Kometen. Oder fast jede Note. Er enthält ein gespenstisches Zwischenspiel mit Pizzicato-Streichern und krächzendem Fagott, das andeutet, daß der Komet vielleicht doch nicht so kraftvoll sein könnte. Steht die Musik hier am Rande eines Rückfalls in die Düsternis von Teil eins, oder wird sie ihr in einem machtvollen neuen Aufschwung endgültig entkommen? Das Ergebnis der gesamten Sinfonie hängt hier kurz in der Schwebe. Dann beschleunigt sich das Tempo, und die Antwort wird klar oder sollte es jedenfalls, wäre da nicht das Problem des Adagiettos.

Es scheint sicher, daß Mahler, als er die Sinfonie begann und als erstes am Scherzo arbeitete, diese Konstruktion noch nicht genau so vor Augen hatte. Wie so oft, tastete er sich voran. Bei der Orchestrierung hat er das bis zum Lebensende getan, auf der ewigen Suche nach Klarheit unentwegt an ihr gefeilt und sie umgebaut. Alma behauptet sogar, auf ihren Rat hin habe er fast alle Trommelwirbel und die Hälfte der Schlagzeugpartien herausgestrichen; eine genaue Untersuchung der diversen Editionen der Partitur untermauert diesen Anspruch allerdings nicht. Doch die Orchestrierung war eine Sache, die Struktur eine ganz andere. Als sich Mahler zu den fünf Sätzen in drei Teilen entschlossen hatte, blieb er auch dabei. Das hat Folgen vor allem für die Interpretation des Adagiettos. Geht man es lebensfroh an wie Mengelberg (und andere Dirigenten der alten Schule einschließlich Bruno Walter), dann spielt es eine ganz natürliche Rolle als Auftakt zum freudigen Finale. Spielt man es ultralangsam (mindestens ein moderner Dirigent zieht es über rund 14 Minuten hin), dann wird es zu einem schwermütigen Intermezzo, das stimmungsmäßig rein gar nichts mit dem zu tun hat, was ihm folgt. Eine überzeugende

Auflösung des ganzen qualvollen ersten Teils bleibt dann dem Finale überlassen, das für sich allein dazu jedoch nicht genug Gewicht hat. Viele Kritiker, die die Sinfonie in anderer Beziehung bewundern, beklagen, am Ende verkünde Mahler eine nicht völlig verdiente Zuversicht. Adorno zum Beispiel sieht darin einen Teil des Beweises, Mahler sei »ein schlechter Jasager« gewesen. Man braucht nur das Adagietto in die Länge zu ziehen, und schon kann man diese Klagen als gerechtfertigt ansehen. Geht man es hingegen beschwingt an, dann offenbart sich schlagend die schöne Ausgewogenheit des ganzen Werkes.

Nach der gängigen Auffassung von Mahlers sinfonischer Arbeit bezeichnet die Fünfte den Anfang einer neuen Phase. Hier habe er das Genre der Sinfonie mit Stimmen verlassen und sei erst mit dem Chor in der Achten dazu zurückgekehrt. Die »philosophische« Programmatik sei aufgegeben worden und ein neuer und strengerer Stil tauche auf, mit ausgeprägterer Orchestrierung und kunstvoller gewobenem Kontrapunkt. Die Wunderhorn-Jahre seien zu Ende. Die Musik sei von der Unschuld zur Erfahrung gelangt.

Das ist nicht völlig falsch, bedarf aber, wie praktisch alle Aussagen über Mahler, der Qualifizierung. Strenggenommen veränderte sich sein Stil schon in der sogenannten »letzten Wunderhorn-Sinfonie«, der Vierten, sowie in den etwa zur selben Zeit entstandenen Liedern mit Orchester. Und stimmt es auch, daß er die Sänger aus der Fünften verbannte, so verbergen sich darin, kaum verhüllt, dennoch einige Lieder. Zwei davon entstammen der Wunderhorn-Sammlung. Das Thema des Trauermarsches im ersten Satz ähnelt auffallend dem von »Der Tamboursg'sell«, und das Finale beginnt mit einem direkten Zitat aus dem kecken »Lob des hohen Verstandes«, einer Satire auf holzköpfige Kritiker. Auch die Verwandtschaft zwischen dem Hauptthema des Adagiettos und dem von »Ich bin der Welt abhanden gekommen«, jener Hymne ans einsame Komponieren, ist kaum zu überhören. Diese Verbindung ist so offenkundig, daß manche Autoritäten darin den Beweis sehen, das Adagietto könne nun doch keine Liebeserklärung sein. Dieses Argument ist wenig stichhaltig. Sind sich die Freuden der Liebe und des schöpferischen Aktes denn so unähnlich? Könnte sich Mahler nicht, zumindest in dieser Phase ihres Verhältnisses, mit Alma genauso »der Welt abhanden gekommen« gefühlt haben wie beim Komponieren? Außerdem gibt es im Adagietto eine Phrase, die ungewöhnlich an Wagners »Tristan und Isolde« gemahnt, den beide, Alma wie Mahler, verehrten.

So läßt sich also zwischen der Vierten und der Fünften Sinfonie keineswegs ein so dicker Trennstrich ziehen, weder in bezug auf den »neuen Stil« noch auf den Einfluß des Liedes. Ebensowenig steht fest, daß Mahler mit der Fünften gegenüber der Programm-Musik plötzlich eine völlig andere Haltung angenommen hat. Sicher, er unterließ es fast völlig, die einzelnen Sätze mit ausführlichen Titeln wie »Pan erwacht – Der Sommer marschiert ein« zu versehen, und schrieb auch keine Synopsen mehr darüber, was seine Sinfonien »bedeuteten«. Er hatte mühselig erfahren müssen, daß sich diese Methode fast immer gegenteilig auswirkte. 1900 rief er in einer Zusammenkunft nach der Aufführung der Zweiten Sinfonie aus, Programme erweckten nur einen falschen Eindruck. »Hat ein Komponist den Hörern von selbst die Empfindungen aufgedrängt, die ihn durchfluteten, dann ist sein Ziel erreicht. Die Tonsprache ist dann den Worten nahe gekommen, hat aber unendlich mehr, als diese auszudrücken vermögen, kundgegeben.« Darauf hat Mahler, wie wir erfahren, das Glas erhoben und gerufen: »Pereat den Programmen.«

Dennoch markierte er etwa ein Jahr später den ersten Satz der Fünften Sinfonie mit »Trauermarsch« und fügte der völligen Klarheit willen hinzu: »In gemessenem Schritt. Streng. Wie ein Kondukt.« Und neben dem Vergleich des Scherzos mit einem Kometenschweif sagte er Natalie auch: »Es ist der Mensch im vollen Tagesglanz, auf dem höchsten Punkte des Lebens.« Auch jetzt konnte er sich also nicht den Hinweis verkneifen, daß seinem Werk zwar nicht zwangsläufig ein ausgewachsenes

Programm, aber doch mindestens außermusikalische Assoziationen innewohnten. Und generell tun sie das ja auch, vor allem religiöse und philosophische. Sie lassen sich zwar nicht Takt für Takt festnageln, aber doch summarisch Sinfonie für Sinfonie identifizieren – in der Ersten ist es der weltliche Triumph, in der Zweiten die Auferstehung, in der Dritten der Pantheismus, in der Vierten die Erlösung durch Unschuld. Jede schlägt für das Rätsel von Leben und Tod eine neue Antwort vor, aber keine geht je von Null aus. Jede baut – musikalisch und philosophisch – auf der Erfahrung ihrer Vorgängerinnen auf. Um es mit den Worten des amerikanischen Dirigenten James Levine zu sagen: »Durch die Benutzung direkter musikalischer Zitate, durch Querverweise oder durch in der einen Sinfonie angedeutete Ideen, die dann in der nächsten entwickelt werden, sind sie alle miteinander verbunden.«

So hat Mahler eigentlich nicht neuneinhalb getrennte Sinfonien geschrieben (oder zehneinhalb, nimmt man »Das Lied von der Erde« hinzu), sondern vielmehr eine riesige einzige, sich unablässig weiterentwickelnde. Ähnliches ließe sich von anderen Sinfonikern, einschließlich Beethoven, sagen, aber noch bestechender ist die Analogie in der Literatur. Mahlers Sinfonien sind wie die Kapitel eines epischen Romans, vor allem des epischsten von allen – Tolstois drei Jahre nach Mahlers Geburt begonnenem *Krieg und Frieden*. Ähnlich großartig die Konzeption und die verwirrende Vielfalt der Vorkommnisse, die von technischer Meisterschaft zusammengehalten werden und sich entfalten in einer unerbittlichen, oft qualvollen Suche nach dem Sinn des Lebens.

Darin liegt das Gefährliche, wenn man Mahlers Schaffen in klar getrennte Phasen aufteilen zu können meint, darin auch die Erklärung für das Überlappen zwischen der Vierten und Fünften Sinfonie. Mahler signalisiert diese Überlagerung sogar gleich zu Beginn der Fünften, wenngleich sie nicht unbedingt sofort erkennbar sein mag. Die einleitende drohende Trompete erinnert eindeutig an Beethovens Fünfte, aber ist man ihr, so mag man sich fragen, nicht schon irgendwo anders begegnet? Die Antwort steht Note für Note im Haupthöhepunkt des ersten Satzes der Vierten geschrieben (und – weniger auffällig – kurz nach dem Beginn der »Auferstehungs-Sinfonie«). Der Unterschied liegt darin, daß sie in der Vierten als »kleiner Appell« gedacht ist, wie Mahler sagt, der nun in einem Schwarm sich gegenseitig anrempelnder Themen mit leichter Hand Ordnung schafft. In der Fünften bildet sie den Auftakt zu rund 25 Minuten »Sturm und Drang«, der bis zu Beginn des Teils zwei, dem Scherzo, weitgehend unerlöst bleibt. Dann allerdings ist der Bruch wahrlich abrupt. Ein fast unanständig helles und frisches Horn stößt in die letzten düsteren Takte des ersten Teils hinein, die noch in der Luft hängen wie Staub nach einer Explosion. Hier entwickelt sich das Werk weniger, als daß es in eine andere Richtung davonstiebt.

Worauf ist Mahler da aus? Hinterließ er auch kaum irgendwelche außermusikalischen Hinweise, so gibt es doch eine plausible Antwort. Die Dritte Sinfonie erfährt ihre musikalische und philosophische Auflösung evolutiv (»von den niedrigsten zu den höchsten Dingen«). Die Vierte erreicht sie auf dem Weg über die Vereinfachung. In der Fünften legt Mahler zwei ausgeprägte Alternativen an. Erst breitet er die schlechte Nachricht aus, dann macht er abrupt im Scherzo kehrt, als wolle er sagen: »Achtung, man kann das alles auch anders sehen.« Der Philosoph, der einem da einfällt, ist keiner, den Mahler nach unserer Kenntnis eingehend studiert hat wie etwa Nietzsche, sondern der Däne Søren Kierkegaard, dessen klassisches »Entweder/Oder« zwei ebenso überzeugende wie einander direkt entgegengesetzte Lebensauffassungen darlegt. Mahler tut dasselbe, aber im Gegensatz zu Kierkegaard trifft er am Ende eine Wahl. Zum fünften Mal unmittelbar nacheinander (schweigt, Adornianer) findet er einen glaubhaften Weg zum Optimismus.

Blickt man genau hin, dann rückt mit dem »Entweder/Oder« der Fünften Sinfonie lediglich ein Schlüsselelement von Mahlers Persönlichkeit und Werk unter die Lupe, das schon die ganze Zeit vorhanden war. Niemand neigte so sehr wie er zu brüsken Stimmungsumschwüngen aus unerfindlichen Gründen. Kein Komponist sprang abrupter von Dur zu Moll, manchmal in ein und derselben Phrase, oder unterschob häufiger einem erhabenen Akkord eine Banalität. Ja, es ist geradezu dieses Wesensmerkmal, das seine Musik so abhebt. Auch Bruckner schrieb überlange Sinfonien; Berlioz war der Pionier des Liederzyklus mit Orchester und einer Menge moderner Instrumentierung; Beethoven ließ in seiner »Pastorale« ein Vogellied erklingen und einen Sturm toben; Liszt schrieb programmatische Chorsinfonien (unter Benutzung von Goethe- und Dante-Texten). Aber kein Komponist reicht an Mahlers unbarmherziges Vorgehen heran, wo Thesen aufgestellt und fast gleichzeitig zerschmettert werden. Er nimmt praktisch nichts unbesehen hin.

Damit wird Mahler nicht unbedingt zu dem, was man ihn heutzutage oft nennt – zum »Propheten des Zeitalters der Angst«. Aber es drückt ihm den Stempel auf als konsequentester Skeptiker der Musik, der jene in seinen Bann zieht, für die einstige Axiome etwa in Religion, Nation und Familie nicht mehr gelten. Doch bei all seiner Skepsis gelang es Mahler zumeist, in seinen Sinfonien zumindest ihn überzeugende Antworten zu schmieden. Jedenfalls überzeugten sie ihn damals. »Mein lieber Freund«, sagte er zu Bruno Walter, der eben eine heitere Phase in Mahlers Leben angesprochen hatte, »ich besaß Sicherheit, aber ich habe sie wieder verloren; und ich werde sie morgen besitzen und übermorgen wieder verlieren.«

Am umfassendsten scheint Mahler die heitere Gelassenheit in der Sechsten Sinfonie verloren zu haben. Begonnen hatte er sie 1903, ein Jahr nachdem er das stürmisch dahinjagende Ende der Fünften geschrieben hatte, aber diesmal gibt es keinerlei Krankheit, die sich oberflächlich als Grund für den Stimmungsumschwung anführen ließe. Es ist, als habe Mahler ganz einfach beschlossen, diesmal in den Strudel hinabzusteigen, komme, was da wolle. Bloß um zu sehen, wie es da aussehe? In der Hoffnung, das Schlimmste ein für allemal hinter sich zu bringen? Jedenfalls durchweht eine grimmige Entschlossenheit das gesamte Werk vom Anfang bis zum abschließenden Pizzicato, das 80 Minuten später so unmißverständlich kahl dasteht wie der Punkt eines Satzendes. Trotz ihres riesigen Orchesters mit so seltsamen Instrumenten wie Celesta, Hammer und Kuhglocken ist die Sechste Mahlers klassischste Sinfonie: ein fast traditioneller Viersatzaufbau um ein einziges zentrales Thema. Das macht sie keineswegs tröstlicher. Ganz im Gegenteil. Die Fünfte Sinfonie beginnt im schmerzlich unangenehmen cis-Moll, endet jedoch mit einem selbstbewußten D – ein Beispiel dafür, wie Mahler die »progressive Tonalität« dazu benutzt, ein Werk aus dem Leid zur Freude zu führen. Die Sechste Sinfonie hingegen bleibt fest einem a-Moll verhaftet, jener Tonart, die man in Mahlers Werk oft mit Tragik in Verbindung bringt.

Über die Sechste wußte Alma in ihren *Erinnerungen* eine Menge zu sagen, und ihr Kommentar hat wie üblich großen Einfluß ausgeübt. So schreibt sie zum Beispiel, Mahler habe gesagt, im »großen, schwungvollen Thema« des ersten Satzes (dessen zweitem) habe er sie porträtieren wollen. Das mag stimmen, aber da das Thema nur kurz aufklingt und dann wieder abbricht, ist das Porträt nicht übermäßig schmeichelhaft. Verdächtiger ist schon Almas Behauptung, im beißenden Scherzo »schildert [Mahler] das arhythmische Spielen der beiden Kinder, die torkelnd durch den Sand laufen. Schauerlich – diese Kinderstimmen werden immer tragischer, und zum Schluß wimmert ein verlöschendes Stimmchen.« Wenn Mahler das wirklich mit Tönen gemalt haben soll, dann können die beiden Kinder nicht seine eigenen gewesen sein. Als er das Scherzo im Sommer 1903 schrieb, war sein erstes Kind gerade acht Monate alt und das zweite noch nicht geboren.

Am wenigsten überzeugend ist Almas Erklärung der drei großen Hammerschläge im Finale. Wiederum mag sie recht haben, wenn sie Mahler zitiert, was er hier porträtiere, sei der »Held, der drei Schicksalsschläge bekommt, von denen ihn der dritte fällt, wie einen Baum«. Das paßt zu Mahlers Anweisungen in der Partitur. Ursprünglich hatte er geschrieben, jeder

Schlag solle ein »kurzer, mächtig, aber dumpf hallender Schlag von nicht metallischem Charakter« sein, fügte aber später hinzu: »wie ein Axthieb.« Ebenso ist voll und ganz glaubhaft, daß sich Mahler hier (wie in der Ersten und Zweiten Sinfonie) mit dem Helden identifiziert. Aber Alma geht darüber hinaus. Die Sechste, schreibt sie, sei nicht nur Mahlers allerpersönlichstes Werk, sondern »ein prophetisches obendrein. Er hat sowohl mit den ›Kindertotenlieder‹ wie auch mit der Sechsten sein Leben ›anticipando musiziert‹. Auch er bekam drei Schicksalsschläge, und der dritte fällte ihn.«

Mit den »drei Schicksalsschlägen« meint Alma Mahlers späteren Rücktritt von der Leitung der Wiener Oper, den Tod seiner ältesten Tochter und das Herzleiden, das ihn schließlich niederstreckte. Läßt man für den Augenblick die Frage beiseite, ob denn der Rücktritt überhaupt eine Katastrophe war, so vergißt Alma doch einen vierten »Schicksalsschlag« zu erwähnen – ihre eigene Untreue. War Mahler wirklich ein Prophet, so hätte er gewiß auch diesen vorausahnen müssen. Tatsächlich schloß er die Sinfonie dann nur mit zwei Hammerschlägen ab und strich den dritten nach der ersten Aufführung in Essen im Jahre 1906. Weitgehend wird ihm unterstellt, er habe das aus Aberglaube getan, um sein Schicksal abzuwenden, habe damit gewissermaßen den Gnadenstoß unterdrücken wollen. Das paßt hervorragend zu Almas Interpretation, aber gibt es nicht eine sehr viel handfestere Erklärung dafür? Richard Strauss beklagte, nachdem er die Sechste in Essen gehört hatte, das Finale sei »überinstrumentiert«. Ohnehin revidierte Mahler seine Werke nach der ersten Aufführung, aber in diesem Fall dürfte die Kritik von Strauss, dem einzigen Kollegen, auf den er in solchen Dingen hörte, als zusätzlicher Ansporn gewirkt haben. In jenem Sommer fiel ein erheblicher Teil der Instrumentierung Mahlers Rotstift zum Opfer, darunter auch der dritte Hammerschlag.

Ob die Sechste tatsächlich, wie Alma suggeriert, Mahlers »allerpersönlichstes« Werk ist, läßt sich schwer sagen. So viel anderes konkurriert um diesen Titel. Selbst wenn sie das ist, wird ihre Botschaft darum nicht weniger universell oder beunruhigend. In der Fünften Sinfonie präsentiert Mahler eine Alternative, aus der er dann lächelnd hervortritt. In der Sechsten scheint er zu sagen, die Antworten, die er in den vorhergehenden Sinfonien gefunden habe, seien allesamt illusorisch. Nicht nur Mahler erliegt jenen Hammerschlägen, sondern die ganze Menschheit.

Läßt sich in diesem düstersten seiner Werke überhaupt etwas Tröstliches entdecken? Hat Mahler selbst derartiges gefunden? In gewisser Weise schon. Während des Sommers 1904, in dem Mahler seine Sechste fertigstellte, lud Alma ihre Studienfreundin Erica Conrat nach Maiernigg ein. Glücklicherweise hat Erica ein Tagebuch geführt, das auch erhalten geblieben ist. Sie berichtet, einmal habe sie spätabends auf der Terrasse der Villa gesessen und ein fernes Feuerwerk über dem Wörther See beobachtet; Mahler sei zu ihr herausgekommen und habe sich das Schauspiel ebenfalls angesehen. Nach einer Weile habe er zu philosophieren begonnen. Goethe, sagte er, habe alle gepriesen, die im Feuer der Kreativität starben. Selbst wenn das Leben nur so kurz sei wie das einer Rakete, gewinne es Sinn, wenn man jeden Augenblick produktiv nutze – für die Nachwelt.

Mahler jedenfalls nutzte in jenem Sommer jeden Augenblick. Er beendete nicht nur die Sechste und die »Kindertotenlieder«, sondern setzte sich erstaunlicherweise auch an eine siebte Sinfonie. Bevor er nach Wien zurückkehrte, hatte er zwei »Nachtmusik«-Sätze fertig, der eine ein gespenstisches Stück, das kreischend und flatternd daherfährt, der andere ein zartes »andante amoroso« mit schwirrenden Klarinetten über dem Klang von Mandoline und Gitarre. Es ist, als habe Mahler den Geist des Wörther Sees von seiner unheimlichsten und von seiner heitersten Seite zeigen wollen. Mit der Sechsten hatte er sich dem denkbar Schlimmsten gestellt, und nun gewann fast ohne Pause zum Atemholen ein neues Werk Gestalt. Weitermachen, allem zum Trotz weitermachen – das allein zählte.

Offenbar hat Mahler von alledem zu Erica Conrat nicht im Detail gesprochen, sondern den Umweg über Goethe benutzt, der es an seiner Statt sagen sollte. Nach einer Weile ging er wieder hinein, setzte sich im Wohnzimmer an den Flügel »und spielte lange kleine Sachen von Bach, die so klar und einfach waren, daß man sich nach Griechenland träumen konnte. Und ich saß draußen und sah den Himmel an mit den vielen Sternen und sah die Raketen, die weit drüben ins Wasser fielen, und hörte zu.«

VII
Triumph und Tragik

Noch nie war Mahler der Verwirklichung eines schier unmöglichen Traums so nahe. Über zwei Jahrzehnte lang hatte er in einigen der besten wie schäbigsten Opernhäuser Europas um Aufführungen gerungen, in denen Musik und Dramatik vollkommen miteinander verschmolzen. An Orten wie Laibach und Olmütz war das Unterfangen von vornherein hoffnungslos gewesen; aber selbst in Budapest und Hamburg hatten immer noch diese oder jene Mängel den größten Triumph verhindert. Endlich in Wien, bei der Premiere einer Neuinszenierung, die Operngeschichte machen sollte, fügte sich praktisch alles ineinander – Gesang und Orchester, Darbietung und Bühnenbild waren der Konzeption des Komponisten würdig. Das Werk war Wagners »Tristan und Isolde«, das Datum der 21. Februar 1903.

Die das Glück hatten, jenen Abend zu erleben, erinnerten sich seiner noch nach Jahrzehnten mit andächtiger Ehrfurcht. Der österreichische Musiker Erwin Stein, der später vor den Nazis nach London floh, war überwältigt von der Dichte der Mahlerschen Stabführung. »Etwas Fieberhaftes, ans Delirium Grenzendes« habe dem Ganzen innegewohnt und die Stimmung der drei Akte vollkommen vermittelt – »ungestilltes Sehnen, weißglühende Leidenschaft und abgrundtiefes Leiden«. Dennoch habe Mahler nie die Übersicht verloren. Die geballtesten Höhepunkte blieben sorgfältig den wenigen Momenten vorbehalten, in denen sich im Drama eine Wende vollzieht – etwa dem Leeren der Schale mit dem Liebestrank im ersten Akt oder Isoldes Erscheinen vor dem sterbenden Tristan im letzten. Noch mehr Gewicht erhält Steins Beschreibung, wenn man bedenkt, daß Mahler an jenem Abend unter so gräßlichen Kopfschmerzen litt, daß er nach dem zweiten Akt in der Garderobe fast ohnmächtig wurde.

Anna von Mildenburg war ohnehin schon eine hinreißende Isolde, aber unter Mahlers Stabführung bei der Premiere und an den meisten weiteren Abenden gelangen ihr die Glanzleistungen ihres Lebens. Das wenige, was ihr an tonaler Durchschlagskraft fehlte (in den höchsten Passagen war ihre Stimme ein wenig brüchig), machte sie durch glänzende tragische Schauspielkunst mehr als wett. Nach Stein, der sicherlich für viele andere sprach, war und blieb die Mildenburg in dieser Rolle unerreicht. Keine andere verkörperte so mitreißend Isoldes widerstreitende Gefühle – Liebe und Haß, Schwermut und Zorn, Zärtlichkeit und Bosheit. Ihr Tristan war der dänische Heldentenor Erik Schmedes, der in den qualvollen Monologen des letzten Aktes eine ungeahnte Größe entfaltete. Vielleicht hatte kein anderer mehr Anlaß als Schmedes, sich gerade hier mit der Rolle zu identifizieren. Auf dem Weg zum Vorsingen in Wien hatte er vor Jahren im Zug zum ersten Mal die Mildenburg erblickt und sich sofort in sie verliebt. Damals schien sie seine Gefühle zu erwidern. Als man ihn viel später fragte, was danach geschehen sei, erwiderte Schmedes traurig: »Nichts«, obwohl er in romantischen Bühnenrollen oft genug Mildenburgs Partner war.

Mag es auch schwer vorstellbar sein, so ist doch glaubhaft, daß sich Anna in jenen »Tristan«-Aufführungen dem Dirigenten erheblich näher fühlte als ihrem Bühnengeliebten. Empfand Mahler ein Jahr nach seiner Heirat immer noch mehr als nur Stolz für die große Bühnensängerin, die er in Hamburg fast von Null an aufgebaut hatte? Wir wissen lediglich, daß ihn mit »Tristan und Isolde« ein ganz besonderes Verhältnis verband, das vielleicht nicht allein auf der Musik beruhte. Andere Opern überließ er immer häufiger seinen beiden Mitdirigenten Bruno Walter und Franz Schalk – den »Tristan« hingegen fast nie. Von den 27 Aufführungen der Neuinszenierung zwischen 1903 und seinem Rücktritt 1907 hat Mahler nur sechs nicht selbst dirigiert.

Neben Mahler und Mildenburg verlieh Alfred Rollers Bühnenbild und Beleuchtung dem neuen »Tristan« den besonderen Glanz. Im ersten Akt auf dem Schiff suggerierte ein sich hoch über die kränklich blaßgrüne Licht- und Schattenwirkung der geteilten Bühne türmendes orangegelbes Segel die heimliche Leidenschaft des todgeweihten Paares. Im Liebesduett des zweiten Akts machten die rotflackernden Fackeln und das Funkeln von Myriaden Sternen den schwefelgelben Wolken des Morgens – und Treuebruchs – Platz. Als sich der Vorhang zum letzten Akt hob, konnte das Publikum ein »Ah« des Erstaunens nicht unterdrücken. Auf einer in grelles Grau getauchten Bühne kauerte der sterbende Tristan, umschlungen von den Wurzeln einer riesigen Linde, fast zwergenhaft am Fuße der ragenden Mauern seiner Burg. Was das Auge erblickte, so berichtet uns Stein, war in vollkommenem Gleichklang mit dem, was das Ohr vernahm.

Was Stein hier beschrieb, galt für fast alle Opern, über ein Dutzend, bei denen Mahler und Roller zusammenwirkten. Die beiden schienen wie füreinander geschaffen. Beide waren fast gleichaltrig und kamen aus derselben Gegend (Roller wurde 1864 in der mährischen Hauptstadt Brünn geboren); beide waren kompromißlose Idealisten, machten sich die Chancen zunutze, die Wien ihnen bot, verachteten indes sein hohles Gehabe. Das Auge des Malers ergänzte das Ohr des Musikers. Wie die beiden zueinanderfanden, bleibt seltsamerweise ein Geheimnis. Am bekanntesten ist Almas Version. Sie sagt, Mahler habe Roller 1902 im Hause Moll auf der Hohen Warte kennengelernt und ihn auf »Tristan« angesprochen, der noch in den langweiligen alten Kulissen gespielt wurde. Roller, damals Direktor der Wiener Kunstgewerbeschule, meinte, zwar liebe er die Musik, aber er könne den Anblick des Bühnenbildes nicht ertragen, das alles ruiniere. Er skizzierte Mahler seine eigenen Vorstellungen, und dieser sagte auf dem Heimweg zu Alma: »*Den* engagiere ich mir!«

Auf den ersten Blick erscheint diese Darstellung plausibel. Gemeinhin wird angenommen, daß Mahler und Roller erstmals beim »Tristan« von 1903 zusammenarbeiteten, wozu ein Kennenlernen im Jahre 1902 paßt. Die Geschichte entspricht auch Almas Ansicht, dank ihres Einflusses und ihrer Kontakte habe Mahler endlich einen Sinn für die bildenden Künste entwickelt. Doch in den Archiven der Österreichischen Nationalbibliothek versteckt liegen Roller-Skizzen für Bühnenbilder der Wagnerschen Frühoper »Rienzi«, die offenbar für eine Neuinszenierung bestimmt waren, die Mahler im Januar 1901 auf die Bühne brachte. Ihre Zusammenarbeit könnte also durchaus zwei Jahre früher begonnen haben, als bislang weitgehend angenommen wird – mehr als ein Jahr vor Mahlers Eheschließung. Zwar fehlt das letzte Beweisstück dafür, aber aus den Archiven ergibt sich eindeutig, daß Roller jedenfalls die Kostüme (allerdings nicht das Bühnenbild) für eine Neuinszenierung der Weber-Oper »Euryanthe« entworfen hat, die im Januar 1903 uraufgeführt wurde – einen Monat vor »Tristan«.

Wann immer sich die beiden kennengelernt haben mochten: Ihre Partnerschaft war das herausragende Merkmal der zweiten Hälfte von Mahlers Herrschaft in Wien. Unter dem Gegeifer der Ewiggestrigen und zur Begeisterung aller anderen, vor allem der Jungen, räumten Mahler und Roller alles alte Gerümpel beiseite und begannen mit der Neuschöpfung einer ganzen Reihe von Werken, von denen die meisten Opernbesucher gemeint hatten, sie kennten sie schon. Ein typisches Beispiel dafür war die traditionelle Darstellung von Beethovens »Fidelio«. Viel Überkommenes empfand Roller als dramatisch und musikalisch absurd, vor allem, wenn der Gefangenenchor geschlossen aus den Verliesen marschierte, auf strahlend erleuchteter Bühne Aufstellung nahm und aus voller Kehle »O welche Lust! In freier Luft den Atem frei zu heben!« zu schmettern begann. Seiner Meinung nach sollten sich die Eingekerkerten in Zweier- und Dreiergruppen wie »erdfarbene, arme, leidende Würmer« mühselig emportasten und erst allmählich die Kraft zum Singen schöpfen. Mahler war ganz seiner Meinung, obwohl ihm dies Probleme bei den Einsätzen einbrachte und er die neue Art gegen Bornierte durchboxen mußte, die jammerten, der Chor werde seines Starauftritts beraubt. »Was ihr Theaterleute euere Tradition nennt«, fauchte Mahler Roller zufolge barsch zurück, »das ist nichts anderes als euere Bequemlichkeit und Schlamperei.« Dieses Wort ist seither häufig aus dem Zusammenhang gerissen und nichtssagend verkürzt als »Tradition ist Schlamperei« zitiert worden. Was Mahler wirklich sagen wollte, bedarf keiner Erläuterung. Er und Roller setzten sich durch – und machten sich damit ein paar Feinde mehr.

Die Beispiele »Tristan« und »Fidelio« zeigen Rollers Vielseitigkeit zur Genüge. Er war Bühnenbildner und Beleuchtungsfachmann, schöpferischer Künstler und Handwerker in einem. Mindestens so aufs kleinste Detail versessen wie Mahler, rannte er stundenlang zwischen abgedunkeltem Zuschauerraum und Bühne hin und her, korrigierte winzige Kleinigkeiten und brütete endlos über dem Ergebnis. Wie die meisten revolutionären Konzepte waren Rollers Einfälle oft so einfach, daß man sich fragte, warum sie noch nie jemand ausprobiert hatte. Zeitgenossen wie der Schweizer Bühnengestalter Adolphe Appia und der Engländer Gordon Craig hatten ähnlich kühne Ideen, aber dank der Verbindung mit Mahler erhielt Roller die Chance, die seinigen konsequent umsetzen zu können. So plazierte er beispielsweise in Mozarts »Don Giovanni« erstmals zwei breite Säulen im Proszenium, die fast durchgehend stehen blieben. Da sie sich je nach Szenerie leicht für Dinge wie Fenster oder Balkone eigneten, trugen die sogenannten »Rollerschen Türme« erheblich zu den schnellen Umbauten bei, die heutzutage gang und gäbe sind, damals aber selten waren. 1907 wurde in Glucks »Iphigenie in Aulis«, der letzten und vielleicht schönsten Mahler/Roller-Produktion, jede überflüssige Effekthascherei gnadenlos gestrichen und die Dramatik des Stückes mit sparsamstem Dekor und subtilster Beleuchtung überhöht. Fast 50 Jahre später sollte

Wieland Wagner in Bayreuth ähnliches tun und dafür empörtes Geheul über die »Neuartigkeit« des Ganzen ernten. Fast meint man das ironische Lachen von Rollers Geist zu vernehmen.

Es ist leicht zu erkennen, warum das Mahler-Jahrzehnt, zumal dessen zweite Hälfte, »das goldene Zeitalter der Wiener Oper« genannt wird. Dennoch kann diese etwas unscharfe Beschreibung irreführen. Selbst die glänzendste Ära kennt Rückschläge. Roller lernte zwar schnell, aber wegen seiner anfänglichen Unerfahrenheit mit den Blickwinkeln vom Zuschauerraum zur Bühne entgingen einem Teil des Publikums einige seiner besten Effekte. Desgleichen handelte sich Mahler mit seiner an sich bewundernswerten Leidenschaft für Sänger und Sängerinnen, die gleichzeitig gute Schauspieler waren, einigen Ärger ein. Sicherlich schuf er nicht ein »Ensemble der häßlichen Stimmen«, wie einige übelmeinende Kritiker behaupteten, aber hin und wieder vergab er doch Rollen an Künstler, die sie zwar gut spielen konnten, deren Stimme dem Part aber nicht unbedingt gewachsen war. Vielleicht steckt auch ein Körnchen Wahrheit in der Behauptung, seine Inszenierungen hätten sich nie recht setzen können, weil er unentwegt an den Auftritten und der Besetzung herumkorrigierte. Gelegentlich wäre er zweifellos besser beraten gewesen, die »Dinge laufen zu lassen«, aber das lag nicht in seiner Natur. Wie Anna von Mildenburg einmal sagte, hatte man bei ihm das Gefühl, er sei unablässig auf Entdeckungsreise. Das war zwar auf Mahler als Theaterdirektor gemünzt, aber ihre Bemerkung gilt gleichermaßen für den Komponisten.

Falls Mahlers Experimentiersucht überhaupt als Makel gelten kann, wies sie doch in die richtige Richtung. Eher schon trifft die Kritik zu, er habe sein nachschöpferisches Genie zwar mit der Wiederbelebung zahlreicher gängiger Werke unter Beweis gestellt, aber in der Wahl neuer Stücke sei er alles andere als treffsicher gewesen. Sicherlich machte er Wien mit Meisterwerken wie Verdis »Falstaff«, Tschaikowskis »Eugen Onegin« und »Pique Dame« und Smetanas »Dalibor« bekannt.

Aber er nahm auch einige Neuheiten ins Programm, die damals durchfielen und seither kaum einmal aufgeführt worden sind – Werke wie »Das war ich« von Leo Blech, »Der Bundschuh« von Josef Reiter oder »Le Juif polonais« von Camille Erlanger. Gewichtiger oder jedenfalls prätentiöser als diese Bagatellen war »Die Rose vom Liebesgarten« des neoromantischen deutschen Komponisten Hans Pfitzner, der Mahler so lange bedrängte, bis er das Werk aufführte. Schließlich gab Mahler nach, nicht zuletzt auch auf Druck von Alma, der Pfitzner jahrelang nur halbherzig zurückgewiesene Avancen machte. Als er »Die Rose« schließlich ins Programm nahm, wurde Mahler – typisch für ihn – richtig darauf versessen und sagte, sie habe den besten ersten Akt seit Wagners »Walküre«, ein Verdikt, das die Nachwelt nicht bestätigt hat.

Bedauerlicherweise hat Mahler keine Oper von Berlioz dirigiert, dem französischen Genie, dem er mit Sicherheit am nächsten stand. Interesse zeigte er an Debussys Oper »Pelleas und Melisande«, die aber nicht zur Aufführung gelangte, und gegenüber Puccini war er auf einem Auge blind. Noch trauriger ist, daß ihm – von ihm selbst eher unverschuldet – zwei der schönsten Werke des Jahrhunderts ganz knapp entgingen. Das erste war die tragische Oper »Jenufa« des mährischen Komponisten Leoš Janáček. Die Uraufführung von 1904 in Brünn konnte Mahler nicht sehen, zeigte sich von dem Werk aber doch so angetan, daß er um einen Klavierauszug mit deutschem Text bat. Janáček konnte nicht damit dienen, und so verlor man sich aus den Augen. Die andere verpaßte Chance war Strauss' »Salome«. Mahler kämpfte lang und hart für eine Aufführung, aber der Zensor zeigte sich unnachgiebig mit der Begründung: »Die Darstellung von Vorgängen, die in das Gebiet der Sexualpathologie gehören, eignet sich nicht für unsere Hofbühne.« Zwei Jahre nach dieser Weigerung, 1907, durfte Wien dann »Salome« doch hören, aber nicht unter Mahler. Eine Gasttruppe aus Breslau gab das Werk in einem Theater, das nicht der Hofzensur unterlag.

Die Welturaufführung der »Salome« (wie auch der Strauss-

Oper »Feuersnot«) fand in Dresden statt, das eine Art eigenes »Goldenes Zeitalter« erlebte. Dasselbe galt für die Mailänder Scala unter Arturo Toscanini, der genauso perfektionistisch wie Mahler und sieben Jahre jünger war und dessen »Tristan« von 1901 Siegfried Wagner wahre Freudenausbrüche entlockte. Auch für New York ließ sich ähnliches sagen, das noch hervorragendere Sänger (wenn nicht gar Inszenierungen) auf die Bühne bringen konnte als Wien. Trotz alledem: In einem blieb Wien unerreicht. Unter Mahler und Roller wurden Mozarts Opern allen Rokokoputzes entkleidet und damit eine bislang kaum angedeutete Tiefe und Dramatik freigelegt. Vor Mahler waren die Werke nämlich erstaunlicherweise nie so ernst genommen worden, wie sie es verdienten. Bruno Walter erinnerte sich ein halbes Jahrhundert später, in seiner Jugend hätten praktisch sämtliche Operndirektionen vor Mozart gekniffen mit der Behauptung, »bessere Werke« zögen die Massen an.

Dem machte Mahler in Wien ein Ende, zunächst mit sporadischen Aufführungen, dann, in der Spielzeit 1905/1906 zu Mozarts 150. Geburtstag, mit Neuinszenierungen der fünf großen Opern (»Figaro«, »Zauberflöte«, »Don Giovanni«, »Cosi fan tutte« und »Entführung aus dem Serail«). Roller entwarf die Bühnenbilder und Kostüme, und Mahler dirigierte nach Steins Worten mit »dem unerhört subtilen Rubato, das in Mozarts Melodien steckt und dem hohen Grad ihrer Gliederung und der vollkommenen Ausgewogenheit ihrer Phrasierung gerecht wird«. Bei allem majestätischen Können Toscaninis in anderen Repertoire-Werken – bei Mozart meisterte er diese Kunstfertigkeit nie. Die Wiener kamen in Scharen und waren endlich überzeugt, daß es keine »besseren Werke« als diese gab. Diesmal hatte Alma recht, wenn sie notierte: »Für die ganze Welt war er der Erwecker der Mozart-Renaissance.«

Im Winter dieses Mozart-Zyklus machten Alma und Mahler ein paar Tage Ferien in Semmering, dem sonnigen Gebirgskurort südwestlich von Wien. Die Reise war ein voller Erfolg. Die beiden unternahmen Schlittenfahrten durch den tiefen Schnee, tranken Grog und sangen das große Quartett aus der »Entführung aus dem Serail«, was das Zeug hielt. Laut Alma beklagte sich Mahler sehr über Mozarts Witwe Constanze, deren schnelle Wiederverheiratung er unverzeihlich fand. Vermutlich war Alma da ganz anderer Ansicht, sagt aber nichts dazu.

Berichte über so fröhliche Zwischenspiele in ihrem Leben mit Mahler finden sich in Almas Aufzeichnungen nur selten. Vielleicht gab es ja wirklich nur wenige, und wenn, dann in großen Abständen. Deutlich ist zu erkennen, daß Mahlers Tagesablauf sie schon bald langweilte, der in Wien nicht weniger streng geregelt war als »auf Urlaub« in Maiernigg. Ihre Wohnung in der Auenbruggergasse, die Mahler mit Justi geteilt hatte, war geräumig, aber nichts Besonderes. Punkt sieben war Mahler auf den Beinen, nahm hastig ein paar Bissen vom Frühstück, das ihm das Dienstmädchen brachte, und arbeitete dann bis neun Uhr, indem er seine Sommerkompositionen revidierte oder orchestrierte. Zum Opernhaus waren es etwa 15 Minuten zu Fuß. Dort verbrachte Mahler den Vormittag, rannte dann nach Hause, um pünktlich um ein Uhr mittags beim Mittagessen zu sein. Er klingelte kurz im Erdgeschoß, und wenn er in der im vierten Stock gelegenen Wohnung ankam, mußte die Suppe auf dem Tisch stehen. Am Nachmittag standen Spaziergänge im Eilschritt auf dem Programm, oft im nahe gelegenen Park des Belvedere-Schlosses; am Abend erneut die Oper, auch wenn Mahler nicht dirigierte; am späten Abend ein Nachtmahl, meist zu Hause. Noch ein Plausch auf dem Sofa, und ab ins Bett. Alma und Mahler hatten getrennte Schlafzimmer an den entgegengesetzten Enden der Wohnung.

Alma war nicht nur gelangweilt, sondern zutiefst frustriert. Ihre Tagebücher offenbaren das weit mehr als ihre Bücher. Am 13. Dezember 1902 – neun Monate nach der Hochzeit und fünf Wochen nach der Geburt ihres ersten Kindes Maria, die »Putzi« gerufen wurde – notierte Alma: »Mir ist, als ob man mir die Flügel beschnitten hätte. Gustav, warum hast Du mich, glänzenden Vogel an Dich gebannt, wo Dir doch mit einem grauen, schweren besser geholfen gewesen wäre! Wo es doch so viele Enten und Gänse gibt, schwer und flugunkundig.« Freilich gab es in der Gegend, um im Bild zu bleiben, auch ein paar entzückende Singvögel, wie Alma sehr wohl wußte. Einen Monat später schüttelte sie sich vor Eifersucht, als sie nach einer Probe für »Euryanthe« Mahler und ein paar seiner Diven nachspioniert hatte. »Gustav ließ aus seinem Glase diese DIRNEN trinken«, kritzelte sie in ihr Tagebuch. »Mir graust SO vor ihm, daß ich mich fürchte, wenn er nach Hause kommt. Neckisch, lieblich – girrend, wie ein junger Mensch umhüpfte ER die Mildenburg – die [Lucie] Weidt – Gott, wenn er doch NIE mehr nach Hause käme! Nicht mehr mit ihm leben! Ich kann kaum schreiben, so erregt bin ich. Und ich Dumme, die zu Hause immer vor Sehnsucht nach ihm vergangen ist. Ein solcher Eckel ist in mir gegen ihn – ich kanns nicht sagen.«

Als Mahler an dem Abend nach Hause kam und sie liebkosen wollte, stieß ihn Alma zurück. »Ich sagte – mir eckelt vor Dir! Weiter kam ich nicht. Wir sprachen nichts miteinander. Am folgenden Tag gab es eine herbe Aussprache im Stadtpark. Er sagte, er fühle deutlich, daß ich ihn nicht liebe! und er hatte recht – seit dem letzten Geschehnis, war alles kalt in mir.« Doch schon im nächsten Satz fügt Alma hinzu: »Aber mit einem mal war es wieder da. Und nun weiß ich wieder, wie lieb ich ihn habe. Ich habe den Willen, gleichmäßig zu sein.« Almas Stimmungsumschwünge waren kaum weniger schwindelerregend als Mahlers.

Dagegen half auch das Baby nicht. Alma war die letzte, die in der Sorge für den Säugling hätte Erfüllung finden können. Das Kind war in einer Steißgeburt zur Welt gekommen, und das beflügelte Mahlers Humor. »Das ist *mein* Kind«, hänselte er, als er die Nachricht erfuhr, »zeigt der Welt gleich den Körperteil, den sie verdient!« Alma fand das ganz und gar nicht lustig. Sie schrieb in ihr Tagebuch, Marias Geburt habe ihr gräßliche Schmerzen verursacht. »Ich habe noch nicht die rechte Liebe dafür.«

Daran änderte sich auch später nichts. Sogar aus ihren Memoiren (vom Tagebuch ganz zu schweigen) spricht eher Bewunderung als Liebe, ganz so, als spräche sie von der Tochter eines anderen Menschen. Was das Kind in gewissem Sinne auch war. Maria, schrieb Alma, sei »ganz« Mahlers Kind. »Wunderschön und trotzig, unzugänglich zugleich, versprach es gefährlich zu werden. Schwarze Locken, große blaue Augen!« Als Maria laufen konnte, ging sie jeden Morgen zu Mahler ins Arbeitszimmer und tauchte später meist von Kopf bis Fuß marmeladeverschmiert wieder auf. »Dort sprachen sie lange miteinander«, schrieb Alma. »Niemand weiß, was. Ich störte die beiden nie.« Ihrem zweiten Kind, der 1904 geborenen Anna, kam sie dann näher, aber auch das dauerte seine Zeit. Jahrzehnte später, als Anna schon große Kunstfertigkeit als Bildhauerin besaß, erinnerte sie sich, daß Alma ihr einmal sagte: »Wenn ich Dich damals so gekannt hätte wie ich Dich heute kenne, hätte ich Dich nicht so miserabel behandelt.« Für Talentierte hatte Alma immer etwas übrig.

Mehr als alles andere vermißte Alma, jedenfalls anfangs, ihre Musik. Nach ihrem Tagebuch wogte Musik in ihrem Innern – so laut und eindringlich, daß sie es beim Sprechen »unter den Worten« fühlte und nachts nicht einschlafen konnte. Sie sagte es Mahler, aber er wischte ihre Klagen, wenig überraschend, beiseite. Hatte er sie nicht gleich gewarnt, daß es in der Familie nur einen Komponisten geben könne? »Gott«, schrieb sie bitter, »wenn einem so unbarmherzig ALLES genommen wird. Wenn man verhöhnt wird, dort, wo man am tiefsten empfindet. Gustav lebt SEIN Leben. Mein Kind braucht mich nicht. Ich KANN auch nicht, NUR mich damit beschäftigen! Ich lerne griechisch. – Aber mein Gott – wo ist MEIN Ziel – mein herrliches Ziel. Meine Erbitterung ist groß. Unaufhörlich stecken mir die Tränen im Halse.«

Ein paar Tröstungen gab es allerdings schon. Von Zeit zu Zeit bewirteten die Mahlers faszinierende Gäste. So pflegte beispielsweise Almas alte Liebe Alex Zemlinsky mit dem damals etwa 30jährigen Schönberg aufzukreuzen, der Mahlers

Musik zunächst verächtlich ablehnte, sich dann aber, nachdem er 1904 die Dritte Sinfonie gehört hatte, allmählich zu seinem Bewunderer wandelte. Mahler andererseits erkannte Schönbergs Qualität im gleichen Moment, als er das frühe Streichsextett »Verklärte Nacht« von 1899 gehört hatte. Später bereitete ihm Schönbergs Abkehr von der Tonalität einige Schwierigkeiten. Dennoch verteidigte er ihn und sagte: »Er ist jung; vielleicht hat er recht.« Bei der Premiere des radikalen ersten Streichquartetts im Februar 1907 wurde er gegenüber einem der empörten Zuhörer, die die Aufführung auszischten, beinahe handgreiflich. Bei den abendlichen Zusammenkünften mit Zemlinsky und Alma rund ums Klavier ergriff er allerdings nicht immer für Schönberg Partei. Schönberg war oft provozierend, Mahler hochmütig, und nicht selten endete der Abend mit einem Eklat. Mahler donnerte dann, die beiden sollten ihm bloß von der Tür bleiben, aber bald besänftigte er sich, und da waren sie wieder.

Andere Besucher kitzelten Almas Intellekt weniger, aber es ging ja nicht nur um diesen. Wenn Mahler weg war, pflegte Pfitzner hereinzuschneien, krank vor Sehnsucht nach Alma. Sie war weniger glutvoll. Zwar erregten seine kurzen Umarmungen bei ihr einen arg vermißten »prickelnden Hautreiz«, aber wenn er nicht da war, verzehrte sie sich nicht nach ihm. Als sich der französische Komponist Gustave Charpentier in der Stadt befand, weil Mahler seine Oper »Louise« zur Aufführung brachte, sorgte er ebenfalls für angenehme Ablenkung. Tag für Tag sandte er »Madame Mahler, der anmutigen Muse von Wien, von der dankbaren Muse von Montmartre« ein Blumenbouquet, und während einer »Tristan«-Vorstellung kniff er sie ins Knie. Auf der Straße bemerkte Alma »mit Sehnsucht und Freude«, daß ihr ein junger Mann folgte. Später schrieb sie: »Im Herzen war ich Gustav untreu – nur im Herzen. Aber er weiß es.«

Sicherlich wußte Mahler Bescheid, aber seine hundert und aber hundert Briefe an Alma lassen davon nichts erkennen, jedenfalls so lange nicht, bis sie sehr viel später das Flirten zugunsten einer ernsthaften Liebesaffäre aufgab. Hin und wieder schalt er sie wegen ihres Gejammers und sagte barsch, sie solle damit aufhören und »die Ohren steifhalten«. Manchmal auch schien er die Geduld mit ihrer Eifersucht zu verlieren, und einmal explodierte er in einer Notiz mit einem zwar nichtssagenden, aber doch ausdrucksvollen »Himmelherrgottkreuztausenddonnerundhagelsappermentnochmal!« wegen Almas erneuter Verdächtigung, er treibe es mit der Mildenburg. Aber selbst diesem Ausbruch folgte ein versöhnlich abrundendes »Auf Wiedersehen übermorgen, mein süßes Almscherl, herzverrücktes Wurstel! Ich küsse Dich innigst. Dein Gustav.«

Viele seiner Briefe waren so verspielt und liebevoll wie das Ende des letzten, voller Fragen nach »Putzi« und »Gucki« (Anna) und Bedauern, daß Alma nicht öfter auf Konzertreisen mitkam. Deren gab es nicht wenige. Nach dem Durchbruch mit der Dritten Sinfonie 1902 in Krefeld waren Mahler und seine Musik mehr und mehr gefragt. Er reiste als Gastdirigent kreuz und quer durch Europa und gab Konzerte in über einem Dutzend Städte, von St. Petersburg bis Triest, Berlin bis Straßburg, Basel bis Breslau. An den endlosen Eisenbahnfahrten fand Mahler keinen Gefallen, großen jedoch an seiner wachsenden Anerkennung vor allem in Holland. Mahler verliebte sich sofort in das Land, schwärmte gegenüber Alma über die »holländische Weide – weit und breit von entzückenden (gepflasterten und bepflanzten) Wegen durchzogen, und diese langen beinahe schnurgeraden im Lichte silberglänzenden Canälen welche von allen Seiten ankommen, diese grünen Häuschen, darüber dieser graublaue Wolkenhimmel mit unzähligen Vogelschwärmen! So herrlich.« Im Amsterdamer Rijksmuseum starrte er gebannt auf Rembrandts »Nachtwache«, die er später mit dem ersten »Nachtmusik«-Satz seiner Siebten Sinfonie verband. Nun endlich lernte er seine Augen wirklich nutzen.

Noch mehr war Mahler von den niederländischen Musikern und Zuhörern angetan. Bei der ersten Probe für seine Dritte Sinfonie mit dem Amsterdamer Concertgebouw-Orchester im Oktober 1903 bekannte er: »Mir ist Sehen und Hören ordentlich vergangen, als meine 3. losgieng. Die versetzt Einem ordentlich den Atem. Das Orchester ist vortrefflich und sehr gut vorbereitet.« Das hatte er Mengelberg zu verdanken, der mit zwei anderen holländischen Dirigenten der Krefelder Premiere beigewohnt hatte und sofort zum Mahler-Fan geworden war. Nach der Heimkehr begründete er in Holland einen Mahler-Kult, der (mit Ausnahme der Nazi-Besetzung) bis zum heutigen Tage ungebrochen anhält. Beim ersten Besuch dirigierte Mahler neben der Dritten auch seine Erste Sinfonie und war von der jubelnden Aufnahme so überwältigt, daß er nicht umhinkonnte, sich Alma gegenüber zu brüsten: »Alle sagen mir, daß seit Menschengedenken so was nicht da war. Den Strauss, der hier sehr en vogue ist, habe ich um Ellenlänge geschlagen.« Ein Jahr später war er wieder da und dirigierte seine Zweite und Vierte, letztere sogar im selben Konzert gleich zweimal (und nicht, wie Alma behauptet, im Wechsel mit Mengelberg). Das hätte er anderswo kaum wagen können, ganz sicher nicht in Wien, obwohl sich dessen Publikum nach und nach für Teile seiner Musik erwärmte. Als er auf seinem letzten Wiener Konzert im November 1907 seine »Auferstehungs-Sinfonie« gab, erntete sie »einen Beifall, der sich gar nicht legen wollte«.

Bei ein paar besonders wichtigen Anlässen außerhalb Wiens war Alma zugegen, aber meist blieb sie zu Hause. Das mag angesichts ihrer Langeweile seltsam erscheinen. Manchmal schützte sie Krankheit vor, häufiger Geldmangel und die Versorgung der Kinder. Nun mag ganz am Anfang das Geld durchaus knapp gewesen sein, aber lange hielt das sicherlich nicht vor. Mahlers wachsender Ruhm nach dem Erfolg in Krefeld bedeutete immerhin, daß er außer seinem Opernsalär und den Nebeneinnahmen pro Gastkonzert mindestens 2000 Kronen verbuchen konnte. Außerdem schloß er 1903 mit dem berühmten Leipziger Verleger C. F. Peters einen Vertrag, der ihm allein für die Fünfte Sinfonie 20000 Kronen einbrachte – für Mahler das ganz große Geld, wenn es auch nicht die schwindelnde Höhe erreichte, die Strauss für sein Werk erhielt.

Was Almas häusliche Pflichten anbelangt, so hatte sie ein Dienstmädchen und ein englisches Kindermädchen, die ihr in Wien und Maiernigg zur Hand gingen. Wieviel Haushaltsgeld sie in den ersten Ehejahren bekam, ist unklar. Aus einer Postkarte von 1905 geht jedoch hervor, daß ihr Mahler ein monatliches Haushaltsgeld von 1000 Kronen gab (die heute etwa 8000 DM entsprächen) – auch dies ein Punkt, den Alma bei der Herausgabe der Briefe ihres Mannes sorgfältig ausmerzte. Kurzum, nach allem, was wir über die Familienfinanzen wissen, hätte sich Alma sehr viel mehr Reisen leisten können, wenn sie gewollt hätte. Vielleicht war ihr die Enge der Eisenbahnabteile noch verhaßter als Mahler. Wahrscheinlicher ist, daß sie ganz einfach nicht darauf versessen war, seine Musik so oft zu hören. Zwar half sie im Sommer beim Kopieren der Manuskripte, erlag auch vorübergehend dem Zauber einiger Werke – aber wirklich eingenommen war sie nie. Ihr vorehelicher Ausbruch, das wenige, was sie von Mahlers Musik kenne, mißfalle ihr, sollte natürlich schockieren und tat es auch, aber bloßes Geflunker war er nicht. Vier Jahre nach Mahlers Tod gestand sie in ihrem Tagebuch: »Ich sehnte mich auch nach eigener oder mir wesensverwandter Musik, da mir Gustavs Musik fremd war, eine kurze Zeit durch äußerste Willensanstrengen [sic!] nahe kam und nun wieder fremd ist und fremd bleiben wird.«

Trotz der Auseinandersetzungen mit Alma, dem Kleinkrieg an der Oper und dem hinlänglich vertrauten Heckenschützenfeuer in der Presse stand Mahler 1906 in hoher Gunst. Der Mozart-Zyklus beispielsweise erwies sich nicht nur künstlerisch, sondern auch finanziell als solcher Erfolg, daß die Oper beinahe das ganze Jahr mit ihrem Etat auskam. 1905 hatte sie ihn fürchterlich überzogen, so daß Mahler selbst von seinem ansonsten standfesten Verbündeten, Fürst Montenuovo, unter Beschuß genommen wurde. Dank Mozart und einer Anhebung der Kartenpreise gingen die Einnahmen 1906 wieder in die Höhe, wobei Mahler es gleichzeitig fertigbrachte, die Kosten zurückzuschrauben.

Natürlich bedeutete das bei weitem noch keinen Gewinn. Damals wie heute konnte kein Opernhaus ohne eine gewisse Subventionierung auskommen. Mahlers höfischer Auftraggeber legte stets schon im voraus das »tolerierte Defizit« fest, das für das folgende Jahr aufzufüllen sein werde. 1906 war es auf 200000 Kronen festgesetzt. Das wirkliche Defizit betrug 209000 Kronen. Natürlich griffen übelwollende Kritiker diese Zahl auf, um den Nachweis zu führen, Mahler und sein verschwenderischer Bühnenbildner trieben die Oper in die roten Zahlen. Allen anderen aber bewies sie ganz im Gegenteil, daß Mahler trotz regelmäßiger Urlaube zum auswärtigen Dirigieren seiner eigenen Werke das Opernhaus voll und ganz im Griff hatte. Im Mai erntete seine Sechste Sinfonie bei der Uraufführung in Essen nur halbherzigen Applaus, aber schon griffen die treuen Holländer die ursprünglich unbeliebte Fünfte auf. Kaum hatte Mahler das Werk im März in Amsterdam aufgeführt, wiederholte Mengelberg es bereits dort und bereiste mit ihm vier weitere holländische Städte.

In diesem Sommer 1906 in Maiernigg schien Mahler völlig von der »kompositorischen Blockierung« genesen, die ihn im Jahr davor in seiner Hütte geplagt hatte, als er die Siebte zu Ende komponieren wollte. Zwar hatte er da von 1904 schon zwei mittlere Sätze in der Tasche, aber nach der einjährigen Pause wollte und wollte sich 1905 der Rest der Sinfonie einfach nicht einstellen. 14 Tage lang quälte sich Mahler ab, ohne weiterzukommen, und floh dann für ein paar Tage in die Dolomiten in der Hoffnung auf Inspiration. Doch nichts geschah. Traurig machte er sich auf den Heimweg mit dem Gefühl, den Sommer abschreiben zu müssen. Die Rettung kam im allerletzten Moment auf der Rückfahrt, als er sich über den Wörther See zur Villa zurückrudern ließ. »Beim ersten Ruderschlag«, schrieb er später an Alma, »fiel mir das Thema (oder mehr der Rhytmus und die Art) der Einleitung zum 1. Satze ein.« Der Damm war gebrochen, und der Rest der Siebten sprudelte hervor.

Jetzt, 1906, erging es ihm genau umgekehrt. Es war, als habe

Mahlers nächstes Werk, die gewaltige Achte Sinfonie, nur darauf gelauert, ihn zu übermannen. Wie er sich vier Jahre später erinnerte, »gieng ich am ersten Ferialmorgen in mein Häuschen in Maiernigg hinauf mit dem festen Vorsatz, mich in diesen Ferien (ich hatte es damals gerade so nötig) mich recht auszufaulenzen und Kräfte zu sammeln! Beim Eintritt in das altgewohnte Arbeitszimmer packte mich der spiritus creator und schüttelte und peitschte mich 8 Wochen lang bis das Größte fertig war.« Mit ihren acht Solisten, Chören, Orchester und Orgel ist die »Sinfonie der Tausend«, wie sie auch genannt wird, Mahlers umfangreichste Komposition. Bei der Uraufführung 1910 in München brachte sie ihm den größten Publikumserfolg seines Lebens ein. Ob sie tatsächlich sein größtes Werk ist, wie er mehrfach behauptete, steht auf einem anderen Blatt. Wie dem auch sei, in jenem Sommer befand sich Mahler in ekstatischer Stimmung und berichtete Mitte August Mengelberg: »Ich habe eben meine 8. vollendet. – Es ist das Größte, was ich bis jetzt gemacht. Und so eigenartig in Inhalt und Form, daß sich darüber gar nicht schreiben läßt. – Denken Sie sich, daß das Universum zu tönen und zu klingen beginnt. Es sind nicht mehr menschliche Stimmen, sondern Planeten und Sonnen, welche kreisen.«

Alles in allem fällt einem kaum ein Jahr ein, das sich für Mahler besser anließ als 1906. Doch schon Ende 1907 hatte er die Wiener Oper (und die Villa in Maiernigg) endgültig aufgegeben und war mit Alma nach New York gegangen. Vielfach wird behauptet, Mahler sei als beinahe gebrochener Mann von seinem Posten verjagt worden. Das ist ein Mythos, wenngleich zutrifft, daß er nach dem Entschluß, nach Amerika zu gehen und dort – auch materiell – sein Glück zu machen, ein paar bittere persönliche Schläge einstecken mußte. Was geschah wirklich? Zwei Ereignisse von 1906, die man leicht übersieht, können uns weiterhelfen.

Im Mai begaben sich die Mahlers zu Strauss in das provinzielle, aber künstlerisch kühne Graz zur österreichischen Erstaufführung der »Salome«. Laut Alma machten sie alle zusammen am Tag der Aufführung einen Landausflug, den sie so genossen, daß Strauss gar nicht zum Dirigieren nach Graz zurückwollte. Er willigte erst ein, als ihm Mahler schließlich damit drohte, den Job selber zu übernehmen. Alma läßt durchblicken, vielleicht habe Strauss eine innere Spannung mit leichtfertigem Gehabe überspielen wollen, gibt aber zu, die abendliche Vorstellung sei »ein großer Erfolg« gewesen. Am nächsten Morgen »kam Strauss zu unserem Frühstück und begann Mahler Vorwürfe zu machen. ›Er nähme alles, z. B. die Oper – diesen Stall – zu schwer, er solle sich schonen. Niemand gäbe ihm etwas dafür, wenn er sich aufgerieben hätte. Ein solcher Saustall, der nicht einmal die Salome aufführen wolle – nein, er stände nicht dafür!‹«

Dieses eine Mal war Alma völlig einer Meinung mit Strauss. Sie schreibt nicht, wie Mahler damals reagierte, aber Strauss' Worte dürften ihre Wirkung kaum verfehlt haben. Mahler war jetzt 46 und hatte mehr als die Hälfte seines bisherigen Lebens im Operngeschäft verbracht. Sogar in Wien fiel seine Vision von der idealen Darbietung oft der Routine und Intrige zum Opfer. Die Mozart-Festspiele waren schön und gut, aber im Gegensatz zu Bayreuth konnte Wien nicht allein von Festspielen leben. Strauss hatte recht mit seiner Bemerkung über die »Salome«, und Mahler mag wohl in den Sinn gekommen sein, daß er auch in manch anderer Beziehung recht haben könnte. Zwar hatte Strauss immer nur Geld im Sinn, aber sein Ziel stand fest: Er wollte möglichst schnell vom Opernhaus unabhängig werden und sich dem Komponieren widmen können. War es nicht das, was auch Mahler im Innersten wollte, das und die Chance, seine eigenen Werke häufiger zu dirigieren? Mochte er seine Partituren noch so sorgfältig mit Anweisungen versehen – Mahler war sich im klaren, daß seine Musik für die Interpreten ein Buch mit sieben Siegeln blieb. Er allein konnte eine Tradition der korrekten Aufführung begründen, sonst keiner.

Selbst wenn Strauss' Bemerkungen in jenem Mai nicht den Ausschlag gaben, so wirkten sie mit Sicherheit zumindest als

Katalysator. Denn im August ließ Mahler den Musikkritiker Bernard Scharlitt wissen: »Ich scheide im nächsten Jahre von der Hofoper, denn ich bin im Laufe der Zeit zur Überzeugung gelangt, daß die ›ständige Opernbühne‹ eine unseren modernen Kunstprinzipien geradezu widersprechende Einrichtung bedeutet.« Es gibt keinen Anhaltspunkt dafür, daß Mahler, als er diese Prophezeiung machte, etwa schon gewußt hätte, wie er ohne Verdiensteinbußen mehr Zeit für die schöpferische Arbeit gewinnen könne. Aber im Herbst dieses Jahres begann sich auf unerwartetem Wege eine Antwort abzuzeichnen.

Im Oktober gastierte der große italienische Tenor Enrico Caruso in »Rigoletto« an der Wiener Oper; vorher hatte es ein langes Gerangel mit Carusos Impresario Heinrich Conried über die Gage gegeben. Der in Österreich geborene Conried war als Schauspieler nach New York gegangen, hatte mit Aplomb mehrere kleine Theatertruppen als Impresario betreut und war 1903 als Direktor der Metropolitan Opera mit ihren 3600 Plätzen zu plötzlichem Starruhm gelangt. Von Musik verstand er nicht viel, hatte aber einen Blick für Talente und einen Kopf für Zahlen. Skrupel kannte er nicht. Obwohl Wagner und später dessen Witwe jede Aufführung des »Parsifal« außerhalb von Bayreuth untersagt hatten, brachte Conried ihn trotzdem auf die Bühne und setzte sich im anschließenden Rechtsstreit durch. Er rechnete sich aus, wenn schon sonst nichts, würde der bloße Neugiereffekt den »Parsifal« in New York zum Erfolg machen. Er täuschte sich nicht.

Wann genau Conried auf Mahler zuging, ist unbekannt, aber wahrscheinlich hatte er spätestens Ende 1906 ein Auge auf ihn geworfen. Kurz nach der Wiener »Rigoletto«-Aufführung, die den ersten, wenngleich noch schwachen Kontakt zwischen den beiden Operndirektoren zustande brachte, mußte Conried zwei schwere Rückschläge einstecken. Im November wurde Caruso, sein Trumpfas, in New York verhaftet und wegen Belästigung einer Frau im Affenhaus des Central Parks mit einer Geldstrafe belegt. Es gibt ein paar Anzeichen, daß es sich bei dem Ganzen um eine abgekartete Sache handelte mit dem Ziel, Caruso eine schlechte Presse zu bescheren, die wiederum auf dessen Arbeitgeber zurückschlagen sollte. Jedenfalls tat sie das. Einen Monat später traf es Conried noch härter, als Oscar Hammerstein, ein nicht minder mit allen Wassern gewaschener Impresario, sein Manhattan Opera House als Rivalen zur Met aufmachte. Conried mußte unbedingt zurückschlagen. Die Waffe, die er sich dazu auserkor und schließlich auch bekam, war Gustav Mahler.

Schon vorher hatte die Neue Welt Mahler im Visier gehabt. Bereits 1887, als er noch mit Nikisch um den ersten Platz in Leipzig rang, war Mahler mit der Bitte angegangen worden, in New York den Dirigenten Anton Seidl zu ersetzen. Später ging das – von Mahler dementierte – Gerücht um, er strebe nach Boston. Keinen Zweifel gibt es andererseits, daß er das Angebot des Doppelpostens als Dirigent und Direktor in New York, das ihm 1898 – ein Jahr nach seinem Dienstantritt in Wien – gemacht worden war, ernsthaft in Erwägung gezogen hat. Das ging immerhin so weit, daß er sich beraten ließ, welche Gagenansprüche er stellen solle. Es mag verwunderlich klingen, daß Mahler so kurz nach der Ankunft in Wien auch nur einen Gedanken an den Weggang verschwendet haben soll, aber offenbar war schon damals dem »Land der unbegrenzten Möglichkeiten« (und unschlagbaren Einkünfte) schwer zu widerstehen. Zahlreichen Kollegen Mahlers erging es ebenso, nicht zuletzt Strauss. 1904 gab dieser über 30 höchst einträgliche Konzerte in Amerika, darunter zwei Aufführungen seiner »Sinfonia Domestica« vor jubelnden Massen im Kaufhaus Wanamaker's in New York. Auch Pauline Strauss war mitgekommen, sang die Lieder ihres Mannes und wurde regelmäßig mit ausladenden Blumensträußen bedacht. Die Berichte über diese triumphale, wenn auch in manchem künstlerisch etwas zweifelhafte Tournee dürften weder Mahler noch Alma entgangen sein.

Mit anderen Worten, als Conried Mahler anzuheuern suchte, war die Tür schon halb offen. Dennoch ließen sich die Verhandlungen heikel an. In einer Phase schien Mahler aussteigen zu wollen und fragte seinen Agenten, wie es mit den Aussichten für einen Handel mit Conrieds Erzrivalen Hammerstein bestellt sei. Vielleicht war das nur ein Manöver, um Conried bessere Bedingungen zu entlocken. Mahlers gesamte Karriere zeigt, daß er, wenn es ums Geld ging, alles andere als ein Unschuldslamm war. Schließlich hörten die Plänkeleien auf, und am 21. Juni unterschrieben die beiden einen Vierjahresvertrag für 1908 bis 1911. Er sah vor, daß Mahler jährlich für die drei Monate Dirigiertätigkeit (Januar bis April) 75000 Kronen sowie alle Spesen für Reisen in der ersten Klasse und Unterbringung erhielt. Das war mehr als das Doppelte der 36000 Kronen (14000 Kronen Grundsalär plus Nebeneinnahmen), die Mahler in Wien fürs ganze Jahr kassierte und für die er nicht nur dirigieren, sondern auch die Oper verwalten mußte. Sogar nach Strauss' Maßstäben ein hübsches Sümmchen. Als dieser 1946 aus Almas Memoiren die Einzelheiten erfuhr, setzte er ein ätzendes »Na also!« als Notiz an den Rand.

Zieht man das alles in Betracht, läßt sich kaum noch behaupten, Mahler sei davongejagt worden. Sicher gab es Anfang 1907 weiteren Personalärger an der Oper und wiederholte Angriffe in den Zeitungen, darunter auch geradeheraus antisemitische. Die Wochenzeitschrift *Die Zeit* schnaubte, Mahler »vernachlässigt seine Pflichten«, und zeigte in einer Karikaturenreihe einen Mahler, der vollauf mit Eigenkompositionen beschäftigt war oder sich nach einem anstrengenden Urlaub im Büro ausruhte. Dennoch besaß Mahler immer noch eine Menge Verbündete, nicht nur in der Presse (die weithin die neue »Iphigenie« im März pries), sondern weit darüber hinaus. Die Unterschriften unter einer öffentlichen Erklärung zu seinen Gunsten im Mai lasen sich wie ein »Who's who?« des Wiener Kulturlebens: Klimt und von Hofmannsthal, Schnitzler und Schönberg, Bahr und Burckhard – um nur einige Namen zu nennen. Rührend, daß auch der alte Julius Epstein unterschrieb, jener Professor, der Mahler vor mehr als 30 Jahren beim Eintritt ins Konservatorium behilflich gewesen war. Hätte Mahler wirklich bleiben wollen, er hätte es ohne weiteres gekonnt, und das wußte er auch. Die Wahrheit lautet, daß er wegwollte. Einige seiner Freunde, so etwa Guido Adler, die einen Plan ausgeheckt hatten, wie man Mahler als Direktor eines wiederbelebten Konservatoriums in Wien halten konnte, lassen durchblicken, die wirklich treibende Kraft hinter seinem Weggang sei Alma gewesen. In diesem Fall tun sie ihr vermutlich unrecht. Sicher flog sie auf die Aussicht für ein luxuriöseres Leben in einer neuen und aufregenden Stadt, aber Mahler bedurfte keiner Überredung.

Immerhin, einfach aus Wien weglaufen konnte er auch nicht. Der Kaiser mußte seinem Antrag auf Entpflichtung zustimmen und gleichzeitig einen Nachfolger ernennen. Ein geeigneter Mann, der für die Oper gut genug und zugleich nicht zu versessen darauf war, anderswo zu dirigieren, ließ sich nicht ohne weiteres finden. Als Mahler daher Ende Juni seinen üblichen Urlaub in Maiernigg antrat, war er bereits fest an seinen Vertrag mit Conried gebunden, wußte aber noch nicht genau, wann er die Tätigkeit als Direktor in Wien formal beenden konnte. Für eine Lösung blieben allerdings noch mehrere Monate, und im Oktober wurde sie mit der Ernennung von Felix Weingartner aus Berlin auch gefunden.

Bald schon wurde Mahler von weit Schlimmerem bedrängt. Wenige Tage nach der Ankunft in Maiernigg legte sich seine älteste Tochter, die angebetete Putzi, mit Scharlach und Diphtherie ins Bett. Die kleine Gucki hatte dieselbe Erkrankung schon im Mai erwischt, war aber wieder genesen. Putzi genas nicht. Fast 14 Tage lang lag sie, während die üblichen Sommergewitter um den Wörther See grollten, in der Villa und kämpfte um ihr Leben. Gegen Ende, als sie zu ersticken drohte, versuchten ihr die Ärzte mit einem Luftröhrenschnitt Linderung zu verschaffen. Während der Operation floh Alma weinend ans Seeufer. Von Erstickungsanfällen geschüttelt, überlebte Putzi den Eingriff nur einen weiteren Tag. Sie starb am 12. Juli vor Erreichen des fünften Lebensjahres. Mahler rannte schluchzend auf und ab. Almas Mutter kam angereist, und aus Angst vor dem Alleinsein schliefen alle drei in Mahlers Schlafzimmer. Als später der Leichenwagen mit dem Sarg wegfuhr, wurden beide Frauen ohnmächtig.

Diese Darstellung der schrecklichen Wochen entstammt Almas Memoiren. Sie ist die einzig verfügbare aus erster Hand, aber bis hierhin gibt es keinen hinlänglichen Grund, die Details anzuzweifeln. Doch was Alma anschließend schrieb, hat zur Entstehung einer hartnäckigen Legende geführt, die bis heute weithin Glauben findet. Sie sagt, nachdem sie und ihre Mutter ohnmächtig geworden seien, sei der Maiernigger Landarzt gekommen. »Mahler wollte etwas Heiterkeit in unser trauriges Zimmer bringen und sagte: ›Gehn S', Doktor, wollen Sie mich nicht auch untersuchen? Meine Frau hat immer Angst wegen meines Herzens. Sie soll heute eine Freude haben, sie braucht es.‹ Und der Doktor untersuchte ihn. Tiefernst erhob er sich. Mahler war auf dem Sofa gelegen. Dr. Blumenthal hatte gekniet, und er sagte fast heiter (wie die meisten Ärzte, wenn sie eine Todeskrankheit diagnostizieren): ›Na, auf dieses Herz brauchen Sie aber nicht stolz zu sein!‹ Und mit diesem Befund begann das Ende Mahlers. [...] Er war mit dem nächsten Zug nach Wien gefahren, um dort Professor Kovacs zu konsultieren, welcher des Landarztes Diagnose voll bestätigte: Doppelseitiger, angeborener, obwohl kompensierter Klappenfehler.«

Almas Darstellung vermittelt den Eindruck, praktisch habe Mahler sein Todesurteil erfahren. Das trifft aber nicht zu. Die Diagnose eines »kompensierten« Mangels (in der englischen Fassung des Buches von Alma ist dieses Wort seltsamerweise ausgelassen) bedeutete, daß er durchaus mit dem Problem leben konnte, wenn er sich in acht nahm. Ob der Fehler wirklich angeboren oder nach und nach erworben war, beispielsweise durch rheumatische Fieberanfälle in der Jugend, ist kaum von Belang. Offenkundig hatte er ihn schon seit langem mit sich herumgetragen und dennoch ein überaus aktives Leben geführt. Was die Ärzte ihm jetzt sagten war, daß er die Dinge leichter angehen solle. Dafür bot sein anstehender Weggang von Wien eine blendende Gelegenheit.

Doch waren auch die Diagnosen kein Todesurteil – konnte Mahler sie nicht als solche empfinden? Konnte er sicher, aber ein Brief vom 30. August an Alma zeigt, daß er sehr wohl richtig verstanden hatte. Darin schreibt Mahler, er sei in Wien bei einem Dr. Franz Hamperl zu einer Impfung gewesen, der bei gleicher Gelegenheit sein Herz untersucht habe. »Er fand einen *kleinen* Klappenfehler, der ganz compensiert ist, und macht gar nichts aus der ganzen Sache. Er sagt, daß ich unbedingt nach wie vor meinen Beruf ausüben kann und überhaupt ganz *normal* weiterleben soll nur *Überanstrengungen* vermeiden. Komisch, im Grunde genommen sagte er nichts anderes wie Blumenthal, aber in der ganzen Art lag etwas Beruhigendes.«

Lange hat man gemeint, dieser Brief sei im März geschrieben worden, und daraus geschlossen, Mahler sei schon in einem frühen Stadium wegen Herzbeschwerden in Behandlung gewesen und dieser Zustand habe sich im Sommer verschlechtert. Inzwischen steht das wirkliche Datum vom 30. August zweifelsfrei fest. Ein weiterer Brief Mahlers an Alma, diesmal vom Januar, hat ebenfalls für viel Verwirrung gesorgt. Darin schrieb Mahler: »Schau Almschili, man stirbt nicht daran – siehe Mama mit ihrem Herzen – und lebt drauf los und plötzlich ist der Krach da.« Dieser Briefausschnitt scheint anzuzeigen, daß Mahler von seiner eigenen Gesundheit sprach, und so wurde er weithin auch aufgefaßt. Doch Mahler fährt mit dringenden Ermahnungen an Alma fort, auf sich achtzugeben, und verspricht, sie nach seiner Rückkehr nach Wien zu einer Kur zu nehmen. Mit anderen Worten war sie es, die über Beschwerden klagte, von denen ihr Mahler versicherte, sie seien alles andere als lebensgefährlich. Seine Diagnose stimmte. Alma hatte allerlei Wehwehchen und Schmerzen, lebte aber immerhin bis 1964.

Der unbeschwerte Ton des Briefes vom August bedeutete nun keineswegs, daß Mahler die Ereignisse des Sommers einfach abgeschüttelt hätte. Die Vorstellung, seine gewohnt heftigen Märsche aufzugeben, wie ihm die Ärzte rieten, war ihm verhaßt. Vor allem litt er schwer unter Putzis Tod, wenngleich er es in sich verschloß. Und Alma? »Sie scheint es leichter zu tragen«, schrieb Bruno Walter seinen Eltern, »mit Tränen und Philosophieren. Ich weiß überhaupt nicht wie man so etwas tragen kann.« Eine scharfsinnige Beobachtung. 13 Jahre später kam Alma in ihrem Tagebuch kurz auf Putzis Tod zu sprechen. Beim Lesen des – seltsamerweise kaum je beachteten – Eintrags läuft es einem eiskalt über den Rücken, bedenkt sie darin doch, wie oft Schlimmes jene befiel, denen sie es wünschte.

Einmal, so erinnert sich Alma, seien sie und Mahler an ihrem Haus vorbeigefahren und hätten Putzi ihren »unendlich schönen Lockenkopf« ans Fenster drücken sehen. »Gustav winkte verliebt hinauf. War es das? Ich weiß es nicht – aber plötzlich WUSSTE ich: Dieses Kind muß weg … UND SOFORT. UM GOTTES WILLEN! Weg den Gedanken! Weg das verfluchte Denken. Aber das Kind war tot nach ein paar Monaten. Freud erklärt diese Wünsche als pervertierte Angst. [...] Gustav's Tod auch – habe ich gewollt. Ich liebte einst einen Andern und er war die Mauer, über die ich nicht steigen konnte.« Als Alma später die maschinenschriftliche Abschrift dieses Eintrags überlas, nahm sie ein paar Änderungen vor. Die einzig wirklich substantielle ist die kleinste: Hinter den Satz »Gustav's Tod auch – habe ich gewollt« setzte sie ein Fragezeichen.

Am 15. Oktober 1907 dirigierte Mahler zum letzten Mal an der Wiener Oper. Es war in nicht ganz zehneinhalb Jahren seine 648. Vorstellung. Das Werk war »Fidelio«. Am 7. Dezember schrieb er in einer Abschiedsbotschaft an die gesamte Belegschaft: »Statt eines Ganzen, Abgeschlossenen, wie ich geträumt, hinterlasse ich Stückwerk, Unvollendetes: wie es dem Menschen bestimmt ist. Es ist nicht meine Sache, ein Urteil darüber abzugeben, was mein Wirken denjenigen geworden ist, denen es gewidmet war. Doch darf ich in solchem Augenblick von mir sagen: Ich habe es redlich gemeint, mein Ziel hochgesteckt. Nicht immer konnten meine Bemühungen von Erfolg gekrönt sein. [...] Im Gedränge des Kampfes, in der

Hitze des Augenblicks blieben Ihnen und mir nicht Wunden, nicht Irrungen erspart. Aber war ein Werk gelungen, eine Aufgabe gelöst, so vergaßen wir alle Not und Mühe, fühlten uns reich belohnt – auch ohne äußere Zeichen des Erfolges. Wir sind alle weiter gekommen und mit uns das Institut, dem unsere Bestrebungen galten.« Die Botschaft war an ein Schwarzes Brett geheftet. Später riß jemand sie ab und verstreute die Schnipsel über den Fußboden.

Zwei Tage später nahmen Mahler und Alma auf dem Weg nach Amerika den Frühzug nach Paris. Etwa 200 Freunde und Verehrer waren zur Verabschiedung an den Zug gekommen. Bruno Walter, Alfred Roller und Arnold Rosé waren natürlich da, desgleichen Sänger wie Erik Schmedes und Sängerinnen wie Marie Gutheil-Schoder, ebenso das avantgardistische Triumvirat Schönberg, Berg und Webern. Mahler wollte keine Umstände, war aber gerührt und schüttelte fast jedem herzlich die Hand. Viele Anwesende hatten Tränen in den Augen. »Auch war alles über Nacht angeordnet«, schrieb der Musikkritiker Paul Stefan, »waren keine ›offiziellen‹ Persönlichkeiten verständigt worden. Nichts Künstliches mischte sich ein: nur der gebietende Wunsch war in allen rege, den noch zu sehen, dem man so vieles dankte ... Der Zug bewegte sich. Und Gustav Klimt sprach aus, was alle bangend und von einer großen Zeit empfanden: ›Vorbei!‹«

VIII
Amerika

New York zur Jahrhundertwende verhieß nach den Worten des amerikanischen Schriftstellers Theodore Dreiser »Ruhm denen, die Ruhm suchen, und Glück jenen, die auf der Suche nach Glück herkommen. Eine Welt des Trostes und der Zufriedenheit allen, die in seinen Mauern Wohnung nehmen.« Nun ja, nicht gerade allen. Nach Dreisers eigenem Eingeständnis lebten etwa 100 000 New Yorker in bitterster Armut – darunter Griechen, Italiener, Russen, Polen, Syrer, Ungarn und Juden –, deren Kinder in Zuständen aufwuchsen, die eher den Elendsvierteln Konstantinopels glichen. Doch von diesem schlimmen Aspekt abgesehen, war New York »eine Insel der Schönheit und Freude«.

Eine riesige Baustelle auch. Die wichtigsten Bahnhöfe wurden gebaut, die ersten U-Bahn-Strecken eröffnet. Die Gaslaternen wurden durch elektrische ersetzt, so daß der Broadway wie ein »großer weißer Leuchtstreifen« wirkte, in dem sich die Fahrzeuge wie »juwelenblitzende Fliegen« tummelten (Dreiser). Die höchsten Wolkenkratzer standen noch aus, aber schon jetzt ließ die kühne Skyline von Manhattan die Neuankömmlinge vor Ehrfurcht erschauern, schon gar jene, die sich nach tagelanger Überfahrt langsam mit dem Ozeandampfer näherten. Gustav und Alma Mahler bildeten da keine Ausnahme. Als sie am 21. Dezember 1907 mit SS »Kaiserin Augusta Victoria« in den Hafen von New York einliefen, hielten sie beim Anblick der Bauten und des geschäftigen Gewimmels den Atem an.

Schon am Fuße der Gangway sah sich Mahler von Reportern umringt, die unbedingt wissen wollten, wann er Conried als Direktor der Metropolitan Opera ablösen werde. Daß Conrieds Tage in dieser Position gezählt waren – teils wegen seiner angeschlagenen Gesundheit (er starb 1909), teils weil er mit seinen oft unverfrorenen taktischen Winkelzügen das allmächtige Exekutivkomitee der Met gegen sich aufgebracht hatte –, war in New York ein offenes Geheimnis. Den meisten Beteiligten erschien Mahler ganz selbstverständlich als der kommende Mann. Immerhin hatte er auch in Wien vor genau zehn Jahren als »Dirigent« begonnen und war schon wenige Monate später Direktor geworden. Auf seiner improvisierten Pressekonferenz am Kai wies Mahler jegliche Absicht von sich, in Conrieds Fußtapfen treten zu wollen. Damit sprach er sicherlich die Wahrheit. Er hatte ja nicht die Bürde eines Direktors in Wien abgelegt, um sie sich in New York gleich wieder auf die Schultern zu laden. Ob seine Dementis auch geglaubt wurden, ist eine andere Frage.

Den Mahlers war eine erstklassige Unterbringung in New York zugesagt worden, die sie auch bekamen. Ihre Suite im 11. Stock des Majestic Hotels bot einen riesigen Salon, zwei Schlafzimmer, zwei Bäder, zwei Flügel und einen herrlichen Ausblick nach Osten zum Central Park. Kaum hatten sie mit dem Auspacken begonnen, erschien auch schon ein Abgesandter und holte sie zum Lunch mit Conried ab – unter den obwaltenden Umständen eine eher heikle Begegnung. Eine seltsame dazu. Der »Obergott« Conried, wie Alma ihn nannte, räkelte sich auf einem Diwan, über dem ein auf »gedrehten Säulen« ruhender Baldachin prangte. In einer Ecke des Zimmers stand eine Ritterrüstung, in der rote Lichter glühten. Nur mit Mühe unterdrückten die Mahlers ihr Glucksen über Conrieds »tiefe Unkultur« und brachen, kaum auf der Straße, in lautes Gelächter aus.

Ansonsten gab es wenig zu lachen. Weihnachten stand vor der Tür, Putzi war tot, und Gucki war bei den Großeltern Moll in Wien geblieben. Alma zufolge verbrachte Mahler die halbe Zeit im Bett, »um sich zu schonen«. Sie selbst wanderte in schlaflosen Nächten in der Suite auf und ab und setzte sich dann im Morgengrauen auf die Treppe, um von unten wenigstens ein paar Töne menschlichen Lebens zu erhaschen. An Heiligabend kam ein Besucher, wünschte ihnen »Frohe Weihnachten« und nahm sie zum Abendessen mit, aber das Vergnügen dauerte nicht lange. Ein paar Schauspieler und Schauspielerinnen gesellten sich zu den dreien, darunter »ein verdorbenes Frauenzimmer namens Putzi«. Gustav und Alma flohen ins Majestic zurück.

So begann also Mahlers Zeit in Amerika. Sie ist weithin hart, sogar als mißglückt beurteilt worden, und zum Teil liegt der Grund dafür auf der Hand. Man braucht sich nur die Legende zu eigen machen, Mahler habe Wien, von den »drei Schicksalsschlägen« getroffen, als fast gebrochener Mann verlassen, dann ergibt sich alles übrige beinahe von selbst. Wer auf einem solchen Tiefpunkt angelangt ist, bringt kaum irgendwo ein Comeback zustande, geschweige denn auf einem fremden Kontinent weitab von Kollegen, Freunden und dem verbliebenen Kind. Almas Bericht über dieses erste Weihnachten, an dessen Glaubwürdigkeit man nicht zu zweifeln braucht, scheint nahtlos in dieses trübe Bild zu passen. Nun trauerte Mahler gewiß noch um Putzi, sorgte sich um seine Gesundheit und war entsetzt über das Gerangel an der Met, aber oft genug schon hatte er seine Spannkraft unter Beweis gestellt. Als er in New York ankam, war er gewiß niedergeschlagen, aber doch alles andere als am Ende. Wies seine anschließende Karriere in Amerika, vor allem in der zweiten Hälfte, auch Tiefen auf, so war sie doch erfolgreicher, als oft behauptet wird.

Amerika war für Mahler alles andere als ein Exil. Er selbst hatte sich entschieden, Jahr für Jahr mehrmals eine Zeitlang dorthin zu gehen, und das war lukrativ und anfänglich keineswegs sehr anstrengend. Natürlich litt er hin und wieder unter Heimweh nach Europa, ließ sich gleichzeitig zu Begeisterungsausbrüchen über die überschäumende und erfrischende »Neue Welt« hinreißen, sah aber bald schon die »Heimat« wieder. Seine vier Spielzeiten in Amerika bis Frühjahr 1911 umfaßten alles in allem nicht ganz 20 Monate. Weniger also, als beispielsweise Mahlers böhmischer Zeitgenosse Dvořák als Direktor des New Yorker Nationalen Musikkonservatoriums in den drei Jahren von 1892 bis 1895 fern von *seinen* Wurzeln verbringen mußte. Zudem verirrte sich Dvořák in weit von der »europäischeren« Ostküste abgelegene Gegenden wie Iowa und Nebraska. Mahler hingegen gelangte von New York City nicht weiter als bis zum 750 Kilometer entfernten Cleveland, Ohio, und auch das nur ein einziges Mal auf einer Konzertreise. Den größten Teil der Zeit verbrachte er in Europa, wo er vor allem komponierte und seine eigenen Werke dirigierte. Das hielt ihn sicherlich auf Trab, überanstrengte ihn möglicherweise sogar, aber so wollte er es ja auch seit jeher.

Es gibt einen anderen, vielschichtigeren Grund, warum Mahlers Zeit in Amerika eher unterbewertet wird. Dieser hat weniger mit Mahler selbst und mehr mit der Mischung aus Ehrfurcht, Neid und Unwissen zu tun, mit der sich Europa und Amerika gegenseitig beäugten (und es zum Teil immer noch tun). In den Augen zahlloser Europäer war Amerika zwar *das* Land der Chancen und des großen Geldes, zugleich aber auch eine kulturelle Wüste, in der sich New York kaum vom Wilden Westen unterschied. »Mahler in Manhattan« – das klang etwa so widersinnig wie »Beethoven in Bombay«. In vielen europäischen Salons mußte Almas abschätzige kleine Skizze des (wohlgemerkt in Österreich geborenen) Conried auf seinem lächerlichen Diwan und mit der rot erglühenden Ritterrüstung geradezu einverständiges Nicken und wissendes Blinzeln auslösen.

Natürlich ärgerten sich die Amerikaner über die Hochnäsigkeit der »Alten Welt« und schlugen schon seit langem zurück. In »Die Arglosen im Ausland« (1869) entlarvte Mark Twain die oberflächlich anziehende, aber dekadente Kultur, die er auf einer Rundreise in Europa gesehen (und durchschaut) hatte. Henry James (1843–1916) stellte in seinen Romanen häufig vor moralischer Integrität strotzende amerikanische Helden und Heldinnen korrupten und verschlagenen Europäern gegenüber.

Solche Breitseiten schossen zwar einigermaßen übers Ziel, überraschten aber wenig. Das galt nicht minder für die vor allem unter den Kritikern gängige Gereiztheit wegen der europäischen Unkenntnis des Musiklebens in Amerika einschließlich New Yorks. Die New Yorker Philharmonic Society war immerhin schon 1842 gegründet worden. Das bedeutete nicht mehr und nicht weniger, als daß ihr Orchester genau so alt (wenn auch zugegebenermaßen nicht so gut) war wie die Wiener Philharmoniker und älter als ähnliche Klangkörper in Berlin, Amsterdam oder London. Ihr folgte 1878 ihr Rivale, die vom deutschstämmigen Leopold Damrosch gegründete und später von seinem Sohn Walter übernommene New Yorker Symphony. Um 1900 besaßen überdies Städte wie Philadelphia, Chicago, Pittsburgh und Cincinatti gute Orchester, und Boston hatte das beste von allen, nicht zuletzt dank der vier Jahre unter Mahlers altem Rivalen Nikisch. Wie hervorragend die Boston Symphony war, wußte Mahler nur zu gut. Zwar lehnte er das Angebot eines dortigen Direktorenpostens ab, empfahl ihn jedoch wärmstens Mengelberg, allerdings ohne Erfolg.

Die Oper war zwar wenig verbreitet, gehörte aber immerhin in New York spätestens seit 1854 als fester Bestandteil zur Szene, als die Academy of Music mit der größten Bühne der Welt und einem Zuschauerraum von 4600 Plätzen aufmachte. Trotz aller gegenteiliger Behauptungen war die New Yorker Oper nie nur eine Sache für die »feinen Leute«. Allerdings hing ihre Finanzierung letztlich von den Reichen ab und gehörte eine Loge in der Academy und später der Met zu den begehrtesten Statussymbolen. Eben weil die Academy zu wenige Logen aufwies, in denen Spitzenverdiener Reichtum und Schönheit zur Schau stellen konnten, entschloß sich 1883 eine Gruppe von Millionären zur Gründung der Met. Das neue Haus verfügte über zwei Logenreihen mit dem Spitznamen »Goldenes Hufeisen« (und später noch exklusiver »Diamantenes Hufeisen«) in der Hand von Familien, deren Reichtum auf insgesamt rund 540 Millionen Dollar geschätzt wurde – nach heutigem Wert viele Milliarden.

Ursprünglich wurden sämtliche Vorstellungen an der Met, sogar italienische Opern, auf Deutsch gegeben, und das Programm-Menü bot schwere Wagner-Kost, die mit Sängern und Sängerinnen gewürzt war, die man von Bayreuth herüberlockte. Später lehnten sich sogar die Logeninhaber, wenngleich sie fast immer zu spät kamen, früher weggingen und die meiste Zeit schwatzten, gegen diesen teutonischen Exzeß auf, so daß nach und nach französische und italienische Werke in der Originalsprache zu hören waren. Ein bloßer Blick auf die Besetzungslisten mit Namen wie Emma Calvé, Nellie Melba, Marcella Sembrich, Pol Plançon und den Reszke-Brüdern genügt, um die meisten heutigen Opernverehrer vor Neid erblassen zu lassen. Als Hammerstein 1906 sein Manhattan Opera House als Rivalen zur Met eröffnete, war Alessandro Bonci seine »Antwort« auf Caruso, daneben Stars wie John McCormack, Luisa Tetrazzini und Mary Garden. Die spöttische Bemerkung, New York sei mehr in Stimmen als in Musik verliebt, enthielt sicherlich ein Körnchen Wahrheit – aber welche Stimmen! Ihre Kraft und Schönheit ist trotz aller Mängel einer primitiven Aufnahmetechnik noch heute erkennbar.

Mochten die Logeninhaber auch prahlen und das breite Publikum vor allem ins »hohe C« vernarrt sein – die New Yorker Kritiker verstanden im allgemeinen ihr Handwerk. Es gab viele, nach heutigen Maßstäben geradezu einen Überfluß. Um die Jahrhundertwende besaß Groß-New York über 30 Tageszeitungen, und viele brachten regelmäßig Musikkritiken. Zu den führenden Kritikern gehörten Richard Aldrich von der *Times*, deren Tagesauflage schon damals über 200000 betrug, William Henderson von der *Sun*, zugleich Autor mehrerer Opernlibretti, Reginald de Koven von der *World*, der auch ein vielschreibender Komponist war, und Henry Finck von der *Evening Post*, der Musik und Philosophie studiert und 1876 der ersten Aufführung des »Rings« in Bayreuth beigewohnt hatte. Der wohl einflußreichste oder jedenfalls kämpferischste war Henry Krehbiel, der rund 40 Jahre lang als Kritiker der *Daily Tribune* gewirkt hat. Mit seinem stechenden Blick, Stiernacken und vorstehenden Kinn schien er eher für den Boxring als für den Konzertsaal geeignet. Aber er war ein gelehrter Mann, der unter anderem eine englische Fassung von Alexander Thayers Klassiker über Beethoven bearbeitet und herausgebracht hat. Wenn sich Krehbiel als oberster Schiedsmann des amerikanischen Musikgeschmacks aufspielte, war das sicherlich übertrieben, aber er kannte sich aus und war ein Meister der ätzenden Prosa.

Mahler sah sich also einer mächtigen Clique von Kritikern ausgesetzt, die vor allem ihren Wagner in- und auswendig kannten. Desto auffallender war es, daß er für sein Met-Debüt mit »Tristan und Isolde« am Neujahrstag 1908 praktisch einmütigen Beifall erntete. Bezeichnenderweise konnte sich Krehbiel einen kleinen Schlenker mit der amerikanischen Flagge nicht versagen und schrieb: »Herr Mahler [...] ist ein Neuankömmling, dessen hiesiges Erscheinen zwar seine Bedeutung hat, aber in New York bei weitem auch nicht halb soviel Interesse erregen dürfte wie sein Weggang von Europa auf der anderen Seite des großen Teichs.« Doch im weiteren gestand sogar er ein, Mahler sei »ein Meister seines Fachs«, der »für sich, Wagners Musik und das New Yorker Publikum Ehre einlegt«. Aldrich, der zusammen mit Finck über die Jahre einer der treuesten Anwälte Mahlers wurde, bemerkte in der *Times*, die Stimmen seien »nie überspielt« worden, sondern hätten »ihren Platz über dem Orchester behaupten dürfen und sich mit ihm stets an der richtigen Stelle vermengt. Dennoch wurde die Partitur in ihrer ganzen, komplexen Schönheit offenbar, ihre ineinandergewobenen Passagen waren immer klar disponiert und vereinigten sich mit einem exquisiten Sinn für Proportionen.« Dem aus Rußland stammenden jungen Musiker Samuel Chotzinoff, der später ein enger Mitarbeiter Toscaninis wurde, erschien die Aufführung wie eine Offenbarung. »Nun endlich wußte ich, wie Wagner klingen muß«, schrieb er ein halbes Jahrhundert später in seinen Memoiren. »Wagner kann so klar, so verständlich, so durchsichtig sein wie Aida.«

In gewisser Weise wurde etwa drei Wochen später »Don Giovanni« zu einem noch durchschlagenderen Erfolg. Das lag zum Teil daran, daß Mahler über Stimmen verfügen konnte, die sogar er als »fast unübertrefflich« einstufte. Schon seine Besetzung des »Tristan« war hervorragend, angeführt vom Münchner Heldentenor Heinrich Knote und der aus Schweden stammenden amerikanischen Sopranistin Olive Fremstad, die als Isolde debütierte. Aber bei »Don Giovanni« hatte er sogar die legendäre Sembrich in der relativ bescheidenen Rolle der Zerlina und als Leporello den in Rußland geborenen Fjodor Iwanowitsch Schaljapin, einen hünenhaften, mit unbändiger Schauspielkunst gesegneten Baßbariton. Antonio Scotti sang die Titelrolle, Bonci den Don Ottavio, Johanna Gadski glänzte als Donna Elvira und Emma Eames als Donna Anna. Wahrlich eine starke Besetzung! Doch als schlagenden Beweis dafür, daß man es nie allen recht machen kann, brachte die *Tribune* eine Leserzuschrift, in der ein »empörter Abonnent« verlangte, Schaljapin wegen seiner »Ungehobeltheit und Vulgarität« von der Met auszusperren. Auch Krehbiel hielt nicht viel von Schaljapin, verfiel jedoch fast schon in lyrisches Schwärmen wegen »Mr. Mahlers Behandlung des Orchesterparts. Noch nie hallte von den Wänden der Metropolitan so Exquisites wider wie die Instrumentalmusik des letzten Abends. [...] Die Wirkung war hinreißend.«

Alles in allem setzte sich Mahlers Erfolg im Februar mit »Walküre« und »Siegfried« fort. Gelegentlich versahen Kritiker seine »ungewöhnlich geschmeidigen« Tempi mit einem Fragezeichen und schimpften regelmäßig auf die schwerfälligen Inszenierungen und Bühnenbilder, für die Mahler nicht verantwortlich war. Auch das Publikum strömte für Wagner, selbst unter einem meisterhaften Interpreten, nicht gerade in den Scharen in die Met, die Caruso anzulocken pflegte. Aber alles in allem konnte, realistisch betrachtet, kein Dirigent mit einer besseren Aufnahme rechnen. Oft war – meist lobend, manchmal auch mit leisem Bedauern – zu lesen, Mahler sei nun doch nicht das erwartete Ungeheuer. In Vorausberichten hatte es geheißen, er werde bei der Met so unmögliche Bedingungen vorfinden, daß er in Wut ausbrechen, seinen Dirigentenstab einpacken und das nächste Schiff nach Europa nehmen werde. Für die Sensationslüsternen wäre das ein passender Start in die Spielzeit gewesen. Tatsächlich aber berichtete der *New York Herald* voll Staunen, Mahler »hat seine Gesangs- und Orchesterkräfte so einfühlsam gehandhabt, daß sie, anstatt ihn als Diktator zu verfluchen, geradezu darauf versessen sind, seiner Stabführung zu folgen«. Das sei eine bemerkenswerte Glanzleistung, »denn alle Welt weiß, daß Sänger(innen) und Schlangen nicht so leicht zu becircen sind«.

Hier schien sich tatsächlich »ein neuer Mahler« zu präsentieren. Auch Alma ließ sich darüber aus und schrieb, Mahler habe nicht nur die in New York üblichen Kürzungen der Wagner-Werke hingenommen, sondern sogar noch neue hinzuerfunden. Das ist eine überraschende Behauptung, wird aber von den Zeitungskritiken, vor allem des »Tristan«, deutlich bestätigt. Zu weit geht Alma hingegen, wenn sie schreibt: »Dekorationsmängel, die in Wien ein Donnerwetter ausgelöst hätten, amüsierten ihn dort.« Denn in den ersten zwei Monaten in New York bemühte sich Mahler vergeblich, Roller von Wien herzuholen, um mit den miserablen Bühnenbildern der Met aufzuräumen. Im allgemeinen aber zeigte er sich dem Opernhaus gegenüber toleranter als bei ihm üblich.

Hatte er ganz einfach resigniert? Kaum. Sonst hätte er wohl keine Vorstellungen auf die Bühne gebracht, die bei Kritikern, die nicht leicht zu beeindrucken waren, so schnell Anklang fanden. Nach Alma war es »Der Tod des Kindes, sein eigenes Leiden. Alles andere verlor daneben an Wichtigkeit«, und das klingt einleuchtend. Doch Mahler hatte schon vorher andere Schwerpunkte gesetzt, als er nämlich beschloß, die Pflichten des Direktors in Wien für mehr Geld und Zeit für seine eigene Arbeit an den Nagel zu hängen. Dieser Entscheidung entsprach auch sein ganzes Verhalten in New York. Bald nach der Ankunft dort wurde ihm, wie die Presse schon gemunkelt hatte, Conrieds Posten angetragen, aber er lehnte ihn ab – trotz eines Gehalts, das »in Wien märchenhaft berühren würde (300 000 Kronen für sechs Monate nebst einigen Nebensporteln)«. Im Februar schrieb er einem Freund: »Vor fünf Jahren hätte ich aber einer solchen Verlockung nicht widerstehen können. Das Klima, die Menschen hier und die überaus großzügigen Verhältnisse behagen mir außerordentlich.«

Mahlers Prioritäten hatten sich verändert. Gewiß verfügte er an der Met über gute Stimmen und ein passables Orchester, und schon von der Veranlagung her hätte er es nicht fertiggebracht, nur halbherzig zu dirigieren. Aber im Büro des Direktors sollte sich ein anderer abschinden. Und wenn die New Yorker Kürzungen wollten, konnten sie sie haben. In Wien hatte er gestöhnt, unentwegt renne er mit dem Kopf gegen die Wand, aber letztlich hatte die Wand nachgegeben. In New York war er entschlossen, nicht mehr dagegen anzurennen, sondern höchstens mal kräftig daran zu pochen. Der Rat seiner Ärzte im vorigen Sommer hat ihn sicher darin bestätigt, aber auch sonst hätte er seinen Job an der Met nicht viel anders angegangen. In Wahrheit war er in seiner Haltung zum Operngeschäft wider Erwarten wie der pragmatische, ja phlegmatische Richard Strauss geworden.

Was den Verlauf von Mahlers New Yorker Karriere veränderte, war mehr als alles andere »Fidelio«. Schon seit jeher hatte Mahler Beethovens Oper mit ausgesuchter Sorgfalt bedacht, und ebenso hielt er es an der Met, obwohl er die Dinge im Prinzip leichter nehmen wollte. Er setzte eine Unzahl von Proben an, griff in die Inszenierung ein und bestand darauf, daß Rollers berühmte Wiener Bühnenbilder in New York nachgebaut wurden. Die Premiere am 20. März 1908 wurde zu einem Triumph, der selbst Mahlers vorherige Erfolge an der Met in den Schatten stellte. Auf den ersten Blick mag dies überraschen. Zwar kann »Fidelio« durchaus dramatisch sein, aber ihm fehlt doch die orchestrale Subtilität eines »Don Giovanni« und die stimmliche Allüre eines »Tristan«. Überdies neigte Mahler dazu, an der Partitur herumzubasteln, hier und dort die Orchestrierung zu retuschieren, und die dritte Leonoren-Ouvertüre (die Beethoven schließlich dann doch nicht für die Oper verwendete) fügte er als Vorspiel zur Schlußszene ein. Mit alledem lief er Gefahr, sich Tadel einzuhandeln, vor allem bei Krehbiel, der zwar bei Wagner alle erdenklichen Kürzungen befürwortete, dem aber bei seinem angebeteten Beethoven jede einzelne Note heilig war.

Wie sich herausstellte, klagte Krehbiel zwar über Teile der Gesangspartien und Freiheiten im Umgang mit dem Text, zeigte sich aber von der »Kraft und strahlenden Beredsamkeit« der Mahler-Interpretation geradezu hingerissen. Auch andere Kritiker stimmten ein, etwas so Herrliches habe die Met seit Jahren nicht geboten. Doch der vielsagendste Kommentar kam am 25. März vom *Musical Courier*, einer Wochenzeitschrift, die mit Vorliebe Musiker und andere Kritiker – vor allem Krehbiel – aufs Korn nahm. Sie benutzte Mahlers »prächtige« Darbietung der »Leonore 3« als Vorwand, um die New Yorker Orchestermusiker in den Himmel zu heben, und als Knüppel, um auf ihre üblichen Dirigenten einzudreschen: »Kann, nachdem man das gehört hat, irgendwer noch den *Musical Courier* dafür tadeln, daß er den Orchesterkonzerten keine Beachtung schenkt, die Leute wie [Wassily] Safonoff und [Walter] Damrosch in dieser Stadt geben?« Gemeint waren keine minderen als die Dirigenten des New York Philharmonic und der New York Symphony.

Nun mag der damals 45jährige Damrosch durchaus ein armseliger Dirigent gewesen sein. Das zeitgenössische Urteil über ihn schwankt. Außer Zweifel steht indes, daß er abenteuerlich kühne Programme zusammengestellt hat und ein altgedienter Mahler-Fan war. Als jungen Mann hatte ihn eine Vorstellung der »Meistersinger« unter Mahler in Hamburg in Bann geschlagen, und 1904 hatte er Mahlers Vierte Sinfonie in Amerika erstaufgeführt. Alles wies darauf hin, daß die beiden Verbündete sein würden. Waren sie auch – anfänglich. Als Damrosch 1907 erfuhr, Mahler komme an die Met, trat er mit ihm in Verbindung und schlug ihm ein oder zwei Konzerte mit der New York Symphony vor. Eine Zeitlang scheint sogar die Welturaufführung von Mahlers Siebter Sinfonie in der Spielzeit 1907/1908 in New York geplant gewesen zu sein.

Aus alledem wurde dann nichts, offenbar weil Conried der Meinung war, Orchesterkonzerte würden Mahler zu sehr von der Opernarbeit ablenken. Aber weder Mahler noch Damrosch gaben auf. Am 16. März, vier Tage vor seinem überwältigenden Erfolg mit »Fidelio«, schrieb Mahler an Damrosch und bedauerte »die Verständnisslosigkeit meines ›Chefs‹«, fügte jedoch hinzu: »Ich möchte aber das Versäumte wenigstens nächste Saison nachholen [...] so frage ich nun bei Ihnen [an], ob Sie mich nächstes Jahr wollen; und wenn ja so möchte ich mündlich mit Ihnen das Nähere besprechen, um allen Schwierigkeiten aus dem Wege zu gehen.« Damrosch sprang darauf. Am 22. März sprach er im Majestic vor und berichtete später, dabei sei eine mündliche Vereinbarung zustande gekommen, nach der Mahler um den Jahreswechsel mit der New York Symphony drei Konzerte geben sollte, einschließlich seiner »Auferstehungs-Sinfonie«. Mahler betonte, er brauche die formelle Zustimmung der Met, die er aber sicherlich bekommen werde, weil er sonst seinen Vertrag nicht für die nächste Saison verlängern würde. Damrosch war selig. Desgleichen fühlte er sich geschmeichelt, als er einen Tag später mit der New York Symphony ein Konzert in Philadelphia gab, bei dem Mahler unerwartet auftauchte und anschließend zu den Musikern hinter die Bühne ging.

Dann begann sich das Bild zu trüben. Am 26. März erhielt Damrosch einen Brief von Mahler, der besagte: »Zwischen Thür und Angel haben sich einige Schwierigkeiten eingefunden, die ich zwar zu überwinden hoffe, die mich aber zunächst noch veranlassen, Sie zu bitten, mit unserer Angelegenheit noch ein wenig warten zu wollen.« Damrosch schwante nichts Gutes; er rief Mahler an, der ihm sagte, die Probleme beträfen den Opernvertrag, würden aber binnen kurzem geklärt sein. So schien es zunächst auch. Bei einem Abendessen traf Damrosch zufällig auf Otto Kahn, den Vorsitzenden des Exekutivkomitees der Met, der ihm sagte, Mahler sei das Recht zugestanden worden, in der folgenden Saison Konzerte zu geben. Um so größer war Damroschs Schock, als er bald darauf von

Mahler erfuhr: »Mir hat Kahn allerdings die Bahn frei gegeben. Damit ist die Sache aber nur für die Metropolitan-Compagnie gelöst, denn ich muß für diese Freigabe auf 3000 $ meiner Bezüge verzichten. Ich muß also nun erst sehen, wo ich das wieder hereinbringe. [...] Daß mir die Verbindung mit Ihnen die sympathischste ist, habe ich Ihnen bewiesen. Aber Sie werden begreifen, daß ich unter solchen Umständen, auch noch andere Gesichtspunkte in's Auge fassen muß.«

Was war da los? Der Brief eines New Yorker Rechtsanwalts namens Dave Morris an Damrosch vom 1. April brachte die Erklärung. Der Text war höflich, aber die Mitteilung brutal klar. Morris vertrat ein »Komitee von Damen«, die für Konzerte in der kommenden Saison an Mahler herangetreten seien. Morris fuhr fort, Mahler habe der Met für dieses Konzertprivileg ein »gewisses Zugeständnis« machen müssen, »und wie ich von ihm erfahre, ist er zu diesem Zugeständnis um des Vorschlags des Damenkomitees willen bereit, [...] welchen Vorschlag er schriftlich akzeptiert hat und worüber ein ordnungsgemäßer Vertrag geschlossen worden ist.«

Damrosch fühlte sich aufs Kreuz gelegt. Erst zwei Wochen war es her, daß Mahler »seine Dienste« angeboten und zu verstehen gegeben hatte, das einzige Problem sei die Met. Jetzt war er ohne Vorwarnung mit jemandem anderen handelseinig geworden, was durchaus für die New York Symphony eine gefährliche Konkurrenz bedeuten konnte. Das »Damenkomitee« (zu dem auch vier Männer gehörten) war keineswegs irgendeine nichtssagende Gruppe, die eine vorübergehende Marotte pflegte, auch wenn Damrosch es später als solches abzutun versuchte. Es wurde angeführt von der ehrfurchtgebietenden Bankiersfrau und Konzertveteranin Mrs. Mary Sheldon, verfügte über massenhaft Geld und wünschte nichts sehnlicher, als der Stadt endlich ein Orchester zu verschaffen, das mindestens so gut wie das Bostoner war. Dazu bedurfte es eines Dirigenten mit unvergleichlichem Können als Interpret und Zuchtmeister. Spätestens nach Anhören der »Fidelio«-Aufführung waren Mrs. Sheldon und ihre Freundinnen der Meinung, nun seien sie fündig geworden. Sie traten genau in dem Augenblick an Mahler heran, als dieser seine Abmachung mit Damrosch besiegeln wollte.

Mahler hat schließlich die vorgeschlagenen Konzerte mit der New York Symphony doch dirigiert, aber inzwischen war der Schaden schon angerichtet. Aus Damrosch war ein bitterer Feind geworden. Er mag überreagiert haben, aber die gleichzeitig im *Musical Courier* veröffentlichten bösen Bemerkungen über ihn haben seine Wut über den Coup des »Damenkomitees« zweifellos noch gesteigert. Mahler hatte (nicht zum ersten Mal in seiner Laufbahn) kein ganz sauberes Spiel gespielt, war jedoch der Meinung, das Angebot nicht ablehnen zu können. Ende März schrieb er erregt an Anna Moll: »Der Fidelio hat mächtig eingeschlagen und meine Chancen mit einem Schlage ganz verändert. Ich steuere oder vielmehr ›es‹ steuert jetzt drauf los, mir ein Mahler-Orchester lediglich zu meinem eigenen Zweck zu bilden und damit nicht nur viel Geld zu verdienen, sondern auch ein wenig mir selbst genug zu tun. Es kommt jetzt nur darauf an, wie sich die New Yorker zu meinem Schaffen verhalten werden. Da sie ganz vorurteilslos sind, so erhoffe ich mir hier einen fruchtbaren Boden für meine Werke und damit eine geistige Heimat, die ich mir trotz aller Sensation in Europa nicht erringen könnte. Das braucht aber der Baum, sonst geht er ein.«

Wahrlich eine einschneidende Veränderung. Nur einen Monat vorher hatte Mahler zu Roller im Vertrauen gemeint: »Ich gedenke nicht lange hier zu bleiben; doch wenn ich gesund bleibe, wenigstens noch nächste Saison.« Nun tat sich ihm in New York mit einem »Mahler-Orchester« und einer Chance, seine Werke zu Gehör zu bringen, eine langfristige Zukunft auf. Kein Wunder, daß er überschwenglicher Stimmung war – zu überschwenglicher, wie sich herausstellen sollte.

Inzwischen war für Conried an der Met ein Nachfolger gefunden worden. Nach Mahlers Absage wurde der Direktor der Mailänder Scala, Giulio Gatti-Casazza, verpflichtet und mit ihm Toscanini, der explosive Maestro der Scala. Schon im

Sommer davor war die Met »formlos« (das heißt hinter Conrieds Rücken) an Gatti-Casazza herangetreten, aber er hatte sich geziert und erklärt, er nähme den Job nur an, wenn auch Toscanini mitkäme. Die beiden hatten seit Jahren an der Scala gut zusammengearbeitet, und Gatti-Casazza war klug genug zu wissen, daß er in New York von Anfang an eine erprobte und vertrauenswürdige Stütze brauchte. Anfang 1908, als Mahler aus dem Rennen war, bekam er dann, was er wollte, und begann eine Zusammenarbeit mit der Met, die bis 1935 dauern sollte. Im Prinzip nahm sich Toscanini als schöner Gewinn für die Met aus, vor allem, um die scharfe Konkurrenz von Hammersteins Manhattan Opera im italienischen Repertoire aus dem Feld zu schlagen. Otto Kahn machte sich allerdings Sorgen, wie Toscanini mit Mahler auskommen würde. Auf Kahns Bitte fühlte Gatti-Casazza Toscanini auf den Zahn, der ihm sagte: »Ich empfinde große Hochachtung vor Mahler und würde einen solchen Kollegen unendlich irgendeinem mittelmäßigen vorziehen.« Mahler seinerseits bezeichnete Toscanini als »den sehr gerühmten Kapellmeister«, der im übrigen, wie er zunächst meinte, an der Met nur die italienische Seite übernähme.

Da täuschte sich Mahler. Toscanini, der Wagner verehrte und (erfolglos) darum gekämpft hatte, die italienische Erstaufführung von Strauss' »Salome« auf die Bühne bringen zu dürfen, dachte nicht im Traum daran, aufs deutsche Opernrepertoire zu verzichten. Ein Zusammenstoß der beiden Dirigenten war mithin unvermeidlich. Das bedeutet aber nicht, daß Mahler mehr oder weniger (wie ein amerikanischer Autor schreibt) von einer »italienischen Dampfwalze« aus der Met gefegt worden wäre, eine Legende, zu deren Entstehung Alma in ihren Memoiren beigetragen hat. Sie schreibt, im Winter 1908/1909 hätten Mrs. Sheldon und eine Freundin »binnen wenigen Tagen [...] hunderttausend Dollar gesammelt, mit denen sie ein Mahler-Orchester zu gründen gedachten. Dies kam Mahler sehr gelegen; er fühlte sich in der Metropolitan nicht mehr sehr wohl. Conried lag im Sterben, und man hatte Gatti-Casazza von der Mailänder Scala kommen lassen, der nun Direktor der Oper wurde und Toscanini mitbrachte. Die schönen Zeiten der deutschen Opernhegemonie waren vorbei.«

In Wirklichkeit hatte Mahler das Angebot des Sheldon-Komitees längst vor Ankunft der Italiener auf der Bühne akzeptiert. Sicher hatte er auch seinen Vertrag mit der Met erneuert, so daß er in der Saison 1908/1909 sowohl an der Oper als auch in wachsendem Maße mit Orchesterarbeit zu tun haben würde. Aber auf längere Sicht war er bestimmt nicht gewillt, weiterhin beides zu tun. Das hatte schon in Wien nicht funktioniert, auch bevor ihn die Ärzte vor Überanstrengung warnten. Mahler vertrug sich zwar schlecht mit Toscanini, der später seinen einstigen Kollegen als »Verrückten« bezeichnete und seine Musik nie dirigiert hat. Aber als Mahler von der Met wegging, lag das weder am neuen italienischen Regime noch (auch dies eine Legende) an feindseligen Kritikern. Wie schon so oft ging er ganz einfach, weil er einen attraktiveren Posten erspäht hatte. So jedenfalls nahm dieser sich aus.

Als Mahler mit Alma am 23. April 1908 für sieben Monate nach Europa abdampfte, hatte er allen Anlaß zur Zufriedenheit. Das New Yorker Glücksspiel, denn nichts anderes war es, hatte sich bislang hübsch ausgezahlt – nicht zuletzt finanziell. Gerade mal 27 Opernaufführungen (20 in New York, die übrigen auf Tourneen in Boston und Philadelphia) hatte er dirigiert und stand nun um 100000 Kronen besser da. Sein ursprünglicher Vertrag mit Conried hatte zwar nur auf ein Salär von 75000 Kronen für die Spielzeit gelautet, aber Mahler bekam weitere 25000, weil er einen Monat früher als zunächst geplant in New York anfing. Nach einigen Auseinandersetzungen mit der Met erhielt er zudem eine höhere Lebenshaltungspauschale – auch dies ein Zeichen für seine Gewieftheit. Hinzu kamen 20000 Kronen Ablösesumme von der Wiener Oper und die Gewährung einer Jahrespension von 14000 Kronen, die (dank der Großzügigkeit seines einstigen k. k. Arbeitgebers) höher lag, als ihm strenggenommen zustand. Mahler hatte also im Frühjahr 1908 für Frau und Kind eine Menge Geld auf die hohe Kante gelegt und gleichzeitig einen großen Schritt in Richtung auf die finanzielle Unabhängigkeit getan, die ihm erlauben sollte, sich ganz dem Komponieren zu widmen.

Dennoch sammelten sich in diesem Sommer Sturmwolken über seinem Haupt. Dazu gehörte unter anderem, daß die Met im Juli vorschlug, zu Beginn der nächsten Saison solle Toscanini, bevor sich Mahler an die Arbeit begebe, ein paar »Tristan«-Aufführungen »in der ihm vertrauten Mailänder Inszenierung« dirigieren. Inzwischen hatte Mahler Toscanini bereits einen Anteil am deutschen Repertoire zugestanden, davon jedoch ausdrücklich die Werke ausgenommen, die er bereits in New York geprobt und dirigiert hatte. Das galt nun vor allem für den »Tristan«. In einem aufgebrachten Antwortbrief schrieb Mahler: »An den Tristan habe ich in der vorigen Saison ganz besondere Mühe verwendet und kann wohl behaupten, daß die Gestalt, in der das Werk jetzt in New York erscheint, mein geistiges Eigenthum ist. Wenn Toscanini [...] nunmehr vor meinem Eintritt den Tristan übernähme, so würde selbstverständlich dem Werke ein ganz neuer Stempel aufgedrückt werden und ich gänzlich außer Stande sein, das Werk im Verlaufe der Saison zu übernehmen.« Er setzte sich durch. Toscanini gab sein Debüt an der Met am 16. November 1908 mit »Aida«. An den »Tristan« kam er erst im folgenden November. Da hatte Mahler die Met bereits verlassen, an die er lediglich im März 1910 noch einmal als »Gast« zurückkehrte, um die ersten Aufführungen von Tschaikowskis »Pique Dame« in Amerika zu dirigieren.

Potentiell mehr Sprengstoff lag im New Yorker Krieg der Worte um das geplante »Mahler-Orchester«. Nach einem Bericht der *Tribune* hatte Damrosch den Plan verächtlich als das Produkt »von zwei oder drei unzufriedenen Weibern« abgetan, »die nichts zu tun und mehr Geld haben, als sie offenbar vernünftig ausgeben können«. Der *Musical Courier* sprang mit Wonne auf diesen Ausbruch. Auch er sei unzufrieden, hieß es im *Courier*, und mit ihm Tausende andere Musikliebhaber in New York. Nur dank solch »unzufriedener Elemente« werde endlich ein würdiges Orchester »geplant und organisiert und ein namhafter Dirigent wie Gustav Mahler an seine Spitze gestellt«.

In einem Seitenhieb auf Krehbiel unterstrich der *Courier*, der Musikkritiker der *Tribune* (die den Artikel über die »unzufriedenen Weiber« gebracht hatte) sei »ein Komplize von Herrn Damrosch«. Machte Krehbiel wirklich, wie die *Tribune* unterstellte, mit Damrosch gemeinsame Sache, oder war er ihm, wie später behauptet wurde, sogar verpflichtet? Soviel steht fest: Krehbiel lehrte am »Institute of Musical Art« (der späteren »Juilliard School«), das von den Damrosch-Brüdern geleitet wurde. Und unter heftiges Feuer von Krehbiel kam Mahler erst, nachdem er die Met verlassen und sich ausschließlich, in Konkurrenz zur New York Symphony, der Konzertarbeit zugewandt hatte. Damrosch paßten die Angriffe der *Tribune* natürlich hervorragend in den Kram, aber ob er ihr Anstifter war, ist keineswegs sicher. Später hatte Krehbiel von sich aus Grund genug, sich gegen Mahler zu wenden.

Bis jetzt jedoch gab sich Krehbiel alle erdenkliche Mühe, fair zu bleiben. Seine Kritik der »Auferstehungs-Sinfonie«, mit der Mahler, der seit dem 21. November wieder in New York war, in Amerika als Dirigent eines seiner eigenen Werke debütierte, zeigt das zur Genüge. Nach dem Konzert vom 8. Dezember in der Carnegie Hall gestand der offenbar verdutzte Krehbiel: »Jenseits allen Zweifels hat es Herr Mahler tiefernst gemeint, als er diese Musik schrieb, und an der Schönheit und Bedeutungsschwere gewisser Episoden ist nicht zu deuten.« Er schloß in einem seltenen Anflug von Bescheidenheit mit den Worten, nach nur einmaligem Anhören lasse sich über ein so riesiges Werk noch kein endgültiges Urteil abgeben. Dennoch stelle er »mit Vergnügen fest, wie schnell und eindeutig aufrichtig sich das New Yorker Publikum […] zu seinen Gunsten ausgesprochen« habe. Andere Kritiker äußerten sich mindestens ebenso positiv, sieht man einmal von dem griesgrämigen Lawrence Gilman ab, der in *Harper's Weekly* unkte, dem Werk mangele es an »originellen, kraftvollen und erhabenen musikalischen Ideen«.

Die »Auferstehungs-Sinfonie« war das zweite von Mahlers seit langem geplanten drei Konzerten mit der New York Symphony. Auch die anderen beiden, zu denen Schumanns Erste und Beethovens Fünfte Sinfonie gehörten, fanden ein positives Echo, doch Mahler hielt nichts von dem Orchester. In einem Brief an einen Freund in Europa schrieb er, er arbeite mit »völlig unzureichenden Mitteln«, und klagte bitterböse, die Musiker kämen und gingen in den Proben, wie es ihnen beliebe. Trotzdem merkte die *New York World* an, das Orchester der Symphony habe »viel besser gespielt als sonst üblich, mit sehr viel mehr Präzision, Klangfülle, Farbigkeit und orchestraler Einheit« – eine nicht sehr schmeichelhafte Bemerkung für seinen gewöhnlichen Dirigenten Damrosch. Später gab die New York Symphony Society eine Erklärung heraus, sie »habe nicht vor, künftig das Experiment zu wiederholen und europäische Gastdirigenten einzuladen«. Die Erfahrung mit Mahler sei »ziemlich unbefriedigend« gewesen. Diesen Verweis dürfte Mahler leicht weggesteckt haben. Schließlich war das Symphony nicht *sein* Orchester. Das er zu schmieden gedachte, würde sicherlich weit besser.

Doch mittlerweile nahm sich das Vorhaben des »Damenkomitees« etwas anders aus. Im Frühjahr 1908 hatte die Absicht gelautet, ein vollkommen neues Orchester aufzustellen. Das jedenfalls hatten Mahler und die Presse erwartet, und im April schien eine Erklärung des Komitees die Erwartung auch zu bestätigen. Darin hieß es, in der kommenden Saison werde Mahler mit Musikern, die er selbst auswähle, eine Konzertreihe dirigieren, und dies solle der Auftakt zur Gründung eines »Greater New York Orchestra« sein, »dem kein anderes überlegen« sei. Von einem bloßen Aufpolieren des bestehenden New York Philharmonic, das bislang in loser Selbstverwaltung existiert hatte, war keine Rede gewesen. Zweifellos hatte die Sheldon-Gruppe auch das ins Auge gefaßt, war aber zunächst vor den Schwierigkeiten zurückgeschreckt. Eine Reorganisation des New York Philharmonic hätte eine völlige Reform der 66 Jahre alten Philharmonic Society bedeutet – ein nahezu tollkühnes Unterfangen. Doch als sich das Jahr dem Ende zuneigte, hatte sich diese Option am stärksten durchgesetzt und wurde schließlich auch beschlossen.

Bestärkt von Finanzierungszusagen diverser philanthropischer Millionäre, darunter J. P. Morgan und John D. Rockefeller, stellte Mrs. Sheldon mit ihren Freundinnen im Februar 1909 der Philharmonic Society gewissermaßen ein Ultimatum. Sie hätten vor, ein Orchester »höchsten Ranges unter der ausschließlichen Leitung eines großartigen Dirigenten« zu organisieren, das jährlich mindestens 23 Wochen hintereinander spielen solle. Die Verbandsstruktur des Philharmonic *könne* dazu benutzt werden, müsse dann aber modernisiert werden. Auf einen kurzen Nenner gebracht, sollte sich die Gesellschaft nicht länger selbst verwalten, sondern einem Komitee von Garanten unterstehen, die in allen wichtigen Fragen das Sagen hätten, einschließlich der Wahl des Dirigenten und der Direktion. Im Gegenzug sollten sämtliche Musiker ein reguläres Gehalt (bislang waren sie weitgehend nur auf Teilzeitbasis beschäftigt) erhalten, und für eventuelle Defizite stünden zumindest für die nächsten drei Spielzeiten die Garanten gerade.

Das Angebot erwies sich als unwiderstehlich. Sosehr das Philharmonic seine Unabhängigkeit schätzte: Es verlor ständig Mitspieler an die Met und die Manhattan Opera, die größere finanzielle Sicherheit boten. Wenn nun auch noch ein neues Orchester mit attraktiven Bedingungen geschaffen würde, wie die Sheldon-Gruppe implizit drohte, dann würden noch mehr Musiker abwandern. Das Philharmonic machte daher gute Miene zum bösen Spiel, und schon Ende Februar war das Garantenkomitee unter dem (unvermeidlichen) Vorsitz von Mrs. Sheldon eifrig bei der Arbeit.

Mahler sollte zwar letztlich dem Komitee unterstehen, erhielt aber sehr weitreichende Vollmachten; er durfte die Durchschnittsstärke des Orchesters auf rund 100 Mitglieder anheben, die Nichtskönner ausmerzen und das Programm bestimmen. Man könnte also argumentieren, praktisch habe er genug Bewegungsfreiheit bekommen, sein »eigenes Orchester« zu bilden. Aber es ist eben ein gewaltiger Unterschied, ob man die besten Bewerber für eine neue Mannschaft auswählen darf oder eine alte aufmöbeln muß. Die Abwahl des glücklosen Safonoff, der das Orchester seit drei Spielzeiten dirigiert hatte, war dabei noch das kleinste Problem. Er gab im März sein letztes Konzert mit dem Philharmonic und erhielt dann mit einem Lorbeerkranz und einem diamantenbesetzten Uhranhänger den Laufpaß. Der Umgang mit den Musikern erwies sich als erheblich tückischer. Viele befürchteten (zu Recht) eine Entlassung oder die Degradierung von den vorderen Stühlen ins Glied, und selbst jene, die für die neue Struktur des Philharmonic waren, konnten nicht sicher sein, ob sie sie überleben würden.

Falls Mahler überhaupt wußte, daß er sich auf vermintes Gelände begab, ließ er es nicht erkennen, jedenfalls anfänglich nicht. Wahrscheinlich waren ihm die Details der Verbandsstruktur ziemlich egal, solange er freie Hand hatte, vor allem, um sich die bestmöglichen Musiker auszusuchen. Bald aber stellte er fest, daß er ganz und gar nicht so frei war, wie er gedacht hatte. Noch vor der formalen Bestätigung seiner Berufung zum Philharmonic hatte er angefangen, in Europa und insbesondere Wien nach Musikern Ausschau zu halten. Offenkundig wußte er damals nicht, welch dicke Knüppel die amerikanische Musikergewerkschaft der Beschäftigung von Ausländern in den Weg legen konnte. Doch als der Sommer anbrach, war er sich dieses Problems schmerzlich bewußt. In einem Brief aus Europa an das Philharmonic verkündete Mahler, »nach unglaublich schwierigen Verhandlungen« habe er Theodore Spiering, »geborenen Amerikaner und Mitglied der Chicagoer Union«, als Konzertmeister verpflichtet. Fast beschwörend fügte er hinzu, da ihm die Gewerkschaft grünes Licht für den Import eines ausländischen Konzertmeisters gegeben und er dafür einen Amerikaner gefunden habe, werde sie doch sicher nichts dagegen haben, wenn er einen Flötisten importiere und einen Kesseltrommler aus einer anderen Stadt als New York herhole.

Trotz aller Widerstände der Gewerkschaft setzte Mahler letztlich viele der von ihm gewünschten Veränderungen durch. Aber als er vor der Abreise nach Europa am 9. April seine zwei ersten Konzerte mit dem Philharmonic gab, unterschied sich das Orchester kaum von dem Safonoffs. Da so viele Musiker das Aus befürchteten, war die Stimmung beide Male einigermaßen gespannt. Nach dem ersten Konzert (Schumann, Beethoven, Wagner) am 31. März schrieb die *New York Sun*: »Es wäre verfehlt, dieses Konzert als zutreffenden Hinweis einstufen zu wollen, was fortan von Herrn Mahler zu erwarten ist. Im nächsten Winter wird das Orchester ohne Zweifel nicht mehr jenes sein, das in den letzten drei Jahren zu hören war. [...] Vielleicht entdeckt Herr Mahler irgendwo die seit langem fehlenden Bläser. Möge der Himmel ihm dabei beistehen, denn das Philharmonic hat sie dringend nötig.« Nach dem zweiten Konzert, einer Aufführung von Beethovens Neunter am 6. April, schalten mehrere Kritiker Mahlers Interpretation und Retuschen an der Partitur. Krehbiel gab sich noch ziemlich verhalten und notierte ironisch, Mahler versuche, »die Gedanken des Komponisten« zu verdeutlichen, »von dem man annimmt, daß er aus verschiedenen Gründen nicht in der Lage war, sich so klar zu äußern, wie er sollte oder könnte«. Die *Sun* wurde deutlicher und stellte fest, die Aufführung »muß in den Köpfen von Beethovens Verehrern, die seiner Musik weit mehr Liebe entgegenbringen als auch noch so angesehenen Dirigenten, viele Fragestellungen hinterlassen haben«.

Die meisten Konzertkritiken waren alles andere als feindselig, aber manche klangen allmählich recht ominös. Dieser neue Ton fiel um so mehr auf, als Mahler für seine Arbeit an der Oper weiterhin Lob erntete. Seine zweite Saison an der Met erwies sich sogar, ungeachtet der Präsenz Toscaninis, als noch triumphaler als die erste. Mahlers »Tristan« wurde nun auch von den wenigen gelobt, die zuvor noch Zweifel angemeldet hatten, und seine am 13. Januar 1909 erstaufgeführte »Hochzeit des Figaro« wurde weithin als unvergleichlich gerühmt. Wiederum hatte Mahler eine Starbesetzung, in der Scotti als Almaviva, Eames als Gräfin, Sembrich als Susanna, Adamo Didur als Figaro und Geraldine Farrar als Cherubino auftraten. Am meisten aber liebten die Kritiker die Arbeit des Ensembles und Mahlers Umgang mit der Partitur. »Die ganze lebensfrohe Musik schäumte und perlte und funkelte wie Champagner«, schwärmte Krehbiel. So groß war der Triumph, daß man eiligst den Plan faßte (später jedoch wieder fallenließ), mit dem »Figaro« nach Europa auf Tournee zu gehen, um die Met in strahlendster Schönheit vorzustellen. Noch unerwarteter war Mahlers Erfolg im Februar mit Smetanas »Verkaufter Braut«. Zur Verfügung standen ihm dabei die hervorragende, in Prag geborene Sopranistin Emmy Destinn als Mařenka sowie eine eigens aus Böhmen importierte Tanzgruppe, doch das Werk war noch nie in Amerika aufgeführt worden, und im Vorfeld hatte man geunkt, den New Yorkern seien »Bauernopern« verhaßt. Wie sich dann herausstellte, liebten sie sie.

Mahlers zweite Met-Saison war weniger anstrengend und zugleich erfolgreicher als die erste. Diesmal dirigierte er nur drei Opern in insgesamt 19 Vorstellungen, ein paar auf Tournee in Philadelphia eingerechnet. Wäre er zu diesem Zeitpunkt endgültig nach Europa zurückgekehrt, so wäre sein kurzer Aufenthalt in New York als unübertroffen glänzend in die Geschichte eingegangen. Aber die Verlockung »seines« New York Philharmonic (samt eines hübschen Salärs) war unwiderstehlich. Mit Beginn der neuen Spielzeit im November 1909 übernahm er ein erheblich anstrengenderes Pensum – 46 Konzerte, teils auf Tournee, plus Proben, und das alles in 24 Wochen. Er wurde weniger tolerant, als er sich zum allgemeinen Erstaunen an der Met gezeigt hatte, und neigte leicht zu Depressionen. Vielleicht erwartete er von seinem eben neugebildeten New York Philharmonic zu schnell zu viel. Was immer der Grund gewesen sein mag – sein Verhältnis zum New York Philharmonic war etwa so gespannt wie ein Jahrzehnt zuvor mit den Wiener Philharmonikern.

Das geht deutlich aus den Erinnerungen an Mahler hervor, die in den sechziger Jahren von New Yorker Musikern aufgezeichnet wurden, die unter ihm gearbeitet hatten. Natürlich ist das Bild nicht nur düster. Viele Orchestermitglieder hatten Hochachtung vor Mahlers Kenntnis und Hingabe, seinem Gefühl für Stimmungen und seiner Betonung der schmiegsamen Phrasierung, die die Musik atmen ließ. Und wenn Mahler bekam, worauf er aus war, dann war er überglücklich. Einmal nahm er sogar das ganze Orchester zum Festessen in das deutsche Lokal »Liederkranz« mit. Aber selbst seine Bewunderer räumten ein, daß es zu Spannungen kam, vor allem während der Proben. Einer erinnerte sich, Mahler habe »eine ziemliche Stentorstimme gehabt. Die hätte man dem kleinen Mann gar nicht zugetraut. Und ... mein Gott: Wenn er in Wut verfiel, dann brüllte er so, daß man ihn noch drei Blocks weiter hören konnte.« Andere erinnerten sich, wie er sich Spieler, die nicht ihr Bestes brachten, vornahm und vor versammelter Mannschaft abkanzelte. Ein in Ehren ergrauter Violinist beispielsweise mußte sich sagen lassen: »Sie haben in einem Sinfonieorchester nichts zu suchen; sie sollten besser im Hinterzimmer einer Kneipe spielen.« Wie schon in Wien brachte er einen »Spion« im Orchester dazu, ihm über den Kulissenklatsch zu berichten. Die anderen Spieler bekamen Wind davon und beschwerten sich bei der Leitung. Der »Spion« wurde später entlassen.

Auch seine Zuhörer strapazierte Mahler beträchtlich, vor allem in der ersten Saison mit dem Philharmonic. Mit den wenig diplomatischen Worten, er wolle »das Publikum erziehen«, stellte er vier getrennte Konzertzyklen (darunter eine historische Reihe) mit zeitweise recht eigenwilligen Programmen zusammen. Ein Zyklus bestand aus Beethovens relativ unbekannter Zweiter Sinfonie, an die sich die vier »Fidelio«-Ouvertüren anschlossen. Ein anderer umschloß eine Ouvertüre von Pfitzner, Bruckners Vierte Sinfonie und Präludien aus Richard Strauss' »Guntram«. Sicher nicht uninteressant, aber auf Schlangen vor den Konzertkassen durfte man da kaum hoffen. Sie kamen auch nicht. Ein paar unerwartete Erfolge hatte Mahler schon, darunter mit seinem Arrangement von Bach-Werken für Orchester, die er von einem Flügel aus dirigierte, der so umgebaut worden war, daß er wie ein Cembalo klang. Auch Konzerte mit den Pianisten/Komponisten Ferrucio Busoni und Sergei Rachmaninow und dem Violinisten Fritz Kreisler lockten die Massen an. Doch oft genug waren die Säle alles andere als gefüllt, und am Ende der Saison war beim Philharmonic ein Defizit von fast 90 000 Dollar aufgelaufen.

Zu den Durchfällen der Spielzeit gehörte auch Mahlers Erste Sinfonie, die am 16. Dezember 1909 ihre amerikanische Erstaufführung erfuhr und tags darauf wiederholt wurde. Jedenfalls wurde sie von den meisten Kritikern verrissen. Das sollte Mahler inzwischen nicht mehr überrascht haben. Seit der stürmischen Uraufführung vor 20 Jahren in Budapest (damals allerdings in der fünfsätzigen Rohfassung) hatten sich nur wenige für das Werk erwärmen können. Die New Yorker Kritiker standen dem Gemisch aus Keckheit, Karikatur und Kummer kaum weniger verständnislos gegenüber als ihre europäischen Kollegen. Am giftigsten gebärdete sich Krehbiel, der Mahler unter anderem »Prophet des Häßlichen« schimpfte. Daraufhin nahm sich einige Tage später der *Musical Courier* des Themas an: Man habe sich sagen lassen, Krehbiels Philippika sei nichts anderes »als die kleinliche Rache des Kritikers der *Tribune*, weil ihm Mr. Mahler verboten habe, den ›Kommentar‹ zu dieser Sinfonie zu verfassen. Das ist allerdings kaum glaubhaft.«

Glaubhaft oder nicht – es stimmte. Krehbiel war nicht nur der Kritiker der *Tribune* (und Teilzeitlehrer am Damrosch-Institut), sondern auch der bestallte Kommentator der Philharmonic-Konzerte. In dieser Eigenschaft hatte er sich an Mahler gewandt und von ihm Hintergrundmaterial zur Ersten Sinfonie erbeten. Konkret wollte er Details des »Programms« wissen, des Dramas also, das den Hintergrund zur Musik bildete.

Mahler ließ ihn abblitzen. Seit langem war er zu der Überzeugung gelangt, »Programme« schadeten eher, als daß sie nützlich waren. Schlimmer noch: Mahler sagte ihm unverblümt, er solle überhaupt von der Sinfonie die Finger lassen, denn durch seine Notizen würden die Zuhörer lediglich abgelenkt. Krehbiel beugte sich, kochte aber innerlich und fühlte sich in seinem Stolz schwer verletzt. Mahler sah sich ohnehin schon einem zeternden Kritikerchor gegenüber, aber fortan war Krehbiel die schrillste Stimme.

Mahlers New Yorker Dasein erschöpfte sich nicht in der Musik. Für jemanden, der die Dinge leicht angehen lassen sollte, ging er oft aus. Jedenfalls tat es Alma, und sie schreibt, Mahler habe sie oft begleitet. Einige ihrer Ausflüge waren recht seltsam. Einmal landeten sie nach einer Sightseeing-Tour mit einem Musikverleger schließlich in einer Opiumhöhle in Chinatown, wo man sie (erfolglos) zum Mitrauchen aufforderte. Bei einem anderen abendlichen Ausgang wohnten sie mit einer Gruppe, der auch der Bankier-Chef der Met, Otto Kahn, angehörte – gemeinhin nicht gerade einer mit Jenseitsinteressen –, einer Spiritistenséance bei. Als die Séance in Schwung kam und der Raum in phosphoreszierendes Licht getaucht war, flog eine Mandoline durch die Luft und traf Mahler an der Stirn, glücklicherweise ohne bleibenden Schaden. Realere Gefahren drohten ihm bei der Heimfahrt in einer Winternacht, als ein heftiger Schneesturm seine zweirädrige Droschke umwarf. Er kroch aus dem Wrack, suchte und fand mit Hilfe des angetrunkenen Fahrers seinen Zwicker in einer Schneewehe, stapfte durch die verlassenen Straßen und erreichte schließlich um zwei Uhr morgens das Hotel.

Selbst manche harmlos aussehende Einladung barg Überraschungen. Leon Corning, ein sagenhaft reicher, aber ebenso geiziger Arzt, der Alma nach einem Ohnmachtsanfall behandelt hatte, servierte seinen Gästen in einer von blakenden Kerzenstummeln nur spärlich erleuchteten Kammer einen Eierbecher Champagner pro Kopf und winzige Essensportionen.

Dem schmalen Mahl war ein Rundgang durchs Corningsche Heim vorausgegangen, einer Kreuzung aus Palast und Gefängnis mit einem Labyrinth von Treppen und Fluren, einer stählernen Zelle und einem riesigen Musikzimmer, in dem der Gastgeber flötespielend auf und ab stelzte. Gleichermaßen musikalisch und nicht minder exzentrisch war der Glasproduzent und -designer Louis Tiffany, einer der millionenschweren Mäzene des Philharmonic. Als die Mahlers seine Residenz betraten, fanden sie sich in einem Raum so riesig wie ein Ballsaal, den farbige Glasfenster zierten, während vier Kaminfeuer in vier verschiedenen Farben glühten und im Hintergrund von einer Orgel das Vorspiel zu »Parsifal« ertönte. Der ungemein scheue Gastgeber murmelte ein paar unverständliche Worte und verschwand dann von der Bildfläche. »Lautlos gingen Diener umher mit schönen Gläsern voller Champagner, auf Tabletts, die nicht klirrten«, erinnert sich Alma. »Palmen, Sofas, schöne Frauen in merkwürdigen flimmernden Gewändern ... Wir waren im Traum. Tausend und Eine Nacht in New York.«

Das war zweifellos unterhaltsamer als vormals das Eheleben in der Auenbruggergasse. Natürlich hatte auch Wien seine exotischen Seiten, aber Mahler war immer schrecklich beschäftigt gewesen, und Alma hatte sechs Jahre lang Hausfrau gespielt. Zwar waren ihre häuslichen Pflichten kaum schwer zu nennen gewesen, aber in New York war sie ihrer vollends enthoben. Selbst als sich Gucki auf der zweiten und weiteren Reisen nach Amerika zugesellte, hatte sie ihre strenge englische Gouvernante dabei, die sich um sie kümmerte, um ihr – wie es Alma ironisch ausdrückt – »japanischen Stoizismus« einzuflößen. Gucki reagierte auf die strenge Disziplin mit einer Dickköpfigkeit, der allein ihr Vater beikommen konnte. Wenn sie bei Tisch jeden Bissen verweigerte, riet ihr Mahler, sie solle aus dem Zimmer gehen und dann als unstillbar hungrige »Gladys« wieder hereinkommen (warum »Gladys«, bleibt unerfindlich). Der Trick funktionierte. Einmal leugnete sie Alma gegenüber trotzig, mit der Schere Unheil angerichtet zu haben; Mahler kniete sich neben sie und meinte, vielleicht habe die böse Schere plötzlich ein Eigenleben bekommen. Gucki fing an zu heulen und gestand ihre Missetat. Wie Putzi war auch Gucki ganz der Vater.

Neuerdings wandte sich Alma allerdings immer schärfer gegen die meisten Matronen, die beim Philharmonic das Sagen hatten, und als eine aufgetakelte Gesellschaftsschönheit sie mit verächtlichem Lächeln fragte: »Wie kann eine so schöne Frau wie Sie einen so häßlichen, alten, ja unmöglichen Mann heiraten wie Mahler?«, wurde sie blaß vor Wut. Die Frage war zweifellos um so irritierender, als sich Alma, wie ihr Tagebuch zeigt, von Zeit zu Zeit recht Ähnliches gefragt hatte. Auch in New York bekam sie ihre gewohnten Krankheitsanfälle und machte, wie es scheint, mehr als eine Fehlgeburt oder Abtreibung durch. Jedenfalls läßt sich ein Brief Mahlers an Carl Moll von 1909 kaum anders auslegen, in dem es heißt: »Alma ist sehr wohl – über ihren Zustand hat sie wohl selbst geschrieben. Sie ist von ihrer Last befreit. Diesmal tut es ihr aber selbst leid.« Trotz dieser abträglichen Seiten verlebte Alma, die 1909 30 wurde, in New York eine herrliche Zeit. Sie wurde viel eingeladen, weithin gefeiert und machte eine Reihe exotischer Bekanntschaften, von einer Frau, die jahrelang bei den nordamerikanischen Indianern gelebt hatte, bis hin zu einem russischen Großfürsten, der mit einem Paar Wölfen durch New York stolzierte. »Sie alle waren unsere Freunde«, schreibt sie. »Wir waren nun dort mehr zu Hause als in Wien.«

Empfand Mahler es auch so? Die Beweislage ist unschlüssig. Oft schrieb er begeistert von Amerika, so, als er Anfang 1908 Roller mitteilte: »Die Menschen hier sind ungeheuer frisch – alle Roheit und Unbelehrtheit nur – Kinderkrankheit. Die Gemeinheit und Verlogenheit rührt nur von unseren lieben eingewanderten Landsleuten her. Hier herrscht nicht der Dollar – er ist nur leicht zu verdienen. Man hat hier nur vor einem einzigen Ding Respekt: Können und Wollen!« Andererseits schrieb er kurz vor der Rückkehr nach Europa drei Monate später einer Wiener Gräfin: »Mein Heimweh, das mich die ganze Zeit geplagt hat (leider bleibe ich ein eingefleischter

Wiener), verwandelt sich in jenes gewisse erregte Sehnen, das Sie gewiß kennen.« Zweifellos hat Mahler seine Mitteilung teilweise auf die Adressatin zugeschneidert. Wer täte das nicht.

Per saldo fand Mahler in Amerika viel Bewundernswertes, auch wenn sich seine hochfliegenden Erwartungen dort letzten Endes nicht erfüllten. Aber daß er sich in das gesellschaftliche Leben New Yorks mit der Glut gestürzt haben soll, die Alma suggeriert, ist schwer zu glauben. Er mag durchaus erheblich häufiger ausgegangen sein als in Wien. Er hatte ja auch mehr Zeit dazu. Die Frage ist nur, wie sehr er es genoß. Olga Samaroff, eine junge Pianistin, die später den Dirigenten Leopold Stokowski heiratete, hat uns einen der wenigen unvoreingenommenen Berichte hinterlassen, wie sich Mahler bei einem Diner in New York betragen hat. Die Einzelheiten hätten Berta Zuckerkandl und andere Wiener Gastgeberinnen wenig überrascht. Olga zufolge saß Mahler neben ihr, stocherte in seinem Teller herum und bedachte sie weder mit einem Blick noch einem Gruß. Im verzweifelten Bemühen, ihm ein Wort zu entlocken, und in Kenntnis seiner Dostojewski-Faszination, fragte sie ihn schließlich provozierend, ob er nicht auch der Meinung sei, daß *Die Brüder Karamasow* sehr überbewertet würden. Das wirkte endlich. Den restlichen Abend lang hielt ihr ein wütender Mahler Vorlesungen über die Brüder Karamasow, zerrte sie schließlich in den Salon, um dort in einem Exemplar des Buches zu blättern und sie vollends zu bekehren. Hier haben wir wahrlich Mahler vor uns, wie er leibt und lebt. »Ich habe mich oft gefragt, was passiert wäre«, bemerkte Olga, »wenn er gewußt hätte, daß wir über eines meiner Lieblingsbücher sprachen.«

Auch ein Brief an Bruno Walter von Anfang 1909 vermittelt uns einen Einblick in das, was Mahler wirklich dachte und fühlte, während er mit Alma von einer Veranstaltung zur anderen hastete. »Wie unsinnig ist es nur, sich vom brutalen Lebensstrudel so untertauchen zu lassen!« schrieb er. »Sich selbst und dem Höheren über sich selbst nur eine Stunde untreu zu sein! Aber das schreibe ich nur so hin – denn bei der nächsten Gelegenheit, also z. B., wenn ich jetzt aus diesem meinem Zimmer hinausgehe, werde ich bestimmt wieder so unsinnig wie alle anderen. [...] Merkwürdig! Wenn ich Musik höre – auch während des Dirigierens – höre ich oft ganz bestimmte Antworten auf alle meine Fragen – und bin vollständig klar und sicher. Oder eigentlich, ich empfinde ganz deutlich, daß es gar keine Fragen sind.«

Sich selbst untreu sein – das bedeutete für Mahler in erster Linie, vom Komponieren zu lassen. Im stürmischen Jahr 1907 blieb ihm keine andere Wahl, aber schon 1908 saß er wieder an der Arbeit, nicht in New York oder Wien natürlich oder gar in Maiernigg mit seinen schmerzlichen Erinnerungen, sondern in einem entlegenen Ort hoch in den Dolomiten. Er schien eine ideale Zuflucht und bekam ihm eine Zeitlang gut. Aber schließlich holte ihn der »brutale Lebensstrudel« sogar dort oben ein.

IX
Das Lied von der Erde

Es grenzt fast an ein Wunder, daß Mahlers drei Komponierhäuschen ein rundes Jahrhundert lang erhalten blieben. Das erste am Attersee, das zwischendurch als Schlachthaus und Waschraum diente und in den achtziger Jahren kurz vor dem Abbruch stand, konnte in letzter Minute gerettet werden und ist nunmehr ein schön hergerichtetes Kleinmuseum. Gleiches gilt für das zweite, nachdem es jahrzehntelang feucht und leer in den Wäldern über dem Wörther See gestanden hatte. Nun waren diese beiden ja auch Steinbauten und standen in einer Gegend mit mildem Klima.

Nicht hingegen das dritte, eine windschiefe Holzhütte in rund 1300 Metern Höhe am Waldrand der nördlichen Dolomiten. Wer unversehens auf sie trifft, könnte sie für einen Lagerschuppen halten, der nicht mehr viele Bergwinter überstehen dürfte. Erst bei näherer Betrachtung eines Hinweisschilds über der Tür und einiger weiterer im wiederhergerichteten Innern wird man gewahr, daß der erste Schein trügt und sich hinter dem unscheinbaren Bau mehr verbirgt als erwartet. In seinem engen, einzigen Raum komponierte Mahler von 1908 bis 1910 in den Sommerpausen zwischen Konzerten in Europa und seinen Verpflichtungen in New York »Das Lied von der Erde«, seine Neunte und die (unvollendete) Zehnte Sinfonie.

Ein paar Fußminuten entfernt liegt das Dörfchen Alt-Schluderbach, wo die Mahlers das ganze Obergeschoß eines massiven Bauernhauses gemietet hatten, und drei Kilometer weiter östlich schmiegt sich die Stadt Toblach (Dobbiaco) ins Pustertal. Zu Mahlers Zeit gehörte das Gebiet noch zum Habsburgerreich; nach dem Ersten Weltkrieg und dem Zusammenbruch des Kaiserreiches wurde es mit vielen weiteren Landstrichen an Italien abgetreten. Kriege kamen und gingen, die Grenzen haben sich verschoben, Skiläufer und Spaziergänger durchschwärmen die Gegend – aber Mahlers letztes Komponierhäusl hat alles, geschützt durch seine Unauffälligkeit, im wesentlichen unverändert überstanden.

Auch die Aussicht hat keinen Schaden genommen. In Toblach selbst wurde zwar viel für den Tourismus gebaut, aber kaum etwas versperrt den Blick von Mahlers Refugium auf das Panorama: weit abschwingende Wiesen, auf denen im Spätfrühjahr noch der Schnee verweilt, und dahinter die ragenden Ketten der Bergkuppen und -spitzen. In der kühlen, klaren Luft zeichnen sich selbst ferne Details noch deutlich ab, bis dann kurz vor Sonnenuntergang die Schatten durchs Tal kriechen und die Szene im aufsteigenden Dunst zu verschwimmen beginnt. Im Mondlicht scheint die Landschaft zu gespenstischer Reglosigkeit zu gefrieren. Dann vor allem drängt sich die Verbindung zwischen Mahlers Werken und den Orten auf, an denen er sie komponierte. 1896 hatte Mahler am Attersee gewitzelt, er habe die dortigen Berge als Rohmaterial für seine pantheistische Dritte Sinfonie »schon wegkomponiert«. In der fast ein Jahrzehnt später entstandenen Siebten dringt die atemberaubende und schreckeinflößende Atmosphäre seiner Wohnung am Wörther See durch. Noch deutlicher scheint die Verbindung zwischen Mahlers Heim in den Dolomiten und seinen letzten Werken mit der unübertrefflichen Klarheit der Instrumentierung und ihrer oft seltsam erhabenen Dichte. Vor allem anderen gilt dies für »Das Lied von der Erde« mit seiner delikaten Chinoiserie und den Anflügen fast gespenstischer Stille, obwohl die Partitur für großes Orchester und zwei Stimmen geschrieben ist. Man ist versucht, von einer Mahlerschen »Zauberberg«-Periode zu sprechen und eine Parallele zum Thomas-Mann-Roman zu ziehen, in dem die Einsamkeit eines hoch in den Alpen gelegenen Sanatoriums eine Erkenntnisschärfe bewirkt, wie sie unten im »flachen Land« unerreichbar wäre.

Ein Körnchen Wahrheit steckt in dieser Theorie sicherlich, aber zu sehr strapazieren darf man sie nicht. Zu viele Ausnahmen sprechen dagegen. So suggerieren die knappe Orchestrierung der »Kindertotenlieder« und die Kuhglocken in der Sechsten und Siebten Sinfonie deutlich eine Komposition in der Bergwelt, aber entstanden sind sie allesamt am Wörther See. Gewiß hatte Mahlers abgeschiedener Hochsitz in den Dolomiten einen gewissen Einfluß auf seine letzten Werke, aber das allein erklärt ihren speziellen Charakter bei weitem nicht.

Was dann? Gemeinhin heißt die Antwort, nach den Schicksalsschlägen von 1907, die in der Diagnose eines Herzfehlers ihren Höhepunkt erfuhren, habe Mahler geglaubt, daß er schon mit einem Fuß im Grabe stehe. Alle nachfolgenden Werke seien von dieser Überzeugung geprägt. Wissend, daß Beethoven (und wenn man den Gedanken weiterspinnen will, auch Schubert und Bruckner) starben, nachdem sie neun Sinfonien geschrieben hatten, habe er beschlossen, das Schicksal nicht herauszufordern, und deshalb seine nächste – eigentlich neunte – sinfonische Komposition »Das Lied von der Erde« genannt. Wie die nachfolgenden sei auch sie ein Werk des Bedauerns und Abschieds. Mahlers abergläubisches Jonglieren mit Zahlen habe ihm jedoch nichts geholfen. Der Tod habe ihn 1911 ereilt, weniger als vier Jahre nachdem er die Wahrheit über sein Herzleiden erfuhr und ein Großteil der Zehnten Sinfonie erst skizziert war.

Diese Erklärung ist allzu einfach und glatt. Einen Grund, sie in Frage zu stellen, haben wir bereits erwähnt: Oft spiegeln sich in Mahlers Werken eben gerade nicht die Lebensumstände der Zeit ihrer Entstehung. Sicherlich gestand Mahler, daß sich die Komposition der Ersten Sinfonie an einer Liebesaffäre entzündete, aber ihren Inhalt hat sie nicht geprägt. Die tragische Sechste gewann in einer offenbar glücklichen Zeit Gestalt, die leichtfüßige Vierte, als er unter schweren Belastungen litt. Inwieweit dürfen wir also darauf vertrauen, seine letzten Werke verdankten ihren Charakter der Wirkung der schlimmen Ereignisse von 1907 auf Mahler? Hätten sie im Jahr vor der Komposition der Sechsten stattgefunden, so wären sie rückblickend ganz gewiß als Grund für den Nihilismus jenes Werkes herangezogen worden. Diese Verbindung hätte sich geradezu aufgedrängt. Da sie aber nicht existiert, bietet sich um so nahtloser die »Erklärung« an, die Sechste prophezeie Mahlers Untergang. So verführerisch die Theorie ist, so wenig darf man sie blindlings übernehmen.

Dasselbe gilt für die kaum je angezweifelte, neben andern auch von Alma vertretene Mär, indem er »Das Lied« mit einem Namen anstatt einer Nummer versah, habe Mahler das Schicksal betrügen wollen. Woher die Mär stammt, ist unklar; in Mahlers Briefen findet sie sich jedenfalls nicht bestätigt. Sollte sie wahr sein, wäre es immerhin seltsam, daß Mahler sein nächstes Werk nach »Das Lied« als »Neunte Sinfonie« bezeichnete. Er hätte sehr wohl dem Zahlenproblem wieder ein Schnippchen schlagen und sein nächstes Stück die »Zehnte« nennen und so »Das Lied« als eigentliche, aber nicht als solche bezifferte »Neunte« hinstellen können. Der abergläubische Anflug des einen Jahres wäre dann allerdings im nächsten bereits wieder verflogen gewesen. Oder doch nicht? Manch andere liebgewonnene Geschichte kursiert über Mahlers »abergläubische« Weigerung, der eigentlich Neunten eine Zahl zu geben, so auch die, aus Angst, das Schicksal herauszufordern, habe er es nie über sich gebracht, seine letzten Werke zu dirigieren.

Nun sind solche Fabeln nur selten von A bis Z erfunden. Irgend etwas Wahres steckt meistens in ihnen. Das Problem liegt vielmehr in der Interpretation. Nehmen wir beispielsweise die Geschichte von den zwei Vögeln, die urplötzlich die Fensterscheibe von Mahlers Berghütte durchschlugen, während er versunken vor sich hin arbeitete. Nach Bruno Walter sprang Mahler erschrocken auf, als die Eindringlinge – ein Adler, der eine Krähe verfolgte – bei ihm einfielen, und der Zwischenfall habe ihn noch lange bedrückt. »Die stille Stätte musikalischer Versenkung war also Kriegsschauplatz gewesen, auf dem sich einer der zahllosen Kämpfe ›aller gegen alle‹ abgespielt hatte«, schreibt Walter. Ist das nun Walters rückblickende Interpretation (sie stammt aus den dreißiger Jahren), oder ist es Mahlers Auslegung? Walter nennt den Zwischenfall zwar nicht gerade ein böses Omen, aber er läßt der Schilderung unmittelbar die Beschreibung von Mahlers letzter Krankheit und Tod folgen.

Der Bericht Bruno Walters steht nicht allein. Ein anderer stammt von Marianna Trenker, Adoptivtochter der Familie, auf deren Gutshof die Mahlers wohnten. Nach ihrer Version verfolgte ein Geier einen Raben – diese unheimlichere Lesart paßt noch besser zu Walters Geschichte –, aber sie gibt dem Ganzen eine humorvolle Wendung. Mahler »kam ganz aufgeregt zum alten Trenker«, schreibt sie, »und beklagte sich bitter über den frechen Eindringling. Herr Trenker lachte ihm ins Gesicht und nun mußte Gustav Mahler mitlachen.« Ein andermal habe Mahler gefragt, was man tun müsse, damit der Hahn nicht mehr krähe und ihn frühmorgens wecke. »O ja, sagte darauf Herr Trenker, man dreht ihm einfach den Kragen um; doch davon wollte Gustav Mahler auch nichts wissen.« Mahler – so Marianna Trenker – sei zwar ein wunderlicher Kauz, aber trotzdem »herzensgut und recht gemütlich« gewesen.

Auch Alfred Roller erzählt die Geschichte, wobei diesmal ein Falke eine Dohle jagt; er will jedoch damit lediglich veranschaulichen, wie vollkommen Mahler vom Komponieren absorbiert war. »Der ganze winzige Raum ist erfüllt von Vogelschrei und Flügelschlag«, schreibt Roller. »Aber Mahler begreift diese Vorgänge nicht als solche der Außenwelt. Erst der Falke, der wieder hinausfliegt und dabei Mahlers Haupt mit dem Flügel streift, ruft ihn in die Umwelt zurück und die verschüchtert in einem Winkel hockende Dohle und das zerbrochene Fenster lassen ihn rekonstruktiv den Vorgang erkennen.« Roller verleiht der Geschichte keine makabren Untertöne, und auch seine sonstigen Bemerkungen über Mahlers letzte Jahre verraten kein Gefühl einer drohenden Katastrophe. Eher im Gegenteil. Als Mahler nach seinem ersten Amerikabesuch kurz nach Wien zurückkehrte, fand ihn Roller »doch sehr verändert […]. Ich war betroffen, als ich ihn im grauen Licht der Bahnhofshalle vor mir sah. Die leichtere Arbeit, die er drüben zu leisten gehabt hatte und die verminderte Bewegung hatten ihn etwas Fett ansetzen lassen. Die Kleidung war gepflegter.«

Ein Vorfall, drei Versionen – von denen, wenig überraschend, die Walters am häufigsten zitiert wird. Paßt sie doch nahtlos ins vertraute Bild vom sterbenden Komponisten. Gleiches gilt für die Zahlenspiele, mit denen Mahler angeblich das Schicksal übertölpeln wollte. Das vorhandene Beweismaterial legt eine weniger prickelnde Wahrheit nahe. Als Mahler »Das Lied« zu komponieren begann, scheint er eher an eine Liederreihe als an eine Sinfonie gedacht zu haben, stellte aber nach und nach fest, daß er eine seltene, vielleicht gar einmalige Mischung von beidem vor sich hatte. Neuere Untersuchungen zeigen, daß er sogar beinahe gleichzeitig an zwei verschiedenen Versionen schrieb – einmal für Stimmen und Orchester, einmal für Klavier und Gesang. Bei eingehender Betrachtung der Manuskripte wird deutlich, daß die Fassung mit Klavier nicht etwa ein erster Entwurf für die mit Orchester ist, sondern als eigenständiges Werk gespielt werden sollte (wenngleich es nur selten geschieht).

Wer »Das Lied« nur in seinem atemberaubenden Orchestergewand kennt, mag das kaum glauben, aber für den Liederschreiber Mahler war dieses Vorgehen nichts Neues. Fast alle seine früheren Werke des Genres einschließlich der »Kindertotenlieder« und der meisten Rückert- und Wunderhorn-Sammlungen waren sowohl für Orchester als auch für Klavier komponiert. Das legt nahe, daß »Das Lied« eigentlich zu den Liederzyklen gehört, aber sinfonische Elemente enthält. Mahler selbst wußte nicht recht, wie er diese Mixtur beschreiben sollte. In einem Brief an Bruno Walter vom September 1908, als sich »Das Lied« der Vollendung näherte, schrieb er: »Ich war sehr fleißig (woraus Sie ersehen, daß ich mich so ziemlich ›akklimatisiert‹ habe). Ich weiß es selbst nicht zu sagen, wie das Ganze benamst werden könnte. Mir war eine schöne Zeit beschieden und ich glaube, daß es wohl das Persönlichste ist, was ich bis jetzt gemacht habe.« Er blieb unschlüssig bis zum Ende, nannte das Werk »Das Lied von der Erde«, versah es aber mit dem Untertitel »Eine Symphonie für eine Tenor- und eine Alt- (oder Bariton-) -stimme und Orchester«. Daß dem Werk in seiner sinfonischen Schöpfung ein Sonderplatz zukam, daran hegte er eindeutig keinen Zweifel. War ihm das Grund genug, es herauszuheben und ihm keine Nummer zu geben? Sehr wahrscheinlich. Grund genug jedenfalls, an der Behauptung, er habe aus Aberglauben gehandelt, Zweifel anzumelden.

Sicher hat Mahler seine letzten Werke nie spielen hören oder gar selbst dirigiert, aber das beweist keineswegs, daß er davor Angst gehabt hätte. Er mußte oft lange warten, bis seine Sinfonien uraufgeführt wurden. Manchmal sogar länger als unbedingt nötig, wie etwa bei der Dritten, weil er auf nahezu idealen Aufführungs-Voraussetzungen beharrte. Am Ende fehlte ihm einfach die Zeit, denn er starb acht Monate nachdem er die Premiere der Achten dirigiert hatte. Mit ein, zwei weiteren Jahren bei vernünftiger Gesundheit wäre er höchstwahrscheinlich auch bis zu »Das Lied« und auch zur Neunten vorgedrungen – und hätte die Zehnte vollendet. Hat er die Neunte auch nicht häufig konkret bei ihrer Zahl genannt (obwohl er es ein paarmal in Briefen tat), so sprach er von ihr doch im allgemeinen liebevoll und nicht sorgenvoll. Bruno Walter gegenüber bezeichnete er sie als »eine sehr günstige Bereicherung meiner kleinen Familie«.

Im ersten Sommer bei Toblach, 1908, befand sich Mahler anfangs in düsterer Stimmung. Daran besteht überhaupt kein Zweifel. In einem Brief an Bruno Walter vom 18. Juli gestand er: »Denn seit jenem panischen Schrecken, dem ich damals verfiel, habe ich nichts anderes gesucht, als wegzusehen und wegzuhören. – Sollte ich wieder zu meinem Selbst den Weg finden, so muß ich mich den Schrecknissen der Einsamkeit überliefern.« Hier haben wir gewiß jemanden vor uns, dem gesagt worden ist, daß ihn das Schicksal ereile, und der der Tatsache erst spät in die Augen sieht. Doch Mahler fährt fort: »Aber im Grunde genommen spreche ich doch nur in Rätseln, denn was in mir vorging und vorgeht, wissen Sie nicht; keinesfalls aber ist es jene hypochondrische Furcht vor dem Tode, wie Sie vermuten. Daß ich sterben muß, habe ich schon vorher auch gewußt.«

Im Grunde sagt Mahler damit nichts Neues. Der Tod war für ihn kein Fremder. Er hatte viele aus seiner Familie und von seinen Freunden weggerafft, und er selbst war ihm mindestens zweimal nur knapp entronnen – einmal in Hamburg, einmal in Wien. Auf die eine oder andere Weise geistert der Tod praktisch seit jeher durch sein gesamtes Werk, nicht erst seit 1907. Der Tod stand ihm stets vor Augen – aber stand er Mahler so viel mehr vor Augen als anderen großen schöpferischen Künstlern? Vier Jahre vor seinem Tod schrieb Mozart an seinen Vater, er gehe nie abends zu Bett, ohne denken zu müssen, daß er vielleicht am nächsten Morgen nicht mehr aufwache. Der Gedanke erschrecke ihn nicht. Er nannte den Tod sogar die »wahren, besten freunde des Menschen« und den »Schlüssel zu unserer wahren Glückseligkeit«. Mahler vermochte sich nur selten lange mit derselben Überzeugung zu trösten, aber als er Walter 1908 schrieb, er habe keine »hypochondrische Furcht vor dem Tode«, darf man getrost davon ausgehen, daß er meinte, was er sagte.

Was aber war dann das Problem? Im weiteren Verlauf desselben Briefes nennt Mahler es selbst. »Am Schreibtisch kann ich nicht arbeiten. Ich brauche für meine innere Bewegung die äußere. – Was Sie mir von den Ärzten sagen, nützt mir nichts. Ich bekomme von einem gewöhnlichen, bescheidenen Marsch eine solche Pulsbeschleunigung und Beängstigung, daß ich den Zweck eines solchen, seinen corpus zu vergessen, nicht erreiche. – In diesen Tagen las ich Goethesche Briefe. – Ihm war sein Sekretär, dem er zu diktieren gewohnt war, erkrankt; dies war für ihn eine solche Störung, daß er mitten in der Arbeit 4 Wochen pausieren mußte. – Denken Sie einmal, dem Beethoven wären durch einen Unglücksfall seine Beine amputiert worden. Wenn Sie seine Lebensweise kennen – glauben Sie, daß er zunächst nur einen Quartettsatz hätte entwerfen können? Und das läßt sich wohl nicht mit meinen Umständen vergleichen. Ich gestehe, dies ist – so äußerlich es scheint – die größte Kalamität, die mich getroffen.«

Mit anderen Worten: Nicht vor dem Sterben hatte Mahler Angst, sondern davor, daß sein Leben, der körperlichen Übung beraubt, die schöpferische Kraft verlöre. Im Jahr davor hatten ihn alle seine Ärzte vor Überanstrengung gewarnt, sogar jener Dr. Hamperl, der ihm versichert hatte, im übrigen könne er »ein normales Leben« führen. Die volle Wucht der ärztlichen Ratschläge ermaß Mahler wahrscheinlich erst, als er seine Sommerferien antrat, bisher eine Zeit für Spaziergänge und Radtouren, Schwimmen und – Komponieren. Als er an Walter schrieb, hatte er sich gerade ernsthaft an »Das Lied« gesetzt, seine erste größere Schöpfung seit Vollendung der »Symphonie der Tausend« vor zwei Jahren. Wie sehr muß er gebangt haben, daß seine Mühe unter den neuen, beengten Umständen zu nichts geriete. Es war übrigens dieselbe Zeit, als Mahler brieflich mit der Met im Clinch lag, ob Toscanini den »Tristan« dirigieren sollte. Das dürfte seine Moral kaum gehoben haben.

Welche Erleichterung also für Mahler, als im September »Das Lied« fast fertig war. Sein Brief an Walter, ihm sei »eine schöne Zeit beschieden« gewesen, ist nur ein Beweis dafür, daß sich seine Stimmung verändert hatte. Einen Monat später schrieb er aus München an Alma: »Mir scheint es nun (nach der heutigen Probe mit dem unglaublich willfährigen Orchester) wirklich ein Vergnügen, Componist einer erfolgreichen Symphonie zu sein.« Mahler spricht hier von seiner Siebten Sinfonie, deren Premiere er im September in Prag geleitet hatte. Sie war eher respektvoll als begeistert aufgenommen worden, aber das hatte Mahler offenbar nicht lange gestört. Er ließ Alma sogar wissen, das Leben in München sei so billig und das Klima so herrlich, daß man ernsthaft überlegen müsse, ob sie sich nicht dort niederlassen sollten. »Um 3000 Mark kann man ein Schloß mit einem Park bekommen, und das Leben ist faktisch um die Hälfte billiger als in Wien«, schwärmte er. »Mit unserem Einkommen lebt man hier, wie ein Fürst. Mitten in Europa – nach allen Seiten die wundervollsten Verbindungen.« So schreibt wohl kaum jemand, der meint, er stehe am Rand des Grabes.

Fast noch ausgelassener war Mahlers Stimmung im nächsten Sommer, 1909, als er die Neunte Sinfonie komponierte und die letzte Hand an »Das Lied« legte. Mit dem Befolgen der Anordnungen seiner Ärzte nahm er es nicht mehr sehr genau und offenbarte Alma – die wieder einmal auf »Kur« war –, er marschiere jeden Tag auch bei Wind und Wetter nach Toblach hinunter und wieder zurück. Diese wiedergewonnene Kraft schlägt sich in den von Alma herausgegebenen Briefen Mahlers an sie nicht sehr deutlich nieder, denn sie hat Äußerungen darüber – aus welchen Gründen immer – mehrfach herausgestrichen. Aber zwei im selben Jahr aufgenommene Fotos bestätigen den Eindruck, den man beim Durchlesen der vollständigen Korrespondenz gewinnt. Sie zeigen Mahler auf einem Bergpfad mit einem langen Stock in der Hand und dikken Socken in schweren Wanderstiefeln. Einen kleinen Bummel hat er da nicht bloß vor.

Mit all dem scheinen wir nun allerdings in Bedrängnis zu geraten. Der Sprung Mahlers von der festen Selbstgewißheit der Achten Sinfonie zum Insichgekehrtsein seiner letzten Werke nimmt sich tatsächlich unerklärlich aus. Er erschließt sich erst bei eingehender Betrachtung der Musik und der ihr zugrundeliegenden Philosophie.

Viele Mahler-Liebhaber, die die Siebte Sinfonie besonders hoch schätzen, empfinden die Achte eher als bestürzend. Warum, sieht man sofort. Ganz anders als die Achte ist die Siebte voll kühner Harmonik und bizarrer Orchestrierung und schockiert auf Schritt und Tritt. Eben noch zärtlich und verspielt, wirkt sie gleich darauf wieder erschütternd und elementar. Das Scherzo, ein in der Partitur als »Schattenhaft« gekennzeichneter Tanz um den Hexenkessel, gehört zum Gespenstischsten, was Mahler je schrieb; das unmittelbar anschließende »andante amoroso« ist geradezu erotisch. In der

Siebten übertrifft Mahler sich selbst. Es ist, als habe sich der in der Sechsten niedergeschlagene Held wieder erhoben und schlage nun mit allen Waffen aufs äußerste – ja, mehr noch – zurück. Kein Wunder, daß die radikalen jungen Komponisten der Neuen Wiener Schule von der Siebten sofort eingenommen waren. Hallt sie nicht wider in Schönbergs Serenade op. 24, in Bergs Drei Orchesterstücken (op. 6) und Weberns Sechs Stücken (op. 10)? Der Anschein ist nicht von der Hand zu weisen. Indes: Noch seelenverwandter mit der Siebten dünkt Schönbergs Kammer-Sinfonie op. 9, und doch hatte Schönberg sie längst zu Ende geschrieben, als er Mahlers Werk hörte. Bei der Behauptung, dies oder jenes habe diesen oder jenen beeinflußt, ist Vorsicht geboten. Eines hingegen läßt sich mit Sicherheit sagen: Die Avantgarde erblickte in ihrem alten Mentor einen verwandten, suchenden, idealistischen Geist, und nirgends trat dies kühner zum Vorschein als in der Siebten Sinfonie.

Wenn der Siebten überhaupt ein Makel anhaftet, dann ist es das in schmetterndem Blech jubilierende Rondo-Finale, das seine Kritiker hohl und bombastisch nannten. Adorno, um nur ein Beispiel zu nennen, wirft Mahler vor, er sei mehr theatralisch als aufrichtig, und wiederholt weitgehend, was er schon der Fünften Sinfonie vorgehalten hatte, daß nämlich das Ende des Stückes seinen Anfang nicht ausbalanciere. Dennoch hat auch dieser Satz einfallsreiche Verteidiger. Die einen sind der Meinung, mit seinen starken Anklängen an Wagners »aufgeblasene« Meistersinger und die seichte Wiener Operette sei das Finale ein einziges gigantisches Katz-und-Maus-Spiel. In ihm halte Mahler die Gesellschaft mit ihrem Pomp und Flitter zum besten, und dagegen setze er die in den vorhergehenden Sätzen so lebhaft gezeichnete »wahre« Welt der Liebe und Natur. Andere argumentieren, Mahlers satirische Seitenhiebe gälten weniger der Gesellschaft, sondern vielmehr der prätentiösen Komponiertechnik. Paradoxerweise kommen beide Behauptungen schon wieder Adornos Theorie über die Vierte nahe, die wirkliche Aussage sei das Gegenteil der scheinbaren.

Bei der Siebten dürfte Adorno ganz einfach den Nagel auf den Kopf getroffen haben: Das Finale ist schwach. Er schreibt: »Nur der sture und ängstlich-apologetische Wille könnte bestreiten, daß es schwache Stücke von Mahler gibt.«

Zu diesen schwachen Stücken zählt Adorno auch die Achte Sinfonie. Über sie äußert er sich sogar noch höhnischer als über das Finale der Siebten, wenn er schreibt, »das offizielle Hauptwerk« (Mahler hatte das Werk mit dem stolzen Untertitel »ein Geschenk an die ganze Nation« versehen) sei eine »symbolische Riesenschwarte«. In dieselbe Kerbe schlug auch Hans Pfitzner, als er den Eröffnungschor »Veni, Creator Spiritus« (»Komm, Schöpfer Geist«) mit den süßsauren Worten bedachte: »Wenn Er nun aber nicht kommt.« Der britische Komponist Robert Simpson, der sich lange Zeit für den mißachteten Mahler einsetzte, gab dem ersten Teil recht gute Noten, bezeichnete aber den zweiten als »Ozean schamlosen Kitsches«. Die glühenden Verehrer des Werkes behaupten, seine Kritiker seien so sehr an einen angespannten, ja geradezu neurotischen Mahler gewöhnt, daß sie unfähig seien umzudenken, wenn er einmal etwas Positives komponiere. Diese Spitze richtet sich in erster Linie gegen Adorno und seine goldene Regel: »Mahler ist kein Jasager.«

Die Regel als solche ist falsch, wenngleich Adornos Angriff auf die Achte vieles für sich hat. In Wirklichkeit ist Mahler nämlich ein guter Jasager; die einzige Frage ist, welchen Kampf es ihn kostet, bis er ja sagt. Die Apotheose der »Auferstehungs-Sinfonie« überzeugt, weil er sich erst nach schwerem Kampf zu ihr durchrang. Gleiches gilt weitgehend für die Fünfte. Das Störende an der Achten liegt vor allem darin, daß in ihr verhältnismäßig wenig gerungen wird. Mahler schien ein brillantes Anfangskonzept gehabt zu haben: zwei in unterschiedlicher Sprache und im Abstand von tausend Jahren voneinander geschriebene Texte – »Veni, Creator Spiritus« und das Ende von Goethes »Faust« – in ein einziges Erlösungsdrama zu verweben. Doch in Wirklichkeit stellte er sich eine Falle und stolperte auch prompt hinein.

Manches spricht dafür, daß es unklug von Mahler war, überhaupt ein Goethe-Werk zu verwenden. Bislang hatte er es weitgehend vermieden, unbestritten große Dichtung zu vertonen, weil das, wie er sagte, an Frevel grenze. Ob nun frevelhaft oder nicht – fast immer waren es geringerwertige Verse (wie etwa die Rückertschen oder »Des Knaben Wunderhorn«), die seine Phantasie am ehesten beflügelt hatten. Sie boten ihm Raum, musikalisch zu sagen, was die Worte nur streiften. Indem er sich Goethe vornahm, den Poeten und Dramatiker, den er am meisten verehrte, brach Mahler seine eigene Regel und ging ein Wagnis ein. Er konnte bestenfalls hoffen, den Worten gerecht zu werden. Auch das hätte vielleicht noch funktioniert, wenn er den richtigen Goethe-Text für seine sinfonischen Zwecke gefunden hätte – aber er fand ihn nicht. Der erste Teil des »Faust« stürzt vom Himmel auf die Erde und geradewegs weiter in die Hölle; der – intellektuellere und mystischere, aber weniger dramatische – zweite Teil erhebt sich von der Erde zum Himmel und zu Fausts Erlösung. Bei Erreichen der letzten Szene, die Mahler vertonte, ist der Kampf um Fausts Seele bereits vorüber. Mephisto hat seine Niederlage schon gestanden und ist von der Szene abgetreten. Ein schwindelerregendes Aufgebot himmlischer Erscheinungen besetzt die Bühne – darunter »Engel«, »jüngere Engel«, »vollendetere Engel« und »selige Knaben«. Im Gesamtzusammenhang wirkt die Szene überzeugend; für sich allein ist sie schal.

Mahler hätte sich auf zweierlei Weise retten können. Er hätte den ersten Teil der Sinfonie – »Veni, Creator Spiritus« – viel qualvoller darstellen können, so daß der zweite Teil daraus als harterkämpfter Sieg hervorgegangen wäre. Oder er hätte die Schlußszene dramatischer gestalten können, indem er sie umschrieb oder einen Teil des früheren »Faust«-Materials einbezog. Doch zweifellos hielt ihn seine Goethe-Verehrung davon ab, den Text irgendwie erheblich zu ändern. Den Spannungsraum, den Goethe ihm bot, nutzte er zweifellos nach Kräften, vor allem am Anfang, der in einer zerklüfteten Waldwildnis spielt, und im inbrünstigen Flehen von Pater Profundus, das mit den Worten schließt: »O Gott! beschwichtige die Gedanken / Erleuchte mein bedürftig Herz.« Doch ansonsten ist vieles blaß. Die Instrumentierung, die ihm in anderen Werken so ungemein packend gelungen war (etwa die Celesta in der Sechsten Sinfonie), bringt hier wenig ein, die Schlüsselthemen kehren relativ unvorbereitet wieder. Auch die Rhythmen variieren kaum – eben weil sich Mahler eng an den zielstrebigen Gang von Goethes himmelwärts strebenden Versen hält.

Mahler ist bei weitem nicht der einzige Komponist, den »Faust« verlockt hat, und für manchen endete die Verlockung fatal. Liszt hat einmal scharfsichtig bemerkt, alles, was mit Goethe zu tun habe, lasse sich für ihn gefährlich an, und doch schrieb er dann seine »Faust-Symphonie«. Sie erwies sich als eines seiner stärkeren Werke dank der scharfen Kontrastierung der drei Sätze mit ihren lebhaften Porträts von Faust, Gretchen und Mephisto. Trotzdem scheint alle Teufelei allzu leicht dem triumphierenden Chorfinale zu weichen, auch dieses wie bei Mahler eine Vertonung von Goethes Schlußgedicht »Alles Vergängliche / Ist nur ein Gleichnis«. Da gelang es Berlioz in »Fausts Verdammnis«, einer als »Légende dramatique« bezeichneten Mischung aus Oper und Kantate, noch eher, der Trivialität zu entgehen. In seinem Finale erringt Margarete himmlische Erlösung, während Faust seinen gerechten Lohn bekommt und in den Abgrund stürzt.

Diese Lösung bot sich für Mahler ebensowenig an wie für Goethe. Sie hegten dieselbe Auffassung von der Bedeutung des »Faust«. Kurz vor seinem Tod zitierte Goethe die Zeilen »Wer immer strebend sich bemüht / Den können wir erlösen« und fügte hinzu: »In diesen Versen ist der Schlüssel zu Fausts Rettung enthalten.« Faust wird nicht verdammt, obwohl er der Versuchung erlag; er wird gerettet, weil er sich – getrieben von Unrast angesichts der Unzulänglichkeit all dessen, was die Welt zu bieten hat – auf dem Weg durch seine Irrungen entfaltet und schließlich über sie erhebt. Auch er bedarf der göttlichen Gnade, aber zuvor muß er sie durch Mühe und Leid verdienen. Dieses göttliche Handeln kommt Mahlers Überzeugung, oder doch wenigstens seiner immer wiederkehrenden Hoffnung, äußerst nahe. Endet nicht seine »Auferstehungs-Sinfonie« mit den Worten: »Was du geschlagen / Zu Gott wird es dich tragen«? Vergleicht er sich nicht mit dem Jakob des Alten Testaments, der im Kampf mit dem Engel Gottes Segen erzwingt für sein schöpferisches Wirken? Kein Wunder, daß er sich zu Faust und dessen Verfasser hingezogen fühlte, daß er so auffallend über Goethe zu Erica Conrat sprach in jenem Sommer in Maiernigg, in dem er seine Sechste Sinfonie zu Ende schrieb, die alle Anzeichen eines »letzten Werkes« enthielt und ihn doch nicht hinderte, sofort die nächste in Angriff zu nehmen.

Am Ende von »Faust« hat es den Anschein, als genieße die Seele des Helden fortan die Früchte der Erlösung – aber ganz so sah Goethe das Leben nach dem Tode nun doch nicht. Der ewig Rastlose gab selbst einmal zu, er wüßte mit ewiger Seligkeit nichts anzufangen, es sei denn, sie böte ihm neue Aufgaben und neue Probleme, die es zu bewältigen gelte. »Die Überzeugung unserer Fortdauer entspringt mir aus dem Begriff der Tätigkeit«, sagte er zu seinem Vertrauten Eckermann (4. Februar 1829); »denn wenn ich bis an mein Ende rastlos wirke, so ist die Natur verpflichtet, mir eine andere Form des Daseins anzuweisen, wenn die jetzige meinem Geist nicht ferner auszuhalten vermag.« Auch hierin ist Mahler ihm nahe. So nahe, daß es den Anschein hat, als habe Mahler den Gedanken einfach von Goethe übernommen; doch es gab zahlreiche andere Einflüsse, darunter Nietzsche, Fechner und Lipiner. Nicht zuletzt den vom Reinkarnationsgedanken faszinierten Wagner, der wieder einmal über seiner alten Absicht brütete, eine Oper über den Buddha zu schreiben, als der Tod ihn ereilte.

»Wir kehren alle wieder«, hatte Mahler zu Richard Specht gesagt, und eine Fülle von Geschichten zeigt, daß er genau das glaubte – natürlich nicht immer, aber doch fast. »Sei nur ruhig, sei nur ruhig, auch du bist unsterblich«, murmelte er einmal, als er widerwillig eine angeschlagene Fliege zerdrückte; ein andermal schob er beim Dirigieren sorgsam eine Motte in Sicherheit, die sich auf seine Partitur verirrt hatte. Auch diese

Geschöpfe hatten schließlich eine Seele, ja sogar Pflanzen und Steine, wie Fechner sagte. Alle waren sie Teil jener unzerstörbaren Kette der Schöpfung von der »leblosen Natur« bis zur »Liebe Gottes«, die Mahler in seiner Dritten Sinfonie pries. Wobei man auch sagen muß, daß diese Erkenntnis ihn nicht davon abhielt, wegen des störenden Vogelgezwitschers in Steinbach oder des frühmorgendlichen Hähnekrähens in Alt-Schluderbach in helle Wut zu geraten!

In »Das Lied von der Erde« nahm sich Mahler ein weiteres Mal die Frage der Unsterblichkeit vor. Daß er nach der »Symphonie der Tausend« anders vorging, sollte nicht überraschen. Welchen künstlerischen Wert sie auch besitzen mag – die Achte war ein Akt unwiederholbaren Gigantismus. Welcher Weg blieb ihm danach noch offen? Vor einem ähnlichen Problem hatte er nach der Vollendung der marathonhaften Dritten gestanden und es mit der täuschend einfach wirkenden Vierten gelöst. Sicherlich ist »Das Lied« alles andere als einfach, aber es atmet die Intimität einer Kammermusik. Es flüstert zutraulich, wo die Achte deklamiert; es ist auf vielerlei Weise kühn und dennoch nicht rundum neu. Die oft verhaltene Instrumentierung kehrt zurück zu den »Kindertotenliedern« und den »Rückert-Liedern«, und gleiches gilt für die im »Lied« verwendete Pentatonik, die eine orientalische Atmosphäre hervorzuzaubern hilft. Selbst die komplexe Heterophonie (das gleichzeitige Variieren einer einzigen Melodie, das man mit nichtabendländischer Musik verbindet) des Werkes war hie und da schon vorher in Mahlers Musik aufgetaucht. Jetzt aber vereinigten sich alle diese Elemente so unauffällig gekonnt zu einem großen Ganzen, daß es improvisiert klingt. 1908, auf der Höhe seiner Schaffenskraft und nach Abschluß der Achten, war Mahler bereit für »Das Lied«. Vielleicht hätte er sich schon ein Jahr früher daransetzen können, wäre da nicht jener schreckliche Sommer gewesen – und vorausgesetzt, die Gedichtsammlung »Die chinesische Flöte« wäre ihm schon früher in die Hände gefallen.

Nach Alma soll sich Mahler schon 1907 an »Das Lied« versucht haben, aber ihre Darstellung läßt wieder einmal Zweifel aufkommen. Sie sagt, im Spätsommer, nach Putzis Tod und dem Urteil über seine Herzerkrankung, habe sich Mahler des melancholischen Inhalts der »chinesischen Flöte« erinnert, die ihm ein Freund einige Zeit vorher geschenkt hatte. Nun habe er Verse daraus ausgesucht und das Stück zu skizzieren begonnen, das ein Jahr später als »Das Lied von der Erde« endgültige Gestalt gewann. Das erscheint insofern unwahrscheinlich, als die Anthologie erst im Oktober 1907 (in Leipzig) erschien, obwohl Mahler natürlich auch einen Vorabdruck bekommen haben konnte. Auf jeden Fall irrt Alma, wenn sie schreibt, das Buch sei eine eben erschienene Übersetzung von Hans Bethge aus dem Chinesischen, ein Irrtum, der seither oft wiederholt worden ist. Der junge deutsche Lyriker Bethge, der von der arabischen und orientalischen Kultur fasziniert war, konnte gar kein Chinesisch. In »Die chinesische Flöte« paraphrasierte er lediglich andere Versionen (weitgehend alter) chinesischer Gedichte, die schon von anderen europäischen Literaten niedergeschrieben worden waren. Er tat dies mit großer Empfindsamkeit, doch ein Teil des von ihm ausgewählten Materials war als solches falsch zugeschrieben und auch armselig übersetzt.

Mahler war somit weit von den Originalquellen entfernt, aber nichts deutet darauf hin, daß ihm dies etwas ausgemacht hätte – sofern es ihm überhaupt bewußt war. Es war das ständige Grübeln über Jugend und Einsamkeit, Liebe und Abschied, und die endlose Schönheit der Erde, was seine Schöpferkraft beflügelte – und nicht nur die seine. Auch andere Komponisten, darunter Schönberg, Webern und Richard Strauss, ließen sich von »Die chinesische Flöte« inspirieren, der Bethge eine Reihe ähnlich exotischer und beliebter Sammlungen folgen ließ. Grob gesagt, der Orientalismus »lag in der Luft«. Die Wohlhabenden schmückten ihr Zuhause mit asiatischen Motiven; Puccini heimste (auch in Wien) mit »Madame Butterfly« einen Triumph ein; Debussy, Ravel und Strawinski nutzten die Fünftontechnik; Guido Adler hob in einer gelehrten

Abhandlung die Heterophonie hervor, die in der siamesischen, javanischen und japanischen Musik steckt; ein befreundeter Bankier beschenkte Mahler mit Wachszylinder-Aufnahmen chinesischer Musik, die er in Wien antiquarisch erstanden hatte. Bei all seiner Eigenwilligkeit lag »Das Lied« eben doch »im Trend«.

Sehr zum Vorteil des Werkes behandelte Mahler die Bethgeschen Verse erheblich weniger respektvoll als diejenigen Goethes in der Achten. Er betitelte die Texte neu, stellte sie um, verkürzte und verlängerte sie mit solcher Kraft, daß man ihn mit Fug und Recht nicht nur als Komponisten von »Das Lied«, sondern auch als Mitautor bezeichnen kann. Aus Bethges 83 Gedichten wählte Mahler sieben aus und band sie in sechs höchst unterschiedliche Sätze – einen gewichtigen je an Anfang und Ende, dazwischen ein Quasi-Adagio, ein Quasi-Scherzo und zwei kurze Intermezzi. Kommt uns diese Struktur nicht bekannt vor? Sie ähnelt der der Dritten Sinfonie, die ja auch eine Art »Lied von der Erde« ist, wenngleich die Anordnung der inneren Teile anders aussieht. Beide sechssätzigen Werke (die einzigen dieser Art, die Mahler schrieb) hätten durchaus unter dem Druck ihres völlig verschiedenartigen Materials zerbrechen können; zusammengehalten werden sie beide in erster Linie durch thematische Querverweise und die ungemein geschickte Verwandlung einer Stimmung. Natürlich gibt es auch große Unterschiede. »Das Lied« ist erheblich kürzer (es dauert in der Regel nur eine gute Stunde, verglichen mit den rund 100 Minuten der Dritten) und ist weitaus subtiler. Keine Partitur Mahlers, vielleicht überhaupt keine, lohnt ein eingehendes Studium mehr als diese.

Mit »Das Trinklied vom Jammer der Erde« nach dem Poeten Li Taibo aus dem 8. Jahrhundert fängt »Das Lied« weniger an, als daß es einem gleichsam aus dem Nichts an die Kehle springt. Geschrieben ist es wie die tragische Sechste Sinfonie in a-Moll, der Ton ist abwechselnd gewalttätig, trotzig und verzweifelt. Von Mahler dazu verurteilt, diese Horrorgeschichte von der Unsterblichkeit des Menschen in einem unnatürlich hohen Register zu singen, klingen die meisten Tenöre angespannt, ja geradezu hysterisch – genau so, wie es hier sein muß. Gleichzeitig herausgeschleuderte steigende und fallende Themen drohen das orchestrale Gewebe zu zerreißen. Flatterzüngige Holzbläsereinwürfe steigern den Terror bis zur gespenstischen Vision eines über den Gräbern im Mondlicht heulenden Affen. Dreimal kehrt der unerbittliche Refrain wieder: »Dunkel ist das Leben / ist der Tod.« Nach dem dritten Mal fällt ein einziger, jäher K.-o.-Schlag den Satz wie einen Baum.

Doch tief im Herzen des Stückes verborgen steckt eine andere Vision. »Das Firmament blaut ewig«, singt der Tenor/Dichter, »und die Erde / Wird lange fest steh'n und aufblüh'n im Lenz.« Nur diese wenigen Worte, die zu schnell verhallen, als daß sie wirkliche Hoffnung verhießen, und schon schließen sich, wie nicht anders zu erwarten, verächtliche Zeilen an. »Du aber, Mensch, wie lang lebst denn du? / Nicht hundert Jahre darfst du dich ergötzen / An all dem morschen Tande dieser Erde!« Damit scheint das Thema erledigt. Und doch verweilt die kleine, mit »Lenz« endende Episode in der Erinnerung dank der zarten hohen Streicher, der weichen Harfe und Holzbläser und (mit etwas Glück) eines Tenors im wirklichen »piano ma appassionato«. Hier flicht Mahler einen ersten Anhaltspunkt ein; die Lösung selbst erscheint erst fünf Sätze später. Inzwischen ist, was er nicht tut, fast ebenso aufschlußreich wie das, was er tut. Bethges Version des Gedichts schließt die Zeilen ein: »Nur ein Besitztum ist dir ganz gewiß: / Das ist das Grab, das grinsende, am Ende.« Mahler läßt sie weg.

Das zweite Lied, »Der Einsame im Herbst«, bringt zwar Kontrast, aber keinen Trost. Die alptraumhafte Szenerie des »Trinklieds« macht einer frostigen, blaubligen Landschaft Platz; der Jammer des Universums wird zur persönlichen Not, die sich dem vollen Ausdruck entzieht. Es ist die Welt der »Kindertotenlieder«, und Mahler benutzt auch hier die erwartete knappe Orchestrierung. Für Trompeten, Posaunen und Schlagzeug ist da kein Platz. Nur einmal bricht sich die Leidenschaft Bahn in den Schlußzeilen »Sonne der Liebe, willst du nie mehr scheinen / Um meine bittern Tränen mild aufzutrocknen?« Doch mag die Phrase auch »mit großem Aufschwung« beginnen, sie endet in einem Piano »ohne Ausdruck«. Die Frage bleibt dem Sänger in der Kehle stecken, weil die Antwort nur allzu deutlich vor Augen steht. Alles in allem hält sich Mahler eng an Bethges Text, aber am Titel nimmt er eine winzige Änderung vor. Aus Bethges »*Die* Einsame im Herbst« wird »*Der* Einsame im Herbst«. Wie die Gesänge vier und sechs wird auch dieser meist von einem Alt gesungen, aber Mahler bietet alternativ einen Bariton an. Das tut er in Klammern, als sei es bloß eine zweitbeste Möglichkeit, doch die Veränderung des Titels läßt vermuten, daß er dennoch einen Mann als Opfer/Protagonisten im Sinne hat. Sich selbst?

Endlich auch stellt sich, freilich nie wirklich zuverlässig, Trost ein in den folgenden drei Liedern »Von der Jugend«, »Von der Schönheit« und »Der Trunkene im Frühling«. Wer das erstere Gedicht schrieb, ist ungewiß; Bethge und somit auch Mahler schreiben es fälschlich Li Taibo zu. Doch wer immer es verfaßte, malte ein zauberhaftes Bild: Elegante Freunde trinken und plaudern in einem Porzellanpavillon, eine kleine Bogenbrücke aus Jade, das Ganze gespiegelt in einem friedlichen Teich. Mit klingelnden Triangeln und schwirrenden Zimbeln schenkt Mahler dem Bild seine vielleicht zartfühlendste Musik. Wuchtige Themen passen nicht hierher. Wird der Tod überhaupt wahrgenommen, so doch nicht schreckhafter als ein fernes Donnern. Alles entbehrt angenehm der schweren Substanz, fließt und wellt wie die Bilder im Wasser.

Genauso grazil gibt sich am Anfang die Welt »Von der Schönheit«, doch das hält nicht lange vor. Unter den sehnsuchtsvollen Blicken blumenpflückender Mädchen an einem Flußufer kommt ein Trupp junger Reiter angaloppiert. Um Bethges Version mit Details und Dramatik anzureichern, läßt Mahler einen Augenblick lang sein ganzes Orchester von der Leine. Pikkolo, drei Holzbläser, vier Hörner, zwei Trompeten, drei Posaunen, Tuba, Tamburin, Mandoline, Baßtrommel, Zimbeln, Harfen und Streicher – jedes Instrument kriegt seinen Einsatz. Selbst die Pauken greifen ein, zum ersten und letzten Mal in »Das Lied«. Die Hufe stampfen, die Herzen schlagen schneller – aber dann verschwinden die Reiter und erstirbt das Stück im Tremolo unerfüllter Sehnsucht. Kommen erneut junge Männer vorbei, oder ist alles vom Leben Erhoffte, wie Joseph Conrad am Ende seiner Erzählung *Jugend* schreibt, schon verflogen »in einem Seufzer, einem Aufblitzen – zugleich mit der Jugend, zugleich mit der Kraft und dem Zauber des Selbstbetrugs«?

Im ausgelassenen fünften Liedchen verschwendet der Trunkenbold auf nutzlose Dinge wie Hoffnung und Liebe keine wertvolle Zechzeit. »Wenn nur ein Traum das Leben ist«, ruft er aus, »Warum denn Müh' und Plag'?« Selbst wenn er einmal wach genug ist, einen Vogel wahrzunehmen, der den Frühling willkommen heißt (Pikkolo, Solovioline und ferne Anklänge ans »andante amoroso« der Siebten Sinfonie), zuckt er die Schultern und greift wieder nach der Flasche. »Was geht mich denn der Frühling an? Laßt mich betrunken sein!« Zum zweiten Mal in »Das Lied« kommt und geht der Frühling im Nu.

Was bleibt dauerhaft? Die offenkundige Antwort läutet gleich der Anfang von »Der Abschied« ein, des sechsten Liedes, das fast so lang ist wie die anderen fünf zusammen. Mit dem gedämpften Tamtam und dem Pizzikato der tiefen Streicher vermitteln die Eingangstakte ein Gefühl eisiger Unerbittlichkeit, als kämen sie aus dem Äther (obwohl Mahler hier das Tamtam erstaunlicherweise erst nachträglich eingefügt hat). Der Solist wird angewiesen, »in erzählendem Ton, ohne Ausdruck« zu singen. Mehr tut hier nicht not. Der Tod klopft an, unerbittlich. Er allein bleibt. Nachdem Mahler diese Behauptung an den Anfang gestellt hat, macht er sich nun daran nachzuweisen, daß sie falsch ist.

Zum einen verändert er den Text radikal. In »Der Abschied« verwebt Mahler zwei Bethge-Gedichte in eines: »In Erwartung des Freundes« nach Mong Kao-jen und »Der Abschied des Freundes« nach Wang Wei. Die Bethge-Version ist vom Ton her weitgehend resignierend, und die Regelmäßigkeit der

Strophenform verstärkt noch den Eindruck der Unerbittlichkeit. Mahler jedoch bricht die Strophen hauptsächlich durch Einschübe auf und findet zu einer positiven Lösung des Knotens, die Bethge ebenso überrascht hätte wie vermutlich die alten Chinesen. Wo Bethges Wanderer einfach in die Berge zieht, um dort für sein einsames Herz Ruhe zu finden, fügt Mahler die Zeile hinzu: »Ich wandle nach der Heimat, meiner Stätte!« Bethge rundet das Ganze ab mit dem leidenschaftslosen »Die Erde ist die gleiche überall / Und ewig, ewig sind die weißen Wolken ...« Mahler macht daraus: »Die liebe Erde allüberall / Blüht auf im Lenz und grünt aufs neu! / Allüberall und ewig blauen licht die Fernen! / Ewig ... ewig ...« Wieder kehrt in »Das Lied« der Frühling ein, und diesmal bleibt er.

Hat Mahler auf der verzweifelten Suche nach einem glücklichen Ende einfach ein paar lichtere Worte gefunden und die dazu passende Musik geschrieben? Ein Blick in die Entwurfspartituren zeigt, daß er hie und da genau das Gegenteil getan hat. Als erstes schrieb er die Musik, und als ihm der Text dann nicht behagte, schrieb er Bethge um. Das ist noch nicht alles. Wie schon so oft, nie aber meisterhafter, stellte er die musikalische Technik und Struktur in den Dienst einer philosophischen Aussage. Oder entfloß die Botschaft vielleicht unaufhaltsam der Musik? Vermutlich hätte sich Mahler selbst schwergetan, es zu sagen. Beim Schreiben der Dritten Sinfonie hatte er das Gefühl, »tiefe, ewige Gesetze« wiederentdeckt zu haben, die nicht nur fürs Komponieren, sondern überhaupt für die Schöpfung galten. In der Vierten entfaltete er einen vielschichtigen Beginn zu dem »Frieden, der alles Verstehen übersteigt« des kindhaften Finales. Was war Zufall, was gewollt?

Entgegen dem ersten Eindruck ist »Der Abschied« ein einziges, titanenhaftes Ringen. Auf der einen Seite haben wir den längst vertrauten Mahlerschen Kunstgriff, den Marsch. Manchmal liegt er offen zutage wie im kahl-trüben Zwischenspiel des Orchesters, bis endlich der ersehnte Freund erscheint; manchmal ist er recht unauffällig – aber völlig fehlt er nie lange. In ihn verwoben sind in ihrer Rhythmik und Polyphonie so freie Passagen, daß sie fast schon anarchisch wirken, so zum Beispiel bei »Der Bach singt voller Wohllaut durch das Dunkel« oder »Die Vögel hocken still in ihren Zweigen. / Die Welt schläft ein!« Diese nahezu chaotischen Momente unterbrechen den steten Gang des Marsches etwa so, wie Mahlers Texteinschübe Bethges übertrieben reinliche Strophen aufbrechen. Schon Jahre zuvor hatte Mahler in einem Gespräch mit Natalie Bauer-Lechner seine Vorstellung von der Polyphonie mit den Tönen verknüpft, die ihm als Kind in den Wäldern um Iglau von allen Seiten und in allen Rhythmen zugeströmt seien. In den Sinfonien gibt es reihenweise Passagen, die genau dies nahelegen, aber nirgends sind sie kühner oder komplexer als hier. Mahler wußte dies sehr wohl. »Haben Sie eine Ahnung, wie man das dirigieren soll?« fragte er Bruno Walter, als er ihm die Partitur von »Der Abschied« zeigte. »Ich nicht!« Walter mußte das Problem selber lösen. Er dirigierte die Premiere von »Das Lied« im November 1911 in München, sechs Monate nach Mahlers Tod.

Der Kampf löst sich – genauer: wird aufgelöst – gegen Ende des Satzes nach den Worten »Still ist mein Herz und harret seiner Stunde!« Die Musik taumelt, scheint zu ersterben; dann aber baut sich über die hohen Streicher ein immer dichteres Crescendo auf, von dem das Solo »Die liebe Erde ...« pfeilgerade nach oben schnellt. Es ist ein Augenblick ekstatischer Erlösung. Nirgends mehr Schläge, nirgends mehr Schwere. Begriffe wie Strenge und Freiheit gelten nicht mehr. Noch einmal rauscht die Musik auf, verebbt dann Stück um Stück, während »Ewig« sich unablässig wiederholt. War »Der Abschied« in c-Moll, der Tonart der »Todtenfeier«, dahergekommen, so verabschiedet er sich jetzt in C-Dur.

Adorno hat sich dazu entschlossen, »Das Lied« pessimistisch zu finden. Möge das Universum auch ewig sein, die Erde sich immer wieder (wenngleich nicht ganz endlos) erneuern – die Tage des Menschen seien gezählt. Er verwechselte die Botschaft des ersten Liedes mit der des Gesamtwerks. Nicht so

Benjamin Britten. In einem Brief an einen Freund aus dem Jahre 1937, als Mahlers Musik in England nur wenig bekannt war, schrieb er: »Dieselben harmonischen Progressionen, mit denen Wagner seine im wesentlichen morbiden Liebesszenen (denen wie von selber die ›Todes‹-Szenen folgen) zu kolorieren pflegte, werden hier dazu benutzt, eine buchstäblich übernatürliche Heiterkeit zu malen. Ich kann es nicht verstehen, es geht über mich hinweg wie eine Flutwelle, und auch das ist von keinem Belang, denn es geht für immer weiter, selbst wenn es nie wieder aufgeführt wird – dieser Endakkord steht in der Atmosphäre geschrieben. Vielleicht könnte ich ihm etwas näherkommen, wenn ich die indischen Philosophien verstünde.«

Brittens letzter Punkt trifft den Kern. »Was wir hinterlassen, was es auch sei, ist nur Haut, Schale etc.«, äußerte Mahler in einem Brief an Alma von 1909. »– Die Meistersinger, die Neunte [von Beethoven], der Faust, alles sind nur abgestreifte Hüllen! Nicht mehr als das, im Grunde genommen unsere Leiber! Nun freilich sage ich nicht: daß das Schaffen überflüssig sei. Es ist dem Menschen noethig zum wachsen und zur *Freude*, die auch ein Symptom der Gesundheit und der Schaffenskraft ist. – Aber warum müssen es gerade Noten sein?« Eine für einen Komponisten nicht ungefährliche Frage. Musikalisch wie philosophisch hatte Mahler ein langes, langes Stück Weges zurückgelegt.

Dennoch schritt er weiter aus. An sich sollte uns das mittlerweile nicht mehr überraschen. So beharrlich wie Goethe, hatte Mahler Werken, die alles ausgesagt zu haben schienen, unentwegt aufsehenerregende weitere folgen lassen. Doch was im Himmel konnte er nach »Das Lied« noch zu sagen finden, und mit welchen Mitteln? Er hatte sich an den Grenzen der Tonalität herumgetrieben und damit vielleicht ein größeres Spannungsgefühl erzeugt, als wenn er sie kurz entschlossen überschritten hätte. Und wie Webern später, hatte er die Musik bis zu einem Punkt verfeinert, an dem jedes Schweigen soviel aussagte wie jeder Ton. »Warum müssen es gerade Noten sein?«

Indes, er fand eine Fortsetzung, und kein anderer als Schönberg sollte ihre besondere Wesensart am besten charakterisieren. In der Neunten Sinfonie, sagte er in einer Rede ein Jahr nach Mahlers Tod, spreche der Autor kaum noch als Subjekt. »Fast sieht es so aus, als ob es für dieses Werk noch einen verborgenen Autor gebe, der Mahler bloß als Sprachrohr benützt hat. Dieses Werk ist nicht mehr im Ich-Ton gehalten. Es bringt sozusagen objektive, fast leidenschaftslose Konstatierungen, von einer Schönheit, die nur dem bemerkbar wird, der auf animalische Wärme verzichten kann und sich in geistiger Kühle wohlfühlt.« Trefflich gesagt. Es gibt in der Neunten massenhaft Ausbrüche, aber sie scheinen eher miterlebt als selbsterlebt – wie die Szene im Dämmer am Anfang von »Der Abschied«. Das Stück brennt mit kalter Flamme.

Während Mahler im Juni/Juli 1909 in Alt-Schluderbach die ersten Teile der Neunten komponierte, befand sich Alma 100 Kilometer weiter südlich in Levico auf Kur. War sie wirklich behandlungsbedürftig, oder wollte sie lediglich nicht den ganzen Sommer zu Hause mit einem empfindlichen Gatten verbringen, der die meiste Zeit in einer Hütte zubrachte? »Ich war damals hochgradig nervös«, schreibt sie in den *Erinnerungen*. »Tief melancholisch saß ich nächtelang auf meinem Balkon, sah weinend auf die lustige, hellgekleidete Menge, deren Lachen mir weh tat, sehnte mich zum Verrücktwerden nach irgend etwas, nach Liebe, nach Leben, nach einem Fenster, heraus aus dieser eiskalten Gletscheratmosphäre.« Sie und Mahler standen in ständigem Kontakt, genauer: schrieben einander. »Wir korrespondierten täglich über abstrakte Dinge«, schreibt Alma.

Sofern Mahler spürte, daß seine Ehe einer Krise nahe war, finden sich in seinen Briefen keine Anzeichen davon. Einige seiner Freunde und Exfreunde merkten es schon eher. Einer von ihnen, Guido Adler, ging sogar so weit, Mahler über seine Befürchtungen zu schreiben. Sein Brief ist nicht erhalten geblieben, dafür aber die scharfe Antwort. »Und nun [...] komme ich auf meine Frau zu sprechen, der Du mit Deinen Ansichten und Äußerungen ein großes Unrecht zugefügt hast«, schrieb

Mahler. »Du kennst sie ja doch zur Genüge! Wann hast Du bei ihr Verschwendungssucht oder Egoismus bemerkt? Glaubst du wirklich, daß sie in der letzten Zeit, in der Du mit ihr nicht mehr zusammengekommen bist, sich so urplötzlich verändert hat? [...] Nochmals versichere ich Dich, daß mir meine Frau nicht nur ein tapferer, an allem Geistigen teilnehmender treuer Genosse, sondern auch (eine seltene Verbindung) ein kluger, besonnener Hausverwalter ist, die mir trotz aller Behaglichkeit der leiblichen Existenz sparen hilft, und der ich in eigentlichem Sinne Wohlstand und Ordnung verdanke.« Seinem besorgten Freund gegenüber bestand Mahler darauf, daß Alma »nichts anderes im Auge hat als mein Wohl«.

Der Brief wurde am Neujahrstag 1910 in New York geschrieben.

X
Inferno

Anfang Juni 1910 begab sich Alma erneut zur Kur, diesmal ins modische Tobelbad bei Graz. Nach ihrer Darstellung in den *Erinnerungen* verlief der Aufenthalt nicht viel glücklicher als der ein Jahr früher in Levico. Sie sei so einsam und melancholisch gewesen, daß der Leiter des Sanatoriums sie mit jungen Leuten bekannt gemacht habe, die ihr auf den Spaziergängen Gesellschaft leisten sollten. »Der Künstler X... war mir besonders sympathisch, und es bestand für mich bald kein Zweifel, daß er mich liebte und meine Gegenliebe erhoffte. Ich reise ab.«

Diese Version erschien schon bei Veröffentlichung des Buches (1940) suspekt, zumal in dem geheimnisvollen Herrn »X« unschwer Walter Gropius zu erraten war, einer der einflußreichsten Architekten des Jahrhunderts und von 1915 bis 1920 Almas zweiter Ehemann. Widerstand sie ihm, wie sie behauptet, tatsächlich, als sie sich das erste Mal begegneten? Gropius war damals 27 (fast vier Jahre jünger als Alma) und gerade dabei, sich mit einem eigenen Architektenbüro in seiner Heimatstadt Berlin die ersten Sporen zu verdienen. Bis zum endgültigen Ruhm als Leiter des revolutionären »Bauhaus«, der Hochschule für Gestaltung (die die Nazis 1933 auflösten), sollten noch Jahre vergehen. Aber ausgeprägtes Talent, auch wenn es noch in den Kinderschuhen steckte, hatte Alma seit jeher angezogen. Außerdem war Gropius athletisch gebaut, voller Humor und ledig; kein Wunder, daß sie ihn »sympathisch« fand. Wie sehr, wurde erst in den achtziger Jahren deutlich, als die bislang vertrauliche Korrespondenz des Paares in der autorisierten Gropius-Biographie zugänglich wurde.

Die Wahrheit lautet, daß Alma, kurz nach ihrer Ankunft in Tobelbad, Gropius am 4. Juni kennenlernte und sich zu ihm mindestens ebensosehr hingezogen fühlte wie er zu ihr. Noch am selben Abend unternahmen sie einen langen gemeinsamen Spaziergang im Mondschein und wurden irgendwann danach ein Liebespaar. Alma erinnert sich gemeinsamer Stunden, durchbrochen nur vom Schlag der Nachtigall und dem Licht des frühen Morgens. »Neben mir lag ein schöner junger Mensch – und in dieser Nacht hatten sich zwei Seelen gefunden und der Körper dabei vergessen.« Die Tobelbader Idylle endete in der zweiten Julihälfte, als Alma zu Mahler nach Alt-Schluderbach zurückkehrte, aber weder sie noch Gropius dachten im Traum daran, sich ein für allemal adieu zu sagen. Zunächst vereinbarten sie, über postlagernd Toblach in Verbindung zu bleiben.

Hat Mahler keinen Verdacht geschöpft? Er war wie üblich sehr beschäftigt. Bald nach seiner Ankunft in Europa im April hatte er die Frankreichpremiere seiner Zweiten Sinfonie in Paris dirigiert – es war zugleich das letzte Mal, daß er das Werk überhaupt leitete. Neben anderen verließ auch Debussy noch während der Aufführung den Konzertsaal. Es folgte ein katastrophaler Besuch in Rom. Mahler gab dort zwei Konzerte, sagte aber aus Wut über das miserable Orchester das dritte ab und stürmte heim nach Wien. Während eines Großteils der Monate Mai und Juni eilte er zwischen Wien, Leipzig und München hin und her und probte mit Teilen des riesigen Aufgebots, das für die im September geplante Uraufführung der Achten Sinfonie vonnöten war.

Während eines Aufenthalts in München begann er zu ahnen, daß mit Alma etwas ernsthaft nicht stimmen könnte. Sie schickte ihm traurige kleine Notizen, manchmal überhaupt nichts. »Verbirgst Du mir etwas?« schrieb er am 21. Juni. »Denn ich glaube immer etwas zwischen den Zeilen herauszufühlen.« Etwa eine Woche später schaute er in Tobelbad vorbei, um sich zu vergewissern, und reiste dann mächtig beruhigt nach Alt-Schluderbach weiter. »Nur in wenigen Worten, daß ich

Almschi viel frischer und fester angetroffen habe und der festen Überzeugung bin, daß ihr die Kur hier sehr gut anschlägt«, schrieb er bei der Abreise an Anna Moll.

Kaum war Alma eine oder zwei Wochen zu Mahler zurückgekehrt, platzte die Bombe. Gropius schrieb Alma einen Brief, in dem er sie bat, zu ihm zu kommen, adressierte ihn aber an Mahler. »Niemals ist aufgeklärt worden, ob der Jüngling in Fieberwahn gehandelt hatte oder ob es unbewußt sein Wunsch gewesen war, diesen Brief an Mahler selbst gelangen zu lassen«, schreibt Alma in den *Erinnerungen*. Was sie natürlich sorgfältig verbarg, war das Komplott, das sie und Gropius hinter Mahlers Rücken geschmiedet hatten, um miteinander Verbindung zu halten. Es scheint wenig wahrscheinlich, daß Gropius »Herrn Direktor Mahler, Alt-Schluderbach« auf das Couvert geschrieben hätte, wenn er es in Wirklichkeit an Alma »Postlagernd, Toblach« richten wollte. Wahrscheinlich wollte Gropius die Dinge zur Entscheidung treiben. Jedenfalls war das die Folge.

Mahler kam aus seiner Hütte herunter, öffnete den Brief und fragte Alma mit erstickter Stimme »Was ist das?« Offenbar machte er ihr keine Vorwürfe – ganz im Gegenteil. Wer zum Angriff überging, war Alma. »Endlich durfte ich alles aussprechen«, schreibt sie. »Wie ich mich jahrelang nach seiner Liebe gesehnt hatte und wie er, in seinem ungeheuren Missionsgefühl, mich einfach übersehen hatte. Er fühlte zum ersten Mal in seinem Leben, daß es auch so etwas wie eine innere Verpflichtung gegen den Menschen gibt, dem man sich nun einmal verbunden hat. Er fühlt plötzlich Schuld.« Weinend riefen die beiden Anna Moll herbei, wie schon drei Jahre zuvor, als Putzi gestorben war. Trug Alma ihrer Mutter auch immer noch nach, daß sie Moll geheiratet hatte, suchte sie doch ihre Hilfe. Mahler seinerseits vertraute Anna grenzenlos – zu Unrecht, wie sich herausstellen sollte.

Gropius kam nach Toblach, Alma zufolge ohne Vorwarnung. Sie sagt, sie hätte ihn zufällig erblickt, wie er sich unter einer Brücke versteckt habe, als sie und Mahler ausfuhren. Offenbar hatte er versucht, sich dem Bauernhaus in Alt-Schluderbach zu nähern, aber ein Hund hatte ihn verscheucht. Mahler tat es diesem nicht nach. Als Alma ihm gestand, wen sie gesehen hatte, begab er sich in der Nacht auf die Suche nach Gropius und brachte ihn, die Laterne in der Hand, zu sich nach Hause. Er ließ die beiden allein und zog sich zurück, um im Schein einer Kerze die Bibel zu lesen, sagte vorher zu Alma, sie solle sich entscheiden. »Aber ich hatte ja keine Wahl!« schreibt sie. Am nächsten Tag begleitete sie Gropius zum Toblacher Bahnhof. Auf halbem Heimweg traf sie Mahler, der ihr nachgerannt war aus Furcht, sie hätte ihn nun doch für immer verlassen. Und damit endet in Almas *Erinnerungen* ihr Verhältnis mit dem jungen Herrn »X«.

Es war aber nur der Beginn. Fortan trafen sich Alma und Gropius in einem hastigen Stelldichein nach dem andern, und der Liebesbriefwechsel ging auch weiter, als Mahler schon im Sterben lag. Almas Briefe wurden immer glühender. Sie unterzeichnete mit »Dein Weib«, sehnte sich nach einem Kind von ihm und nach dem Augenblick, an dem »Du nackt an meinem Leib liegst, wo uns nichts trennen kann – als höchstens der Schlaf«. Weniger emotionsgeladen bemerkte sie: »Ich glaube an meinem Organismus bemerkt zu haben, daß für das Herz und alle anderen Organe – nichts schlechter ist – als erzwungene Askese.« Erlangte Alma zum ersten Mal sexuelle Erfüllung? Mag sein – trotz aller früherer und auch nachehelicher Flirts, beispielsweise mit Pfitzner und Ossip Gabrilowitsch, einem hübschen Musiker russischer Herkunft, der zwischen seiner Leidenschaft für Alma und der Verehrung des Werkes ihres Mannes hin- und hergerissen war. Keiner dieser Leichtsinnsanfälle scheint über ein paar flüchtige Umarmungen hinausgelangt zu sein.

Und Mahler? Alma läßt unentwegt deutliche Hinweise fallen, er sei ein armseliger Liebhaber, manchmal impotent gewesen. »Ich wußte plötzlich, daß meine Ehe – keine Ehe –, mein eigenes Leben vollkommen unausgefüllt sei«, lesen wir in ihren *Erinnerungen*. Wobei diese Sicht von Mahlers sexuellem Vermögen oder genauer: Unvermögen keineswegs ihre Angst schmälerte, er treibe es mit anderen Frauen, vor allem mit Anna von Mildenburg. Vermutlich lautet die Wahrheit, daß Alma ganz einfach Mahler physisch nicht attraktiv fand. In einer Tagebucheintragung von 1905 schreibt sie, als sie sich das erste Mal begegneten, habe sie zu Mahler gesagt, sie finde seinen Geruch »unsympathisch«, worauf er erwidert habe: »Das ist der Schlüssel zu vielem – Du hast wider Deine Natur gehandelt.« Hat sich ihr körperliches Verhältnis später verbessert? Eher verschlechtert. Einer sehr viel späteren Tagebuchnotiz zufolge hielt Alma in den letzten Ehejahren die Tür zu ihrem Schlafzimmer fest verschlossen, damit Mahler nicht hereinkommen konnte, während sie schlief.

Ein allzu beschäftigter Ehemann mittleren Alters, eine verführerische junge Frau mit massenhaft Zeit und ein stämmiger Eindringling in seinen feschen Zwanzigern – an sich eine recht banale Geschichte. Gropius' angeblich fehladressierter Brief und sein versuchtes Verstecken unter der Brücke verleihen ihr sogar Anflüge einer Farce. Vielleicht hatte Mahler schon seit langem etwas Derartiges befürchtet. Hatte er nicht Alma vor der Eheschließung in Anspielung auf den Schusterphilosophen in »Die Meistersinger« warnend von »Sachs und Evchen« geschrieben, dem Mädchen, von dem Sachs klugerweise rechtzeitig erkennt, daß sie für ihn zu jung sei? Diese mögliche Vorahnung Mahlers hat den Schlag sicherlich nicht gemildert, als er ihn traf. Man darf sogar annehmen, daß er nie einen schwereren erlitt – auch 1907 nicht.

Mahler war Alma gegenüber oft ungeduldig und schulmeisterlich, es gelang ihm offenbar nicht, sie sexuell zu befriedigen (das gelang kaum einem lange) – aber angebetet hat er sie allemal. Es müsse doch klar sein, schrieb er ihr nach Tobelbad, »daß ich nur für Dich und die Gucki lebe, und daß mir nie irgend ein anderes Bild zwischen Dich und meine Liebe treten kann. Es ist ja Alles andere so blaß – wie ein schlechter Holzschnitt gegenüber einem Tizian!« In seinem Eifer, sie an ihrem 31. Geburtstag zu überraschen, ließ er ein Diadem nach einem eigenen Entwurf anfertigen. Zwischen den Proben in jenem Sommer machte er sich auf, um in der Wiener Umgebung ein Haus, ein Schloß gar, ausfindig zu machen, in dem sich die Familie niederlassen konnte – natürlich nicht gleich, aber doch bald. Schließlich entschied er sich, nicht zu kaufen, sondern selbst zu bauen, und erwarb ein Stück Land hoch oben in Breitenstein am Semmering, wo er und Alma in seiner Wiener Opernzeit glückliche Stunden verbracht hatten. Vielleicht wegen dieser Jagd nach einem Heim gingen sogar Gerüchte um, möglicherweise lasse sich Mahler dazu überreden, seinen alten Job an der Oper wieder zu übernehmen. Weingartner beabsichtigte bereits, nach nicht einmal drei Jahren als Direktor abzutreten, und die Jagd nach einem Nachfolger hatte schon begonnen. Im Herbst war man sogar formlos an Mahler herangetreten, aber nichts deutet darauf hin, daß er eine Rückkehr auf den Posten ernsthaft erwogen hat. Schließlich wurde die Position 1911 an Hans Gregor vergeben, der zwar kein Musiker, aber – was offenbar mehr zählte – ein gewiefter Geschäftsmann war.

Draußen in Alt-Schluderbach (Alma war immer noch weg) wurde Mahler zu seinem 50. Geburtstag am 7. Juli mit Briefen und Glückwunschtelegrammen geradezu überschüttet. »Ich habe geflucht und geflucht« bei dem Gedanken, sie alle beantworten zu müssen, behauptet Mahler, aber zwei zumindest gefielen ihm sehr. Der eine stammte von Siegfried Lipiner, der nach Jahren der Entfremdung wieder auf freundschaftlichem Fuß mit Mahler stand, der andere von Schönberg, der hoffte, »daß Sie bald wieder in unserem verhaßten, geliebten Wien sein mögen; dauernd«. Zu Mahlers Ehren war eine Festschrift erschienen, unter anderem mit Beiträgen von Richard Strauss, Max Reger, Paul Dukas, Alfredo Casella, Romain Rolland, Gerhart Hauptmann, Stefan Zweig, Hugo von Hofmannsthal und Arthur Schnitzler. Ob ihn das nun berührte oder nicht – Mahler war eine Berühmtheit.

Wenige Wochen nach dem Geburtstag kam es zur Katastrophe. Mahler brach zusammen. Alma sagt, er habe in seiner

Hütte auf dem Boden gelegen und geweint aus Angst, sie zu verlieren. Eines Nachts fand sie ihn bewußtlos auf dem Treppenabsatz, neben sich eine brennende Kerze. Er schrieb ihr Zettel, qualvoll und pathetisch. »Mein Liebling/mein Saitenspiel! / Komm, banne die finstern Geister, sie umklammern mich, sie schleudern mich zu Boden. Bleib mir, mein Stab, komm bald heute, damit ich mich erheben kann«, schrieb er in einem. Und in einem andern: »Mein Lebensathem! / Ich habe die Pantöffelchen tausendmal abgeküßt und bin in Sehnsucht an deiner Thüre gestanden. Du hast dich meiner erbarmt, du Herrliche, aber mich haben die Dämonen wieder gestraft, weil ich wieder an mich und nicht an dich, du Theuere, gedacht habe. Ich kann nicht weg von deiner Thüre und möchte so lange davor stehen bis ich deines Lebens und Athmens süßen Laut empfunden. – Aber ich soll es ja! Meine Fürstin hat mich hinunter verbannt!« In seiner verzweifelten Suche, ihr zu gefallen, kramte Mahler sogar ein paar von Almas frühen Liedern hervor und nannte sie »einfach ausgezeichnet! Ich verlange, daß du sie überarbeitest, und wir werden sie herausgeben. Ich ruhe jetzt nicht eher, als bis du wieder zu arbeiten anfängst.« Kaum neun Jahre war es her, daß er entschieden hatte, in der Familie könne es keine zwei Komponisten geben. Alma behauptet, sie habe keine Triumphgefühle empfunden. Wahr oder nicht – sie war jedenfalls alarmiert. Mahlers »abgöttische Liebe und Verehrung«, schreibt sie, »ist kaum mehr normal zu nennen«.

Mahler muß es ebenso empfunden haben. Jedenfalls beschloß er, Freud aufzusuchen. Es wird oft behauptet, er habe es getan, weil er impotent geworden sei; gestützt wird diese Behauptung scheinbar durch Freuds Kommentar, Mahler habe ihn aufgesucht, »weil seine Frau sich damals gegen die Abwendung seiner Libido von ihr auflehnte«. Da Alma ihre Schlafzimmertür vor Mahler verschlossen hielt, darf man fairerweise fragen, wer sich eigentlich von wem abgewandt hatte. Wie dem auch sei: Mahler suchte verzweifelt nach Hilfe, um seine zerbrechende Ehe zu retten. Anders ist nicht zu erklären, warum er überhaupt auf Freud verfiel (mit Hilfe eines entfernten Verwandten Almas als Mittler). Mahler besaß keine hohe Meinung von Freuds Arbeit, und die beiden waren nie zuvor zusammengekommen, obwohl sie jahrelang in Wien nicht weit voneinander entfernt gewohnt hatten. Jetzt, da er buchstäblich mit seinem Latein am Ende war, verabredete Mahler dreimal einen Termin und sagte ihn jedesmal wieder ab. Schließlich einigten sich die beiden auf die mittlerweile berühmte Begegnung am 26. August in der holländischen Stadt Leiden in der Nähe von Freuds Urlaubsort. Mahler verließ Toblach am 25. und ließ von jeder Station der langen Reise ein Telegramm und einmal ein Gedicht zu Alma flattern.

Vom Gespräch zwischen Mahler und Freud ist großes Aufheben gemacht worden. Nichts lag näher. Übt doch der bloße Gedanke eines Gesprächs zwischen dem Vater der Psychoanalyse und einem der vielschichtigsten Komponisten eine mächtige Anziehungskraft aus. Dabei mußte doch geradezu eine Offenbarung herauskommen. Vielleicht war das der Fall und ist lediglich das Beweismaterial zu dünn, oder die beiden hätten vielleicht erheblich mehr Zeit gebraucht als einen bloß vierstündigen Spaziergang durch die Stadt. Jedenfalls erscheint der Bericht über den Inhalt der »Analyse« verdächtig oberflächlich. Zumindest gilt das für die eingangs erwähnte Behauptung, dank Freud habe Mahler urplötzlich die Verbindung zwischen einem unglücklichen Zwischenfall in der Kindheit und dem Unvermögen seiner Musik erkannt, »die höchste Vollkommenheit« zu erreichen. Auch die Geschichte vom »Namensspiel« zwischen den beiden Männern klingt hohl. Freud, so heißt es in der Freud-Biographie von Ernest Jones, habe sich verwundert gezeigt, daß Mahler eine Frau mit Namen Alma geheiratet habe, obwohl doch seine Mutter, die »offensichtlich eine so dominierende Rolle in Ihrem Leben gespielt hat«, Marie hieß. Mahler, der – so wird berichtet – von Freuds Scharfsinn »stark beeindruckt« gewesen sei, habe erwidert, der zweite Vorname seiner Frau sei zwar Maria, aber er nenne sie Marie. Wenn das stimmt, so ist es nirgendwo belegt. In seinen Briefen nennt er Alma alles mögliche – von »Lux« bis »Almschilitzilitzilitzili« –, nie aber Marie. Ermutigend für Mahler mochte durchaus Freuds Erkenntnis sein, wegen ihrer tiefen Liebe zu ihrem Vater fühle sich Alma zu älteren Männern hingezogen. Daran war sicherlich etwas Wahres – oder wenigstens vor einem guten Jahrzehnt etwas Wahres gewesen. Aber wußte Freud auch von der Sache mit Gropius?

Die beiden Männer scheinen zwar ihre Unterredung der Mühe wert befunden zu haben, aber besonderes Aufheben davon machte keiner von beiden. Freud sagte später: »Ich habe Mahler [...] einen Nachmittag lang in Leiden analysiert und wenn ich den Berichten glauben darf, sehr viel bei ihm ausgerichtet«, fügte jedoch hinzu: »Auf die symptomatische Fassade seiner Zwangsneurose fiel kein Licht. Es war, wie wenn man einen einzigen, tiefen Schacht durch ein rätselhaftes Bauwerk graben würde.« Mahler faßte sich kürzer. In einem Telegramm an Alma auf der Heimreise berichtete er: BIN FRÖHLICH. UNTERREDUNG INTERESSANT. AUS STROHHALM BALKEN GEWORDEN. Das vielleicht Interessanteste an dem Gespräch ist, was überhaupt nicht zur Sprache kam – Mahlers physische Gesundheit. Offenbar hat weder Freud danach gefragt noch Mahler das Thema aufgeworfen. Hätte sich Mahler wegen eines Herzleidens dem Tode nahe gefühlt, so hätte er es wohl für erwähnenswert gefunden – sogar einem Psychiater gegenüber.

Hört man diese Qual wegen Almas Untreue nicht laut und deutlich in der Arbeit, die Mahler in jenem Sommer komponierte: seiner Zehnten Sinfonie? Ein Großteil des Stückes ist trostlos, wenngleich es sich wie die meisten Vorgänger am Ende zu einer Art Sieg durchringt. Nichts Entsetzlicheres hat Mahler geschrieben als das Fortissimo des vollen Orchesters, das im ersten Satz losbricht, wo sich Dissonanz auf Dissonanz häuft und von einem hohen Trompeten-»A« durchbohrt wird. Der Schock des Gropius-Briefes? Almas Vorwürfe? Kaum weniger erschreckend der gedämpfte Trommelschlag, der den vierten Satz beendet und im fünften wiederholt wird. Alma verbindet ihn mit dem Ton, den sie beide einmal von einem Trauerzug in New York vernommen hatten, aber bezieht er sich hier nicht auf einen schwereren und zeitlich jüngeren Schicksalsschlag? Sodann haben wir den Titel »Purgatorio«, mit dem Mahler den ätzenden kleinen dritten Satz mit seinen Echos von »Das irdische Leben« überschrieb, jenes Wunderhorn-Liedes von einem verlassenen, verhungernden Kind. Ist jetzt nicht Mahler (wieder) der Verlassene?

Vor allem aber haben wir die gequälten Worte, die Mahler auf das Manuskript schmierte, darunter »Erbarmen!! O Gott! O Gott! Warum hast du mich verlassen?« und »Der Teufel tanzt es mit mir / Wahnsinn, faß mich an, Verfluchten! / Vernichte mich / Daß ich vergesse, daß ich bin!« Wie ähnlich den Notizen, die Mahler im Bauernhaus Alma hinlegte. Vielleicht schrieb er auf die untere Hälfte des Titelblattes vom »Purgatorio« noch Schockierenderes, aber die wurde weggeschnitten, vermutlich von Alma.

Grund genug, sollte man denken, die Sinfonie mit einem Untertitel wie »Der Sommer 1910« oder einfach »Inferno« zu versehen. Manche stellen sogar zwischen der Nichtvollendung des Werkes und Mahlers Unterhaltung mit Freud einen direkten Zusammenhang her. Der amerikanische Psychologe Emanuel Garcia spricht sich in einem 1994 veröffentlichten Papier beredt für diese Version aus. Er argumentiert, Mahler habe seit jeher an einem Ödipuskonflikt gelitten, den er in seinem künstlerischen Schaffen sublimiert habe – zu einem hohen Preis für sein persönliches Leben. Als Freud ihm das Ausmaß seiner unbewußten Liebe zur Mutter und ihrer Auswirkung auf seine Ehe vor Augen führte, habe Mahler vor der schweren Alternative gestanden, entweder so weiterzumachen wie bisher und seine Frau zu verlieren oder sich für Alma zu entscheiden und die künstlerische Schaffenskraft dranzugeben. Er habe sich zu letzterem durchgerungen, keinen Finger mehr für die Zehnte gerührt, aber er habe nicht leben können, ohne zu schaffen. Paradoxerweise habe er damit sein eigenes Todesurteil geschrieben.

Plausibel? Angesichts so vieler Mutmaßungen und scheinbaren Beweismaterials lohnt es sich, Mahlers Zeitplan in jenem Sommer näher anzuschauen. Was von der Zehnten Sinfonie vorhanden ist, wurde fast mit Sicherheit zwischen dem 3. Juli, an dem Mahler von Tobelbad kommend in Alt-Schluderbach eintraf, und dem 3. September geschrieben, an dem er nach München abreiste. Natürlich läßt sich das nicht präzise sagen, aber das Beantworten und Schreiben von Geburtstags- und Geschäftsbriefen, das Korrekturlesen, seine Ehekrise und die Fahrt zu Freud dürften Mahler alles in allem rund zwei Wochen vom Komponieren abgehalten haben. Damit wären ihm etwa sieben Wochen verblieben, um eine fünfsätzige Sinfonie von über 1900 Takten zu verfassen. Ganz schön schnelle Arbeit, selbst wenn nur die ersten zwei Sätze und ein Teil des dritten als vollständiger Partiturentwurf vorliegen, also schon weitgehend orchestriert sind. Auch sie hätte Mahler noch einmal überarbeitet, wenn er bis zur Endphase einer endgültig vollständigen Partitur vorgedrungen wäre. Die übrige Arbeit ist dünn, manchmal skeletthaft, in der Ausführung, aber doch ziemlich klar in den Umrissen. Als Ende Juli oder Anfang August der Gropius-Brief eintraf, hatte Mahler wahrscheinlich etwa drei Wochen an der Arbeit gesessen. Wie weit er in dieser Zeit genau kam, ist Gegenstand einer erregten und wohl endlosen Debatte. Das entscheidende aber ist, daß die Zehnte schon auf gutem Wege gewesen sein mußte, als die Krise ausbrach.

Wie hat Mahler nicht als Ehemann, sondern als Komponist auf den Schock reagiert? Er hat weder die Arbeit ganz eingestellt, jedenfalls nicht auf erhebliche Zeit, noch das Stück, an dem er schrieb, fallengelassen und ein anderes angefangen. Er machte an derselben Sinfonie weiter. Ist es wahrscheinlich, daß er ihr wegen der Krise eine andere Wendung gab, das schon Fertige völlig umkrempelte und den Rest so komponierte, daß er dazu paßte? Kaum. Gewiß hat er im Fortschreiten Änderungen vorgenommen und war sich noch lange wegen der Reihenfolge der Sätze im Zweifel. Aber das war bei

Mahler alles andere als neu. Keinesfalls beweist es, daß sich die damaligen Ereignisse in seinem Leben im Inhalt seiner Arbeit niederschlugen.

Vielleicht das Auffallendste an der Zehnten ist, daß sie, obwohl unvollendet, musikalisch Sinn ergibt. Sie befand sich auf gutem Wege, zu einer von Mahlers beststrukturierten Sinfonien zu werden – lange, langsame Sätze an Anfang und Ende umspannen zwei Scherzi und, als Angelpunkt, das schmerzliche (reinigende?) »Purgatorio«. Da wundert es nicht, daß mehrere Mahler-Begeisterte seither ihre eigene »vollständige« Version der Zehnten produziert oder zumindest den ursprünglichen Torso so weit aufgefüllt haben, daß eine Orchesteraufführung aller fünf Sätze möglich wurde. Im Vergleich dazu nimmt sich die Neunte, bei all ihren Meriten, ungeschlacht aus mit ihrem schwergewichtigen ersten Satz, den die nachfolgenden drei Sätze nie völlig auszubalancieren vermögen. Mag Mahler auch in jenem gräßlichen Sommer 1910 oft weinend in seiner Hütte gelegen haben, wie Alma sagt – seine Meisterschaft in der sinfonischen Form hat ihn jedoch nie verlassen. Im Gegenteil, sie war nie eindrucksvoller deutlich.

Man wird der Zehnten nicht gerecht, wenn man sie als unmittelbares Produkt einer noch so schlimmen häuslichen Krise oder gar als verzögerte Reaktion auf die Schicksalsschläge von 1907 ansieht. Diese gängige Interpretation greift zu kurz. Gleiches gilt für die Tendenz, das Werk zusammen mit der Neunten und dem »Lied von der Erde« als Beispiel für Mahlers »Spätstil« abzutun. Ohnehin ist »Spätstil« eine bedenkliche Bezeichnung, wenn man sich vergegenwärtigt, daß sich die tonale Kühnheit und mitreißende Orchestrierung dieser drei Werke schon Jahre vorher in seinen Werken angekündigt hatte. Im Grunde führt jeder Versuch, Mahlers Ausstoß ab der sogenannten »Wunderhorn«-Periode in feinsäuberliche Kategorien einteilen zu wollen, in die Irre. Zu vieles überschneidet sich.

Läßt sich die Zehnte Sinfonie überhaupt vernünftig etikettieren, dann damit, daß sie die letzte, unvollendete Phase einer lebenslangen Suche ist. Über Jahrzehnte hat Mahler in Werk um Werk seine musikalische Sprache weiterentwickelt und seine Technik vervollkommnet, aber die Fragen, die er stellte, blieben im wesentlichen dieselben: »Warum hast du gelebt? Warum hast du gelitten? Ist das alles nur ein großer, furchtbarer Spaß?« Er gelangte zu vielerlei Antworten, vom Bläser-Triumph der Ersten Sinfonie bis zur mystischen Erlösung in »Das Lied«, aber er hat nie zu fragen aufgehört. Er fragte noch, als er das begann, was dann sein letztes Werk werden sollte. Der Gropius-Brief und Almas Vorwürfe waren für Mahler kein Grund, in seiner Arbeit einen Kurswechsel zu vollziehen. Im Gegenteil, sie gaben den allzu vertrauten Fragen nur noch bitterere Betonung.

Was immer für die Musik den Anstoß gegeben haben mag – es scheint auf der Hand zu liegen (das ist bei Mahler fast immer ein Gefahrensignal), daß die qualvollen Worte auf dem Manuskript unmittelbar mit der Ehekrise zusammenhingen. Zum Teil tun sie das sicherlich – aber eben nicht nur. So mag der Satz »Der Teufel tanzt es mit mir« sehr wohl schon geschrieben gewesen sein, ehe der schicksalhafte Gropius-Brief überhaupt eintraf. »Purgatorio« konnte natürlich ein Hinweis auf Dantes »Göttliche Komödie« sein, ist aber auch der Titel einer Gedichtreihe von Lipiner, dessen Werke Mahler in jenem Sommer wiederlas. Und Lipiner hatte sich, wie Mahler wußte, vor kurzem einer schmerzhaften Radium-Krebsbehandlung unterziehen müssen. Auch andere Kritzeleien auf der Partitur scheinen Lipiners Einfluß zu verraten. Hätte Mahler sie vielleicht ohnehin hingekritzelt, auch ohne Ehekrise, weil er (zutreffend) fühlte, daß sein wiederentdeckter Dichterfreund ein vom Tode gezeichneter Mann war? Oder identifizierte er – bewußt oder unbewußt – Lipiners Todeskampf mit seinem eigenen? Wir werden es niemals mit Sicherheit wissen.

Kein Raum für Zweifel bleibt jedenfalls hinsichtlich der Worte, die Mahler kurz vor dem Trostseufzer der Streicher anbrachte, mit denen das Werk endet: »für dich leben! für dich sterben! Almschi.« In späteren Jahren stellte Alma die Partitur mit ihrem letzten Tribut allen sichtbar in ihrem Wohnzimmer zur Schau – »wie eine Jagdtrophäe«, wie ein Besucher es ausdrückte.

Nichts läßt erkennen, daß Mahler nach seinem Besuch bei Freud nochmals an der Zehnten Sinfonie gearbeitet hat, aber die verbleibende Zeit war ja auch kurz. Er kehrte am 28. August von Leiden nach Alt-Schluderbach zurück und fuhr sechs Tage später für die Schlußproben der Achten Sinfonie in München wieder ab. Vielleicht glaubte Mahler erst jetzt, daß die auf den 12. September angesetzte Premiere tatsächlich stattfinden werde. Die Vorbereitungen waren problematisch gewesen – kein Wunder bei der Heerschar Mitwirkender aus weit auseinanderliegenden Städten, die es einzuüben galt –, und Mahler verlor mehrmals den Mut. In einem Brief an Bruno Walter von etwa Ende März hatte er die geplante Vorstellung mit einer »fatalen Münchner Barnum und Bailey-Aufführung« verglichen, und später nahm er den Impresario Emil Gutmann wütend unter Beschuß, weil versucht worden war, die Probenzeiten zu verkürzen. »Meine Verblüffung ist groß!« schrieb er. »Entweder es bleibt bei unserer Abmachung in allen ihren Teilen! Ich habe die besprochenen 3 Tage ganz und voll, ohne jede Einschränkung zur Verfügung (nebenbei gesagt, das Minimum dessen, was nötig ist) – oder Sie nehmen hiemit [sic!] meine endgültige Resignation zur Kenntnis. – Eine Diskussion hierüber bitte ich mir in aller Zukunft zu erlassen.«

Mahler bekam praktisch alles, was er verlangte. Sogar die Klingeln der vorbeifahrenden Straßenbahnen wurden umwickelt, um sicherzustellen, daß das Konzert in der 3200 Sitze umfassenden Neuen Musikfesthalle des Münchener Ausstellungsparks ungestört vor sich ging. Das Ereignis hätte dennoch als Katastrophe enden können, nicht zuletzt Gutmanns wegen, der zweifellos Mahler als »alten Eigensinn« verfluchte, ähnlich wie Jahre zuvor Richard Strauss. Statt dessen wurde es zum Triumph – so sehr, daß seither der Mythos die lange Liste der anwesenden Würdenträger verlängert hat. Entgegen anderslautenden Behauptungen waren nur wenige gekrönte Häupter zugegen, ebensowenig Georges Clemenceau (sondern sein Bruder Paul), auch Otto Klemperer nicht (der nur den Proben beiwohnte), noch Edward Elgar, noch Sergej Rachmaninow. Auch der seither unentwegt wiederholte Bericht, »über tausend Mitwirkende« hätten teilgenommen, ist fragwürdig. Den Übernamen »Symphonie der Tausend« hat der reklamebewußte Gutmann (zu Mahlers Entsetzen) geprägt, und tatsächlich sollten auch rund 1030 Instrumentalisten, Sänger und Sängerinnen auftreten. Aber sie kamen nicht alle. Die Aufzeichnungen beweisen, daß der Sonderzug, der einen der Chöre (vermutlich 250 Mitglieder) von Wien herbrachte, wegen der Absagen in letzter Minute um einen Waggon verkürzt wurde.

Trotz alledem war es bei weitem der größte Erfolg zu Mahlers Lebzeiten und eine der letzten großen Premieren, ehe sich das alte Europa vier Jahre später selbstzerstörerisch in den Ersten Weltkrieg stürzte. Zu den wirklich Anwesenden gehörten die Komponisten Richard Strauss, Siegfried Wagner und Anton Webern, die Dirigenten Bruno Walter, Willem Mengelberg und der junge Leopold Stokowski, der sechs Jahre später in Philadelphia die amerikanische Erstaufführung leiten sollte; die Sänger Erik Schmedes und Anna von Mildenburg (Mahlers Wiener Tristan und Isolde); Theaterleute wie Alfred Roller und Max Reinhardt, Wissenschaftler wie Arnold Berliner, Maler und bildende Künstler wie Koloman Moser und Schriftsteller wie Thomas Mann. »Als Mahler endlich am Pult erschien«, schrieb der New Yorker Freund Maurice Baumfeld, »erhob sich wie auf ein geheimes Zeichen das ganze Auditorium zunächst schweigend. Wie man einen König begrüßt. Erst als Mahler sichtlich überrascht dankte, brach ein Jubel los, wie man ihn selten bei solchen Anlässen gehört hat. Dies alles schon vor der Aufführung.« An ihrem Ende dauerte der Jubel fast eine halbe Stunde. Thomas Mann suchte Mahler noch am selben Abend in dessen Hotel auf, war aber noch so überwältigt, daß ihm, recht uncharakteristisch, die Worte fehlten. Später sandte er ihm ein Exemplar seines neuen Romans »Königliche Hoheit« zu, den er eine bescheidene Gabe für den Mann nannte, »in dem sich, wie ich zu erkennen glaube, der ernsteste und heiligste künstlerische Wille unserer Zeit verkörpert«.

Wie weit sind wir entfernt von der niedergeschmetterten Gestalt, die Wochen zuvor noch in ihrer Berghütte weinte! Daß Mahler immer noch (oder wieder) höchste Hoffnungen auf seine Ehe setzte, wird aus seinem Brief an Alma aus München vom 5. September ersichtlich: »... so wahr als Liebe wieder Liebe wecken muß, und Treue wieder Treue finden wird, so lange Eros Herrscher unter den Menschen und Göttern sein wird, so wahr will ich mir wieder alles zurückerobern, das Herz, das einst mein war, und das doch nur mit dem meinen vereint [eine Zeile geschwärzt] zu Gott und der Seligkeit finden kann.« Beiläufig erwähnte Mahler, er habe mal wieder eine Halsentzündung gehabt, aber dick in Decken gewickelt die Krankheit mehr oder weniger weggeschwitzt. Es sei wirklich, betonte er etwas vorschnell, nichts Ernstes. Einige Freunde in München waren besorgter, und die Sopranistin Lilli Lehmann »erschrak förmlich«, als sie Mahler sah, und fand ihn »sehr gealtert«. Als Alma endlich in München eintraf, fand sie ihr Hotelzimmer über und über mit Rosen gefüllt vor, und auf dem Tisch lag ein Exemplar der Achten Sinfonie mit der Widmung an sie. Am geringsten Zeichen mangelnder Ehrerbietung ihr gegenüber oder nicht genügend herzlicher Begrüßung, sagt sie, habe Mahler Anstoß genommen.

Auch Gropius war da, natürlich in einem anderen Hotel. Während Mahler auf den Proben war, trafen sich die beiden heimlich und versuchten, sich über die drohende lange Trennung hinwegzutrösten. Alma scheint nicht daran gedacht zu haben, Mahler im folgenden Monat allein nach New York zurückkehren zu lassen. Sie sagte zu Gropius, Mahler werde sterben, wenn sie ihn verlasse, und vielleicht hat sie das wirklich geglaubt. Aber hat sie nicht auch den Gedanken genossen, beides haben zu können – einen berühmten Gatten, der mehr denn je in sie vernarrt war, und einen potenten Liebhaber? Natürlich ein gefährliches Spiel, aber ungemein erregend – und Erregungen hatte Alma schon lange vermißt. Nun holte sie die verlorene Zeit nach. Am 12. Oktober schlug sie ein letztes geheimes Zusammentreffen vor, diesmal im Zug nach Paris, bevor sie und Mahler das Schiff nach Amerika nahmen. »Rendezvous wäre München«, schrieb sie von Wien an Gropius in Berlin. »Ich reise Freitag den 14ten Oktober um 11.55 vormittags mit dem Orientexpress von hier ab. Mein Coupee-Bett No.13 – ist im 11ten Wagon-Schlafwagen. [...] Ich würde dir rathen – (wenn Du fährst) Dein Schlafwagenbillet auf den Namen Walter Grote aus Berlin ausstellen zu lassen – da G. [Gustav] 2 Tage später fährt u. sich vielleicht die Liste zeigen läßt.« Der Plan funktionierte.

In ihren *Erinnerungen* behauptet Alma seltsamerweise, Mahler habe das Schiff nach New York in Bremen bestiegen und sie sei später in Frankreich zugestiegen. Wenn das stimmt, dann würde es bedeuten, daß Alma und Gropius sogar noch mehr Zeit ungestört in Paris verbringen konnten, bevor sie auseinandergingen. Was wir von Mahlers Zeitplan wissen, weist jedoch darauf hin, daß er nicht rechtzeitig nach Bremen gelangen konnte, um das Schiff zu erreichen. Aller Wahrscheinlichkeit nach gingen die Mahlers also doch gemeinsam in Cherbourg an Bord. Auf der Reise beteiligte sich Mahler an einem Benefizkonzert für Seemannswitwen und -waisen, indem er den Tenor John McCormack am Klavier begleitete. Im übrigen nutzten sie, Alma zufolge, die Zeit zum Ausruhen.

XI
Finale

Rückblick kann trügen. Wir wissen heute, daß Mahler nur noch gut sechs Monate zu leben hatte, als er am 25. Oktober 1910 zum vierten und letzten Mal in New York eintraf. Der Sommer hatte ihn seelisch und körperlich viel Kraft gekostet, die Kehle schmerzte, und mit dem Philharmonic stritt er um die Gage und die Zahl der Konzerte in der nächsten Saison. Wie naheliegend ist da der Gedanke, er sei als geschlagener oder gar vom Tode gezeichneter Mann von Bord gegangen. Naheliegend, aber falsch.

Mahler war eine Kämpfernatur und trotz aller Schicksalsschläge alles andere als bereit aufzugeben – schon gar nicht Alma. War ihm klar, daß sie mit Gropius doch nicht gebrochen hatte? Hinweise dafür gibt es keine, aber daß er völlig ahnungslos gewesen sein soll, fällt schwer zu glauben. Vielleicht fand er sich mittlerweile innerlich damit ab, daß sie sich hin und wieder einen Liebhaber nahm, ohne daß dies – so schmerzlich es war – das Ende seiner Ehe bedeuten mußte. Jedenfalls kämpfte er wie ein frischgebackener Verehrer um ihre Gunst, überschüttete sie mit anbetungsvollen Notizen, verschwendete mehr Geschenke an sie denn je und ermunterte sie zum Komponieren (vermutlich das überzeugendste Argument). Ebenso verfolgte er seinen Plan, südlich von Wien eine Familienvilla zu bauen, energisch weiter, und Gutmann schrieb er, er solle ihn im kommenden Sommer nicht für Konzerte verplanen: »Wenn nicht außerordentliche Gründe vorliegen, so möchte ich in diesen Monaten Ruhe zur Erholung und zum Schaffen haben.« Auch während seines letzten New-York-Aufenthalts blickte Mahler immer noch in die Zukunft. Seine Vorhaben schlossen Alma wie selbstverständlich ein, und sie hatte, wie sie sicherlich wußte, mehr denn je zu verlieren, wenn sie ausscherte.

Beruflich hatte Mahler nahezu freie Wahl. Die Premiere der Achten Sinfonie war mit einer Begeisterung aufgenommen worden, wie sie selbst Richard Strauss nur selten vergönnt war. Die Opernhäuser in Berlin und Wien wollten ihn unbedingt haben, und für ein Engagement am Wiener Konservatorium, das ihm neben ein wenig Dirigieren viel Zeit zum Komponieren gelassen hätte, brauchte er kaum mehr, als den Finger zu heben. Für den Augenblick entschied er sich, beim New Yorker Philharmonic zu bleiben, trotz des Gerangels in der ersten Saison. Den österreichischen Schriftsteller Ernst Decsey ließ er wissen (wie dieser schreibt): »Im allgemeinen habe die englische Nation zu wenig Temperament, zu wenig künstlerische Beanlagung [sic!]; 96 Musiker aber, die er zu dirigieren hatte, hätten ihm besser gefolgt als irgendein Orchester vorher, weil er sie allein in der Hand gehabt habe.« Außerdem war er gut bezahlt, wenn auch seiner Ansicht nach nicht gut genug. Im Sommer hatte das Philharmonic die Zahl der Konzerte in der Saison 1910/11 ohne sein Wissen um rund 20 auf über 60 anheben wollen. Als Mahler davon erfuhr, verlangte er für die »kolossale Mehrleistung« 5000 Dollar mehr. Er bekam dann 3000, aber der Streit zog sich bis Januar 1911 hin.

Es gab andere Reibereien. Alma zufolge wurde Mahler vom »Garantenkomitee« ins Haus der Vorsitzenden Mrs. Sheldon zitiert und wegen vorgeblichen Fehlverhaltens gerügt. Nachdem er sich verteidigt hatte, wurde ein Vorhang beiseite gezogen, hinter dem ein Rechtsanwalt jedes Wort mitgeschrieben hatte. »Nun wurde offiziell ein Protokoll aufgenommen, Mahlers Kompetenzen festgelegt, und er war so fassungslos und wütend, daß er mit einem Schüttelfrost nach Hause kam«, schreibt Alma. »Langsam nur kehrte die Freude an der Arbeit ihm zurück.« Vielleicht übertrieb sie; auch das Datum der Sitzung, das sie angibt (Mitte Februar), ist fragwürdig. Fest steht indes, daß die Sheldon-Gruppe einen Unterausschuß zur »Überwachung« der Programmwahl einsetzte, über die Mahler bislang allein verfügt hatte. Desgleichen ist klar, daß schon um den Jahreswechsel die Suche nach einem neuen Dirigenten für die Saison 1911/12 angelaufen war. Wollten dieselben Leute, die Mahler erst vor zwei Jahren begeistert verpflichtet hatten, ihn jetzt hinausekeln?

Keineswegs, trotz der scheinbar gnadenlosen Beweislage. Er besaß immer noch mächtige Verbündete im Ausschuß, vor allem Mrs. Sheldon, die ihn »den größten Dirigenten, ob in Europa, ob in Amerika« nannte, und Mrs. Minnie Untermeyer, Frau eines einflußreichen Anwalts, die Alma mit seltener Wärme seinen »Schutzengel« nennt. Aber das Philharmonic steckte in der Klemme. Von wenigen Höhepunkten abgesehen, war die Reaktion der Öffentlichkeit in der Spielzeit 1909/10 enttäuschend ausgefallen, und am Ende klaffte ein schweres Defizit. Daraufhin wurde mehr Geld aufgenommen, ein Geschäftsführer ernannt und die Zahl der Konzerte erhöht – kaum ein Zeichen der Angst vor der Zukunft des Orchesters. Das schwache Abschneiden in der Saison wurde jedoch teilweise Mahlers ehrgeiziger und gelegentlich kaum verständlicher Programmwahl angelastet. Nicht ganz zu Unrecht. Mahlers Konzertpläne für 1910/11 lassen erkennen, daß auch er eine andere »Mischung« für notwendig hielt, obwohl ihn natürlich die von seinen Arbeitgebern beschlossene »Überwachung« wurmte. Ob die Veränderungen, die sich schließlich ergaben, eine Verbesserung brachten, erscheint allerdings zweifelhaft. Ein neuer Zyklus von »Nationalprogrammen mit großen Solisten« (Italienern, Franzosen, Norwegern usw.) nahm sich zwar theoretisch attraktiv aus, aber in der Praxis waren die Darbietungen unausgewogen. Das »englisch-amerikanische« Konzert beispielsweise bestand aus (meist eher kurz geratenen) Werken von George Chadwick, Charles Villiers Stanford, Edward Elgar, Charles Loeffler, Edward MacDowell und Henry Hadley. Selbst die patriotischsten Angelsachsen dürften sich gefragt haben, ob die Teilnahme ein unbedingtes Muß sei.

Das Tauziehen um die Programmgestaltung belastete beide Seiten zwar, aber nicht das war der Grund für die Jagd nach einem anderen Dirigenten. Ende 1910 hatte Mahler immer noch nicht erkennen lassen, ob er für die nächste Saison bleiben wollte, und allmählich lief dem Ausschuß die Zeit davon. Ein auch nur einigermaßen gleich angesehener Nachfolger war schwer zu finden, schon gar kurzfristig, und ohne einen solchen war es um das Experiment mit dem »neuen Philharmonic« schlecht bestellt. Ironischerweise war auch Weingartner im Gespräch, der Mahler in Wien nachgefolgt war und für den die Wiener jetzt unbedingt, wenn auch vergeblich, wieder Mahler haben wollten. Eine andere Möglichkeit war Henry Wood, Begründer der beliebten Londoner Promenadenkonzerte.

Vielleicht war sich Mahler wirklich im unklaren, ob er bleiben wollte; vielleicht stellte er sich auch nur störrisch, um mehr herauszuschlagen (zuzutrauen war ihm das durchaus). Endlich im Januar äußerte er seine Bedingungen: eine höhere Gage (30000 Dollar) für 90 bis 100 Konzerte in der Saison 1911/12. Dem Ausschuß widerstrebte die Gehaltsforderung, worauf er mit Weingartner flirtete, aber wahrscheinlich hätte man sich mit Mahler schließlich auf einen Kompromiß einigen können. Das wirklich Erstaunliche ist, daß sich Mahler zu so vielen Konzerten bereitfand – immerhin gut 30 mehr als in der ohnehin schon anstrengenden Spielzeit 1910/11. Das klingt unglaublich, aber die Ausschußprotokolle belegen es im Detail. Ein weiterer Beweis, wenn es eines solchen noch bedurfte, daß Mahler die Warnungen seiner Ärzte von 1907 nicht mehr ernst nahm.

Trotz des Schattenboxens hinter der Bühne erntete Mahler mit seinem Orchester viel Beifall; die größten Triumphe feierte er allerdings außerhalb der Stadt. Nach einem hektischen Beginn (11 Konzerte in Manhattan und Brooklyn allein im November) ging er mit dem Philharmonic auf eine vorweihnachtliche Tournee, die ihn nach Pittsburgh (Pennsylvania), Cleveland (Ohio) und in vier Städte des Staates New York führte – Buffalo, Rochester, Syracuse und Utica. Die Vorstellungen waren gut besucht, die Kritiker so begeistert, daß es manchmal ans Peinliche grenzte. »Der kleine Mahler mit dem Gigantengehirn«, schwelgte der *Cleveland Plain Dealer* nach einem Konzert mit Werken von Bach, Beethoven und Wagner im 5000 Sitze fassenden »Gray's Armory«. »Der kleine Mahler mit seiner Urgewalt. Der kleine Mahler mit dem enormen musikalischen Einfallsreichtum. Der kleine Mahler, vor dessen Titanengestalt die anderen Dirigenten zu Pygmäen verkümmern.« Der *Buffalo Express* war nicht ganz so überschwenglich, nannte Mahlers Interpretation von Beethovens »Pastorale« aber immerhin »bemerkenswert. [...] Nie erklang das Gewitter mit wirklichkeitsnäher sich aufbäumender Wucht, der Dirigent erschien als der leibhaftige Genius des Sturms, der seine Spieler zu immer wilderen Ausbrüchen jagt.«

Später entstand die (bis heute lebendige) Legende, Mahler habe die »Pastorale« nur in Amerika spielen dürfen; in Wirklichkeit hatte er das Werk schon fünfmal (in Wien und Hamburg) gegeben, ehe er New Yorker Boden betrat. Dennoch muß die Aufführung in Buffalo etwas Besonderes gewesen sein. Nur ein paar Stunden zuvor hatten Mahler und Alma lange hingerissen auf der Beobachtungsplattform der nahen Niagarafälle gesessen, deren Tosen fast das Trommelfell zerriß. Doch als Mahler am Abend nach der »Pastorale« glückstrahlend vom Podium stieg, verkündete er: »Endlich ein fortissimo.« »Heute ist es mir klargeworden«, sagte er später zu Alma, »die artikulierte Kunst ist größer als die unartikulierte Natur.« Er selbst brachte hochgestimmt die Tournee zu Ende, während Alma allein nach New York zurückkehrte und auf der Heimfahrt auf Mahlers Bitte *Die Brüder Karamasow* las. REISE MIT ALJOSCHA [dem jüngsten der Brüder] PRACHTVOLL, telegraphierte sie ihm nach der Ankunft. REISE MIT ALMJOSCHA NOCH VIEL PRACHTVOLLER, kabelte er zurück.

Die New Yorker Kritiker waren zurückhaltender als ihre Kollegen in der Provinz (und dem verbitterten Krehbiel von der *Tribune* konnte Mahler mittlerweile überhaupt nichts mehr recht machen). Allgemein waren sie der Ansicht, das Orchester sei zwar in besserer Verfassung als ein Jahr zuvor, aber immer noch nicht dem Bostoner gleichwertig. Mahler selbst wurde für die Augenblicke »exquisiter poetischer Erkenntnis« gepriesen und im selben Atemzug wegen »fast dauernder, oft weitreichender Veränderungen von Tempo, Betonung und Rhythmus« gescholten. Auch als Mahler am 17. und 20. Januar in der Carnegie Hall seine (eben neubearbeitete) Vierte Sinfonie gab – es sollte das letzte Mal sein, daß er ein eigenes Werk dirigierte –, stieß er auf ein gemischtes Echo. Wie die meisten ihrer Kollegen in Europa wußten die Kritiker nicht recht, ob sie das Stück ernst nehmen sollten. Die *Times* gab immerhin zu, das sachverständige Publikum habe lebhaft geklatscht, und einen Monat später schrieb Mahler in seinem letzten (bekannten) Brief: »Das Werk hat einen großen Erfolg gehabt« – eines von mehreren Zeichen, daß er sich längst nicht mehr um Kritiken scherte. Hätte er es in einer dritten Saison mit dem Philharmonic vielleicht geschafft, Kritiker und Publikum endlich auch im Konzertsaal so vollständig für sich zu gewinnen wie in der Oper? Mag sein. Aber wirklich gelungen war ihm das schon in Wien nie – von Hamburg ganz zu schweigen –, und 1910/11 in New York war er davon noch ein gutes Stück entfernt.

Sechs Wochen nach dieser Aufführung der Vierten Sinfonie ihres Gatten gab Alma in New York ihr Debüt als Komponistin. Viel war es nicht: Die Sopranistin Frances Alda, damals mit Met-Direktor Gatti-Casazza verheiratet, sang am 3. März eines von Almas kürzesten Liedern. Doch Mahler war vor der Aufführung so erregt – und empfindlich –, als handle es sich um eine seiner massivsten Premieren. Fünf Lieder von Alma waren eben erschienen; als Madame Alda sagte, sie könne in ihren Liederabend nur eines aufnehmen, versuchte Mahler sie zornig zu überreden, alle vorzutragen. In einem Brief an Anna Moll behauptete er sogar: »Ihre gedruckten Lieder machen Furore hier und werden demnächst von zwei verschiedenen Sängerinnen gesungen werden.« Wenn das zutraf, ist es nirgends belegt. Madame Alda blieb stur und nahm nur Almas »Laue Sommernacht« in ihr Konzert auf. Mahler lag krank im Bett und konnte nicht teilnehmen, aber als er hörte, das Lied sei mit »Da capo!«-Rufen aufgenommen worden, murmelte er mehrfach »Gott sei Dank!« Fast ein Jahrzehnt lang hatte er Almas Talent unbeachtet gelassen, jetzt überschätzte er es. Ihre fünf frühen Lieder sind zwar allesamt gekonnt und tonal manchmal kühn, aber denkwürdig ist keines. Ob sie nach Mahlers Tod nicht doch bessere geschrieben habe, wurde Alma Jahrzehnte später in New York in einem Interview gefragt. »Ja. Hah. Sicher«, erwiderte sie in ihrem immer noch stockenden Englisch. »Ich konnte, weil ich frei war.«

Inzwischen waren Alma und Gropius über postlagernd New York in Verbindung geblieben und hatten eine Vertraute und Mitwisserin gefunden: keine andere als Anna Moll – das »liebe Mammerl«, wie Mahler sie zärtlich nannte. Sie und Mahler hatten einander immer nahegestanden, so nahe, daß Alma einmal schrieb, »daß ich in früheren Jahren immer den Witz gemacht hatte, wenn Mahler zu Mama käme und sagte: ›Du, ich habe Alma umbringen müssen‹, sie einfach geantwortet hätte: ›Hast sicher recht gehabt, Gustav‹, ohne zu fragen, warum«. Doch als Frau Moll der Affäre mit Gropius auf die Schliche kam – offenbar schon recht früh nachdem sie begonnen hatte –, unterstützte sie sie, wenngleich händeringend. »Es ist ja das traurige, daß man selbst jetzt garnichts tun kann«, schrieb sie Gropius im November 1910. »Man muß alles der Zeit überlassen und ich glaube fest, daß bei Euch Beiden Eure Liebe alles überdauern wird. Ich habe so unbegrenztes Vertrauen zu Ihnen und bin fest überzeugt, Sie haben mein Kind so lieb, daß Sie alles tun werden, um sie nicht noch unglücklicher zu machen.«

Frau Molls Vertrauen in Ehren, aber Gropius' Gefühle erschienen Alma beunruhigend wechselhaft. Im Januar besuchte er eine Aufführung von Mahlers Siebter Sinfonie in Berlin und empfand: »Ein fremder, ferner Titan hat mich geschüttelt, mich mit seinem kolossalischen Impuls mit fortgerissen, alle Register des Herzens berührt vom Dämonischen bis zu rührender Kindereinfalt.« Weiter schrieb er Alma: »Mir ist an diesem Abend abermals wichtiges klar geworden über Gustav und Dich und – mich, davon Auge in Auge.« Welche Angstgefühle Alma beim Lesen dieser kryptischen Botschaft erfaßten, kann man sich leicht ausmalen. Sollte Mahlers Musik ihr den Liebhaber stehlen? »Ich will Dich!!!« schrieb sie ihm nach langem Schweigen Ende März zurück. »Aber Du?? – Du – auch – mich?«

Zu dieser Zeit rang Mahler schon mit dem Tod. Kurz vor Weihnachten hatte sich seine Halsentzündung wieder gemeldet, aber er schien sie zu bezwingen, indem er arbeitete, mit Gucki im Central Park Schneeballschlachten machte und sich Überraschungen für Alma ausdachte. Zwei Gutscheine zeugen davon: »Bon / zur Vergütung von 40 Dollar / auf einem schönen Bummel / durch die / Fifth Av. / für / Herrn Gustav Mahler mit seinem Almschili / lustwandelnd durch die Gefilde«, lautete der eine – und der andere: »Bon / zum Ankauf eines / Solitärs / im Werthe von über 1000 Dollar / Gustav Mahler / New York / Weihnachten / 1910.« Am Weihnachtstag wogte in ihrem Hotelzimmer ein Meer roter Rosen, um den Christbaum türmten sich Geschenke.

Zwei Monate später entzündete sich Mahlers Kehle wieder, und das Fieber stieg auf 40 Grad. Mit dem eindringlichen Hinweis, er habe sich schon oft wieder gesunddirigiert, ging er am 21. Februar in die Carnegie Hall und gab ein Konzert. Es war sein 48. in der Saison und sollte das letzte seines Lebens sein. Das Programm war ganz und gar nicht das, was er sich für eine Abschiedsvorstellung ausgedacht haben würde, wenngleich es die Uraufführung der anrührenden »Berceuse élégiaque« (mit dem Untertitel »Des Mannes Wiegenlied am Sarge seiner Mutter«) seines Freundes Busoni einschloß. Ansonsten enthielt es eine Ouvertüre von Leone Sinigaglia, das Klavierkonzert von Giuseppe Martucci, ein Intermezzo von Marco Bossi und – als einziges Meisterwerk – Mendelssohns »Italienische Symphonie«. Toscanini war da, vermutlich weniger des Dirigenten als des »italienischen« Abends wegen.

Erneut schien sich Mahler kurz erholen zu wollen, aber als das Fieber wiederkam, berief sein (in Wien gebürtiger) Arzt Dr. Joseph Fraenkel Spezialisten ins Hotel. Da Mahlers Tod wie der Mozarts legendenumwoben ist, lohnt sich klarzustellen, was die Sachkundigen vor Ort festgestellt haben. Einer von ihnen, Dr. George Baehr, erinnerte sich später: »Nach meiner Ankunft entnahm ich einer Armvene mit Spritze und Nadel 20 ccm Blut, gab einen Teil in mehrere Reagenzgläser und goß den Rest auf Nährböden in sterilen Petrischalen. Nach vier- oder fünftägiger Inkubationszeit im Krankenhauslabor zeigten die Petrikulturen zahlreiche Bakterienkolonien, und in allen Reagenzgläsern fanden sich Reinkulturen desselben Bazillus, der im folgenden als streptococcus viridans identifiziert wurde.«

Die Diagnose lautete auf subakute bakterielle Endokarditis – eine schwere Herzinnenhautentzündung, die vor allem ohnehin geschwächte Herzen befällt, wie Mahler es ja hatte. Ohne die damals noch nicht entdeckten Antibiotika gab es kaum eine Überlebenschance. War es 1907 also doch Mahlers Todesurteil, als man ihm sagte, er habe einen doppelten – wenn auch »kompensierten« – Klappenfehler? Beileibe nicht. Er hatte lange, vielleicht schon seit der Geburt, mit diesem Herzfehler gelebt und hätte ohne bakterielle Endokarditis noch lange damit weiterleben können. Aber ein böser Zufall wollte es anders. Irgendwo muß er den tödlichen Bazillus eingefangen haben – vielleicht im Sommer 1910 in Wien, wo der Bazillus eine Zeitlang grassierte – und wurde ihn nicht wieder los. Sein Fieberanfall in München im September, den er damals so leicht nahm, könnte ein Zeichen gewesen sein, daß er schon mehr hatte als nur eine Halsentzündung. Niemand weiß es mit Sicherheit. Nur eines ist sicher: Als das Herz ernsthaft infiziert war, hatte er praktisch keine Chance mehr. Wäre das Penicillin zwei Jahrzehnte früher entdeckt worden, es hätte ihn retten können.

Nichts als böser Zufall also? Neben anderen behauptet Alma, es sei mehr gewesen. »Sie können sich nicht vorstellen, was Mr. Mahler gelitten hat«, sagte sie einem Korrespondenten des *New York American* bei der Rückkehr nach Europa. »In Wien war mein Mann allmächtig, ließ sich sogar vom Kaiser nichts sagen. Aber in New York kommandierten ihn zu seinem Erstaunen zehn Weiber herum wie eine Marionette. Er hoffte jedoch, seine Quälgeister mit harter Arbeit und Erfolg abschütteln zu können. Das kostete ihn seine Gesundheit und Kraft.« Das Interview erschien in vielen europäischen Zeitungen, daneben viel weiteres »Beweismaterial« für eine demütigende Behandlung in Amerika, die Mahlers frühen Tod verschuldet habe. Eine Zeitung behauptete, man habe ihn gezwungen, vor einer amerikanischen Jury eine Prüfung in Klavier und Musiktheorie abzulegen. Später sprang man in Europa geradezu auf einen bösartigen Nachruf Krehbiels, der Mahlers Einfluß in New York »schädlich für den guten Geschmack« nannte, und sah darin ein weiteres Zeichen amerikanischer Barbarei. Wohlmeinende New Yorker Nachrufe wurden weitgehend ignoriert.

Alma mochte in gewissem Sinn recht haben, wenn sie Mahlers Krankheit auf körperlichen und seelischen Streß zurückführte, aber sie wies auf die falschen Schuldigen. Streß kann das Immunsystem schwächen, und an Streß hat es Mahler nie gefehlt; vielleicht machte ihn das anfälliger für die Bazillen, die seinen Tod herbeiführten. Aber sein Ärger mit den »zehn Weibern« war sicherlich bescheiden im Vergleich zu der Qual, die ihm Almas Untreue bereitete. Und überhaupt – war Mahler nicht weitgehend selbst für den Druck verantwortlich, unter dem er stand und den er zweifellos auch für produktiv hielt, wenngleich er ihn verfluchte? Als sich der Schock der Diagnose von 1907 gelegt hatte, ignorierte er den Rat seiner Ärzte, die Dinge leichter anzugehen, und wurde immer mehr wieder zum Workaholic. »Ich sehe nachgeradezu, daß ich unverbesserlich bin«, gestand er Bruno Walter im Dezember 1909 in einem Brief. »Leute unserer Art können nicht anders, als was sie tun, gründlich tun. Und das heißt, wie ich geradezu sehe, sich überarbeiten. Ich bin und bleibe einmal der ewige Anfänger. Und das bißchen Routine, die ich mir erworben, dient höchstens dazu, meine Anforderungen an mich zu steigern.« Wie wahr. Mahlers größter Zuchtmeister war Mahler selbst.

Laut Dr. Baehr bestand Mahler darauf, bei Bekanntwerden der Blutuntersuchungen »die Wahrheit zu erfahren, und äußerte dann den Wunsch, in Wien zu sterben. Er und seine Frau reisten also kurze Zeit später nach Paris, wo die Diagnose und Prognose bestätigt wurde, und fuhren dann weiter nach Wien.« Tatsächlich zogen sich die Dinge schmerzlicher hin, als dieser Bericht vermittelt. Alma sagt, da sie beide noch nie etwas von Streptokokken gehört hätten, habe sie die Diagnose zunächst nicht erschreckt. Die Ärzte in New York kamen und gingen, versuchten es mit diesen und jenen Spritzen; Fraenkel äußerte die Hoffnung (die er wohl kaum empfand), die Natur werde dem Patienten die Kraft zur Überwindung der Krankheit schenken. Die ganze Zeit über verlor Mahler nie seinen (schwarzen) Humor. Vom auf- und abschnellenden Fieber sprach er als von »seinen Viecherln, die wieder einmal tanzten und schliefen«. Oft sagte er neckisch zu Alma: »Wenn ich abkratze, dann bist du jetzt eine gute Partie, jung bist du, schön bist du, also wen werden wir heiraten?«, ging dann eine Liste möglicher Kandidaten durch, schloß aber stets: »Aber es ist doch besser, ich bleibe bei dir.« Ob er dabei auch Gropius genannt hat, fragt man sich, oder sogar Fraenkel, der sich schon zu Alma hingezogen fühlte und später vergeblich um ihre Hand bettelte?

Jedesmal wenn er sich kräftiger fühlte, sprach Mahler von der Rückkehr zum Philharmonic, setzte sogar eine Probe an, die dann prompt wieder abgesagt werden mußte. An seiner Stelle dirigierte der Konzertmeister Theodore Spiering die letzten Konzerte der Saison, während in New York Gerüchte schwirrten, Mahler schütze die Krankheit wegen des Krachs mit seinen Arbeitgebern nur vor. Da Weingartner nicht zu kriegen war, verpflichtete das Philharmonic später ziemlich verzweifelt Josef Stransky, einen tschechischen Dirigenten, der Mahler nur in einem ähnelte – die beiden waren acht Kilometer voneinander entfernt zur Welt gekommen. Den göttlichen Funken besaß Stransky zwar nicht, dafür aber um so mehr Diplomatie; offenbar reichte das als Qualifikation aus, sich über ein Jahrzehnt auf dem New Yorker Posten zu halten. Danach wurde er Kunsthändler.

Mahler wurde immer schwächer, hatte aber immer noch genug Willenskraft, um jede Krankenschwester rauszuschmeißen, die ihm nicht behagte. Bei der einen quietschten die Sohlen, eine andere schnarchte. Die meiste Zeit übernahm deshalb Alma selber die Pflege, schlief angezogen in seinem Zimmer und fütterte ihn wie ein Kind. »Du, wenn ich gesund werde, das wollen wir beibehalten«, schwärmte er. »Du wirst mich immer so füttern, es ist zu angenehm.« Da Alma allmählich schlappmachte, eilte ihre Mutter aus Wien zur Hilfe herbei, setzte aber beim Kochen versehentlich die Hotelsuite in Brand. »Die arme Mama«, bedauerte Mahler sie, als die Flammen gelöscht waren, denen alle mit knapper Not heil entrannen. Für ihn konnte Anna Moll nichts Schlimmes tun.

Inzwischen drangen die Ärzte laut Alma darauf, Mahler müsse Bakteriologen in Paris konsultieren. War das der Hauptgrund für die Rückkehr nach Europa, oder spürte Mahler, daß ihm nur noch wenig Zeit blieb, und wollte wirklich das »verhaßte, geliebte Wien« ein letztes Mal wiedersehen? Den Ärzten in New York mußte klar sein, daß selbst ihre hochangesehenen französischen Kollegen kaum noch helfen konnten. Jedenfalls schifften sich Mahler, Alma, Gucki, Anna Moll und Miss Turner (die englische Gouvernante) am 8. April mit über 40 Gepäckstücken auf der »SS Amerika« nach Cherbourg ein. Mahler lag frostgeschüttelt und schwitzend in der Kabine und konnte kaum einmal an Deck. Er sah, schreibt Alma, »erschütternd schön aus. Ich sagte ihm immer: ›Heute bist du wieder Alexander der Große.‹ Schwarze, strahlende Augen, das weiße Gesicht, die schwarzen Locken, ein blutroter Mund. Erschrekkend schön!« Auch Busoni war an Bord, schickte Mahler »täglich lustige, verrückte Kontrapunkte«, mit denen er ihn aufzuheitern versuchte. Desgleichen der junge Stefan Zweig, der später für Richard Strauss Libretti schrieb. Er bekam Mahler nur flüchtig zu Gesicht: »Aber diese seine Silhouette – unvergeßlich, unvergeßlich! – war gegen eine graue Unendlichkeit gestellt von Himmel und Meer, grenzenlose Trauer war in diesem Anblick, aber auch etwas, das durch Größe verklärte, etwas, das ins Erhabene verklang wie Musik.«

Zehn Tage später erreichten sie Paris. Genau vor einem Jahr hatte Mahler hier seine »Auferstehungs-Sinfonie« dirigiert. Nun schien er wie durch ein Wunder plötzlich seine Krankheit abzustreifen. Nachdem er eine Nacht im Hotel »Elysée Palace« geschlafen hatte, schlug er Alma, die ihn rasiert und fertig angezogen vorfand, eine Ausfahrt in den Bois de Boulogne vor. Seit Wochen hatte er nichts mehr ohne fremde Hilfe tun können. Nun stieg er lachend ins Auto und machte Pläne für eine Reise nach Ägypten, eine neue Opernproduktion ... Eine Stunde später kam er todbleich und fast ohnmächtig zurück. Im Bett weinte er und sagte zu Anna Moll, er wolle ohne allen Pomp neben Putzi auf dem Grinzinger Friedhof begraben werden. Er bringe es nicht übers Herz, sagte er, mit Alma darüber zu sprechen – aber sie hörte es mit.

Mahler wurde in eine Klinik in Neuilly gebracht, wo André Chantemesse, Mitglied des »Institut Pasteur«, großes berufliches Interesse an seinem Fall bekundete. »Schauen Sie, Madame Mahler«, sagte er zu Alma nach Ansetzen einer Blutkultur, »so fabelhaft habe ich selber die Streptokokken noch nie entwickelt gesehen. Sehen Sie diese Schnüre – es sind Algen.« Man versuchte eine Serumbehandlung, aber Mahler war so schwach, daß er nicht einmal mehr ein Buch halten konnte. Trotzdem brachte er es fertig, Eduard von Hartmanns *Das Problem des Lebens* zu lesen, indem er Seite um Seite herausriß. Oft wanderten seine Gedanken zu dem verarmten Schönberg, dem er im Jahr davor (zum Teil anonym) finanziell unter die Arme gegriffen hatte. »Wenn ich gehe, hat er niemand mehr«, sagte er immer wieder. Alma versprach, Schönberg in jedem Falle zu helfen, und tat es auch.

Spätestens jetzt muß Alma gewußt haben, daß sie bald Witwe sein würde. Was empfand sie? Sicher großes Verlangen nach Gropius. In Briefen aus Paris sehnte sie sich nach seinen »warmen, sanften, lieben Händen« und unterschrieb mit »Deine Geliebte«. Aber ihre Zärtlichkeit für Mahler war nie größer als in diesen letzten Monaten, und irgendwann begann sie ihn wieder zu lieben. Bald nach Mahlers Tod gestand sie es Gropius und äußerte die Hoffnung, er könne sie verstehen. Er tat es nicht. Almas Verhalten zeige, behauptete er, daß ihre Leidenschaft für ihn nur eine »Verirrung« gewesen sei. Zum ersten Mal hatten sie ernsthaft Krach. Bei weitem nicht zum letzten Mal.

Ein weiterer Professor wurde zur Behandlung hinzugezogen, diesmal Franz Chvostek aus Wien, der wenigstens Mahlers Stimmung zu heben verstand. Mit einem fröhlichen »Na, Mahler, was machen Sie denn da für Geschichten?« kam er ins Krankenzimmer spaziert. »Das kommt vom vielen Arbeiten. Na, jetzt müssen Sie ein halbes Jahr, vielleicht sogar ein Jahr ausspannen. Das haben S' jetzt davon.« Als Mahler verblüfft fragte, ob er wirklich wieder arbeiten können werde, erwiderte Chvostek: »Natürlich, warum denn nicht? Nur den Kopf nicht hängen lassen, es ist kein Grund dazu. Heute abend reisen wir zusammen nach Wien.« Insgeheim sagte er zu Alma, sie solle sich beeilen, denn Mahler drohe ein Rückfall, und dann wäre es für einen Transport zu spät. Sie packten hastig und erreichten noch den Schlafwagenzug; Mahler lag auf einer Trage, aber dank Chvostek sah er selig aus. Es sei wie die Reise eines sterbenden Königs gewesen, sagt Alma. Auf jeder Station in Deutschland und Österreich kamen Journalisten an die Waggontür und erkundigten sich nach dem neuesten Stand. Als die Mahlers am nächsten Morgen, dem 12. Mai, in Wien ankamen, begaben sie sich sofort ins Löw-Sanatorium in der Mariannengasse. Mahler kannte es gut. Vor zehn Jahren war er dort operiert worden. Nicht weit entfernt stand das

Haus der Zuckerkandls, in dem er sich in Alma verliebt hatte, ein paar Schritte weiter lag die Straße, auf der er im Schnee um sie angehalten hatte.

Wien versank in Trauer – laut Mahlers Freunden und Verehrern war sie zum großen Teil geheuchelt. In einem wütenden Brief an ihre Schwester in Paris meinte Berta Zuckerkandl später, alle, die Mahler während seiner Zeit an der Oper schmähten, hätten Krokodilstränen vergossen, als er auf der Trage heimgekehrt sei. »In sensationellen Aufschriften brachte die Presse täglich Bulletins vom Krankenbett«, schrieb sie. »Sentimentale Anekdoten wurden gerührt kolpoltiert [sic!]. In den Salons, in den Kaffeehäusern entbrannte ein Feuerwerk von Erinnerungen an die herrliche Opernepoche unter Mahler. Dieser geniale ›Don-Juan‹! ... Dieser herrliche ›Fidelio‹: ... Dieser sprühende ›Figaro‹! ... Nie mehr wird man dergleichen erleben ...«

Mahler hätte ob des Spektakels resigniert den Kopf geschüttelt, sagte Berta, habe es aber wahrscheinlich gar nicht bemerkt. Sie hatte recht. Vor dem Sanatorium versammelte sich eine Menge, ein Blumenstrauß nach dem andern wurde gebracht, aber der jetzt oft im Delirium liegende Mahler merkte es kaum. Als ihn Justi besuchte, fragte er benommen, wer sie sei. Sein Bein schwoll an und wurde mit Radium behandelt. Zweimal murmelte er »Mozartl« und dirigierte mit einem Finger auf der Bettdecke. Waren das seine letzten Worte? Das ist seither oft behauptet worden, aber wie in den meisten derartigen Fällen ist die Beweislage mager. In den letzten Stunden der Agonie habe man sie ins Nebenzimmer geschickt, sagt Alma. Ein Gewitter tobte. Mahler starb am 18. Mai kurz nach 23 Uhr. Neben ihm lag wie immer griffbereit sein Notenbuch.

Alma heiratete – nach einer turbulenten Affäre mit Oskar Kokoschka – vier Jahre später Walter Gropius, wurde von ihm nach fünf Jahren wieder geschieden und floh schließlich 1940 mit ihrem dritten Mann, Franz Werfel, vor den Nazis nach

Amerika. Über ein halbes Jahrhundert lang wurde sie von Männern umschwärmt und von Frauen beneidet. Und doch – war nicht in jener Mainacht 1911 das Schönste (und vieles vom Schlimmsten) für sie schon zu Ende? Die Männer in ihrem Leben wie Kokoschka und Werfel seien auf ihre Art begabt gewesen, notierte sie Jahre später in ihrem Tagebuch, aber verglichen mit Mahler seien sie bloße »Milben« gewesen. »Und ich weiß plötzlich mit erschreckender Deutlichkeit, daß ich Gustav liebe und nur immer Gustav und daß ich ewig suche, seit er todt ist, und nie fand und nie finden werde.« Sie starb 1964 im Alter von 85 Jahren in New York; ihr Leichnam wurde ihrem Wunsch gemäß nach Wien gebracht. Sie liegt auf dem Grinzinger Friedhof begraben, nur einen Steinwurf von Mahler entfernt.

Epilog

»Meine Zeit wird kommen«, soll Mahler prophezeit haben. Das ist zwar nicht ganz, was er 1902 an Alma schrieb (daß nämlich seine Zeit kommen werde, wenn die von Strauss vorbei sei), kommt ihm aber doch recht nahe. Heutzutage kann man oft hören, erst in den sechziger Jahren dieses Jahrhunderts habe eine Generation, die trauriger und wissender sei als die seine, Mahler praktisch aus der Versenkung hervorgeholt. Leonard Bernstein behauptet, vorher hätten es Mahlers Zuhörer entweder nicht vermocht oder nicht übers Herz gebracht, der brutalen Wahrheit ins Auge zu sehen, daß sich in seiner Musik der Verfall der abendländischen Gesellschaft ankündige. Erst nach über einem Jahrhundert der Schrecknisse (Bernsteins Liste reicht von Auschwitz bis zum Rüstungswettlauf) seien »wir endlich in der Lage, Mahlers Musik zu hören und zu begreifen, daß sie all das vorhergesagt hat«.

Als Bernstein das 1967 schrieb, hatte er gerade die Aufnahme des ersten Zyklus der Mahler-Sinfonien beendet. Heute, 30 Jahre später, gibt es über ein Dutzend Aufnahmen des Gesamtzyklus und mehr als 1000 Einzelaufnahmen, die Lieder inbegriffen. Von Berlin bis Boulder, von London bis Ljubljana und von Tokio bis Tanglewood strömen die Zuhörer scharenweise in Mahler-Konzerte. Es gibt Symposien über Mahler, T-Shirts mit Mahler, Mahler im Internet. In viele Sprachen hat das Wort »Mahlerianer« Eingang gefunden, ohne daß man recht weiß, was es bedeutet. Es gibt unzweifelhaft einen »Mahler-Boom«, aber das heißt bei weitem nicht, daß Mahler ein Ausgestoßener gewesen sei, bis ihn endlich das »Zeitalter der Angst«

aufnahm. Seine Zeit war schon da oder zumindest auf gutem Wege, als er noch lebte.

Unglaubhaft? 1913, zwei Jahre nach Mahlers Tod, hat Guido Adler versucht festzustellen, wie oft die Musik seines alten Freundes aufgeführt worden war. In seine Liste nahm er weder die Lieder noch – aus unerfindlichen Gründen – die Siebte Sinfonie auf, aber das Ergebnis war dennoch verblüffend. Seit der Uraufführung der Ersten Sinfonie 1889 in Budapest waren Mahlers Werke über 260mal gespielt worden, hauptsächlich in Europa, aber auch in Rußland und Amerika. Am häufigsten die Vierte Sinfonie (61mal), aber sogar die aufwendige Zweite (44mal) und Achte (22mal) wurden alles andere als übergangen. Sein eifrigster Mittler war Mahler selbst, denn er dirigierte seine Sinfonien (einschließlich der Achten) rund 70mal. Dennoch hatten bei den meisten Aufführungen (rund 200) andere am Pult gestanden – unter ihnen Strauss, Nikisch, Mengelberg, Walter und Oskar Fried. Gewöhnlich schockierten die Werke (wenngleich das Publikum meist aufgeschlossener war als die Mehrzahl der Kritiker), aber sie wurden immer öfter gehört, und einige – etwa die Dritte und die Achte Sinfonie – wurden zum spontanen Erfolg. Wie viele moderne Komponisten können das von sich behaupten?

Der tote Mahler hatte also wohlplazierte Jünger, die seine Sache zumindest in Europa vertraten. In Amerika ging es zunächst langsamer voran, obwohl Stokowskis Erstaufführung der Achten Sinfonie 1916 in Philadelphia so einschlug, daß sie sechsmal wiederholt und dann nach New York gebracht wurde. Dieser Erfolg verdunkelte etwas Stokowskis andere amerikanische »Nox prima« – »Das Lied von der Erde« – im selben Jahr. Stück um Stück breitete sich die Botschaft aus. New York erhielt in den zwanziger Jahren regelmäßig seinen Mahler vorgesetzt, weitgehend dank Mengelberg, der Jahr für Jahr halb dort und halb bei seinem Concertgebouw-Orchester in Amsterdam weilte. Frederick Stock gab 1921 mit der Chicago Symphony die Erstaufführung der Siebten Sinfonie, Serge Koussevitsky ein Jahrzehnt später die der Neunten in Boston.

Zu den anderen, die in Amerika Mahler-Konzerte dirigierten, zählten Bruno Walter (vor und nach seiner Flucht von 1939 ins dortige Exil), Otto Klemperer, Artur Bodanzky, Artur Rodzinski, Fritz Reiner, Dimitri Mitropoulos und Eugene Ormandy. Nach dem Zweiten Weltkrieg gesellten sich ihnen Dirigenten wie George Szell (Cleveland), Maurice Abravanel (Utah), William Steinberg (Pittsburgh) zu. Nicht als sei Mahler um die Jahrhundertmitte in amerikanischen Konzertsälen schon Alltagskost gewesen. Aber als Bernstein 1958 das New York Philharmonic übernahm und seinen (ersten) Mahler-Zyklus begann, war der Boden schon gut vorbereitet.

In Europa erwiesen sich die Niederländer als größte Mahler-Fans. Der Grund dafür liegt auf der Hand: Mengelberg. Allein zwischen 1911 und 1920 standen Mahler-Werke in über 200 Konzerten des Concertgebouw auf dem Programm, und die beiden anderen niederländischen Orchester in Den Haag und Utrecht folgten (wenngleich weniger intensiv) dem Beispiel. In keinem anderen Land hatte das Publikum die Chance, Mahler so oft und so früh (und schon gar nicht so gut gespielt) anzuhören; mit Sicherheit nicht in England – obwohl sich Henry Wood und der Kritiker Ernest Newman mit seinen weitblickenden Kommentaren schon früh für ihn einsetzten –, von Frankreich, Italien oder Spanien ganz zu schweigen. Amsterdam hieß die Welthauptstadt Mahlers und stellte es 1920 in einem Mahler-Fest mit sämtlichen Sinfonien vor übervollen Häusern unter Beweis. Bald schon schlossen sich fast vollständige Zyklen andernorts an, in Wien unter Fried und in Berlin unter Klaus Pringsheim (der dann in den dreißiger Jahren fünf Sinfonien in Japan zur Erstaufführung brachte). Zemlinsky, Webern, Clemens Krauss, Jascha Horenstein, Hermann Scherchen, Carl Schuricht (neben dem unermüdlichen Walter und Klemperer) – sie alle und andere hielten Mahler vor allem in der Konzertsälen Deutschlands und Österreichs am Leben.

Die Nazis setzten dem ein Ende. Wie alle sogenannte »entartete Kunst« wurde auch Mahler verboten und kehrte erst nach 1945 wieder auf die Bühne zurück. Wenn man es recht bedenkt, hat er sich ziemlich schnell erholt, jedenfalls in Holland (unter Eduard van Beinum, Eduard Flipse, Willem van Otterloo und später Bernard Haitink) und in Wien unter so vielen Dirigenten, daß sich eine Aufzählung verbietet. Es ist einfach nicht wahr, daß die Wiener Philharmoniker Mahler erst in den späten sechziger Jahren dank Bernstein zu spielen gelernt hätten – ein Mythos, den teils der Dirigent, aber überraschenderweise auch einige Orchestermitglieder verbreitet haben. Einen Teil ihres Mahler hatten die Philharmoniker – zugegeben: nicht immer mit ungetrübtem Vergnügen – beim Komponisten selber gelernt. Danach gaben sie zwischen 1911 und dem »Anschluß« von 1938 allein von den Sinfonien rund 70 Aufführungen, zwischen 1945 und Bernsteins Wiener Debüt über 30 weitere. Damit soll keineswegs Bernstein geschmälert werden, der zu den hervorragendsten Allroundmusikern des Jahrhunderts gehört; es geht nur darum, seinen Beitrag zu Mahler in den richtigen Rahmen zu setzen.

Aber ist nicht doch etwas an der Behauptung, so recht aufnahmereif sei Mahler erst geworden, nachdem die westliche Gesellschaft die von ihm »vorhergesagte« Hölle durchlitten hatte? Nicht viel jedenfalls. Die These klingt einleuchtend, handelt Mahler aber unter Wert. Die Dämonen, die er in seiner Musik beschwor, sind die Dämonen jedes Zeitalters, nicht nur des seinen und unsrigen (obwohl wir natürlich die unsrigen für die diabolischsten aller Zeiten zu halten geneigt sind). Die Schrecken eines Soldatenlebens (»Revelge«) waren im Dreißigjährigen Krieg gewiß ebenso schlimm wie in Vietnam, ein verhungerndes Kind (»Das irdische Leben«) in Babylon nicht weniger angstgepeinigt als in Bosnien, die Vorstellung von den »Schlägen, die den Helden niederstrecken« (in der Sechsten Sinfonie), schon den alten Griechen nur allzu vertraut. Die wahren Gründe, warum Mahler anfänglich nicht den breitesten Widerhall fand, sind so offenkundig, daß man sie leicht übersieht: Seine Werke sind sehr lang (zumal die Sinfonien, wenn man sie wie Wagners »Ring« als Teile eines zusammengehörigen Ganzen begreift), und sie sind sehr kompliziert.

Dieses Buch begann mit der Frage, ob Mahler Teufel oder Heiliger, gerissen oder naiv, extrovertiert oder in sich gekehrt gewesen sei. Die Antwort heißt natürlich, daß er all das zusammen und noch manches andere dazu war, er seine Widersprüche in Musik von stechender Schärfe zur Schau stellte und sich immer von neuem qualvoll zu einer Synthese durchrang. Vielleicht findet er hauptsächlich darum in der ganzen Welt Anklang. Die meisten Menschen sind aus Widersprüchen gewoben und sehnen sich nach Harmonie auf Erden oder spätestens im Jenseits. Aber Mahlers »Kunst wirkt beim ersten Eindruck da anziehend, dort abstoßend und muß liebevoll umworben werden«, wie Adler schreibt. Liebevolles Werben braucht nicht nur Zeit, sondern auch eine Chance. Wo die Menschen die Chance hatten, Mahler oft zu hören, fühlten sie sich zu ihm hingezogen, wie Holland zeigt. Doch selbst dort taten sich die instrumentalen Spätwerke schwerer als die Lieder und frühen Sinfonien.

Was den umfassenden Durchbruch ermöglichte, war weniger der Zeitgeist als die Langspielplatte. Nun konnte man sich Mahler zu Hause anhören. Es ist eine erregende Vorstellung, daß er das fast noch erlebt hätte (Strauss ist schließlich erst 1949 gestorben). Das spätere Aufkommen der Stereotechnik kam keinem Komponisten mehr zugute als Mahler mit seinen gewaltigen Chor- und Orchesterkräften und präzise gezielten Raumeffekten. In seinem hundertsten Geburtsjahr 1960 gab es fast alle seine Werke auf Platte, viele in mehreren Versionen. Nicht überall freilich. »In diesem Land keine Aufnahme verfügbar«, vermerkte eine britische Hundertjahrfeier-Diskographie neben der Dritten, Siebten und Zehnten Sinfonie und »Das klagende Lied«. Das änderte sich allerdings bald. England trat spät zum Mahler-Gastmahl hinzu, aber als es erst da war, gab es sich mit Genuß hin. Dort wie überall heißt die Gefahr nicht mehr Hunger, sondern Übersättigung, und damit geht die Versuchung einher, daß man ihn für selbstverständlich nimmt – ausgerechnet ihn, den so gar nicht willfährigen Gustav Mahler.

Empfohlene Lektüre und Tonaufnahmen

In der Mahler-Literatur und bei den Tonaufzeichnungen seiner Werke auf dem laufenden zu bleiben ist weder etwas für Kleinmütige noch für Pfennigfuchser. Die kritische Bibliographie von Simon Namenwirth, *Gustav Mahler* (Harrassowitz, Wiesbaden 1987 – nur auf Englisch verfügbar), zählt über 2500 Bücher und Artikel auf. Etwas handlicher, wenngleich weniger vollständig, ist Susan Filler, *Gustav and Alma Mahler – A Guide to Research* (Garland Publishing Inc., New York 1989). Als Navigationshilfe sind die zwei Bücher unentbehrlich, doch ist seit ihrer Veröffentlichung Weiteres über Mahler erschienen.

Ähnlich hilfreich ist die *Mahler Discography* von Peter Fülöp (Hrsg. The Kaplan Foundation, New York 1995) – eindeutig die beste ihrer Art. Sie enthält nämlich nicht nur alle bis dahin bekannten Mahler-Tonaufnahmen (1168), sondern ergründet oft auch die wirklichen Interpreten, wenn auf den CD-Etiketten falsche Namen auftauchen. Wer weiß beispielsweise schon, daß die Aufnahme von Mahlers Fünfter Sinfonie, die Joseph Kreutzer mit dem Königlich Dänischen Sinfonieorchester zugeschrieben wird, in Wirklichkeit von Rudolf Schwarz mit dem Londoner Symphony Orchestra eingespielt ist? Sicher nicht viele (und noch weniger kümmert es). Aber Schwarz, der 1905 in Wien geboren wurde und dort noch als junger Mann seinen Mahler in sich aufnahm, gehört zu den seltenen Dirigenten, die dem Adagietto der Fünften etwa das Tempo geben, das Mahlers eigenem (relativ schnellem) am nächsten kommen dürfte. Ehre, wem Ehre gebührt: Gerade hier ist das nicht nur fair, sondern historisch geboten.

Angesichts der Fülle des Angebots wäre es noch abwegiger als ohnehin, bestimmte Bücher oder Tonaufnahmen als »der Weisheit letzten Schluß« bezeichnen zu wollen. So ist denn die nachstehende Auflistung eine ganz persönliche Auswahl – mit dem Risiko empörter Aufschreie, weil dieses drinsteht und jenes fehlt. Ich gebe durchaus ein paar gängige Empfehlungen, verweise aber auch auf weniger Bekanntes, das mir besonders viel sagte. Mag manches schwer zu bekommen sein – die Ausdauer lohnt sich.

Literatur

Zwei Autoren überragen nahezu koloßhaft die Mahler-Welt: Henry-Louis de La Grange und Donald Mitchell. Wem das tollkühn klingt: Es ist so gemeint. De La Grange hat fast ein halbes Jahrhundert an seinem *Gustav Mahler* gearbeitet, der gut und gerne als vollständigste Mahler-Biographie gelten darf und für jeden, der sich ernsthaft für das Thema interessiert, unerläßlich ist. Leider ist das Buch nicht ohne weiteres zu haben. Wer Französisch liest, kann sich die bislang einzige vollständige Ausgabe (3 Bände, 3782 Seiten) zu Gemüte führen, die in den achtziger Jahren bei Fayard in Paris erschien. Die englischsprachigen Leser mußten sich lange mit dem zehn Jahre früher erschienenen, einzigen Band über Mahlers frühe Jahre zufriedengeben. Nun kommt das (revidierte) Gesamtwerk schrittweise bei der Oxford University Press heraus, aber es dauert endlos. Eine deutsche Version gibt es beschämenderweise bis heute nicht.

Konzentriert sich de La Grange vor allem auf Mahlers Leben, so taucht Mitchell tiefer in die Musik ein. Sehr tief, manchmal schon fast ans Unverständliche grenzend – aber man liest ihn mit Gewinn. Die wichtigsten Bücher (sämtlich bei Faber in London erschienen) heißen: *Gustav Mahler: the Early Years* (1958; Neuaufl. 1980), *The Wunderhorn Years* (1975), und – als bestes – *Songs and Symphonies of Life and Death* (1985).

Wiederum gibt es keine deutsche Ausgabe. Mehr noch als Mitchell und de La Grange befaßt sich Constantin Floros (Hamburg) im ersten seiner drei Bände über *Gustav Mahler* (Breitkopf & Härtel, Wiesbaden 1977–1985) mit dem religiösen, philosophischen und literarischen Hintergrund Mahlers. An Floros sollte man nie achtlos vorbeigehen, auch wenn seine Schlußfolgerungen nicht selten umstritten sind.

Dennoch: Könnte man aus einem brennenden Haus nur ein einziges Mahler-Buch retten, so wäre es die Sammlung seiner Briefe an Freunde und Kollegen, die Alma ausgewählt und 1924 erstmals veröffentlicht hat. Mahlers Persönlichkeit springt den Leser geradezu an, die Höhen und Tiefen seines Erdenwegs aus seiner eigenen Hand verschlagen den Atem. Als Ausgabe sollte man sich zu *Gustav Mahler. Briefe* entschließen (Paul Zsolnay Verlag, Wien 1996), die Herta Blaukopf revidiert und editiert hat. Zu den weiteren entdeckenswerten, ebenfalls von Herta Blaukopf herausgegebenen Bänden gehören *Gustav Mahler. Unbekannte Briefe* (Paul Zsolnay Verlag, Wien 1983) und *Gustav Mahler/Richard Strauss. Briefwechsel 1888–1911* (Piper Verlag, München/Zürich 1980). So faszinierend sie alle sind: Keines der drei Bücher enthält einen Brief Mahlers an Alma. Sie findet man in *Ein Glück ohne Ruh'* (Siedler Verlag, Berlin 1995). Das Buch ist insofern ausschlaggebend, als auch die Briefe wieder aufgenommen sind, die Alma in ihrer erstmals 1940 in Amsterdam veröffentlichten Ausgabe der Briefe Mahlers an sie gekürzt oder weggelassen hatte.

Almas *Erinnerungen* und *Mein Leben* (Fischer, Frankfurt 1991 bzw. 1963) sind Pflichtlektüre, müssen aber mit Vorsicht genossen werden. Dasselbe gilt, wenngleich etwas weniger, für Natalie Bauer-Lechner, *Erinnerungen* (hrsg. von Herbert Killian, Verlag der Musikalienhandlung Karl Dieter Wagner, Hamburg 1984) sowie Bruno Walter, *Gustav Mahler* (Heinrichshofen's Verlag, Wilhelmshaven 1981). Guido Adlers Büchlein *Gustav Mahler* (Universal Edition, Wien 1916) geht in der Menge leicht unter. Das ist schade, denn seine Ausgewogenheit und Einsicht machen die mangelnde Länge mehr als wett.

Ganz ähnlich verhält es sich mit dem kompakten Werk *Gustav Mahler – Der Zeitgenosse der Zukunft* (Bärenreiter, Kassel/Basel 1989), das Kurt Blaukopf mit sicherem Urteilsvermögen und unübertroffenem Gespür für den Habsburger und vor allem Wiener Hintergrund verfaßt hat. Die Lektüre von Theodor Adornos *Mahler. Eine musikalische Physiognomik* (Suhrkamp, Frankfurt 1960) ist selbst für unverdrossene Mahlerianer eine Mühsal, aber lohnend. Weniger mühsam ist seine Festansprache zu Mahlers hundertstem Geburtstag (1960), die in *Quasi una Fantasia* bei Suhrkamp erschien. Auch die Aufsatzsammlung *Gustav Mahler und seine Zeit* (Laaber-Verlag, Laaber 1995) von Hermann Danuser bietet viel Stoff zum Nachdenken.

Erwähnt seien schließlich einige unerläßliche Kompendien: Kurt und Herta Blaukopf, *Gustav Mahler. Leben und Werk in Zeugnissen der Zeit* (Verlag Gerd Hatje, Stuttgart 1984); Norman Lebrecht, *Gustav Mahler im Spiegel seiner Zeit* (M & T Verlag, Zürich 1990); *Gustav Mahler: The World Listens*, das TEMA Uitgevers, Haarlem, zum Mahler-Festival von 1995 in Amsterdam herausbrachte; schließlich Zoltan Roman, *Gustav Mahler's American Years* (Pendragon Press, New York 1989). Die beiden letzteren liegen nur auf Englisch vor. Nimmt man zu alledem noch die umfassende Fotosammlung in *Das Mahler Album* hinzu (Verlag Christian Brandstätter im Verein mit The Kaplan Foundation, New York, Wien 1995), dann hat man Mahler durch viele Augen und aus fast allen Blickwinkeln gesehen. Wer sämtliche faszinierenden Wendungen und Windungen der Mahler-Forschung mitvollziehen möchte, sollte der Internationalen Gustav Mahler Gesellschaft beitreten (Wiedner Gürtel 6, A-1040 Wien).

Tonaufnahmen

Vorab ein Geheimtip für Eilige: Wer die Gesamtaufnahme der Sinfonien mit dem Chicago Symphony Orchestra unter Georg Solti (Decca) und die mit dem Symphonieorchester des Bayerischen Rundfunks unter Rafael Kubelik (DG) erwirbt, ist gut bedient. Sicher gibt es massenhaft andere, manchmal sogar in modernerer Tontechnik. Aber keine bringt die Werke gleich gut, und die genannten Sammlungen bieten recht eindrucksvoll kontrastierende Interpretationen zweier Meister zu annehmbarem Preis. Die besten der oft atemberaubenden Aufführungen Leonard Bernsteins sind übrigens nicht auf CD, sondern nur als Videokassetten zu finden – fast alle mit den Wiener Philharmonikern. Auch hier ist die Tontechnik nicht die allermodernste, aber die künstlerische Leistung ist überwältigend, und die Videos sind relativ preiswert.

Sodann sind zwei Sammlungen zu nennen, die technisch kaum weiter auseinanderliegen könnten. Die erste auf BMG Conifer enthält auch die »Auferstehungs-Sinfonie« und das Adagietto aus der Fünften mit dem Londoner Symphony Orchestra unter Gilbert Kaplan; desgleichen Mahlers eigene Klavier-Wachsrollen-Aufnahmen in der bislang besten Überspielung sowie viele Bilder aus dem Buch *The Mahler Album* auf CD-ROM. Kaplans Interpretation der Sinfonie hält sich geradezu fanatisch, um nicht zu sagen einmalig, genau an die Partitur, und der Ton gehört zum Besten, was von der Sinfonie zu haben ist. Eingestreut sind Interviews mit New Yorker Musikern, die noch unter Mahler gespielt haben, sowie Teile einer brillanten, achtstündigen »Mahlerthon«-Sendung, die der verstorbene William Malloch aus Los Angeles gemacht hat. Eine initiativfreudige Firma könnte sich verdient machen, wenn sie die ganze Sendung auflegen würde.

Die zweite Sammlung (auf zwei Pearl-CDs) reicht in die zwanziger Jahre zurück. Sie umfaßt die erste Mahler-Tonaufnahme überhaupt (abgesehen von Mahlers Klavier-Wachsrollen): die »Auferstehungs-Sinfonie« mit Mahlers Schützling Oskar Fried am Pult des Orchesters der Staatsoper Berlin und die »Kindertotenlieder«, die Heinrich Rehkemper unter Stabführung von Jascha Horenstein singt. Man vergleiche lediglich Frieds oft wild-leidenschaftliche Interpretation der Sinfonie mit denen der beiden anderen Mahler-Jünger Walter und

Klemperer, dann ist man vom Gerede über die »wahre Mahler-Tradition« endgültig geheilt. Eine jede ist anders. Rehkempers »Kindertotenlieder« rühren gerade wegen ihrer würdevollen Zurückhaltung besonders an, und Horensteins Begleitung ist genau das, was man vom wohl einfühlsamsten Mahler-Dirigenten erwartet. Eine kühne Behauptung, gewiß – aber was immer Sie kaufen, verpassen Sie keinesfalls Horensteins Aufnahmen der Ersten und Dritten Sinfonie (auf Unicorn-Kanchana) und der Neunten sowie von »Das Lied von der Erde« (auf Music and Arts). Kaum weniger empfehlenswert sind seine Darbietungen der Vierten, Sechsten, Siebten und Achten Sinfonie. Auf fast einmalige Weise offenbart Horenstein die Kraft der sinfonischen Strukturen Mahlers, ohne irgendeines der ungewöhnlichen Details zu übergehen. Erstaunlich, daß ihn noch keine große Plattenfirma für einen Gesamtzyklus verpflichtet hat.

Wenden wir uns den Einzelwerken zu, die neben den genannten bestehen können, ohne ihnen zwangsläufig überlegen zu sein. Bei der Ersten Sinfonie versuche man das Amsterdamer Philharmonic (es ist *nicht* das Concertgebouw!) unter dem ungarischen Dirigenten Arpád Joó, die es unter mehreren Etiketten gibt, darunter Aurophon und Arts. Sie ist auffallend frisch und genau und läßt sich oft zum Schleuderpreis finden, weil die Aufführenden keine »großen Namen« sind. Die »Auferstehungs-Sinfonie« Hermann Scherchens (mit dem Wiener Staatsopernorchester unter diversen Etiketten, darunter Palladio) erhellt und erzürnt, läßt einen aber nie kalt. Bei der Dritten – erschrecken Sie nicht! – sollten Sie unbedingt nach den Original-Langspielplatten der Wiener Aufnahme von Charles Adler fahnden (Society of Participating Artists, mit Anmerkungen von keiner Geringeren als Alma Mahler). Ihre Mühe wird belohnt mit einer der zupackendsten aller Dritten in einer Tonqualität, die bei späteren Überspielungen auf andere Marken und CDs so sehr gelitten hat, daß die Aufführung als solche weitgehend unterbewertet wird. Bei der Vierten ist die gekonnte Aufnahme von Paul Kletzki mit dem Philharmonia

Orchestra London (EMI) so natürlich, daß sich die Partitur wie von selbst zu spielen scheint.

Der Ton ist ziemlich verhalten, und es gibt ein paar instrumentale Ausrutscher, aber niemand hat die Fünfte Sinfonie überzeugender zu Gehör gebracht als Bruno Walter in der Aufnahme mit dem New York Philharmonic von 1947 (Sony Classical). Auch Horenstein hat dieses Werk hervorragend dirigiert, und vielleicht taucht eine Aufnahme davon eines Tages aus einem persönlichen Archiv auf. Bei Nummer Sechs muß ich wenig hilfreich gestehen, daß ich keine Aufnahme kenne, die ich ohne beträchtliche Vorbehalte empfehlen könnte. Bernstein (DG) kommt dem Ideal noch am nächsten, wenn man vom überschnellen Marsch des ersten Satzes absieht. Bei der Siebten ist Claudio Abbado beispielhaft; mit dem Chicago Symphony (auf DG) erzielt er eine Intensität, die ihm mit seinen Berliner Philharmonikern bei Mahler nur selten zu gelingen scheint. Klaus Tennstedt gehört zu den Dirigenten (ebenso Sir John Barbirolli), die im Studio nur selten das erreichten, was sie im Konzertsaal zustande brachten. Seine »Symphonie der Tausend« (EMI) mit dem Londoner Philharmonic bildet die schöne Ausnahme von der Regel. Wer eine unerwartet grandiose Alternative sucht, wende sich Robert Olsons Darbietung mit den vereinten Kräften des »Colorado MahlerFest« zu (man gelangt an sie über »MahlerFest«, P.O. Box 1314, Boulder, CO 80306–1314, U.S.A.). Für die Neunte sollte man Karel Ancerl mit der Tschechischen Philharmonie (Supraphon) bemühen, der sich ihr aufregend anders, manchmal fast keck nähert. Eine kecke Neunte – das kann doch nicht richtig sein, oder vielleicht doch? Mahler schrieb einmal, seine Neunte lasse sich vielleicht am besten mit seiner (relativ sonnigen) Vierten in eine Reihe stellen. Bei Ancerls böhmischer, völlig unneurotischer Interpretation erhält diese seltsame Behauptung plötzlich Sinn. In der gängigeren Auffassung hat bislang keiner die Aufnahme Bernard Haitinks mit dem Concertgebouw übertroffen (Philips).

Bleiben noch zwei recht verwickelte Fälle. Der eine ist »Das

Lied von der Erde«. Von den Orchesterversionen mit Tenor und Alt ist auf Stereo der Gesang am besten in der Klemperer-Aufnahme mit Fritz Wunderlich und Christa Ludwig (EMI), auf Mono bei Bruno Walter mit Julius Patzak und Kathleen Ferrier. Die berühmte Studioaufnahme des letzteren ist auf Decca erhältlich, aber eine – in Teilen noch intensivere – Konzertversion ist auf CD verfügbar bei Willem Smith Productions (De Akkeren 45, NL-3762 AN SOEST). Unter den Orchesterversionen mit Tenor und Bariton führt Simon Rattle mit Peter Seiffert und Thomas Hampson (EMI) ein kleines, aber starkes Feld an. Nicht zu vergessen Mahlers Version mit Klavier (man nehme die mit Cyprien Katsaris auf Teldec) und die Version für Kammerorchester, die teils von Schönberg stammt (auf Harmonia Mundi unter Philippe Herreweghe).

Der zweite Problemfall ist die unvollendete Zehnte. Immer noch tobt der Streit, ob es Rechtens ist, Mahler-Skizzen zu »ergänzen« oder »Aufführungsversionen« davon zu machen. Wie immer Sie dazu stehen mögen – man kriegt den Geist nicht mehr in die Flasche zurück. Er entstieg ihr, als Deryck Cooke 1960 seine (erste) »Aufführungsversion« produzierte und schließlich Almas Zustimmung zu einer öffentlichen Aufführung erlangte. Zwei schöne Aufnahmen der von Cooke revidierten Partitur bieten Simon Rattle (EMI) sowie Jean Martinon mit dem Chicago Symphony (in einer vom Orchester veröffentlichten Plattenpackung). Doch es gibt auch Konkurrenten zu Cookes Version. Da ist einmal die von Remo Mazzetti (aufgenommen auf RCA unter Leonard Slatkin), zum andern die von Clinton Carpenter (von Harold Farberman für Golden Strings), zum dritten Joe Wheeler. Letztere ist noch nicht aufgenommen worden, aber manche behaupten, sie sei die beste von allen. Viele Dirigenten bestehen weiterhin darauf, nur den ersten Satz, das Adagio, aufzuführen, den Mahler noch weitgehend fertiggestellt hat. Zu ihnen gehört Haitink, und er tut es mit Bravour (in der ersten Runde mit dem Concertgebouw einiges besser als später mit den Berliner Philharmonikern – beide auf Philips).

Ein letzter Sprung zu den Gesangsaufnahmen. Für »Das klagende Lied« bietet sich Riccardo Chailly (Decca), für »Lieder eines fahrenden Gesellen« Dietrich Fischer-Dieskau mit Wilhelm Furtwängler (EMI) an. Habe ich eine der herrlichsten Mahler-Sängerinnen vergessen, Janet Baker? Ganz und gar nicht. Hören Sie sie sich an in »Des Knaben Wunderhorn« mit dem Bariton Geraint Evans und Wyn Morris am Pult (IMP), in den »Rückert-Liedern« mit dem New Philharmonia unter Barbirollis Stabführung (EMI) und in »Lieder und Gesänge aus der Jugendzeit« mit Geoffrey Parsons am Klavier (Hyperion).

Lebensdaten

1860	7. Juli Gustav Mahler wird in Kalischt (Kaliště) in Böhmen als zweites der vierzehn Kinder von Bernard Mahler (1827–89) und Marie, geb. Hermann (1837–89), geboren
	Oktober Die Familie zieht nach Iglau (Jihlava) in Mähren um
1870	Oktober Erstes öffentliches Auftreten als Pianist (im Iglauer Theater)
1875	September Eintritt ins Wiener Konservatorium (Diplom 1878)
1877–1879	Studium an der Wiener Universität
1880	Mai bis August Erster Vertrag als Kapellmeister (in Bad Hall)
	Etwa November Abschluß der ersten Version von »Das klagende Lied«
1881	September Dirigent in Laibach (bis April 1882)
1883	Januar bis März Kapellmeister in Olmütz (Olomouc)

	August Zweiter Kapellmeister in Kassel (bis Juli 1885)
1884–1885	Komponiert die »Lieder eines fahrenden Gesellen«
1885	Juli Kapellmeister am Deutschen Theater in Prag (bis Juli 1886)
1886	Juli Zweiter Kapellmeister (neben Nikisch) am Stadttheater Leipzig (bis Mai 1888)
1888	20. Januar Premiere von Webers »Die drei Pintos« (ergänzt und bearbeitet von Mahler) März Fertigstellung der Ersten Sinfonie September Fertigstellung der »Todtenfeier« Oktober Direktor der Königlich Ungarischen Oper Budapest (bis März 1891)
1889	20. November Premiere der (»Symphonische Dichtung« genannten) Ersten Sinfonie in Budapest
1891	März Erster Kapellmeister am Stadttheater Hamburg (bis April 1897)
1892	Mai–Juli Gastdirigent in London (Covent Garden und Drury Lane Theatre)
1893	Sommer Arbeit an der Zweiten Sinfonie (in Steinbach am Attersee)

1894	Fertigstellung der Zweiten Sinfonie
1895	Sommer Arbeit an der Dritten Sinfonie
	13. Dezember Dirigiert die Premiere der Zweiten Sinfonie in Berlin
1896	Fertigstellung der Dritten Sinfonie
1897	11. Mai Debüt als Kapellmeister an der Wiener Hofoper mit »Lohengrin«
	15. Oktober Direktor der Wiener Hofoper (bis Dezember 1907)
1898	6. November Erstes Konzert mit den Wiener Philharmonikern
1899	Sommer Arbeit an der Vierten Sinfonie. Erste Begegnung mit Alma Schindler (1879–1964), seiner künftigen Frau. Erwerb eines Grundstücks in Maiernigg am Wörthersee für den Bau einer Villa mit Komponierhäuschen
1900	Juni Konzerte mit den Wiener Philharmonikern in Paris
	Sommer Vollendung der Vierten Sinfonie in Maiernigg
1901	17. Februar Dirigiert die Premiere von »Das klagende Lied« in Wien
	April Rücktritt als Dirigent der Konzerte der Wiener Philharmoniker

Sommer
Arbeit an der Fünften Sinfonie und an Liedern

7. November
Trifft erneut Alma und verliebt sich diesmal in sie

25. November
Dirigiert die Premiere der Vierten Sinfonie in München

1902 März
Eheschließung mit Alma in Wien (9. März). Flitterwochen in St. Petersburg

9. Juni
Dirigiert Premiere der Dritten Sinfonie in Krefeld

Sommer
Fertigstellung der Fünften Sinfonie in Maiernigg

3. November
Tochter Maria Anna (»Putzi«) kommt zur Welt (1902–1907)

1903 Sommer
Arbeit an der Sechsten Sinfonie in Maiernigg

Oktober
Besucht erstmals Amsterdam und dirigiert dort das Concertgebouw-Orchester

1904 15. Juni
Tochter Anna Justine (»Gucki«) wird geboren (1904–1988)

Sommer
Fertigstellung der Sechsten Sinfonie und der »Kindertotenlieder« in Maiernigg. Arbeit an der Siebten Sinfonie

18. Oktober
Dirigiert die Premiere der Fünften Sinfonie in Köln

1905	29. Januar Dirigiert diverse Premieren, darunter der »Kindertotenlieder« und von vier »Rückert-Liedern«, in Wien Sommer Fertigstellung der Siebten Sinfonie in Maiernigg 9. November Aufnahme von Klavierstücken auf vier Wachsrollen für Welte-Mignon
1906	27. Mai Dirigiert Premiere der Sechsten Sinfonie in Essen Sommer Komponiert die Achte Sinfonie in Maiernigg
1907	Mai Erbittet Auflösung des Vertrags als Direktor der Wiener Hofoper Juni Unterzeichnet den Vertrag mit Heinrich Conried von der Metropolitan Opera, New York Juli »Putzi« stirbt in Maiernigg (12. Juli). Mahlers Herzleiden wird diagnostiziert 15. Oktober Letzter Auftritt als Dirigent der Wiener Hofoper (»Fidelio«) 24. November Dirigiert bei seinem Abschiedskonzert in Wien seine Zweite Sinfonie 9. Dezember Abreise von Wien nach New York
1908	1. Januar Debüt an der New York Metropolitan Opera mit »Tristan und Isolde«

	Sommer Komponiert »Das Lied von der Erde« in Toblach
	19. September Dirigiert die Premiere der Siebten Sinfonie in Prag
	8. Dezember Dirigiert die amerikanische Erstaufführung der Zweiten Sinfonie in New York
1909	31. März Erstes Konzert mit dem New York Philharmonic
	Sommer Komponiert die Neunte Sinfonie in Toblach
	16. Dezember Dirigiert die amerikanische Erstaufführung der Ersten Sinfonie in New York
1910	26. Januar Dirigiert die amerikanische Erstaufführung der »Kindertotenlieder«
	Sommer Skizziert die Zehnte Sinfonie
	12. September Dirigiert die Premiere der Achten Sinfonie in München
1911	21. Februar Letztes Konzert (New York)
	8. April Abreise nach Europa
	18. Mai Mahler stirbt im Löw-Sanatorium in Wien
	22. Mai Beisetzung auf dem Grinzinger Friedhof

Werke

Vollendete Werke

1880
3 Lieder für Tenor and Klavier (Text: Mahler)
a) Im Lenz
b) Winterlied
c) Maitanz im Grünen

Etwa 1878–1880
»Das klagende Lied« (Text: Mahler) für Sopran-, Alt-, Tenor-, Bariton- und Baßsolo, gemischten Chor und Orchester. Erste Version in 3 Sätzen 1880 abgeschlossen und später stark überarbeitet
a) Waldmärchen
b) Der Spielmann
c) Hochzeitsstück

1880–1883
5 Lieder für Gesang und Klavier
a) Frühlingsmorgen (Text: Richard Leander)
b) Erinnerung (Text: Richard Leander)
c) Hans und Grete (Text: Mahler)
d) Serenade aus Don Juan (Text: Tirso de Molina)
e) Phantasie aus Don Juan (Text: Tirso de Molina)

1884–1885
4 »Lieder eines fahrenden Gesellen« (Text hauptsächlich von Mahler)
a) Wenn mein Schatz Hochzeit macht
b) Ging heut' morgen übers Feld
c) Ich hab' ein glühend' Messer
d) Die zwei blauen Augen

1884–1888
Sinfonie Nr. 1, D-Dur, 1888 beendet, später stark überarbeitet

1887–1890
9 »Wunderhorn«-Lieder für Gesang und Klavier (Text aus »Des Knaben Wunderhorn« von Achim von Arnim und Clemens Brentano)
a) Um schlimme Kinder artig zu machen
b) Ich ging mit Lust
c) Aus! Aus!
d) Starke Einbildungskraft
e) Zu Straßburg auf der Schanz'
f) Ablösung im Sommer
g) Scheiden und Meiden
h) Nicht Wiedersehen!
i) Selbstgefühl

1888–1894
Sinfonie Nr. 2, c-Moll, für Sopran, Alt, gemischten Chor und Orchester (später überarbeitet)

1895–1896
Sinfonie Nr. 3, d-Moll, für Alt, Frauenchor, Knabenchor und Orchester (später überarbeitet)

Etwa 1888–1898
12 »Wunderhorn«-Lieder für Gesang und Klavier oder Orchester (Texte aus der Arnim/Brentano-Sammlung teils von Mahler bearbeitet)
a) Der Schildwache Nachtlied
b) Verlor'ne Müh'
c) Trost im Unglück
d) Wer hat dies Liedlein erdacht
e) Das irdische Leben
f) Des Antonius von Padua Fischpredigt
g) Rheinlegendchen
h) Lied des Verfolgten im Turm
i) Wo die schönen Trompeten blasen
j) Lob des hohen Verstandes
k) Es sungen drei Engel
l) Urlicht

1899–1900
Sinfonie Nr. 4, G-Dur, für Sopran and Orchester (später überarbeitet)

1899–1902
7 Lieder, nach Mahlers Tod mit dem Titel »Aus letzter Zeit« versehen, bestehend aus:
2 »Wunderhorn«-Liedern für Gesang und Orchester (Texte aus der Arnim/Brentano-Sammlung)
a) Revelge
b) Der Tamboursg'sell
4 »Rückert«-Liedern für Gesang und Orchester (Text: Friedrich Rückert)
a) Blicke mir nicht in die Lieder!
b) Ich atmet' einen linden Duft
c) Ich bin der Welt abhanden gekommen
d) Um Mitternacht

1 »Rückert«-Lied für Gesang und Klavier (Orchesterfassung von Max Puttmann) – Liebst du um Schönheit

1901–1902
Sinfonie Nr. 5, cis-Moll* (später überarbeitet)

1901–1904
5 »Kindertotenlieder« (Texte: Rückert)
a) Nun will die Sonn' so hell aufgeh'n
b) Nun seh' ich wohl, warum so dunkle Flammen
c) Wenn dein Mütterlein
d) Oft denk' ich, sie sind nur ausgegangen
e) In diesem Wetter

1903–1905
Sinfonie Nr. 6, a-Moll (später überarbeitet)

1904–1905
Sinfonie Nr. 7, e-Moll* (später überarbeitet)

1906
Sinfonie Nr. 8, Es-Dur*, für 8 Solisten (3 Sopran, 2 Alt, Tenor, Bariton, Baß), gemischten Chor, Knabenchor und Orchester (genannt »Symphonie der Tausend«)

1908
»Das Lied von der Erde« mit dem Untertitel »Symphonie für Tenor- und Alt- (oder Bariton-) -Stimme und Orchester« (auch für Stimmen und Klavier (Texte aus Hans-Bethges-Sammlung »Die chinesische Flöte«, bearbeitet von Mahler)

1909
Sinfonie Nr. 9, D-Dur*

1910
Sinfonie Nr. 10, Fis-Dur* (unvollendet; mehrere »vervollständigte Versionen«)

Frühe Arbeiten, Fragmente

1875
»Herzog Ernst von Schwaben«, Oper, Libretto von Josef Steiner (verlorengegangen)

Etwa 1875–1876
Sonate für Violine und Klavier (verlorengegangen)
Quintett für Klavier und Streicher (verlorengegangen)

Etwa 1876–1878
Erster Satz eines Klavierquartetts in a-Moll
Fragment eines Scherzos für Klavierquartett in g-Moll

Etwa 1878–1880
»Die Argonauten«, Oper, Libretto von Mahler und vielleicht Josef Steiner (verlorengegangen)

Etwa 1879–1883
»Rübezahl«, Oper (Musik verlorengegangen, nur Mahlers Libretto ist erhalten)

---

* In dieser Tonart beginnt das Werk

Etwa 1882–1883
Sinfonie in a-Moll (verlorengegangen)

1884
»Der Trompeter von Säkkingen«, Szenische Untermalung (verlorengegangen) zum gleichnamigen Theaterstück von Viktor von Scheffel

Arrangements und Bearbeitungen

Unter anderem:

J. S. BACH
Suite aus seinen Orchester-Werken

BEETHOVEN
Quartett Nr. 11, f-Moll, op. 95 (Version für Streichorchester)

BRUCKNER
Sinfonie Nr. 3 (arrangiert für Klavier zu vier Händen, vielleicht mit R. Krzyzanowski)

SCHUBERT
Quartett Nr. 14, d-Moll, »Der Tod und das Mädchen« (Version für Streichorchester)

WEBER
Vollendung der Oper »Die drei Pintos« (Mahler überarbeitete auch das Libretto mit Carl von Weber)

Des weiteren Bearbeitungen der Partituren von Orchesterwerken (z. B. Beethoven- und Schumann-Sinfonien) und von Libretti (z. B. »Euryanthe« und »Oberon« von Weber)

Personenregister

Abbado, Claudio 330
Abravanel, Maurice 321
Adler, Guido 38, 43, 68, 80, 120, 140, 224, 275, 276, 283, 284, 320, 323, 326, 329
Adler, Victor 45
Adorno, Theodor 186, 187, 194, 269, 270, 327
Alda, Frances 308, 309
Aldrich, Richard 234, 235
Ancerl, Karel 330
Appia, Adolphe 207
Apponyi, Albert Graf 125

Bach, Johann Sebastian 69, 177, 184, 193, 202, 253, 281, 307
Badeni, Kasimir Felix Graf 117
Baehr, George 311, 313
Bahr, Hermann 118–120, 223
Bahr-Mildenburg, Anna, s. Mildenburg, Anna von
Baker, Janet 332
Barbirolli, Sir John 111, 112, 330, 332
Bauer-Lechner, Natalie 96, 124, 281, 326
Baumfeld, Maurice 299
Beer-Hofmann, Richard 120
Beethoven, Ludwig van 12, 42, 68, 69, 87, 92–95, 102, 111, 128, 136, 138–140, 142, 185, 187, 188, 196, 198, 206, 232, 235, 238, 239, 247, 250, 252, 261, 266, 282, 307
Beinum, Eduard van 322
Bellini, Vincenzo 21
Beniczky, Ferenc von 86
Berg, Alban 13, 176, 228, 269
Berliner, Arnold 48, 299
Berlioz, Hector 64, 65, 94, 129, 142, 198, 209, 272
Bernstein, Leonard 18, 319, 321, 322, 328, 330
Bethge, Hans 275–281
Bezecny, Joseph Freiherr von 124–126, 130, 131, 143
Bizet, Georges 56
Blaukopf, Herta 326, 327
Blaukopf, Kurt 327
Blech, Leo 128, 209
Blumenthal, Carl Victor 225, 226
Böcklin, Arnold 95
Bodanzky, Artur 321
Bonci, Alessandro 234, 236
Bossi, Marco 310
Boswell 98
Brahms, Johannes 36, 42, 43, 61, 69, 87, 90, 113, 114, 122, 125, 133, 172, 175
Britten, Benjamin 282

Bruckner, Anton   36, 40–42,
  49, 94, 133, 138, 147, 198, 252,
  261
Bülow, Hans von   61, 62, 69, 77,
  90, 93, 94, 101, 102, 133, 140,
  168
Burckhard, Max   149, 151, 156,
  158, 164, 223
Busoni, Ferruccio   94, 253, 310,
  315

Calvé, Emma   234
Canetti, Elias   158
Carpenter, Clinton   331
Caruso, Enrico   221, 222, 234,
  236
Casella, Alfredo   290
Cervantes Saavedra, Miguel de
  29
Chadwick, George   305
Chailly, Riccardo   332
Chantemesse, André   315
Charpentier, Gustave   214
Christy, Nicholas   9
Chotzinoff, Samuel   235
Chvostek, Franz   316
Clemenceau, Georges   149, 150,
  299
Clemenceau, Paul   299
Clemenceau, Sophie   149
Conrad, Joseph   279
Conrat, Erica   201, 202, 273
Conried, Heinrich   221–224,
  230, 232, 237, 240, 242–244
Cooke, Deryck   110, 331
Corning, Leon   254, 255
Craig, Gordon   207

Damrosch, Leopold   233
Damrosch, Walter   233,
  239–242, 245–247, 253

Danuser, Hermann   327
Debussy, Claude   133, 209, 275,
  286
Decsey, Ernst   304
Destinn, Emmy   251
Didur, Adamo   251
Dostojewski, Fjodor
  Michailowitsch   29, 104, 257
Dreiser, Theodore   229
Dreyfus, Alfred   150
Dukas, Paul   290
Dušek   30
Dvořák, Antonín   17, 29, 68, 232

Eames, Emma   236, 251
Eckermann, Johann Peter   29,
  98, 273
Elgar, Sir Edward   299, 305
Elizza, Elise   146
Epstein, Julius   33, 34, 39, 44, 223
Erkel, Ferenc   51
Erlanger, Camille   209
Evans, Geraint   332

Farberman, Harold   331
Farrar, Geraldine   251
Fechner, Gustav Theodor   46,
  47, 113, 273, 274
Feder, Stuart   189
Ferdinand I., Kaiser von
  Österreich   118
Ferrier, Kathleen   331
Filler, Susan   324
Finck, Henry   234, 235
Fischer, Heinrich   22
Fischer-Dieskau, Dietrich   332
Flipse, Eduard   322
Floros, Constantin   326
Fraenkel, Joseph   311, 313
· Franck, César   142
Frank, Betty   68

Franz Joseph I., österr. Kaiser
19
Fremstad, Olive 236
Freud, Sigmund 25, 26, 101, 119, 227, 291, 295, 298
Freund, Emil 165
Fried, Oskar 320, 321, 328
Fuchs, Johann 122
Fuchs, Robert 38, 42
Fülöp, Peter 324
Furtwängler, Wilhelm 332

Gabrilowitsch, Ossip 288
Gadski, Johanna 236
Garcia, Emanuel 294
Garden, Mary 92, 234
Gatti-Casazza, Giulio 242, 243, 308
Gilman, Lawrence 247
Gilsa, Adolph Freiherr von und zu 60, 62, 66
Glinka, Michail Iwanowitsch 68
Gluck, Christoph Willibald 207
Goethe, Johann Wolfgang von 12, 48, 49, 98, 177, 198, 201, 202, 266, 270–273, 276, 282
Goetz, Hermann 142
Goldmark, Karl 120, 125
Graf, Max 58, 138, 139
Grange, Henry-Louis de la 325, 326
Gregor, Hans 290
Gropius, Manon 176
Gropius, Walter 157, 159, 285, 286–289, 293, 295, 297, 300, 301, 303, 309, 313, 316, 317
Gutheil-Schoder, Marie 146, 228
Gutmann, Emil 298, 299, 303

Hadley, Henry 305
Haitink, Bernard 322, 330, 331
Hammerstein, Oscar 222, 223, 234, 243
Hamperl, Franz 226, 267
Hampson, Thomas 331
Hanslick, Eduard 17, 18, 36, 74, 125, 138
Harris, Sir Augustus 92
Hartmann, Eduard von 315
Hauptmann, Gerhard 72, 290
Haussmann, Georges Eugène Baron 35
Hauswirth, Emmy 9
Haydn, Joseph 111, 172
Hellmesberger, Joseph jun. 122, 141
Hellmesberger, Joseph jun./sen. 42
Hellmesberger, Joseph sen. 39
Helm, Theodor 138
Henderson, William 234
Herreweghe, Philippe 331
Herzl, Theodor 128, 150
Heuberger, Richard 138, 140
Hitler, Adolf 35, 45
Hofmannsthal, Hugo von 13, 119, 120, 223, 290
Horenstein, Jascha 321, 328–330

Ibsen, Henrik 156

Jahn, Wilhelm 122, 124, 130–133, 135, 136, 144
James, Henry 98, 232
Janáček, Leoš 29, 209
Johnson, Dr. Samuel 98
Jones, Ernest 26, 292
Joó, Arpád 329

Kahn, Otto   240, 241, 243, 254
Kalbeck, Max   138, 139
Kaplan, Gilbert   324, 327, 328
Karajan, Herbert von   61, 142
Karpath, Ludwig   125, 127, 132
Katsaris, Cyprien   331
Kienzl, Wilhelm   142
Kierkegaard, Søren   197
Killian, Herbert   326
Klemperer, Otto   96, 173, 299, 321, 329, 331
Kletzki, Paul   329
Klimt, Gustav   13, 118, 119, 149, 151, 152, 156, 157, 223, 228
Klopstock, Friedrich Gottlieb   101–103, 128
Knote, Heinrich   236
Kokoschka, Oskar   157, 317, 318
Koussevitsky, Serge   320
Kovacs, Friedrich   225
Koven, Reginald de   234
Krauss, Clemens   321
Kraus, Karl   119, 120, 131
Krehbiel, Henry   234–236, 239, 246, 250, 251, 253, 254, 307, 312
Kreisler, Fritz   253
Krenek, Ernst   21
Krenn, Franz   38
Kreutzer, Joseph   324
Krisper, Anton   43, 53
Krommer (Kramar), Franz (Frantisek)   30
Krzyzanowski, Rudolf   37, 40, 42, 43, 91
Kubelik, Rafael   328
Kurz, Selma   146

Lalo, Edouard   139
Lalo, Eduard   94
Lalo, Pierre   139
Leander, Richard   339

Lebrecht, Norman   327
Lehmann, Lilli   300
Leoncavallo, Ruggiero   144
Levi, Hermann   74
Levine, James   196
Lewy, Gustav   43, 53, 60
Liechtenstein, Rudolph Prinz von und zu   124, 143
Lipiner, Siegfried   44–46, 49, 78, 79, 98, 105, 106, 113, 124, 164, 165, 273, 290, 297
Liszt, Franz von   47, 52, 198, 272
Li Taibo   276, 278
Loeffler, Charles   305
Löhr, Friedrich   30, 54, 63, 71, 74, 75, 82, 101, 123, 134, 165
Lotze, Rudolf Hermann   46
Ludwig, Christa   331
Lueger, Karl   121–123

MacDowell, Edward   305
Mahler, Alma Maria, geb. Schindler (Ehefrau)   9
Mahler, Alois (Bruder)   82, 83
Mahler, Anna (Tochter)   27, 158, 160, 190, 213, 215
Mahler, Bernard (Vater)
Mahler, Emma, verh. Rosé (Schwester)   82, 83, 96, 104, 105, 106
Mahler, Ernst (Bruder)   23, 31, 191
Mahler, Isidor (Bruder)   25
Mahler, Justine, verh. Rosé (Schwester)   43, 82, 83
Mahler, Leopoldine, verh. Quittner (Schwester)   82
Mahler, Maria (»Marie«) geb. Hermann (Mutter)   5, 27, 82, 292

Mahler, Maria (Tochter)   190
Mahler, Otto (Bruder)   82, 83, 156
Malloch, William   328
Manheit, Jacques   55, 56, 58
Mann, Thomas   260, 299, 300
Mark Twain   232
Marschalk, Max   76, 78, 126
Martinon, Jean   331
Martner, Knud   9
Martucci, Giuseppe   310
Mascagni, Pietro   86
Mazzetti, Remo   331
McCormack, John   234, 301
Méhul, Etienne   56
Melba, Nellie   234
Mendelssohn-Bartholdy, Felix   62, 69
Mengelberg, Willem   73, 74, 192, 193, 216, 218, 219, 233, 299, 320, 321
Meyerbeer, Giacomo   54, 56, 72
Michalek, Rita   146
Mickiewicz, Adam   78, 79
Mihalovich, Ödön Péter Jozsef von   125, 126
Mildenburg, Anna von   13, 104, 107, 119, 124, 125, 146, 163, 164, 181, 204, 205, 208, 212, 215, 289, 299
Millöcker, Karl   91
Mitchell, Donald   325, 326
Mitropoulos, Dimitri   321
Moll, Anna, verw. Schindler   153, 156, 160, 164, 242, 287, 308, 309, 314, 315
Moll, Anna, verw. Schindlerl   156
Moll, Carl   118, 149, 152, 155, 156, 164, 205, 230, 256

Mong Kao-jen   279
Montenuovo, Fürst Alfred   143, 217
Morgan, John Pierpont   248
Morris, Dave   241
Morris, Wyn   332
Moser, Koloman   299
Mottl, Felix   52, 123, 125
Mozart, Constanze   211
Mozart, Wolfgang Amadeus   21, 54, 56, 57, 60, 68, 93, 94, 111, 138, 140, 172, 185, 207, 210, 217, 220, 266, 311, 317

Namenwirth, Simon   324
Nessler, Viktor   60
Neumann, Angelo   67, 80
Newman, Ernest   65, 321
Nicolai, Otto   54
Nietzsche, Friedrich   44, 46, 47, 48, 109, 112, 113, 156, 169, 197, 273
Nikisch, Arthur   52, 69, 70, 71, 77, 79, 91, 108, 133, 140, 222, 233, 320

Olbrich, Josef   118
Olson, Robert   330
Ormandy, Eugene   321
Otterloo, Willem van   322

Painlevé, Paul   150
Papier, Rosa   63, 124, 125
Parsons, Geoffrey   332
Patzak, Julius   331
Pernerstorfer, Engelbert   45
Perosi, Lorenzo   142
Peters, Carl Friedrich   216
Pfitzner, Hans   209, 214, 252, 270, 288
Pfohl, Ferdinand   93, 127, 132

Picquart, Georges 150, 151
Plançon, Pol 234
Plappart, Baron August 143
Poisl, Josephine 32, 63
Pollini, Bernhard 88–92, 126
Pringsheim, Klaus 321
Puccini, Giacomo 144, 209, 275
Puttmann, Max 191

Quittner, Leopoldine,
   s. Mahler, Leopoldine

Rachmaninow, Sergei
   Wassiljewitsch 253, 299
Raffael 95
Rattle, Simon 331
Ravel, Maurice 149, 275
Reger, Max 290
Rehkemper, Heinrich 328
Reichmann, Theodor 145
Reik, Theodor 101, 182
Reiner, Fritz 321
Reinhardt, Max 299
Reiter, Josef 209
Rembrandt van Rijn 215
Reszke, Edouard de 234
Reszke, Jeanne de 234
Richter, Hans 122, 123, 130,
   133–135, 137, 139, 140, 145
Richter, Johanna 63–65, 76, 135
Rockefeller, John D. 248
Rodin, Auguste 149
Rodzinski, Artur 321
Rolland, Romain 290
Roller, Alfred 13, 118, 178, 179,
   205–208, 210, 228, 237, 238,
   242, 256, 263, 299
Roman, Zoltan 327
Rosé, Arnold (Schwager) 43,
   83, 120, 162, 228
Rosé, Eduard (Schwager) 83

Rosé, Emma, s. Mahler, Emma
Rosé, Justine, s. Mahler, Justine
Rossini, Gioacchino 54
Ross, Gail 9
Roth, Joseph 121
Rothschild, Mayer Alphonse
   Freiherr von 141
Rott, Hans 43
Rückert, Ernst, Friedrich 264,
   271, 274, 332
Rückert, Friedrich 190, 191
Rudolf, Erzherzog von
   Österreich 155
Russell, Ken 15
Ruttenberg, Stan 9

Safonoff, Wassily 239, 249, 250
Salten, Felix 120, 167
Samaroff, Olga 257
Sand, George 98
Sarasate, Pablo de 94
Schaljapin, Fjodor
   Iwanowitsch 236
Schalk, Franz 204
Scharlitt, Bernard 221
Scherchen, Hermann 321, 329
Schiller, Friedrich von 128
Schindler, Anna, s. Moll, Anna
Schindler, Emil Jakob 12, 98,
   148, 151, 153–155
Schmedes, Erik 146, 204, 228,
   299
Schmidt, Franz 137
Schnitzler, Arthur 119, 120,
   156, 223, 290
Schönberg, Arnold 13, 14, 120,
   135, 157, 176, 190, 213, 214,
   223, 228, 269, 275, 290, 315,
   316, 331
Schönerer, Georg Ritter von
   45, 121

Schopenhauer, Arthur 46–48, 172
Schubert, Franz 11, 39, 43, 49, 64, 94, 95, 129, 139, 140, 261
Schuch, Ernst von 123
Schumann, Robert 140, 172, 247, 250
Schuricht, Carl 321
Schwarz, Gustav 33, 34
Schwarz, Rudolf 324
Scotti, Antonio 236, 251
Seidl, Anton 67, 222
Seiffert, Peter 331
Sembrich, Marcella 234, 236, 251
Shakespeare, William 23
Shaw, George Bernard 92, 133
Sheldon, Mary 241, 243, 244, 247, 248, 304, 305
Simpson, Robert 270
Sinigaglia, Leone 310
Slansky, Ludwig 67, 68
Slatkin, Leonard 331
Smetana, Bedřich 17, 29, 68, 208, 251
Smith, Willem 331
Smyth, Ethel 73
Solti, Sir Georg 327
Specht, Richard 23, 48, 130, 273
Spiering, Theodore 249, 313
Staegemann, Max 68, 71, 79, 80
Stanford, Charles Villiers 305
Stefan, Paul 228
Stein, Erwin 203, 204, 205
Steinberg, William 321
Stock, Frederick 320
Stokowski, Leopold 257, 299, 320
Stransky, Josef 314
Stauß, Johann d. Ä. 144
Stauß, Johann d. J. 12

Strauss, Pauline 170, 171, 222
Strauss, Richard 49, 77, 119, 158, 168–173, 183, 200, 209, 216, 219, 220, 222, 223, 238, 243, 253, 275, 290, 298, 299, 304, 315, 319, 320, 323, 326
Strawinski, Igor 108, 275
Suk, Josef 29
Szell, George 321
Szeps, Moritz 120

Tennstedt, Klaus 330
Tetrazzini, Luisa 234
Thayer, Alexander 235
Tiffany, Louis 255
Tolnay-Witt, Gisela 95
Tolstoi, Graf Lew Nikolajewitsch 99, 196
Toscanini, Arturo 96, 210, 235, 242–245, 250, 267, 311
Treiber, Wilhelm 60–64
Trenker (Gutshofbesitzer in Alt-Schluderbach) 263
Trenker, Marianna 263
Tschaikowski, Piotr Iljitsch 90, 91, 172, 208, 245
Turner, Miss (Guckis Gouvernante) 314

Ueberhorst, Karl 59
Untermeyer, Minnie 305

Verdi, Giuseppe 54, 125, 145, 208, 221
Visconti, Luchino 15

Wagner, Cosima 37, 61, 123, 126, 145
Wagner, Cosima, Richard, Siegfried, Wieland 36, 41, 56, 69, 70, 74, 81, 86, 90, 105,

123, 126, 133, 138, 144, 185,
187, 191, 195, 203, 206, 209,
235, 236, 237, 239, 243, 250,
269, 273, 282, 307, 322, 326
Wagner, Richard   36, 37, 41,
44–47, 56, 57, 60, 61, 67, 68, 70,
221, 234
Wagner, Siegfried   144, 145,
210, 299
Wagner, Wieland   208
Walter 267
Walter, Bruno   13, 96, 103,
104, 107, 108, 110, 128, 165,
193, 198, 204, 210, 227, 228,
257, 262–267, 281, 298, 299,
312, 320, 321, 326, 328, 330,
331
Wang Wei   279
Weber, Carl Maria von   54,
72
Weber, Carl von   72–75, 206
Weber, Marion von   72, 192
Webern, Anton   13, 176, 228,
269, 275, 282, 299, 321
Weidt, Lucie   212

Weingartner, Felix   108, 224,
290, 306, 313
Werfel, Franz   157, 158, 164, 317,
318
Wheeler, Joe   331
Williams, Ralph Vaughan   92
Wlassack, Eduard   124–126,
131, 132, 143
Wolf, Hugo   12, 36–38, 43, 144,
163
Wolff, Hermann   94
Wood, Henry   306, 321
Wranitzky, Anton   30
Wranitzky, Paul   30
Wunderlich, Fritz   331

Zemlinsky, Alexander   120, 151,
154, 157, 158, 213, 214, 321
Zichy, Geza Graf   86–88, 90
Zuckerkandl   151
Zuckerkandl, Berta   120, 149,
151, 160–162, 178, 257, 317
Zuckerkandl, Emil   151, 153,
160–162
Zweig, Stefan   290, 315